# 教育心理学

JIAOYU XINLIXUE

张景焕／主编

山东人民出版社·济南
国家一级出版社 全国百佳图书出版单位

**图书在版编目（CIP）数据**

教育心理学 / 张景焕主编. --济南 ： 山东人民出版社，2023.8
ISBN 978-7-209-14618-0

Ⅰ. ①教… Ⅱ. ①张… Ⅲ. ①教育心理学-教材 Ⅳ. ①G44

中国国家版本馆CIP数据核字（2023）第214901号

**教育心理学**

主编　张景焕

主管单位　山东出版传媒股份有限公司
出版发行　山东人民出版社
出 版 人　胡长青
社　　址　济南市市中区舜耕路517号
邮　　编　250003
电　　话　总编室（0531）82098914
　　　　　市场部（0531）82098027
网　　址　http：//www.sd-book.com.cn
印　　装　济南万方盛景印刷有限公司
经　　销　新华书店

规　　格　16开（169mm×239mm）
印　　张　24.5
字　　数　480千字
版　　次　2024年8月第1版
印　　次　2024年8月第1次
ISBN 978-7-209-14618-0
定　　价　52.00元

# 前 言

教师成长是一个奇妙而激动人心的过程！值得一提的是，再伟大的旅程也会有一个仓促上阵的开始。促使我们踏上教师成长旅程的往往不是一个伟大的理论或者观点，而是学着老师教的样子去做，从中一点一滴地体会，这时我们对教学往往充满敬畏感、使命感和责任感，同样如果此时遇到困难我们往往也会沮丧万分。好在学生总是能够给我们带来惊喜，于是我们就在忐忑和惊喜交织的心境中跌跌撞撞地向前。回想起来，是什么给了我们踏上从教之路的底气？是在多年的学习中体会到的关于"什么是我喜欢的教师"的体验，是关于教育教学的常识、常规做法和经验。又是什么让我们走上优秀教师的成长之路的呢？是对自己已经积累的经验和常识的反思，或者是对自己已经熟悉的经验或做法问一个"为什么"。例如："我离成为优秀的教师还有多远的路要走？"（答案见第一章）；"为什么有的学生明明是自己不努力学习，却说自己怎么也学不会，他的问题到底出在哪里？"（答案见第五章）；"两个总成绩相同的学生，他们的学习能力是一样的吗？"（答案见第十二章）。深刻领会教育心理学不仅需要心理学理论，更需要问一些平常的问题。也就是说，教育心理学并不排斥常识和经验，但是要想成长为优秀教师，确实需要用教育心理学的理论与实证结果来武装自己的头脑，深化自己对教学实践的认识，指导我们更好、更有效率地教学。

本教材是应教育教学实践的要求而写的。自上一版出版发行以来，本教材被一些学校的心理学专业作为教育心理学这门课的教材或主要教学参考书目，也被当做我校心理健康专业的考研教材，收到不少读者的积极反馈。很多读者认为，本书写作体例有助于读者学习。那就是在每章开头概述本章内容，给出一个教育实践中的案例并提出诸多问题，然后围绕核心问题讲述概念和理论，之后回到案例，总结本章需要掌握的要点，最后以学术争鸣的方式引导读者进一步思考，并给出延伸阅读的文献。本次修订沿用了这种写作体例，更多地修订和完善了案例，特别是补充了教育心理学最新的研究成果，介绍了近十年来的研究成果对课堂教学的新见解，特别是现代教育技术给教育提供的便利，以及互联网及大语言模型对课堂教学提出的挑战。

本书在写作中特别注重对多样性的论述，几乎每一章最后都会有一节关于本章内容的“多样化与共同性”的论述。这是在回应本书第一章就提出和争鸣的“教学是科学还是艺术”的问题。一般说来，谈到教育教学的科学性时，我们是在说共同性。由于有共同性，所以我们只要按教育心理学的一般规律办事，就可以解决大部分一般性的教育教学问题。但是，生命的神奇之处就在于“生命总有例外”，“唯一不例外的是例外”。也就是说，我们面对的学生和教学活动总有许多例外，在这些例外中可以看到广泛的多样性，教师依据个人经验而采取的即时性的教学措施，体现的就是教学的艺术性。是艺术就具有不可重复的特点，其中闪耀着教师个性的光芒。所以教学既是科学也是艺术，是科学与艺术的结合。

参加本次修订的都是长期从事教育心理学教学和研究工作的教师。本书在原版十二章的基础上加了第十三章“学生心理健康维护”。在本书的修订过程中，首先由本书主编提出各章的修订框架及具体修改意见，各章修改人员写出修订书稿。经主编审读后提出进一步修改意见，经过多次反复后才完成全书的修订，最后主编通读全部章节并进行格式上的统一修改。本书修订的作者包括山东师范大学心理学院的教授和教育心理学的教学人员，同时我们邀请了齐鲁师范学院教师教育学院的刘桂荣教授修订了第四和第五章。各章的执笔人分别是：张景焕（第一、二、三、十二章）、刘桂荣（第四、五章）、常淑敏（第六、七章）、司继伟（第八章、九章，韩瑽瑽和李红霞协助）、陈英敏（第十、十一章）和司思（第十三章）。参与本书修订的是一支长期合作开展教育心理学教学的教师团队，这个团队同时承担了山东省教育心理学精品课程建设、山东省一流本科课程建设项目、山东师范大学研究生重点课程建设任务，本书修订也是这些项目的建设成果。本教材是专门为教师教育而编写的，特别适合于具有一定学科基础、欲从事基础教育教学工作的未来教师学习。同时，它也适合于那些具有一定教学经验、希望进一步提高自己教育教学水平的教师学习，是一本适合于职后教师培训和教师自我提高的教育心理学读本。

本书在修订过程中得到山东师范大学教务处、心理学院领导的大力支持，可以说本书是在他们的催促和督导下完成的。本书得以出版，还要感谢山东人民出版社常纪栋编辑的鼎力相助，谨此一并致谢！本书修订过程中引用和参考了国内外许多研究成果，对大部分成果我们已经在参考文献中列出，也许还有遗漏之处，在惶恐之余还有深深感谢！由于时间仓促，更是水平所限，恐没有达成当初修订愿望，不足之处敬请专家和读者指正，以便不断完善本书。

张景焕

2023 年 7 月于长清校区文宗楼

# 目 录

# 第一章
# 成长为优秀教师

## ☞ 章节说明

有效教学研究在当代西方教学研究中起步较早，而且是成果颇为丰富的一个研究领域。在这些研究中出现了一些描述好教师的概念，典型的如好教师、优秀的教师等。本章对有效教学的概念进行了阐述，列举了几种关于教师专业发展阶段的观点，并对如何成长为优秀教师提出了建议。在此基础上，本章对教育心理学及其作用做了一个简单的介绍，使我们能够对怎样成为一名优秀的教师有大致的认识，这些内容也为成为优秀教师的实践提供了理论指导。

## ☞ 案　例

明天，刚刚师范毕业的小刘将要第一次走上讲台，面对那些完全陌生的学生，开始他人生的“第一讲”。此时，小刘内心忐忑不安，在学校里学的那些教学知识似乎已被抛到脑后，他不知道自己该穿什么衣服，教案应该准备哪些内容，上课内容如果太多或者不够讲怎么办呢？如何呈现教学内容？怎样讲才能更好地被学生接受？学校领导会不会来听课呢？如果上课有学生捣乱怎么办？如果突然忘记了相关知识怎么办？……

如果你是小刘：

在备课的时候，你是否会考虑多种教学方法？

对不同的教学内容，你的课堂讲述是否会有所不同？

在教课过程中，你考虑最多的是什么？

在提问时，你是否会考虑学生能否回答这些问题？会有哪些可能的答案？

上完这堂课，你最希望达到的效果是什么样的？

## 第一节　对有效教学的理解

### 一、有效教学的概念

教学是科学还是艺术，是以教师为中心还是以学生为中心，是一般理论的应用还是针对具体情境的发明？好教师是乐于释疑还是善于发问，是主讲人还是引导者？这些争议已经持续了好多年。20 世纪以前，“教学是艺术”的教学观在西方教育理论中占主导地位，它倡导教学是一种教师个性化的、没有“公共方法”的行为，是一种“凭良心行事”的、“约定俗成”的行为，主张影响教学过程的因素是复杂的，教学结果是丰富的，难以用科学的方法去进行研究。支持该观点的教育家认为，教学是具体的，包括教学任务、教学时间、教学地点、参与者和教学内容等方面都是具体的，不同的科目在这些具体细节上也是不同的。20 世纪以来受科学思潮的影响，得益于心理学特别是行为科学的发展，人们才明确地提出，教学也是科学。也就是说，教学不仅以科学为基础，而且还可以用科学的方法来研究。一些自然科学的实证研究方法被引入到教育研究领域，一些量化的课堂分析系统出现。由此教学行为也可以用量化的方法来评价，有效教学的概念在此时被提出。

那么什么是有效教学呢？关于有效教学的定义，目前没有统一的看法，大家对有效教学的研究大多集中在有效教学的特征上，对概念的界定不是很多。准确地解释有效教学的概念看起来是一件很困难的事情，但是，还是有一些研究者试图对其进行界定。有学者从教学目标和学生成就的角度来看，认为有效教学是指教师通过一系列的教学措施促进学生取得高水平成就的教学，他们把更多的目光放在了有效教学与学生成绩的关系上。有效的教师总是着眼于教学目标的取得。换句话说，判断有效教学的标准是看教学目标的达成程度。从这个角度来看有效教学，比较强调教学目标，这种观点有可能会导致教师只看重学习的结果，而忽视其他方面的内容，如学生情感的需要等。有的研究者着眼于教学技能，他们对有效教学的界定更多地是从教学的复杂性和教师教学技能的角度进行分析。其中最主要的一点是，有效教学需要教师充分地了解学生的知识背景，能与学生进行清楚的交流与沟通，能够刺激学生积极地学习与思考，使学生能在思考的基础上向教师提出有价值的或挑战性的问题。这种观点将有效教学放在教师身上，非常强调教师自身的能力。

应该认识到，有效教学不仅取决于教师，同时也取决于学生能够负责任地、积极地学习,即有效教学应着眼于教学全过程。持这种观点的学者对以往有效教学提出了批评和反思,认为应该从三个层面解释和确定有效教学。这三个层面是:教学输入、教学过程和教学产出。教学输入包括教师的特点、学生的特点、课程的特点等方面;教学过程则涉及教师的教学行为、学生的学习活动、课程组织等方面;教学产出包括学习的结果、态度的变化、技能的形成等。综上所述,我们认为有效教学就是通过有效的教学准备、有效的教学活动和有效的教学评价来促进学生学习和发展的教学。

在有效教学的三个层面中,教师是有效教学的实施者,他们通过创造性的劳动进行有效的教学准备,开展有效的教学活动以及教学评价,从而实施有效的教学活动。

## 二、优秀教师的教学特点

优秀教师也称专家型教师、创造型教师,无论怎样称呼,实际上说的都是能够实施有效教学的教师。而要实施有效教学不仅需要教师有意识地教学、创造性教学,还要及时进行教学反思,在教学过程中塑造完整的教学人格。

### (一)有意识地教学

有意识教学的意思就是在教学过程中,充分认识到学生是学习者,有意识地帮助他们运用各自独特的、个性化的学习模式开展学习活动。这需要教师在课前进行充分的准备,“备课”需要考虑的方面有很多,但主要有三个方面:学习者、学科内容、教学方法。

1. 学习者

学生的个别差异在课堂教学中会充分表现出来。这些差异包括能力、先前成绩、焦虑水平、自我意识、学习风格以及家庭环境等。教师要了解学生的“需要”和“差异”,灵活运用不同的教学方法,让每个学生都感受到老师对自己的关注。特别是低年级的学生,他们对老师的话言听计从,老师在他们心中的地位很神圣。老师一句不经意的话,对他们来说可能是一个莫大的鼓励。所以教师要发自内心地去了解每个学生,真正做到关爱学生,这样才可能收到良好的教学效果。

2. 学科内容

教什么内容看起来比较容易,因为这些内容在教科书中、教学大纲中已经确定了。但是教师的责任是根据学生的实际水平和情绪状态对这些教材进行“再度开发”。教科书、教学大纲只是界定了要教的内容,却没有根据学习者的需要对它们进行选择、组织和排序。教师不仅要处理好某个课时的内容安排,更要考虑各个课时之间的关系以及某节课在本单元中的作用和地位。教师要重视课程资源的开发和利用,教师要"用教材"而不是"教教材"。教师必须对课程内容做出"校本化"的处理。

3. 教学方法

教学方法对于学生更好地学习知识是非常重要的。教师要能够运用多种教学方法,能够根据课程内容的特点、学生发展状况选用不同的教学方法。例如,历史课中古代文明的学习,很多老师都是按照平常的讲授法来进行,这样往往激发不了学生的兴趣,灌输性的方法让学生感到枯燥。有位教师另辟蹊径,先是根据学生对不同时期古代文明的兴趣把学生分为几个小组,布置每个小组课前收集相关资料,课上让每个小组分别展示,最后老师综合评点。通过这种方式,不仅充分调动了学生的积极性,也让学生掌握了相关的知识。这种教学方法留给教师创新的空间很大,教师在了解学生特点、把握教学内容的基础上,选用合适的教学方法,会收到良好的教学效果。

(二) 创造性教学

创造性教学是指在学科教学中渗透创造力培养的一种教学方法,是在不改变教材内容和课时计划的情况下,以课堂教学为主渠道,培养学生创造性思维能力和创造性个性品质的一种创造性教育类型。怎样在课堂教学中进行创造性教学呢?

1. 创造民主、宽松的学习氛围,经常采用肯定性和激励性的语言评价学生

宽松、民主与自由是培养学生创造力的基本条件。换句话说,创新是在宽松愉悦的环境中产生的。学生只有感到自由、宽松、愉快,才能自由、自主地思考、探究、提出问题、发表意见,才可能有新的发现与创新。如果缺乏民主,没有自由,学生就会没有安全感,时时处处小心翼翼,顾虑重重,如履薄冰,一味看老师眼色行事,表现出很强的盲目性和依附性,其聪明才智与创造力就会被埋没,就会越来越缺乏创新精神和创新意识。在课堂教学中,教师态度应和蔼可亲,要以一个"参与者"的身份与学生打成一片,为学生提供发展创新思维和发挥创造力的机会,从根本上改变"居高临下"、极力想把学生的思维牵引到自己预定的轨道上来的做法;尽最大可能去开拓学生的思维空间,满足学生的表现欲望,激发学生创新思维的火花。与此同时,对学生的创造性表现要给予积极的评价,鼓励学生开展多样化的创造性活动。

2. 在具体科目中进行创造性教学

在具体科目的教学中,教师要勇于向传统的教学方法提出挑战,设计新颖的教学方法。不再是单一的讲授,而是要将集体教学与小组活动相结合,有意义的接受式学习与探究式学习相结合。在课堂教学中尽可能采用多种形式,比如:游戏法、讨论法等等。这些方法的选用要根据课程内容以及学生的特点来确定。

所以需要教师多了解学生，多学习一些针对不同课程内容的教学方法。

3. 教师对教学问题要有创造性的洞察力

面对教学问题，并不简单地从表面现象来分析，而是要从新的角度去审视问题。通过重新定义问题，教师会找到巧妙的、富有洞察力的解决办法。比如，对于学习不好的学生，教师不再一味地只关注这类学生的缺点，而是主动地去发现他们的优点，然后引导他们发挥特长，以此来激发他们学习的积极性。通过这种对问题的重新界定，这类学生不再觉得学习那么无趣，教师也不会再觉得后进生无法管理了，不管对学生还是对教师而言，这种创造性的解决问题的方法都是非常有帮助的。

（三）反思性教学

反思教学实践是促进教师素质提高的核心因素。只有经过反思，教师的有效经验才能上升到一定的理论高度，才会对后续的教学行为产生积极的影响。反思是教师以自己的职业活动为思考对象，对自己在职业中的所做所为以及由此产生的结果进行审视和分析的过程，不是一般意义上的"回顾"，而是反省、思考、探索和解决教育教学过程中各个方面存在的问题。就教学工作来说，依据反思所涉及的教学进程，对教学的反思可以分为教学前、教学中和教学后三个阶段：

第一个阶段：在教学前进行反思。这种反思一般是在备课中体现，包括对学生、课程、环境等方面的反思。这种反思具有前瞻性，能使教学成为一种自觉的实践，能有效地提高教师对教学过程和教学结果的预测和分析能力。

第二个阶段：在教学中进行反思。指及时、自动地在教学过程中反思，即根据上课时学生的反馈等对教学行为进行思考。这种反思具有监控性，能使教学高质高效地进行，并有助于提高教师的教学调控和应变能力。

第三个阶段：在教学后进行反思。即在教学结束后进行批判性反思。可以是成功经验的总结，也可以是失败原因的思考，包括对教师自身、学生以及师生互动各个方面的反思。这种反思具有批判性，能使教学经验理论化，并有助于提高教师的教学总结能力和评价能力。

反思的策略和方法可以分为以下几种：

（1）内省式反思

即通过自我反省的方式进行反思，可用反思日记、课后备课、成长自传等方法。内省式反思意味着教师开始以自己的生命经历为背景去反观自己和观察世界，内在地承受着对自己的言行给出合理解释的思想压力，从而促使自己进入沉静思考的层面，倾听自己内心深处的声音，生成自己的智慧，激发出许多自己平日难以想象的"洞见"。反思日记，即对一天中发生的各种教育行为进行记录，并初步分析收获与不足，以便改进工作，扬长补短。课后备课，即课后根据教学中获得的反馈信息进一步修改和完善教案，以明确课堂教学改进的方向和措施。成长自传，即教师对自己成长经历的描述和分析，内容涉及成长的主要阶段，包括各阶段的主要事件及其起因和影响等，是一种比较系统而深刻的反思方法。

(2) 交流式反思

即通过与他人的交流进行反思。“他山之石，可以攻玉。”教师应抓住教研活动的学习良机，或自己创造机会多观摩名师名家的课，最好是能与他们直接进行交流，重要的是学习他们的教学思想，弄清他们怎样组织教学和为什么这样做。交流式反思依赖一个群体的支持，它不仅要求教师自己具有主动、负责、全心全意的心态，同时还需要信任、合作、协作的环境。因此，学校要注意给教师提供交流、学习的机会，创造交流和学习的良好氛围。

(3) 研究式反思

即通过教育教学研究进行反思。教师在教学过程中，要敏锐地抓住教学中存在的问题，并展开深入分析。教师可充分运用观察、谈话、测验、调查问卷、查文献等多种研究方法，并通过课内外活动、作业批改、座谈会等多种渠道对学生心理特点和教学效果等多方面情况进行来自理论和实践两个层面的对比分析，逐步减少对教学工作认识上的偏差。研究式反思不仅有利于提高教师的有效教学能力，而且有助于在教师中形成一种调查研究的氛围，提高教师的理论思维水平。

(4) 理论学习式反思

即教师在一段教学实践之后，通过理论学习或通过与理论对照来反思自己的教学行为。主要有两种反思方式：理论学习与理论对照。理论学习，即教师通过系统学习理论，从而深刻理解和把握教育真谛，树立全新的教育理念，并对自己已有的教育理念和行为进行反思；与理论对照，即教师用相关理论自觉地审视自己的教育理念和行为，从而矫正自身的理念与行为并使之符合理论要求，或者根据实践体会丰富或完善理论。所以说，教师要把握深造的机会，通过学习更新自己的教育理念，促进自己的教学。

(四) 塑造完整的教学人格

作为教师应该塑造完整的教学人格，塑造完整的教学人格是教师职业生涯的重要任务，也是开展有效教学的基础。这包括以下几方面任务：

首先，教师要深知自己肩负的责任，具有强烈的教育使命感，拥有坚定的职业信仰，对学生充满爱心。教师要坚信自己的教育活动在个体活动和社会发展过程中所起的作用，拥有对教育价值的认定和承诺，并且意识到自身的一举一动都有可能对学生的学习和发展产生影响。因此，作为教师应该有恰当的奋斗目标，有理想抱负，有责任心。同时，要爱学生，不仅把学生当作教育对象，并且把学生当作学习的主体，关心学生的学习、情感各个方面。

其次，通过学习奠定关于教学的基础，在教学实践中不断充实自己，增强教学能力。在师范生所学习的课程中，《教育心理学》可以为他们提供关于学生学习和教师教学的专业知识，帮助他们：了解学生的认知与情绪发展规律（第二、三章），了解学生的学习动机与个体差异（第四、五章），了解各种条件下发生的学习及其性质与意义（第六至九章）以及有效课堂教学与评价（第十至十二章），知道如何使学生在学习过程中保持健康的心理（第十三章）。本章（第一章）则是为了帮助师范生认识教师的成长历程，同时认识到教学是一门实践性很强的活动。师范教育中的任何一门课程都不能给未来的教师提供教学所需要的全部知识。优秀教师要在具备基本教学知识的基础上，通过教学实践积累经验，根据需要进行新的学习，并不断地从实践和理论两方面进行深刻反思。

最后，相信自己能成为优秀的教师。成为一名优秀的教师有诸多内外部因素，其中最基础的因素是要对自己有信心，相信自己会成为一名优秀的教师。研究发现，教师教学效能感是预测教师教学有效性的最重要指标之一。这种高效能感是一种力量，不仅有助于教师在面对挫折与干扰时保持一种平和、愉快的工作心境，而且有助于教师克服困难不断成长。只有这样，教师在面对各种不同的教学任务、不同的学生时，在不同的工作环境中表现出良好的适应性，积极应对各种教学情境，通过拓展性学习与实践，创造性地解决问题，最终成为一名优秀的教师。

### 教师知识

我国学者将教师知识分为四类：本体性知识（教师所具有的特定的学科知识）、实践性知识（教师教学经验的积累）、条件性知识（教师所具有的教育学和心理学知识）和文化知识（辛涛，申继亮，林崇德，1999）。

舒尔曼（L. Shulman）对该问题进行研究后发现，专家型教师具有七个领域的知识：

（1）所教学科的知识。对所教学科内容的知识理解深刻，而且知道这些知识之间是相互联系的；

（2）教学方法和理论。即适用于所有教学科目的一般教学策略，如课堂管理、有效教学和评价原则。

（3）与所教科目和学生的年级水平相应的课程材料和方案。

（4）教特定学科所需的知识，教特定学生和特定概念所需的方法。如，用恰当的方法给学习能力较低的学生解释负数的概念。

(5) 关于学生的性格特征和文化背景的知识。

(6) 关于学生学习情境的知识。例如,学生在配对、小组、团队、班级、学校和社区等情境中的知识。

(7) 教学目标和教学目的。

## 三、优秀教师的成长历程

一个具备优秀教师潜力的师范生一开始都只能是一个新手教师,只有经历过一定的教学实践之后才能成长为一名优秀教师,这期间会经历一个甚至几个发展阶段的过程。

关于优秀教师的成长历程,许多学者进行了研究并得出了一些有意义的结论,形成了多个有代表性的理论。例如,卡茨(Katz,1972)认为,教师发展可分为求生存时期、巩固时期、更新时期和成熟时期。新教师首先要在陌生环境中生存下来,逐步熟悉和掌握教学基本知识和技能,寻求新的事物,探讨教学革新,一直到成功地担当教师角色,走向成熟。伯利纳(Berliner,2005)认为,教师教学专长的发展可以划分为新手教师、熟练新手型教师、胜任型教师、业务精干型教师和专家型教师等阶段。从新手教师到胜任型教师,处理问题都是理性化的。业务精干型教师对教学情境的观察与判断是直觉性的,不需要进行仔细的分析和思考,凭借他们的经验便能准确地发现问题,并采取适当的解决方法。只有部分业务精干型教师能发展成为专家型教师。教师从新手阶段起步,随着知识和经验的积累,经过一年发展成为熟练新手教师。其中,大部分熟练新手教师经过教学实践和职业培训,再经过一年可以成为胜任型教师。通过5年左右知识和经验的积累,部分教师能成为业务精干型教师。最后,只有少数业务精干型教师发展为专家型教师。以德莱弗斯(Dreyfus,1980)为代表的另外一些学者,通过对专家型教师和新手型教师的比较研究,将教师的专业发展划分为五个阶段,即新手阶段、优秀新手阶段、胜任阶段、熟练阶段和专家阶段。

我国学者将教师专业发展分为新手阶段、胜任阶段、成熟阶段和专家阶段等四个阶段,并认为教师专业发展经历的阶段不同,所要完成的知识转型任务也不相同,从而表现出属于各个发展阶段的本质特征。在新手阶段,实现理论知识的物质存在形式向心理存在形式的转化;在胜任阶段,实现理论知识向实践性知识的转化;在熟练阶段,实现实践性知识的定向迁移;在专家阶段,完成从实践性知识到理论知识的转化(郑彩国,2007)。也有学者将教师的专业成长按其专业化理论化程度划分为五个阶段:适应型教师、知识+经验混合型教师、准学者型教师、学者型教师和智慧型教师(卢真金,2001)。这五个阶段对应于教师不同的成长时期,有着不同的发展基础和条件,有着不同的发展目标和要求,也面临着不同的困难和障碍，从而表现出不同阶段的发展特征。

以上大多数是从教师职业发展以及外部评价的角度进行的研究与总结，在某种程度上都存在用教师发展结果来说明教师成长历程的倾向。应该承认，教师发展结果的确代表了教师职业发展的重要方面，但是教师职业发展更主要的是教师个人在适当教育条件下的成长过程，应该体现教师个人发展的心理历程与心理探索过程。因此，本章作者曾运用质性研究方法，通过深度访谈以及其后的资料分析实际考察优秀教师成长的心路历程，系统地总结了优秀教师的成长阶段，明确各阶段的发展任务，分析影响各阶段发展的外部因素与内部动因（张景焕等，2009）。受访教师一致认为，优秀教师的成长是一个多阶段的连续过程，并且是一个不断学习、不断实践、不断创造的过程。整个成长历程大体要经历四个阶段：工作适应期、目标定向期、自我探索期和成熟创造期。不同阶段表现出不同特征，具有不同的发展任务，且受不同因素的影响。

1. 工作适应期

这个阶段属于教师个体任教的前几年，充满初为人师的激情和对未来生活的幻想，面对复杂的课堂教学时感到无从下手，并且角色认知模糊；可塑性强，工作盲目性大，情绪易冲动；特别期盼来自他人的理解、尊重、信任和支持。这一阶段的主要发展任务是良好地适应学校环境和学校运作系统，稳妥地处理教育教学事务。这一阶段教师关心的主要是课堂教学内容和教学过程，关心如何上好一堂课，对学生以及学生中分化的需求几乎是没有意识的。一些低成就动机教师在此阶段便停止发展，失去了向下一阶段发展的可能，此后的职业生涯仅限于经验的积累，缺少必要的反思和应有的灵活性。

2. 目标定向期

经过工作适应期的努力之后，教师群体会发生分化。一些教师对自己的发展提出更高要求，主动接受先进理念的指导，树立长远发展目标，开始尝试了解学生以及根据学生的变化灵活使用或变革教学方法。他们尝试将所学的知识与实践结合，逐渐地掌握教育教学规律，教育教学能力得到增强，并且能够根据实际的教学环境及自己的个性特征寻求新的教学技巧和解决问题的方法。这一阶段的发展任务，首先是根据前一阶段发展情况提出新的发展目标；然后再依据目标制订具体发展任务，其中包括更新知识结构、接受先进理念、提高教学技能等。希尔（Hill，1992）提出，如果教师想帮助学生发展，就必须能够了解学生的人格特征，必须懂得学生的思维过程，创建有利于激发学生兴趣的环境。研究表明，与具有恰当的学生观和培养观的教师相比，缺乏这些观念的教师往往难以通过组织课堂活动来引导学生思维或促进学生全面发展。

3. 自我探索期

教育活动是一项极具个人特色的创造性劳动，需要体现基于个人独特体验与教育环境的教学风格。教师必须探索自己的教育教学风格，使自己的素质与特长得到充分的体现，并最终服务于教育教学效果。处于这一时期的教师往往乐于出席各种研讨会、观摩会，希望通过比较、尝试、反思、总结发现自己的教学风格与特色，努力成为具有先进的、有时代特色的教学理念、发挥个人特长和优势的教育者；在教育教学中视学生为具有独立人格的个体，懂得学生主动性的重要性；能用激情和耐心启发学生主动学习，形成具有个人特色的教学技巧，体会到高水平教学的内涵，改变一味地采取强制手段进行知识灌输的方式；能进行有效的班级管理，对学生和自己抱有很高的期望，渴望教学技能的全面提高。由于教师自身理论知识仍有欠缺，因此这一阶段教师的教学理念并不系统、成熟，常常带有个人偏见，对问题还不能进行深入分析和解释。这一时期的任务是：尽量完善教学技巧、提高教学效率、发现和运用新方法新策略，形成创造性教学风格；超越以往就事论事的教学水平，对教学背后的教学理念进行探索性的思考，自觉地运用教学理论指导实践工作。

4. 成熟创造期

优秀教师是充分发挥了自身创造性同时也激发了学生创造性的教师，这样的教师具有理解关爱、执着进取、宽容开放、适时点拨的心理特点。优秀教师能够对教学内容、教学对象进行深入细致的了解，将教育实践与个人特点相结合，形成教学智慧，把自己对教学的体会充分展现在对学生的教育当中。这个阶段的教师具有以下特点：能够达到对学生的深入了解，不仅了解学生的知识水平，还了解学生的情感变化，并根据对学生的了解情况确定在何种水平上对其进行教育和引导；在娴熟的教育技能的配合下，教学绩效不断增长，经验升华成理论，产生更大的实用价值和社会价值；如果受到学生的欢迎、同事的认可以及领导的重用，他们就会以极大的热情投身于教学工作中。有些具备理论素养与目标追求的教师可以形成教育理论，成长为一代教育家。这一时期的发展任务，一是达到能够自觉地考虑现象背后深层内涵的理论水平，继续选择更新、更难、更大的创造目标；二是在实践中探索，努力使自己成为知识渊博、思想深刻、通晓教育、熟练教学的一代名师。

上述优秀教师成长的各个时期以及特征只是一般的、典型的归纳和概括，这些特征具有相对的稳定性和顺序性，同时教师成长过程又存在着显著的个体差异：不同教师各个时期出现的时间不完全相同，持续的时间长度存在差异；在同一阶段，不同教师提高的速度、所能达到的程度也有所不同。优秀教师成长的几个时期不可截然分开，各个时期之间也存在部分的重叠。前一时期是后一时期的基础，在前一时期的最后阶段已出现后一时期的某些特征，后一时期的最初阶段也还保留着前一时期的部分特征，其中一些共同特征贯穿于教师成长的各个时期。

### 四、与时俱进，主动运用现代教学技术

科学技术正处在不断发展之中，现代技术的应用范围逐渐扩大，并且被应用到教育教学领域之中，在一定程度上改善了传统教育教学形式。多媒体教学通常指运用计算机等多种教学媒体，通过计算机实现的多种媒体组合，它是一种将现代教学技术与传统教学手段相结合的新型教学模式，可以将多种媒体的信息多元化地呈现在学生面前。这种教学手段对优化课程教学设计、拓宽课堂教学渠道等有很大的帮助。在实际教学中，一方面，教师可以借助计算机综合处理文字、声音、图片、视频等多种媒体信息，制作成专业有趣的教学课件，从而增强课堂教学的生动性，提升课堂教学的有效性；另一方面，教师还可以利用互联网技术对全网信息进行搜索、管理和分析，并根据学情选择适宜的教学内容，以此满足学生的学习需求，提高课堂教学的吸引力。

多媒体教学方式是当下较为广泛接受与推广的教学方式，但仍有一些教师无法完全接受它，因为即使他们意识到了这种教学方式的优势，但由于这种教学方式对教师的计算机操作技能有要求，且在使用过程中会有一定的难度，也在无形之中加重了教师的工作压力。与此同时，这种方式使教师与学生直接交流的机会减少，缺乏眼神与心理沟通；教学速度把握不好，会导致学生跟不上教学思路，进而影响听课效果等等。因此，教师应该结合教学内容及实际学情，采用合理、合适的方式改善教学现状、优化教学模式，进而提高多媒体教学的有效性，提高课堂教学的质量和效果。

## 第二节　教育心理学的作用

### 一、教育心理学的历史

从某种意义上说，教育心理学思想作为一种理解教师教学的思想已经有悠久的历史。我国古代的孔子、孟子、荀子等在论述教育问题时都有过一些有关教育心理学方面的观点。例如，他们肯定学习的重要性，把学习看作是修身安己的根本、解除固蔽的途径；指出“学则不固”“好学近乎智，力行近乎仁，知耻近乎勇”；重视环境与教育对儿童心理发展的作用，指出“性相近也，习相远也”“蓬生

麻中，不扶而直；白沙在涅，与之俱黑”；注重兴趣、注意、意志等非智力因素在学习中的重要性，提出“知之者不如好之者，好之者不如乐之者”“心不使焉，则白黑在前而目不见，雷鼓在侧而耳不闻”“锲而舍之，朽木不折；锲而不舍，金石可镂”；强调学习是积极的思维过程，认为“学而不思则罔，思而不学则殆”；主张思考存疑，认为“尽信书，则不如无书”；强调学行结合，重视实践对获得知识的重要作用，认为要“思而后行”“不登高山，不知天之高也，不临深溪，不知地之厚也”；注重因材施教，如孔子就很注意对学生性格、才能和志趣的了解，并针对不同学生的性格特点采取不同的教育方法，在《论语·先进》中他曾指出：“求也退，故进之，由也兼人，故退之。”世界上最早的教育专著《学记》中所提出的许多教育原则，也都闪耀着教育心理学的思想。如其中的“道而弗抑，开而弗达”的教学方法，强调充分发挥学生的主观能动性，培养学生的思维能力，发展学生的创造性。后来的王充、朱熹、王夫之等人也有不少的教育心理学观点。即使在今天看来，其中不少思想、观点也不乏启发意义。

西方早期一些哲学家、思想家、教育家在论及教育问题时，也有不少教育心理学方面的观点。如柏拉图和亚里士多德曾探讨过诸如教师的角色、师生关系、教学方法、学习本质与顺序、学习中情感的作用等主题。在十八世纪，夸美纽斯提出书本和教学过程中的视觉辅助的重要性，提出教学的目标是理解而不是记忆。至十九世纪初，出现了教育心理学化运动。瑞士学者裴斯泰洛奇提出，应该把教育与教学建立在心理学的基础上，以符合人类智慧发展的规律。德国教育学家赫尔巴特提出，教育应该以实践哲学与心理学为基础，建立了观念心理学体系，据此提出四阶段教学法，即明了、联系、系统、方法。在十九世纪末至二十世纪初，美国兴起儿童研究运动。美国心理学家霍尔运用心理学的方法研究儿童，据此建立了适合儿童的教育和教学原则，同时积极致力于推动心理测量工作。上述这些思想及具体做法，都为教育心理学学科的诞生奠定了坚实的理论基础与实践基石。

教育心理学作为一门独立的心理学分支学科，诞生于十九世纪末二十世纪初。它的建立除了上面介绍的教育心理学思想之外，另一个重要的也是直接的原因是心理学自身的发展。美国心理学家桑代克受实验心理学的影响，从1896年就开始对动物的学习进行实验研究，后来又研究了人类的学习及其测量。他依据学习的实验与测量研究所得的资料，于1903年出版了《教育心理学》一书，这标志着教育心理学的诞生。二十世纪四五十年代，教育心理学研究的重点是个体差异、评价和学习行为；二十世纪六七十年代，研究的重点转变到学习和认知的发展研究，关注学生如何学习概念、如何记忆；最近，教育心理学家对文化和社会因素如何影响学习和发展的问题尤为关注。

当今人们是怎样看待教育心理学的呢？存在一种普遍接受的观点：教育心理学是一门拥有自己的理论、研究方法、问题和技术的独立的学科，它通过对学习和教学过程的研究，揭示教与学的基本规律。

## 二、教育心理学的研究类型

教育心理学中的研究类型主要有三种：描述性研究、相关性研究和实验研究。

### （一）描述性研究

教育心理学家会设计并进行许多不同类型的研究，其中一类就是描述性研究。描述性研究通常发生于自然条件下，旨在通过观察并记录教育过程中某些心理活动的表现或行为变化来揭示研究对象的心理与行为特征。这种研究给我们提供一些有关学生、教师或学校的特点的情况；同时也给我们提供一些有关某些事件或行为的发生频率的情况。表 1-1 的左栏中列举了用描述性研究回答一些问题的实例。

**表 1-1　三种研究类型的举例说明**

| 我们可以用描述性研究、相关性研究及实验研究来回答下列问题 | | |
|---|---|---|
| 描述性研究 | 相关性研究 | 实验研究 |
| 能进行抽象思维的中学生的百分率是多少 | 年龄大的学生比年龄小的学生更善于抽象思维吗 | 抽象思维技能能通过特殊设计的教育方案得到提高吗？ |
| 我们在学校里可以看到哪种攻击行为？其发生频率是多少 | 如果学生的父母在家里动粗，那么，学生在学校里会更富攻击性吗 | 什么方式对减少攻击行为更有效？是强化适当的行为还是惩罚攻击行为 |
| 在常用来教小学生阅读的书籍中，性别一词出现有多普遍 | 善于阅读的人也善于写作吗 | 两个方案中，哪一个更能提高阅读理解力 |

描述性研究用以收集资料的方法主要有三种：观察法、个案法、访谈法。

1. 观察法

观察法是在自然情境中对人的行为进行有目的、有计划的系统观察和记录，然后对所做记录进行分析，以期发现心理活动变化和发展的规律的方法。采用观察法研究教育心理学，首先要求有明确的计划；其次要做好全面而细致的记录，除文字记录外还可以利用现代化手段（如录像、录音）以备反复观察和分析所用；最后还要对所获取的资料作出切合实际的推论或结论。

2. 个案法

个案法是对少数人或个别人进行追踪研究的一种方法，通常是针对那些学习上有困难或行为上有问题的学生进行研究。

3. 访谈法

访谈法是通过与被研究者的交谈来收集有关资料的方法。教育心理学的研究中常常把与被研究者的谈话作为一种手段，与其他方法结合使用，一般不单独应用。

用这种方法描述研究所获得的资料一般比较真实，但是它只是描述了行为的表面现象，不能揭示其中的因果关系。

（二）相关性研究

相关系数是一个数据，它表明两个事件或者测量的相关联的程度和方向。相关系数的范围在＋1.00～－1.00之间，相关系数越接近＋1或－1.00，说明相关程度越高。例如，身高和体重的相关系数是0.7（相关程度较高），身高和掌握词汇的数量的相关系数几乎为0.00（根本不相关）。相关系数的正负号表示相关的方向，正相关表示两个因素变化方向一致，同时增大或同时减小。例如，身高和体重是正相关，因为身高越高，体重也会越重。负相关表明两个因素变化方向相反，当一个因素变大时，另一个因素就变小。例如，随着非数学专业的教师数量的增加，学生的数学成绩随之下降。

相关性研究旨在用相关系数去揭示研究对象的若干变量之间的关联程度。表1-1列举了用相关性研究回答一些问题的实例。但是相关不能证实因果关系。身高和体重是相关的，一般高的人比矮的人重，但是增加重量并不一定使人变高。知道一个人的体重只能让你大概预测这个人的身高。教育心理学家进行相关性研究的目的就是为了能对课堂中重要的事件进行预测。

相关研究用以收集资料的方法有问卷法和测量法。

1. 问卷法

问卷法也称调查法，它的基本做法是研究者根据研究目的拟定一系列问题，向被调查者提出，要求其作出回答。在研究对象上，不受人数限制，样本可大可小，但是取样范围广泛，有利于搜集丰富、充分的资料。在研究内容上也比较广泛，无论是内隐的心理活动还是外显的行为都可以使用问卷法。在研究处理上，因为大部分问卷调查是可以按照标准化的方式回答的，所以这些资料易于整理和分析。应当注意的是，问卷法对问卷的编制有较高的要求，问题的数量与顺序、问题的措辞、问题类型等等都是需要反复斟酌的。

2. 测量法

测量法是采用专门的测量工具（测量量表），在较短的时间内对被研究者的某些或某方面的心理属性作出测定、鉴别和分析的一种方法。在教育心理学中，常用测量法来评估研究对象的学业成绩、能力、兴趣、态度和性格以及它们之间的关系等等。采用这种方法应该注意的是要选择合适的量表进行测量,否则会影响到测量的效果。

相关性研究可以迅速收集大量资料,并且可以根据测量的相关结果对所研究的行为进行初步预测。但是,因为研究过程中不能对变量进行控制和改变,所以还不能就此得出行为之间的因果关系。当然,并不能因此否定相关性研究,相关性研究所得的结果可以为更深入、更准确的研究提供倾向性的假设或重要线索。

（三）实验研究

实验研究允许教育心理学家超越预测,进行真正的因果研究。实验研究就是创设一定的情境,改变或操纵变量的一个或多个方面(常称为自变量),然后衡量这些变化对其他事物的影响(常称为因变量),从而考察自变量和与因变量之间的因果关系。例如,研究者先把有学习障碍的学生随机分成两组,并让教师以A方式教育其中一组;用B方式教育另一组;然后比较两组学生的学习成绩,判断哪一种教育方式更有效。表1—1列举了通过实验研究回答一些问题的实例。

实验研究有实验室实验和自然实验两种形式。

1. 实验室实验法

实验室实验法是在专门的实验室内利用一定的仪器进行研究的一种方法。实验室实验法对各种因素的控制较为严格,并且它通过专门仪器进行测试,所以一般具有较高的信度,通常用于研究心理过程和某些心理活动的生理机制等方面的问题。

2. 自然实验法

自然实验法是指在教育实际情境中按照研究目的而创设控制某些条件,以引起某些心理活动从而进行研究的一种方法。这种研究方法具有实验法和观察法的优点,既主动创设条件,又是在日常生活中进行。因此,它是教育心理学中常用的方法。但是我们也应该意识到自然实验法的条件控制往往难以做到非常严格。

（四）行动研究法

目前已被我国广大中小学工作者了解、接受、应用的一种研究方法是行动研究法。所谓“行动研究法”指的是,在教育情境中,教育实践工作者为解决教育教学中遇到的实际问题,在经过系统的反思、探究的基础上,采取相应的改进实践的行动解决实际问题的一种研究方法。行动研究是以研究实际问题为出发点,以解决实际问题为研究目的。行动研究作为教师做研究的一种重要方法,不仅有助于克服教育研究与教育实践相脱离的弊端,而且能够促进教师的专业化成长。所以,教师应该掌握这种研究方法,并且应用到自己的教学实践当中。

## 三、教育心理学的教学理论

### （一）教育教学常识

在很多情况下，教育心理学家提出的原理是经过仔细思考，花了大量的时间和金钱通过研究得出的，但有些原理听起来显而易见。人们很想说而且经常说："这些原理我们都知道，这只不过是常识，不需要做研究我们也知道。"但是研究结果常常并不是像我们原来想得那么简单，教育心理学研究更能发现细致的差异。请看下面的例子：

1. 怎样的朗读方式有助于学生学习？

在小学低年级的朗读课上，教师应该怎样选择学生进行朗读呢？

基于常识的回答：教师应该随意点名，这样每个学生才会认真地听课。如果教师每次使用同样的顺序，学生就知道什么时候会轮到他。

基于研究的回答：有研究者发现在一年级的朗读课上，让每个学生按顺序朗读，给每个学生朗读的机会，效果会比随机点名更好。轮流朗读的关键是给了每个学生参与的机会，如果不能让每个学生都有参与的机会，那么有些学生就可能被忽略。

2. 焦虑有时能帮助学生在课堂上更成功地学习和表现吗？

基于常识的回答：这种说法是错的。焦虑总是一件坏事，会阻碍学习。

基于研究的回答：对某些课堂作业，特别是相对简单的作业来说，适度的焦虑实际上能促进学生的学习和表现。

3. 教师帮助成绩较差学生需要时机吗？

基于常识的回答：常常提供帮助。

基于研究的回答：只有当学生请求时才给予帮助，否则学生的学习动机会受到影响。

从以上事例中我们可以发现，常识往往是一般的、粗略的，研究却可以告诉我们更多、更精细的知识。

### （二）原理和理论

当相似的研究反复产生相似的结果时，即使情况变化极大，学习者各不相同，教育心理学家仍然能推论出心理学的普遍原理。原理这个术语就是用以说明两个或者两个以上因素之间确定的关系，如一定的教学策略和学生成绩之间的关系。这些原理描述了影响学生学习、发展及行为的具体因素。通过许多确知的原理，教育心理学家已经解释了许多变量之间的关系。为了更好地理解教学和学习过程，教育心理学家又提出了许多理论。心理学理论通常吸收了许多原理，包含了大量的相互关系。实质上，原理描述了人类行为的本质——它们描述了在什么情况下发生什么事情——而理论则描述了那些事情发生的原因。

尽管目前有关教育心理学的各种原理和理论仍不完整，甚至是推测性的，但它们对怎样更好地帮助学生学习和生活提供了许多看法和见解。为了便于理解，我们列举一个例子，想象一下现在你正站在40个学生面前，正在讲授某个知识点，比如说“的、地、得”的用法，如果这40个学生面无表情地看着你，那么你可以肯定他们什么也没学到。那么，他们为什么没学到呢？我们来猜想可能的几种原因。

原因一：他们并不相信自己能学会你所教的东西。一种已证实的动机原则是，如果人们相信他们能够学会和掌握某个东西，那么，他们更可能努力去学习它。有一些理论家称之为“自我效能感”理论。学生认为老师讲授的东西他们学不会，所以学习的动机水平就比较低。

原因二：他们对老师一下呈现这么多内容不能理解，并且感到枯燥。斯金纳提出了程序教学理论及其教学模式。程序教学模式的原则是小步子教学，即把教学内容分解成若干小部分，然后教给学生，并且对学生的学习结果给予积极的反馈。这样，学习者的学习过程将比较简单，学习内容也比较容易接受，并建立起自信，从而主动、积极地学习。

原因三：他们并没有足够的背景知识来理解老师讲授的内容。学习和认知发展的一个基本原则是，学生已有的知识对其获得新信息和新技能会产生影响。大体来说，学生对一个内容已知的越多，他们就越能更快、更容易地了解与那个内容有关的其他知识。

虽然原理和理论在解释和预测两方面不会达到百分之百的完美，但它们能够为思考具体教学问题提供不同的方式和角度。对待这40个学生的反应，这三种解释方法会导致不同的教学策略，但是到底哪种解释是符合实际情况的，还需要教师根据具体情况而定。因此，教师在借鉴理论的同时，要不断对具体的教学问题进行评估，然后再做出决策。

## 四、教育心理学的作用

### （一）教育心理学的理论作用

首先，教育心理学从教育过程这一侧面对一些心理规律进行探索，揭示的心理学规律不仅充实了教育心理学的一般理论，而且为整个心理学的理论发展作出了贡献。如教育心理学有关学生在学习知识过程中表现出的记忆规律对教育心理学乃至整个人类记忆的研究都有重要的意义。人们把心理学称作一门研究的科学，即心理学中尚存在着大量的未知领域，而不是像其他自然学科已有成熟的体系。教育心理学可以从教育过程这一侧面对一些心理规律进行探索，为心理学的理论作出贡献。

此外,教育心理学对人类学习过程的研究成果还将为人工智能的发展提供有益的理论指导。

（二）教育心理学的实践作用

人类能够改造世界,创造新事物,主要是因为人们能在实践中不断认识客观事物的发展规律,按客观规律办事。教师和教育工作者要想使教育教学工作做得更有成效,就必须不断去发现、把握和正确运用存在于教育教学过程中的规律,其中包括教育心理学所揭示的教与学的心理规律。教育心理学作为以应用为主的学科,更重视研究并揭示存在于教育教学实践中的具体规律,使其直接能为学校教育提供指导。如美国教育心理学家奥苏伯尔在 1957 年做过的一次“意向对保持学习材料的影响”的实验发现,学生在阅读之前有准备长时记忆的意向比阅读之后才出现这种意向有更好的学习效果。教师一旦明白这一规律,教学中就会提示学生,不要只为当前的考试而学习知识,应为长远的学习和应用去掌握材料,只有这样,知识保持得才长久。教育心理学对教育实践具有描述、解释、预测和控制的作用,在实际应用中体现为以下几个方面:

1. 帮助教师准确地了解问题

教育心理学研究的一个最基本的任务是对教与学过程中的心理现象在质和量上进行描述和测量并揭示其存在的内在联系和规律,即解决“是什么”和“为什么”的问题。例如,对于存在学习困难的学生,教师可以利用教育心理学提供的多种方法来了解造成困难的原因。一名小学四年级学生在语文阅读方面存在困难,我们就可以应用智力测验、阅读测验或者与此有关的生理方面的健康检查等各种形式的测查手段,来找出困难的症结。当然,阅读困难也可能与个人的生活经验有关,如父母离异、家长对儿童漠不关心或期望过高致使学习动机受挫,或者与教师关系不和、老师教学方法不当等致使儿童失去学习兴趣等。教师可以运用教育心理学的理论和研究方法,对学生学习困难或心理发展过程中存在的有关问题追根溯源,准确地了解学生,从而采取针对性的措施,促进学生学业进步、心理健康发展。

教育心理学有助于教师对教育现象形成新的科学认识,尤其是对传统的、常规的教学方法、教学行为进行分析和研究,提出更为科学的观点。

2. 为实际教学提供科学的理论指导

教育心理学为实际教学提供了一般性的原理和理论指导。教师可结合实际的教学内容、教学对象、教学材料、教学环境等,将这些原理和理论转变为具体的教学程序或活动。例如,根据学习动机规律的研究,在课堂教学中可以采取创设问题情境、积极反馈、恰当控制动机水平等手段来培养和激发学生的学习动机;

依据学习迁移的规律，可以在教学内容的选编、教学程序的安排等方面采取措施，促进学习的迁移。

3. 帮助教师预测并干预学生的学习行为

利用教育心理学原理，教师不仅可以正确分析、了解学生，而且可以预测学生将要发生的行为或发展的方向，并采取相应的干预或预防措施，达到预期的效果。也就是解决"怎么做"的问题。心理学家们往往根据教育心理学的理论和规律以及学生过去或现在的行为，来预测他将做什么。比如，一个心理学家如果知道一个学生的一般智力、学习策略和学习动机，就能更准确地预测这个学生在学校里的学业成绩。对行为预测伴随着对行为的干预。如，根据学生的智力发展水平，为智力超常或有特殊才能的儿童提供更为充实、更有利于其潜能充分发展的环境和教学内容；为智力落后或学习困难的学生提供额外的帮助或行之有效的具体的矫正措施，使其达到最大程度的发展。

4. 帮助教师结合实际教学进行研究

教师不仅要学习教育心理学家们在教学领域中所做的各个方面的研究，而且，现代教育要求教师还应该是一个研究者，面对纷繁复杂的实际教学情景，要能够不断地发现问题、提出问题和选择适当的方法和程序解决问题。同时，还需要不断总结自己的经验，通过阅读、观察和交谈来解决自己的问题。前面我们已经提到了，行动研究法越来越受到大家的关注。教育心理学不仅为实际教育活动提供一般性的理论指导，也为教师参与教学研究提供科学的研究方法、技术及可参照的丰富的例证。有效的教学需要教师因人、因事、因时、因地而灵活地进行，因为学生、班级、学校以及相应的社会环境各有不同，教学内容、教学时段、教学方法等也各有不同，普遍适用的教学模式是不存在的，需要教师结合教学实际，创造性地、灵活地将教育心理学的基本规律应用于教学中。否则，生搬硬套某些原理无助于教学效率的提高，甚至适得其反。教育心理学并非给教师提供解决一切特定问题的具体模式，相反它给教师提供进行科学研究的思路和方法，使教师不仅能够理解、应用某些基本的原理和方法，而且还可以结合自己的教学实际进行创造性的研究，去验证这些原理并解决特定的问题。

## 回到案例

本章开头案例中的小刘刚刚毕业，在师范学校里学习了相关的心理学、教育学知识。但是，当真正踏上讲台的时候，还是不知所措，在教学生涯中，他还是处在关注生存阶段，主要是关注自己的表现。下面我们来看看案例中的几个小问题，作为一个新教师到底会怎样看待这些它们？在备课的时候，新教师心里可能会想到应该考虑多种教学方法，但是，这最多是一个想法，最终还是可能选用有经验的教师用的方法,因为这样最保险,应该不会出大问题。演示过程中,新教师最关注的应该是他的讲述是否清楚,他能否会在下课铃响之前,结束他的内容。在提问时遇到尴尬的问题、学生故意捣乱、故意出难题,这些都不是新教师希望出现的。最后,这堂课结束的时候,如果完成了教学任务且没有出现很大的差错,新教师可能就认为这节课是成功的。本章第一节里我们已经讲述了教师专业发展的阶段,随着教龄的增长,教学经验的增加,新教师的专业能力会得到不断的提高,他们会对自己提出更高的要求,并在完成这些要求的过程中逐渐成长起来。我们还应该认识到,师范阶段的教育实习对师范生教学能力的发展帮助很大,这样当他们踏上工作岗位的时候就不会显得无所适从了。前面我们也介绍了成为优秀教师的一些方法,可以参照这些方面加强锻炼,为将来的教学打下坚实的基础。

## ☞ 学术争鸣

| 教学是科学还是艺术? | |
|---|---|
| **正方观点:教学是一门科学。**<br>新行为主义者斯金纳认为,可以用科学的方法来安排教学。他把强化作为促进教学的主要杠杆。在他看来,教学工作的实质就在于如何安排强化。因为行为主义者坚信复杂行为是由简单行为构成的,所以主张把课程目标和内容分解成很小的单元,然后按照逻辑程序排列,一步一步地通过强化手段使学生逐步掌握教学内容,最终达到预期的教学目标。所以,主张教学是科学的人认为,教学不仅有科学的基础,也可以用科学的方法来研究。<br>斯莱文(R. Slavin)认为,教育的改革只是从一种思潮转换成另一种思潮,变化过程越来越像艺术,而不是像科学那样逐步改善。医学和农业空前发展,其原因是在这些领域,他们的实践建立于科学证据之上,所以他认为教育研究必须是科学的,教育改革应该建立在可靠的研究之上。 | **反方观点:教学是一门艺术。**<br>人本主义心理学家库姆斯(A. Comes)认为,在教学领域中,教学方法不是公共的,好教师的教学绝不是千篇一律地遵循着什么既定规则的,他们都有各自的个性,并在教学中体现出来;好教师在教学中会注重具体的、特定的情境,不可能以既定的方法行动,教师应当是艺术家。<br>伯林纳(D. Berliner)提出在教育中进行科学研究和完成科学发现是非常困难的,因为学校中的个体处于复杂的、不断变化的、相互作用的社交网络中。这些网络中的人有足够的力量通过日常的事件相互影响。所以这些事件限制了教育研究发现的推广性,从而影响在学校中进行科学的研究。所以教学不能作为一门科学。 |

# 小　结

1. 有效教学

有效教学就是通过有效的教学准备、有效的教学活动和有效的教学评价来促进学生学习和发展的教学。在描述有效教学的时候经常提到好教师、优秀教师。对于教师的专业发展阶段，美国学者伯利纳（D. Berliner）根据——（Dreyfus）提出的技能获得五阶段模型提出了教师从新手到专家的五阶段发展模型，我国学者张景焕等人从课堂教学设计的角度，通过调查和访谈，总结出了优秀教师成长的心路历程。成长为一名优秀的教师，不仅需要教学经验的积累，在日常的教学中也有很多需要注意的问题，具体来说可以从以下几个方面来做：有意识地教学、创造性教学、反思性教学、塑造完整的教学人格。

2. 教育心理学的作用

教育心理学是一门拥有自己的理论、研究方法、问题和技术的独立的学科，它通过对学习和教学过程的研究，揭示教与学的基本规律。教育心理学的研究类型主要有三种：描述性研究、相关性研究和实验研究。教育心理学对理论与实践都有很重要的作用：在理论方面，教育心理学从教育过程这一侧面对一些心理规律进行探索，揭示的心理学规律不仅充实了教育心理学的一般理论，而且为整个心理学的理论发展作出了贡献。教育心理学的研究也对教育学（特别是教学论、课程论和德育论）的理论发展起重要作用。除此之外，教育心理学对人类学习过程的了解还将为人工智能的发展提供有益的理论指导。在实践方面，帮助教师准确地了解问题，为实际教学提供科学的理论指导，帮助教师预测并干预学生的学习行为，帮助教师结合实际教学进行研究。

## ∠ 思考题

1. 有关教师专业发展阶段的观点有哪些？
2. 怎样成为一名优秀的教师？
3. 反思的策略有哪些？
4. 教育心理学的研究类型有哪几种？
5. 怎样看待教育心理学中的理论和原理？
6. 教育心理学有什么作用？

## ∠ 进一步阅读文献

1. Robert J. Sternberg，Wendy M. Williams 著，张厚粲译. 教育心理学. 北京：中国轻工业出版社，2003 版.

2. 李文慧. 优化教学反思，引领专业成长[J]. 教育实践与研究，2018，89-91.

3. 王文静，岳曲，杜霞. 基于中国文化传统的教师反思模型构建——以《论语》研习中的教师反思为例[J]. 全球教育展望，2022(11)，6984.

4. 刘喆，尹睿. 教师信息化教学能力的内涵与提升路径[J]. 中国教育学刊，2014(10)，31-36.

# 第二章
# 学生的认知发展

## ☞ 章节说明

作为一名教师，了解学生认知发展的基本理论是非常必要的。有经验或受过训练的教师会了解班里大多数学生处于哪种发展水平，也清楚哪些学生需要特别的帮助，还能认识到如何用一种既能促进学生认知发展又不会导致挫折感的方式来进行教学。因此，我们首先要了解有关认知发展的一些基本原理，然后了解几个主要的理论是如何基于这些原理来看待认知发展的。本章第一节首先解释认知发展的概念，接着介绍认知发展的基本原理，最后指出认知发展的领域一般性和领域特殊性。第二节和第三节分别介绍著名心理学家皮亚杰和维果斯基的认知发展理论，以及每一种理论在教育教学中的应用。最后一节将对认知发展中的个体差异和文化差异进行探讨。

## ☞ 案　例

在一堂初中几何课上，张老师准备讲的内容是“圆柱体侧面积公式”，他带去了一把剪刀、五个圆柱形纸筒、一瓶墨水、一张白纸、一卷透明胶带，随后让学生利用这些工具去想圆柱侧面积公式的推导方法。学生通过自己动手，想出下面一些方法：

学生1：用剪刀沿圆柱一条母线把圆柱形纸筒剪开，展开后得到一个矩形，用矩形的面积推求圆柱侧面积。

学生2：用剪刀沿圆柱一条斜线把圆柱形纸筒剪开，展开后得到一个平行四边形，用平行四边形的面积推求圆柱侧面积。

学生3：给圆柱形纸筒的表面涂上墨水，使纸筒在白纸上滚动一周，在纸上留下的痕迹正好是矩形，痕迹面积就是圆柱侧面积。

学生4：把纸筒压扁，即得两个对折的全等矩形，也可以求出面积。

学生5：用透明胶带在圆柱形纸筒侧面由底到高一圈一圈地贴上去，直到贴满侧面，最后算一下用了多少胶带。

……

张老师的教学方法有何巧妙之处？学习完本章之后也许你会更容易回答这一问题。

## 第一节　认知发展的基本原理

### 一、认知发展的概念

所谓认知(cognition)，具体是指那些能使主体获得知识和解决问题的操作和能力。认知是人类个体内在心理活动的产物，尽管我们不能直接看到主体内在的认知过程，但是可以通过观察、分析主体认知活动的外在行为来推断其大脑内部进行的认知活动本身。从广义的角度看，认知几乎包含在所有的认识活动中。换言之，在心理活动的任何一个环节中都有认知成分的参与。

所谓发展(development)，是指随时间的延续，有机体在结构或功能上发生变化的过程和现象。"发展"是一切物种的重要特性，而且具有生物学上的依据。因此，有机体的发展进程和结果是可以进行预测的。人类发展有许多不同的方面，比如生理发展、人格发展、社会性发展、认知发展等。

所谓认知发展就是指主体获得知识和解决问题的能力随时间的推移而发生变化的过程和现象。但发展期间出现的许多变化只是简单的生长和成熟(那些自然和自发出现的变化就是成熟)，而且这些变化在很大程度上是由基因决定的。而其他的变化，比如认知发展，则主要是成熟和环境相互作用的结果。

### 二、认知发展的基本原理

尽管关于发展的内涵和发展发生的方式现在还有争议，但是大多数心理学家都认同下面一些发展的基本规律。

(一) 发展模式在一定程度上是有序的和可预料的

人类发展的特点是按可预料的顺序依次出现的。例如，儿童只有在从逻辑方面去思考具体物体和可观察事物之后，才能从逻辑方面去考虑抽象的概念；先掌握加减乘除才能学习代数等等。尽管学者们对一些问题持有不同意见，但在某种程度上都认同人类发展中的普遍原理：发展具有随时间的推移而发生变化的相似模式，而不用过多考虑人们成长的具体环境。然而，需要指出的是，“有序”和“可预料”并不是绝对的。

（二）发展的速度因人而异

有关研究表明人们到达某个发展阶段的平均年龄呈现出一定的规律性。例如，儿童一般1岁左右会说话，7岁时可以利用重复策略记忆信息。但是并非所有的儿童都在平均年龄达到相应的发展阶段，有些儿童出现得早些，有些儿童则出现得晚些。

（三）发展是逐渐发生的

认知发展受生物和环境交互作用的影响，不可能一蹴而就。比如，学生的数学运算和逻辑推理能力也是缓慢发展的，不但会受到思维发展阶段的影响，还会因课本以及教学目标和方法的不同而产生差异。

（四）发展速度是不均衡的

尽管认知发展是逐渐发生的，但它并非总是以恒定不变的速度进行，而是存在高原期和平缓期。比如，学步的儿童在长达数月的时间里只能用有限的词汇和一个字的“句子”讲话，但是，也许在他/她第二个生日后的某个时候，语言发展就会发生质的飞跃。在短短几个星期内，词汇量迅速增加，说的句子越来越长。

（五）发展总是受遗传和环境的影响

发展的各个方面都直接或间接地受遗传的影响。认知发展首先要通过成熟过程影响儿童的成长，一个1岁的孩子不可能获得抽象逻辑思维能力就是这个道理。不过，环境在认知发展过程中同样起关键的作用。例如，生活在注重数理化训练的家庭中的儿童，可能比普通家庭的孩子更快地发展出抽象推理能力。

## 三、认知发展的领域一般性和特殊性

一般领域发展（domain-general development）指发展几乎同时在多个领域发生，而特殊领域发展（domain-specific development）是指发展在不同的领域以不同的速度发生。不同的认知发展理论往往在涉及发展的一般领域性或特殊领域性时有分歧。

在实践中，这两种观点分别有不同的教育含义和教育启示。比如，根据领域特殊性的发展观点，教师可以预期一个数学学习能力很棒的学生，其语文却未必学得很棒；根据领域一般性的发展观，教师则可以预期一个数学学习很好的同学，其语文成绩也会不错。那么当遇到一个数学成绩很好而语文成绩不好的学生时，教师该怎么做呢？是鼓励他在语文方面加倍努力还是等待并促进他语文能力的发展呢？事实上，有些领域各自所运用的技能较少有重合的部分（这些技能则具有领域特殊性），如数学能力和语文能力；但是有些领域各自所运用的技能当中却存在较多重合的部分（这些技能则具有领域一般性），如数学能力和物理能力。教师应结合具体情况来看待这两种观点。

总之，教师在教学过程中，掌握上述关于学生认知发展的一些基本知识和基本原理，有助于更好地了解学生的发展状况并根据这些原理指导其教学实践。

## 第二节　皮亚杰的认知发展理论

从 20 世纪 20 年代早期开始，瑞士生物学家、心理学家让・皮亚杰（J. Piaget，1896—1980）对儿童的认知发展、知识的起源等问题进行了深入研究，提出了著名的认知发展理论，在心理学界引起了广泛而长远的影响。

### 一、认知发展的机制

#### （一）平衡（equilibration）

皮亚杰认为，儿童认知发展的主要机制是平衡。所谓平衡是指认知结构与环境需要之间达成的平衡。儿童本能地通过组织（organization）将自己的思维过程、知识经验融入认知结构。皮亚杰用图式（schemes）来命名这些认知结构。所谓图式是思维的基础框架，它们组成动作或者思维系统。当儿童能用现有的图式轻轻松松地解释新事物时，就说明他们处于一种发展的平衡状态，但是这种平衡状态不会永远持续下去。随着儿童的成长，他们经常会遇到现有图式无法充分应对的情况，不平衡状态（disequilibrium）就出现了。比如，魔术师从帽子中变出一只兔子。不平衡状态会令人不舒服，从而促使人们去探索解决办法来达到平衡。在这种探索过程中，儿童主要通过同化和顺应两种方式来实现平衡。从平衡到不平衡，再从不平衡到平衡，儿童的思维会因此而改变并不断向前发展。

#### （二）同化（assimilation）

同化是以与现有图式（认知结构）相一致的方式处理物体或事件的过程。例如，当学生学习并掌握了“鱼”这一概念之后，在头脑中逐渐形成了一种关于鱼的图式（在水里生活、脊椎动物、有鳍、卵生等），当看到一条游动的金鱼时，自然而然会认为金鱼是一种鱼。这就是一个认知同化的过程。它不需要儿童改变现有的图式，只需要把遇到的新问题纳入已有的图式中去就可以了。然而，儿童生活的世界是复杂的，当现有的图式无法解释遇到的新情况时，只能用顺应来调节这种不平衡状态。

（三）顺应(accommodation)

顺应是当儿童无法用现有图式来解释新信息时，他们就必须要么修改现有的图式，要么创立一个新的图式来组织这些信息。比如，当儿童在电视上第一次看到幼鲸从妈妈肚子里出生的画面时一定会非常惊讶，这个新情况与他/她关于鱼的繁殖的图式不太一致，当学生无法用鱼这一图式来解释鲸这一动物时，他/她如果要恢复原来的平衡状态，就必须创立一个新的图式——鲸，来理解这一类似鱼的动物。同时，还可能修改现有的关于哺乳动物的图式来顺应新情况的出现，从而使自己的认知达到平衡状态并进一步推动认知的发展。

同化和顺应经常同时起作用，儿童是通过这两个互补的过程进行学习的。它们构成了儿童适应(adaptation)的两个基本的过程。所谓适应，就是儿童根据外界环境的变化做出的调整，是人类通过遗传而获得的基本倾向。

## 二、认知发展的阶段

皮亚杰关于儿童发展理论的一个突出贡献是对儿童的认知发展进行了分期，提出了著名的认知发展四个阶段观点：感知运动阶段、前运算阶段、具体运算阶段、形式运算阶段。这些认知发展的阶段具有以下几个特点：(1) 每个阶段一般都与特定的年龄段相联系，每个阶段都以行为的质变为特征；(2) 各阶段的出现遵循一定的顺序，从低到高，不能逾越，也不能互换，但是由于社会文化、教育及个体自身等方面的原因，这些阶段可能提前，也可能推迟；(3) 每个阶段都是下一个阶段形成的必要条件，下一个阶段的结构要以前一个阶段的结构为基础；(4) 在认知发展过程中，两个阶段之间不是截然分开的，而是有一定的交叉。比如，有些个体在阶段间可能会经历一个较长的过渡期，他们可能在不同的情境下表现出不同阶段的特征。

皮亚杰借用逻辑和数学的概念来分析说明认知发展的过程。他把运算(operation)水平作为划分认知发展阶段的依据。

他认为，心理运算具有四个特征：

第一，运算是一种内化的动作。例如，达到运算水平的儿童能在头脑里想象出把瓶子里的水倒入杯子这一动作的结果。这种心理上的倒水过程，就是一种内化的动作。

第二，运算是一种可逆的内化动作。数学中的许多概念法则本身存在互逆关系，灵活地运用逆向思维才能准确地理解这种互逆关系。例如互为倒数、互为余(补)角、互质数、互相平行、互相垂直、正反比例等，对于这些概念的学习，学生必须从正反两个方面去思考才会做题。

第三，运算具有守恒性。运算是以某种守恒性或不变性为前提的。实际上，运算的守恒性与可逆性是密不可分的。没有某种内容的守恒,可逆性就失去了依附;同时,守恒性是通过可逆性获得的。正是由于运算的可逆性,才使人们对运算过程中某些不变的因素有清晰的认识。

第四,运算不是孤立存在的。可逆性与守恒性之间的关系也表明这一点。皮亚杰认为,任何单独的内化动作都不是运算,各种内化动作必然相互蕴涵,并按一定的规则组成一种整体结构。

下面我们就来看看皮亚杰根据儿童的心理运算水平划分的四个发展阶段。

### (一) 感知运动阶段(0～2 岁)

儿童认知发展的最早阶段被皮亚杰称之为感知运动阶段(sensorimotor stage),因为这个阶段的儿童主要靠感知和动作来发展自己的认知图式、表达和实现自己的思维,还不具备心理运算的能力。最初,儿童都只有本能的简单反射,如吸吮和抓握。不久之后,婴儿就可以运用这些反射行为产生更有趣的、更有目的性的行为模式,如有意识地扭动身体和踢来弄响挂在床头的摇铃。此时,当物体不在感知运动范围之内时,儿童会认为它消失了。

感知运动阶段后期儿童逐步掌握客体永久性(object permanence),即当某一客体从儿童视野中消失时,儿童知道该客体仍然存在。一般认为,婴儿在 8～12 个月之后才会出现这一能力。但是新近的研究表明,即使三四个月大的婴儿可能也知道物体依然存在,只不过他们还没有记忆技能去保存住物体所在的位置,或是还没有运动技能去协调搜索物体的行为。一旦儿童认识到不在眼前的客体仍然存在,他们就开始在头脑中用符号来表征这些事物,永久性概念的获得是儿童建构心理表征这一重要能力的开始。儿童对外界的刺激在头脑中形成心理表征,就具备了表象思维(representational thought)。这个成就通常发生在感知运动阶段的末期,一般是在儿童出生后第 18 个月以后、24 个月以前。此外,儿童在反复观察某些行为导致某些结果后,他们也开始对因果关系有所了解,从而开始了有逻辑的目标定向的动作。客体永久性、表象思维、因果关系以及在这一阶段形成的其他概念都是儿童以后认知发展所依赖的基石。

### (二) 前运算阶段(2～7 岁)

在前运算阶段(preoperational stage),儿童有更强的能力思考事物,并且能更熟练地运用符号表征事物。儿童能形成一些相对来说不依赖于直接的感知觉和行为的图式。皮亚杰将儿童的这一能力视为真正思维的开始。

儿童迅速增长的词汇量和迅速发展的语言技能为儿童打开了更多未知的领域。随着符号思维的出现,儿童不再受此时此地的限制,所以思维和行动远比以前更具灵活性,这使他们更接近心理运算的掌握。

然而,前运算阶段也有明显的局限性。其中比较典型的是思维的片面性和自我中心性。思维的片面性也叫单向逻辑(one-way logic)思维,即思维只能沿一个方向进行,只能集中于事物的某一方面而不能兼顾其他方面。皮亚杰著名的守恒(conservation)实验揭示了前运算阶段儿童思维的这一特点。在实验中有三个可以装水的杯子,其中A、B两个杯子的大小和形状是一模一样的,里面装的水也一样多,但是第三个杯子C细而长。实验者当着儿童的面把B杯中的水倒入C杯中,然后问儿童A杯和C杯中的水哪个多。儿童会回答C杯中的水更多,因为这个杯子中水面更高,他/她显然只注意了杯子的高这个维度,而忽视了它也比较细这一维度。实验说明,前运算阶段的儿童,其思维在同一时间内只能沿一个维度进行,他们还不能理解"直径的减少抵消了高度的增加",因为这需要同时考虑两个维度。

儿童思维的不可逆性可能是他们不能具有守恒概念的原因之一。菲力普(Philips,1969)曾就儿童思维中不可逆性的问题,采用皮亚杰与儿童对话的方式,观察一个4岁男童的反应,对话内容如下:

问:你有兄弟吗?

答:有。

问:他叫什么名字?

答:叫吉姆。

问:吉姆有兄弟吗?

答:没有。

根据心理学家们的重复研究,儿童思考问题时守恒概念的形成,多在前运算阶段(2~7岁)之后。不过,据研究发现,儿童守恒概念发展的水平随所思考问题的性质不同而有差异。儿童对数字概念的守恒发展较早,平均在5~6岁;物体体积改变的守恒概念的形成平均在7~8岁;物体重量的守恒概念的形成平均在9~10岁。

正是因为这一阶段的儿童不能同时考虑多个维度,因此他们也难以将自己从他们对物体外在表现的即刻知觉中摆脱出来,从而出现了皮亚杰所说的自我中心性(ego centrism),即儿童倾向于用他们自己的观点来看世界和别人的经验。自我中心性并不等于自私,它只是简单地表示儿童以为别人和他们自己有一样的感觉、反应和观点。皮亚杰著名的"三山实验"(three-mountain experiment)说明了这一点:把大小不同的三座山的模型放置在桌子中央,桌子四周各放一把椅子,使儿童可以从不同角度观察三座山的形状。首先让儿童坐在其中一把椅子上,然后将布偶娃娃依次放置在桌边的其他椅子上。此时,实验者要幼童回答"娃娃看见的三座山是什么样子"。皮亚杰以7岁以下各年龄阶段儿童为对象进行实验,结果发现7岁以下的儿童都会选择自己的视角看到的"三座山"

的图片。

自我中心性的另一个表现是这一阶段的儿童说话时从不真正考虑听众的意见。常见的一种情形是，一个班级内的小朋友在讨论一个问题时，每个小朋友都讲得很热烈，但彼此之间并没有真正的交流或对话，皮亚杰称之为“集体独白”。

此外，处于前运算阶段儿童的分类(classification)能力尚不完善。分类的心理运作是将具有相同或相似特征的事物放置在一起。此时，他们只能按明确的、具体的标准分类(如颜色、形状、体积、用途等)，而不能按复杂的、抽象的标准进行分类。皮亚杰曾以学前(前运算阶段)儿童为对象，在很多不同颜色花朵的情境中，先后问他们两个问题，先问:“你说红花多还是白花多?”等他们回答之后再问:“你说红花多还是花多?”结果发现，学前儿童一般都能正确回答第一个问题，但却不能正确回答第二个问题。按皮亚杰的解释，这是由于学前儿童在认知发展上尚未具备类包含的能力。所谓类包含(class inclusion)能力，是指分类思维时能区别主类(大类)与次类(主类中所包含的各次类)之间关系的能力。按上述问题，红花与白花都是花类(主类)之下的次类，彼此间的特征具体明显，容易比较。而主类与次类比较时，因缺少明确的标准的可参照依据，故而产生认知困难。这与这一阶段思维的片面性和自我中心性也有密切关系。

(三) 具体运算阶段(7～12 岁)

皮亚杰认为，七八岁这个年龄一般是儿童概念发展的一个决定性转折点。这一阶段儿童的思维已具有真正的运算性质。换言之，他们已具有运算的知识(operative knowledge)，这种知识涉及在一定程度上做出推论。

在具体运算阶段(concrete operational stage)，儿童的思维已具有可逆性和守恒性，其主要特征是:面对问题时，能够遵循逻辑法则进行推理思维，但此推理思维能力还离不开具体事物的支持，只限于可见的具体情境或熟悉的经验。例如，小学四年级的儿童多半能解答以下类似的问题:

先画长短不等的两条直线 1 与 2

1 __________　2 _______________

然后将 2 擦掉换成 1 与 3

1 __________　3 __________

最后问儿童:“原来的 2 比现在的 3 长还是短?”

多数四年级儿童都能正确回答原来的 2 比现在的 3 长。原因是他们已经会根据具体事实做推理思维:2 比 1 长，1 比 3 长，因此 2 一定比 3 长。像这种以物体某种属性为标准排成序列，从而进行比较的心理运作，皮亚杰称之为序列化(seriation)。

小学生的认知发展正好处于具体运算阶段。小学中年级的学生能够学习四则运算题，而且能够按题意自行运算，主要就是他们图式的功能已经达到合理思维的地步。前运算阶段的思维片面性，已被去中心化所取代。所谓去中心化(decentration)是指具体运算阶段的儿童，在面对问题情境思维时，不再只凭知觉所见的片面事实去做判断。去中心化的思维特征是具体运算阶段儿童思维成熟的突出特征。此外，具体运算阶段的儿童对可逆性的问题也不再以不可逆性的思考方式去思考，而且他们均已具备了守恒的概念。

儿童的认知发展达到具体运算阶段时，其分类能力也随着年龄增长而得到更完善的发展。皮亚杰的研究发现，具体运算阶段的儿童已经具备了类包含能力。

（四）形式运算阶段(11 岁以上)

形式运算阶段(formal operational stage)是指 11 岁以上青少年认知发展的阶段。按皮亚杰的认知发展理论，认知发展达到形式运算阶段的水平，就代表个体的思维能力已发展到了成熟阶段，以后再增加也只是他从生活经验中增多知识，而不会再提升他的思维方式。综合皮亚杰本人与其后心理学家的研究发现，认知发展臻于形式运算阶段的青少年，在思维方式上具有以下三个特征：

1. 假设演绎推理(hypothetic deductive reasoning)

假设演绎推理是逻辑思维的基本形式之一。此种推理思维的特点是：先对面对的问题情境提出一系列假设，然后根据假设进行验证，从而得到答案。皮亚杰曾以摆动吊锤做实验，要求受试者解答在吊绳长短、吊锤重量、推动力量三种变化中，哪一个是影响锤摆速度的因素。实验结果发现，只有认知发展达到形式运算阶段的青少年，才会按照类似以下假设演绎推理方式寻求答案：先假设影响摆速的因素为锤重，然后保持另两个因素不变而只变化锤的重量以验证之；也可先假设绳长为影响因素，然后保持另两个因素不变，只变化绳长以验证之(正确答案)。如此依次进行检验，最终可得到正确答案。

2. 命题推理(propositional reasoning)

认知发展达到形式运算阶段的青少年，在推理思维时不必一定以现实的或具体的资料为依据，只凭一个说明或一个命题即可进行推理。例如，用这样一个问题分别问小学生和中学生："要是你当班主任，你怎样处理作业写得不认真的学生？"小学生也许会这样回答："我不是班主任，我不知道。"中学生就可能按他的想法做出一番假设。命题推理思维是超越现实的一种思维方式，这种思维方式对青少年的心理成长而言是很重要的。因为青少年喜欢从幻想中计划未来，合理的思维才是形成其合理计划的基础。

3. 组合推理(combinatorial reasoning)

在面对由多项因素组成的复杂问题情境时，认知发展达到形式运算阶段的青少年,可以根据问题情境提出假设,然后一方面孤立某些因素,另一方面组合另一些因素,从而在系统验证中获得正确答案。例如,实验出示6堆10个一组的木片,每一堆的颜色不同,要求被试找出颜色没有重复的任何一对,并穷尽全部可能的组合。这个阶段的青少年能够先选取一种颜色(假设是红色),然后分别从其他9堆木片中取出不同颜色的木片与红色木片配对,穷尽配对后选取另一种颜色(如绿色),排除红色后,分别与其他颜色配对,并依次类推,直到穷尽所有组合。

## 三、皮亚杰认知发展理论在教育教学中的应用

皮亚杰的认知发展理论对于当代教育有许多重要启示以及深刻的影响,这主要体现在以下几个方面:

### (一)教育目标应该是促进学生的认知发展

皮亚杰提出,平衡的两个基本过程是同化和顺应,新的知识只有纳入原有的知识结构(即图式)中才能被吸收、同化。因此,教育的目标并不在于简单增加知识量,而在于提高学生对知识的理解能力,推动学生的认知发展。如果只是死记硬背而缺乏理解,新知识就很难同化到已有的认知结构中去。更重要的是,当新知识和学生原有的知识结构不一致时,教师应该及时引导他们扩展知识结构或者帮他们建立新的图式以顺应新知识的要求,这样才既能增进学生的知识,又能促进他们认知的发展。

为了达到这一目标,教学活动要不断打破学生已有的平衡状态,帮助学生建立新的平衡状态。皮亚杰强调认知发展是平衡—不平衡—平衡不断循环、不断建构的过程,因此教师的教学一方面要提供与学生已有经验相关的内容,另一方面又要提供使儿童产生困惑的问题。这样,既可以让学生巩固原有知识经验,又可以打破学生原有知识的平衡状态,让学生产生知与不知的矛盾,进而激发学生学习新知识、解决新矛盾的兴趣,最终获得新的平衡状态。只有这样,学生的认知才能得到发展,教学活动才更加有效。

### (二)教学内容应适应儿童的认知发展水平

皮亚杰提出了智力发展的四个阶段,每一阶段都有其独特的认知图式。他认为发展是一个不断建构的过程,只有在前一阶段发展的基础上才可能出现进一步的发展。因此,智力的塑造是有条件的,教学中必须遵循智力发展的阶段来设计课程。教学既不应该滞后于儿童的发展阶段,也不能超越儿童的发展阶段去拔苗助长。换言之,教学不应让学生因为学的东西太容易或太难以致不能理解而厌倦学习,教师设置的不平衡水平必须适当才能促进学生发展。比如,根据皮亚杰的认知发展理论,西方出现了一种“皮亚杰”课程,它是一种适合于阶段论的发展的课程。如:在感知运动阶段就教儿童“躲猫猫”的游戏,让孩子知道什么

时候可以动，什么时候不可以动，从而最终达到促进儿童认知发展的目的；在具体运算阶段就可以尝试让儿童运用守恒和可逆思维解决具体的推理问题。教学设计只有在符合思维发展特点的基础上才能加速思维的发展。儿童的学习要有准备，教材的结构和顺序要适应认知发展的先后次序，学校课程教材的难度一定要适合学生认知发展的水平，在确定课程的难度时要经过设计和实验并充分论证。

（三）鼓励学生积极主动地参与课堂活动，合理运用探究学习

根据皮亚杰关于同化和顺应的观点，学习是主动的意义建构，而不是被动的接受。这意味着学习者学习的有效性体现在其是否在进行积极主动的建构。学习者只有对外部信息进行主动的选择与加工后，新知识才能被学生所真正认识和掌握。因此，教师在教学的各环节中应促使学生主动学习、积极思考。探究学习除了能让学生获得新知识，还可以帮助学生获得进行有效推理判断的技能。例如，科学教师可以针对客观世界的现象教儿童如何提问，接下来教他们提出假设、收集和记录与假设相关的数据，最后得出结论。研究者发现，学生会从有助于他们建构起某种适当解释的精心计划和有结构的活动中获益更多。同时，教师应牢记探究学习的一个缺点——“证实偏差”现象，即学生会错误解释他们观察到的现象，学习到错误的东西或者加强了已有的错误概念。因此，教师有必要严格地监控学生根据观察现象所得出的结论。

此外，教师还可以通过增加合作学习来提高学生学习的积极性，在合作学习过程中，儿童既能完善自己的观点又能补充他人的思考。同时，让年幼的学习者接触与自己观点相左的观点，有利于他们克服自我中心，同时也将促进年长学生对自己的思维进行反思。

（四）不仅要关注儿童的思维结果，还要关注思维过程

教师除了检查学生答案的正误之外，还必须了解学生得出答案的过程。比如，在检查学生对知识的掌握状况时，教师不应只是简单地、表面地问学生“你知道吗？”“说说你的结果”，而应进一步提出“你是怎样知道的？”“说说你的思路”等类似的问题。根据皮亚杰的观点，需进一步澄清的是，认知方面的积极参与并不意味着儿童仅仅是表面上摆弄某种材料，儿童在没有摆弄物体的情况下也可能在心理上积极参与。因此，在实际的课堂教学中，我们不能被课堂表面的活跃气氛所迷惑，而应该把教学目标锁定在学习者是否在进行主动的心理建构活动上，即是否在进行积极主动的思考。教师要善于做一个倾听者，给学生留有说和做的机会与时间，这样才能有针对性地引导学生主动地参与课堂生活，并逐渐培养其自我调节、自我管理的能力。此外，研究发现儿童从事熟悉的任务时更可能使用复杂的方式进行推理判断。因此，教师可以选择学生熟悉的教学材料对他们

进行教学，以确定学生真实的思维发展水平。

尽管皮亚杰的认知发展理论具有划时代的意义，对教育教学都具有非常重要的启示和影响，但我们也必须指出，自 20 世纪 80 年代以来，西方教育界对皮亚杰理论的批判愈来愈多。其一，很多人指出，皮亚杰的理论仍然存在着论证不足的缺陷，如众多对于儿童认知的研究结果表明，皮亚杰低估了学前儿童的认知发展水平。研究者发现，即使是婴儿也具有一定的认知，如一些婴儿 4～5 个月的时候就会数数，甚至有了很好的数量观念，这对于皮亚杰的认知阶段的划分是一个严峻的挑战。其二，皮亚杰的认知操作图式说对于人的社会性以及个体的能动性注意不够，如我们前面所介绍的皮亚杰的图式、同化等概念，很难看到广义上的社会实践等因素对儿童认知发展的影响。在皮亚杰看来，社会因素主要是涉及儿童与成人关系以及儿童与儿童关系的语言交流、文化教育、游戏规则和团体活动，而忽视了宏观社会环境对个体认知发展的制约作用。

**【理论运用于实践】应用皮亚杰的理论**

用实物提供动手体验，尤其当小学生在一起时。允许并鼓励学生探索和操纵物体。

很多低年级的数学知识，都是通过分一分、摆一摆、拼一拼、画一画、拆一拆等操作理解和掌握的。

当学习钟摆时，九年级科学班的学生实验了三个变量（重量、长度和钟摆首次被放下时的高度）以观察哪些变量决定钟摆摆动的速度。当一名学生坚持说高度影响了钟摆的速度时，老师指出他在实验时既改变了重量又改变了长度。

当学生表现出自我中心思维的迹象时，要引导其将困惑表达出来或向其解释其他人不同的思维方式。

一个一年级学生就一个老师看不见的物体问老师："这是什么？"老师回答道："什么是什么？我看不见你正在看的东西。"

在要求学生完成依靠数学和科学推理能力（如数的守恒、可逆性、比例推理等）的复杂任务之前，要确信他们具有这些能力。

在五年级数学课上，有一个单元是关于分数的，学生们对 2/3、4/6、8/12 为什么相等表示困惑。在开始讲解怎样对分母不同的分数进行加减前——这一过程需要对这些等值进行了解——老师用具体物体（如切成薄片的比萨饼、可以断成几小段的塑料杆）来帮助学生理解两个不同分数是可以相等的。

将抽象和假设的概念与具体物体和可观察的事件联系起来。

科学老师可以通过"瓶吞鸡蛋"实验，让学生们了解空气压力的概念。

［摘自：Ormrod J. E. 著，彭运石，彭舜等译. 教育心理学（第四版）. 西安：陕西师范大学出版社，2006，40.］

# 第三节 维果斯基的认知发展理论

苏联心理学家维果斯基(L. Vygotsky,1896～1934)从历史唯物主义的观点出发,在20世纪30年代提出了“文化—历史发展理论”,主张人的高级心理机能是社会历史的产物,是社会建构的结果。

## 一、维果斯基的文化—历史发展理论

文化—历史发展理论是维果斯基心理发展观的核心。他将人的心理机能区分为低级心理机能和高级心理机能两类(见表2-1)。前者的发展受个体的生物成熟所制约,是个体作为动物而产生的进化结果,是个体早期以直接的方式与外界相互作用时表现出来的特征,如基本的知觉加工和自动化过程;后者是作为历史产物的进化结果,即以符号系统为中介的心理机能,如记忆的精细加工系统,是人类在本质上区别于动物的特征,具有间接性,产生间接反映的中介结构即为工具。在人的工具生产中凝结着人类的间接经验,即社会文化知识经验,这就使人类的心理发展规律不再受生物进化规律所制约,而受社会历史发展规律所制约。

**表2-1 高/低级心理机能对照表**

| 特征 | 心理机能分类 | |
|---|---|---|
| | 低级心理机能 | 高级心理机能 |
| 自主性 | 不随意的、被动的 | 有意的、主动的 |
| 反映水平 | 具体的、形象的 | 概括的、抽象的 |
| 实现过程 | 直接的、无中介的 | 间接的、以符号或词为中介 |
| 起源 | 种系变化 | 社会历史,受社会规律制约 |
| 个体发展 | 依靠遗传、生理成熟或个人经验 | 依靠人际,借助群体经验 |

间接的“物质生产工具”导致在人类的心理上出现了精神生产工具,维果斯基认为最重要的心理工具是语言,而内化是高级心理机能形成的机制。根据维果斯基的观点,儿童文化发展中的每一功能都出现两次:首先在社会层面上,随后在个体层面上;首先是人际的(人际心理),随后是儿童内心的(内在心理)。儿童使用作为心理工具的语言首先在社会层面上与他人对话,然后才渐渐地将成人和其他人交谈和诠释世界的方式与自己的思维方式合并在一起。这一过程就

是内化(internalization)。所谓内化是指从社会环境中吸收所观察到的知识,从而为个体所利用。通过内化,社会活动就演变成了内在的心理活动并成为其认知发展的一部分。例如,儿童为了控制他人的行为,首次在与他人的互动中使用语言("我要吃饼干");后来儿童就能应用自己的语言来控制自己的行为("画得不像,重新画一张")。这时,儿童使用语言就不仅限于社会交往,还可以用一种自我管理的方式计划、指导和监控自己的行为。因此,人类语言的出现,使人的心理发生质的变化,形成了新质的意识系统。心理的实质就是社会文化历史通过语言符号的中介而不断内化的结果。

一般而言,儿童在 3~7 岁时会出现由外部语言向内部语言内化的表现——自言自语。根据维果斯基的观点,思维和语言是密切关联的,语言发展对于将复杂的观念内化非常重要。发展儿童的语言技能有助于发展他们的思维。例如,如果儿童的语言技能很好,他们就能够更好地理解成人的谈话,而且能够从这些谈话中学到更多的东西。

## 二、维果斯基的心理发展观

维果斯基认为,心理发展就是个体的心理从出生到成年,在环境与教育的影响下,在低级心理机能的基础上,逐渐向高级心理机能转化的过程。

低级心理机能转化到高级心理机能有四个标志:(1) 心理活动的随意机能不断发展。随意机能是指心理活动的主动性、有意性,是由主体按照预定的目的而自觉引发的。儿童心理活动的随意性越强,心理水平越高。(2) 心理活动的抽象概括机能不断提高。儿童随着语言的发展、词汇的丰富,以及知识经验的增长,各种心理机能的概括性和间接性得到发展,最后形成最高级的意识系统。(3) 各种心理机能之间的关系不断变化、重组,形成间接的、以符号为中介的心理结构。儿童的心理结构越复杂、越间接、越简缩,心理水平越高。(4) 心理活动的个性化。维果斯基强调个性特点对认知发展的影响,个性的形成是高级心理机能发展的重要标志,个性特点对其他机能的发展具有重要作用。

维果斯基还指出心理发展的三个原因:(1) 社会文化历史是儿童心理发展的源泉,制约着儿童心理的发展;(2) 运用语言符号这一中介环节使心理活动得到质的改变;(3) 心理机能改变的过程是一个不断内化的过程,即将社会文化的外部活动形式转化为内在的心理结构。

### 如何促进儿童语言的发展

【帮助 0～1 岁儿童语言能力发展的方法】

* 回应宝宝的声音，学他的声音，并让他接触各式声音。

* 多和宝宝说话聊天，逗他笑。

* 父母随时将物品的名称告诉宝宝，并鼓励他发出类似声音，尤其是他正在注意的东西；描述自己正在做的事给宝宝听。

【帮助 3～5 岁儿童语言能力发展的方法】

* 多陪孩子一起阅读，念给他听，多念几次以后，请孩子念一段给您听，即使念错了也不要太在意。

* 和孩子一起朗诵有律动感的文句（如唐诗或三字经）。

* 陪孩子玩看图说故事游戏。

* 和孩子玩模仿动物或其他角色扮演游戏。

* 对于孩子提出的问题，应认真回答并尽量给予详细的解答。

* 引导孩子与其他小朋友一起玩游戏。

* 带孩子到户外，遇到的人、事、物都可作为对话题材。

* 给孩子听童话、童谣，或陪孩子一起看动画片。

* 让孩子涂鸦画画，诱导他说出画里的内容，并协助他串联成一个故事。

【帮助 5～7 岁儿童语言能力发展的方法】

* 让孩子挑选自己喜欢的书。

* 和孩子对话时，尽量使用较复杂的语句。

* 每天抽一些时间，让孩子告诉您他今天在学校做了些什么，发生了什么有趣的事。

* 当孩子画图时，问他画些什么。等他画好帮他在画纸适当处用文字写下来，让孩子做对照。

* 和孩子一起玩看图说故事或故事接龙游戏。

* 同伴互动有助语言发展。

* 带孩子到户外，让他多看、多听、多想、多说。

* 陪孩子玩角色扮演游戏。

* 陪孩子一起学写字。

## 三、教学和发展的关系——最近发展区

维果斯基的另一个重要贡献是提出了最近发展区（zone of proximal development，ZPD）的概念。最近发展区是指儿童独立解决问题的水平与在有指导的情况下所达到的水平之间的差异。换句话说，维果斯基认为儿童的发展有两种水平：一种是儿童现有的水平；另一种是儿童可能的发展水平，表现为“儿童还不能独立地

完成任务，但在成人的帮助下，在集体活动中，通过模仿，却能够完成这些任务”。两者之间的差距就是最近发展区。在对儿童能力的传统评估方法中，我们主要是观察儿童依靠自己的力量能够做什么。维果斯基的观点提供了一种新的方法来测量他们独立解决问题的水平，与在有指导或帮助的情况下解决问题的水平之间的差距。这种差距继而能使教育者了解儿童可能达到的水平。

与儿童独立做事情相比，他们与成人合作通常能做更复杂的事情。例如，小学生独立完成的观察日记，往往不如在家长或教师指导下写得好。

下面这个例子可以很好地说明一个不能独立解决有余数的除法问题的小学生是怎样通过老师的指导学会正确的程序的。

老师：44 除以 6。什么数乘以 6 接近 44？

儿童：6。

老师：6 乘以 6 等于多少？

儿童：36。

老师：36。你能找到一个更接近 6 的数吗？

儿童：8。

老师：6 乘以 8 等于多少？

儿童：六八四十八。

老师：48。太大了，你还能想出什么？

儿童：6 乘以 7 等于 42。

维果斯基认为，儿童从他们能独立完成的任务中学到的东西很少，他们主要是通过尝试那些只有与一个更有能力的人合作才能完成的任务来进行学习。换言之，儿童只有在自己的最近发展区内尝试完成任务时，他们的认知才能获得发展。因此，维果斯基主张教学应当走在儿童现有发展水平的前面。一方面，教学可以决定儿童发展的内容、水平、速度等；另一方面，教学还可以创造学生的最近发展区。因为儿童的最近发展区并非一个固定的区域，而是动态发展的，它取决于教学如何帮助儿童掌握知识并促进其内化。

## 四、维果斯基认知发展理论在教育教学中的应用

### （一）教学应当走在儿童发展的前面

维果斯基的最近发展区理论强调教学在儿童发展中的主导性、决定性作用，揭示了教学的本质特征不在于“训练”“强化”已形成的内部心理机能，而在于激发、形成目前还未形成的心理机能。因此，教师在教学中可以运用它作为儿童发展的指导，知道运用一些中介的帮助，比如成人或能力更高的同学的指导或帮助，使学生达到其最佳的发展水平，从而使教师帮助学生通过自己的努力达到最

佳发展。

（二）积极发挥成人和同伴的作用

维果斯基认为儿童不能独自发展出高级心理功能，而是借助文化工具，并在人与人之间进行传递。合作学习重视同伴交往在完成任务过程中的作用。在合作的社会性背景下完成任务时，同伴团体的所有成员在相互理解的过程中共同学习。此外，接受能力较强的同伴的指导，是促进儿童在最近发展区内发展的最有效的方式之一。因此，教师在教学中可以尽量组织、安排能力水平不同的学生进行合作学习。

除了同伴，成人的示范和指导可以帮助儿童的认知水平实现进一步发展。教师可以为学生示范思维过程，例如：在解决问题或构思文章框架时将自己的思维过程大声地说出来；为学生提供一些诸如“谁、什么、为什么、怎么样、接下来是什么”等提示语或引入语。

（三）实施“支架式教学”(scaffolding instruction)

支架这一概念是1976年由伍德(Wood)、布鲁纳(Bruner)和罗斯(Ross)提出来的，他们从维果斯基的“最近发展区”思想出发，借用建筑行业中使用的脚手架(Scaffolding)来比喻对学生解决问题和建构意义起辅助作用的概念框架。它可以是教师或有能力的同伴的帮助，也可以是软件工具，比如电脑搜索。总之，只要是能引导、促进学生不断发展的个体或群体都可以称为支架。

所谓支架式教学实质上就是通过支架的协助，把管理学习的任务逐渐转移给学生自己，最后撤去支架。也就是当儿童尚未建立稳固的理解时，利用帮助作为支持；而当他们建立起稳固的理解后，他们将离开这些支持，独立解决问题。在实际教学中，只有按照学生智力的“最近发展区”来建立的支架，对儿童的发展才是最有效的。这种脚手架的支撑作用帮助学生顺利地穿越最近发展区，真正做到使教学走在发展的前面。

支架式教学由以下几个环节组成：

(1) 搭脚手架：围绕当前学习主题，按“最近发展区”的要求建立概念框架。

(2) 进入情境：将学生引入一定的问题情境(概念框架中的某个节点)。

(3) 独立探索：让学生独立探索。探索内容包括：确定与给定概念有关的各种属性，并将各种属性按其重要性大小顺序排列。探索开始时要先由教师启发引导(例如演示或介绍理解类似概念的过程)，然后让学生自己去分析；探索过程中教师要适时提示，帮助学生沿概念框架逐步攀升。起初的引导、帮助可以多一些，以后逐渐减少，愈来愈多地放手让学生自己探索；最后要争取做到不需要教师引导，学生自己能在概念框架中继续攀升。

(4) 协作学习：进行小组协商、讨论。讨论的结果有可能使原来确定的、与当前所学概念有关的属性增加或减少，各种属性的排列次序也可能有所调整，并使原来多种意见相互矛盾且态度纷呈的复杂局面逐渐变得明朗、一致起来。在共享集体思维成果的基础上达到对当前所学概念比较全面、正确的理解，即最终完成对所学知识的意义建构。

(5) 效果评价：对学习效果的评价包括学生个人的自我评价和学习小组对个人的学习评价，评价内容包括：① 自主学习能力；② 对小组协作学习所做出的贡献；③ 是否完成对所学知识的意义建构。

**【理论运用于实践】支架式教学类型及其实例**

类型 1　示范解题步骤，让学生知晓有效解题方法

通过演示如何解决问题，教师可以给学生提供专家是如何解决问题的具体例子。例如，美术课教师先演示如何绘制两点透视图，然后要求学生自己去画。

类型 2　进行“出声思考”，让学生理解操作时的思维过程，进而模仿

这一技术有助于学生在自己解决问题时，模仿并使用教师有效的思考方法。例如，一位物理课教师在黑板上解答动量问题时，口述自己的解题思路。

类型 3　使用“提问”，激发学生的思维

通常，在学生努力解决问题的时候，教师提出问题来引导他们，或者把学生的注意力引向关键之处，或者给予一些选择性建议等。例如，在示范和出声思考以后，老师让学生思考一些涉及重要知识点的问题。

类型 4　改变教学材料，以层层推进式发展学生能力

改变教学材料的一种形式就是改变任务要求。比如，体育课上，老师调低篮圈，让学生练习投篮，一旦练习熟练后，再升高篮圈。

类型 5　提供书面或口头的“提示和线索”，引导学生思维

如在幼儿教育中，常常用“小兔子绕洞跑，跑了一圈跳进去”来教儿童如何系鞋带，等等。

[摘自：教育心理学.教育心理学上的经典案例之二——维果斯基支架式教学.

### (四) 课程范例：心理工具

“心理工具”项目是莱昂和博德罗娃(D. Leong, E. Bodrov, 2012)基于维果斯基的理论设计针对学前班至小学二年级的儿童的课程。它包括针对幼儿园、学前班和所有特殊需要儿童的课程理念(详见 toolsofthemind.org)。这一项目从维果茨基那里借用了一个关键观念，即随着儿童发展出心理工具，如集中注意力的策略，他们不再是环境的囚徒，被任何新的景象或声音“抢走”自己的注意力；相反，他们将学会控制自己的注意力。另一个关键观念是游戏，特别是假装性的戏剧游戏，在促进幼儿的心理发展上是最为重要的活动。通过戏剧游戏，儿

童将学会集中注意力、控制冲动性、遵循规则、使用符号、调节自身的行为，并学习与他人合作。因此，针对幼儿的心理工具课程的一个关键要素是游戏计划，这个计划要由学生自己制订。儿童可以画一幅画来说明他们当天计划如何游戏，然后将这幅画描述给教师听，教师可以在纸上记笔记，并据此来示范读写活动。随着儿童成为更好的计划者，他们的计划会变得越来越复杂和详细。

最后，维果斯基的理论强调了文化和历史因素在认知发展中的作用，并且对教学与发展的关系做出了高屋建瓴的论述，这是他的贡献。但是我们也必须看到，我们与生俱来的认知工具可能远比维果斯基所概括的要多。我们对一些事物的理解，如通过加法增加数量的观念，可能生来就有，也可用于指导认知发展。此外，维果斯基没有详细阐述发展变化潜在的认知过程——哪一个认知过程能使学生独立参与到更高级的社会活动中去？不过，维果斯基理论的最大局限在于它多数由一般概念构成，其理论在教育中的应用也多由后人开发。当然，这与维果斯基的英年早逝有关。我们应客观、全面地理解维果斯基的理论并且更恰当地将其运用到教育教学中去。

## 第四节　认知发展的差异性

认知发展遵循一定的规律，存在跨文化的相似性。例如，皮亚杰、维果斯基和新近许多研究者都认可下面的观点：

(1) 认知发展同时需要生理基础和社会刺激。

(2) 为了发展思维，儿童必须保持思维、身体和语言的活跃性。他们需要实验、谈话、描述、反思、书写并解决一些问题。他们也能从教学、指导、问题、讲解、示范及对他们思维的挑战中获益。

(3) 玩很重要。这是儿童和青少年应用他们的思维的方式和与他人互动的方式。

(4) 教授学生已知的内容容易使学生产生厌倦感，但试着教授学生还未准备好的内容（太难、太复杂、太少的背景知识）也容易使学生有受挫感，同样也没有效果。

(5) 有支撑的挑战能使学生无畏地投入。

然而，在这些共同性的基础上，儿童认知发展的个体差异和文化差异依然存在。比如，跨文化研究表明皮亚杰描述的阶段顺序是正确的，但是各阶段的年龄范围有差异。

## 一、个体差异及教学策略

如前所述,儿童获得具体认知能力的顺序往往类似,但他们获得这些能力的速度却大不相同。因此,对任何特殊的年龄群体来说,都可能发现学生的发展水平存在很大的差异。比如,我们可以在小学生身上看到前运算思维和具体运算思维的迹象:一些学生掌握了某类守恒,而另一些学生却不能。再如,在中学生身上也可以发现具体运算思维好于形式运算思维的迹象,或者一些学生总比其他学生更能进行抽象思维。我国学者龚少英等人(2004)使用皮亚杰经典任务探查了小学一、三、五年级儿童的认知发展情况。结果表明:(1) 随着年级的升高,儿童的具体运算思维能力从一年级到三年级发展迅速,到五年级时达到比较稳定的水平;同时,形式运算思维能力在一年级已经萌芽并逐步发展。也就是说儿童的认知发展存在显著的年龄差异。(2) 不管是具体运算任务还是形式运算任务中,每一个年级都有少数儿童只能通过很少的项目,同时也有少数儿童能通过绝大多数或所有的项目。也就是说在同一年级的同龄儿童,其认知发展并不同步,个体间存在较大差异,而且个体间的差异显著大于年级之间的差异。使用维果斯基的术语来说,学生之间的最近发展区是不同的。

除了个体间的差异外,儿童的认知发展也存在个体内差异。比如龚少英等人(2004)的研究就发现,同一儿童能够通过属于同一认知结构的有些项目,但不能通过另一些项目。这说明儿童在各类认知任务上的发展不是完全同步的,也就是说一个儿童不是同时获得具有同一认知结构的各种概念,而是有一个先后顺序。此外,加德纳(H. Gardner)提出的多元智力理论也给了教育者一定的启发,儿童的个体差异也体现在八种智力类型的发展水平上。作为教师,我们必须认识到学生所具有的特殊认知能力及其优缺点,然后因材施教。据此,我们可以采取以下教学策略:

(1) 区分发展水平不同的学生,实施分层教学

教师可以通过问卷调查或观察学生在解决问题时的表现,了解学生的认知发展水平和学习方式。例如,观察学生采用的解题逻辑是什么,他们是较有系统地说出自己的答案还是只是瞎猜。另外,通过分析学生经常出现的错误类型也有助于确定学生的思维特点和发展水平。

在教学过程中,教师可以针对不同发展能力的学生制定不同的发展目标、布置不同的学习任务,使得每一位学生都在自己原有的水平上得到进一步发展。在课堂上教师让所有学生都学习相同的知识和技能,但知识和技能的抽象和复

杂水平不同，比如，小学数学的工程问题，可以将具体的提问方式变为开放式提问："加工一批零件，甲单独加工 8 小时完成，乙单独加工 10 小时完成，问……"开放的情境可以更有效地挖掘此题的功效和每个学生的潜力，使原先单一的问题情境变得开放了，让不同层次的学生都能在不同的问题情境中有表现自己的机会。再如，作业设计可以分必做题和选做题两类。对基础较好、能超长发挥的学生，可以完成选做题，而基础一般、不突出的学生，只要能完成必做题，也就是基本技能训练的题目就可以了。

（2）开展合作学习，激发学生潜能

在任何一个班级里，学生总是有多种多样的兴趣、学习风格以及能力倾向。合作学习是应用于适合个别差异课堂的一个重要策略。在合作学习中，教师通常将不同水平的学生分为一组，并分配有差异的任务。小组成员在实现目标的过程中共同学习，在任务中发挥不同的作用，充分激发学生在各个方面的潜能。教师可以通过陈述目标和制定规则、呈现信息、组织学生分成学习小组、帮助小组工作和学习、针对学习材料进行测试以及予以肯定，使学生得到进一步发展。此外，在合作学习过程中，学生不但能认识到自己的付出和参与所发挥的作用，还有机会去和他们的同伴一起建构意义和分享观念，通过沟通更加了解其他同学，认识到小组的作用，从而促进其社会性发展。

（3）重视有特殊需要的学生发展

教师应该尽可能采用一些教学策略来满足那些有特殊需要的学生，帮助他们取得成功。例如，有些学生可能具有同龄人水平的认知发展，也有的学生还没有获得他那个年龄群体应该获得的认知能力；有些学生尽管认知发展正常，但在认知的某些具体方面格外困难（如学习困难的学生或有多动症的学生），教师可以开展个性化辅导，了解他们的不足之处，针对性地进行帮助和指导。此外，有些学生可能由于成绩差，会受到家长或同伴的冷落，导致他们有较强的自卑感。作为教师要在情感态度上对所有学生一视同仁，对后进生更要注意情感的接纳，要尊重他们的人格，对他们给予更多的关爱与鼓励。同时，帮助他们认识和发掘自己的优点和长处，增强他们的自信心和自尊心。

作为教师，我们必须认识到学生所具有的特殊认知能力及其优缺点，然后因材施教。表 2-2 以学习困难学生为例，说明教师应该采取何种课堂策略来满足他们的特殊需要：

**表 2-2　学习困难学生的特点及推荐使用的课堂教学策略**

| 学习困难学生的特点 | 推荐的课堂策略 |
|---|---|
| 精力不集中，难于给予注意和保持注意 | 确保在进行教学或描述信息前抓住学生的注意力，将分散注意力的刺激保持在最低限度 |
| 极少运用有效的学习策略 | 在课堂上解释课文时教授学习策略 |
| 可能有抽象推理方面的困难 | 鼓励学生使用自我谈话来帮助自己应对挑战性的情况 |
| 有听力理解方面的困难<br>有表达性语言方面(如句法)的困难 | 当学生在听力理解或口语方面有很大困难时，应向言语病理学家求助 |

［摘自：Ormrod J. E. 著，彭运石，彭舜等译. 教育心理学(第四版). 西安：陕西师范大学出版社，2006，63.］

## 二、文化差异

据有关研究，儿童认知发展在文化方面的典型差异是，西方儿童比非西方儿童早 2～3 年进入下一个阶段。换言之，西方儿童的认知发展较非西方儿童的认知发展似乎更快更早。这取决于儿童成长时所处的社会文化背景。如果一种文化或环境重视某种认知能力，那么在这种文化下成长的儿童往往能较快地获得这种认知能力。

进一步的研究表明，跨文化差异取决于研究所测试的领域和那种文化对该领域知识价值的衡量和教学。例如，没上过学的在巴西街头卖糖果的孩子似乎不能完成某一类型的皮亚杰任务，例如上面说的类包含任务类别包属(回答如下问题：图片上比较多的是雏菊、郁金香还是花?)。但在完成类似于卖糖果的任务时，这些儿童对任务的完成情况好于同年龄、上学的巴西儿童。方富熹和方格的研究(1991)曾指出，文化环境(即使是小环境，如学校教育条件、家庭教育环境等)是引起认知发展差异的可能原因。

## 回到案例

现在让我们回到本章开头的教学案例中来，你是否能比较容易地回答“张老师的教学方法有何巧妙之处?”这一问题了呢?

首先，我们可以看出，张老师的教学方法符合皮亚杰的认知发展阶段理论，初中生正处于皮亚杰所说的形式运算阶段的初期阶段，他们对抽象概念或抽象事物(比如本案例中的圆柱体侧面积公式)的理解在具体事物的支持下会更容易。因此，张老师带来的实物可以给学生理解抽象公式提供具体支持，从而降低了所学知识的难度。

其次，活动在认知发展中具有重要作用，张老师让学生自己动手实验并最终得出结论的做法充分利用了这一原理，使学生在主客体的相互作用过程中能更好更快地获得知识。

此外，学生亲手实践、“出谋划策”的学习方法也符合维果斯基关于最近发展区和合作学习的观点，学习能力较低的学生可以在这种集体活动中得到启发和帮助。

## ☞ 学术争鸣

| 儿童的认知发展是连续性的还是阶段性的？ | |
|---|---|
| 儿童的认知发展是连续性的还是阶段性的？认知技能的增加是以一种平缓的、持续增长的模式发生，还是以一种分离的、阶段性的模式发展，即在发展过程的某些点上突然发生增长，而在另一些点上却没有变化？ | |
| **正方观点：儿童认知发展是连续性的**<br>连续论观点认为认知发展是连续进行的，认知能力是逐渐获得的，是一点一点地增长的，每一个新的进步都建立在前面的发展之上。人的思维在一种年龄或发展水平上与另一种年龄或发展水平上并没有根本差别。这些理论提出发展的过程可以比喻成一个人沿斜坡或斜面向上走。就如同人在斜面上是逐渐到达更高层面的一样，连续发展理论提出，人们是逐渐获得更高水平的认知能力的。 | **反方观点：儿童认知发展呈阶段性**<br>阶段论观点认为儿童的认知发展过程是一个不断从量变到质变的过程，是从渐进性的量变到跃进性的质变的过程。整个发展过程表现出若干连续的阶段，不同阶段表现出区别于其他阶段的典型特征和主要矛盾。一般来说，阶段论提出三个有关发展的主要假设：首先，每个阶段都伴随着一套性质完全不同的认知结构，或者称为心理组织模式，它影响着我们处理外部世界的方式。其次，行为是按照一种单向的、不变的顺序展开的，换言之，发展总是向前的，而不会倒退；而且对于每个人来说这种发展方式是相同的，尽管发展速度可能不同。这些理论可以把认知发展比喻成一个人在爬楼梯，人在每一个台阶都处于不同的高度。最后，后面的阶段建立在前面阶段的基础之上。 |

# 小　结

1. 认知发展的基本原理

认知发展就是指主体获得知识和解决问题的能力随时间的推移而发生变化

的过程和现象。认知发展主要遵循如下基本原理:(1) 发展模式在一定程度上是有序的和可预料的;(2) 发展的速度因人而异;(3) 发展是逐渐发生的;(4) 发展速度是不均衡的;(5) 发展总是受遗传和环境的影响。此外,不同的认知发展理论往往在涉及发展的一般领域性和特殊领域性时有分歧。一般领域发展指发展几乎同时在多个领域发生,而特殊领域发展是指发展以不同的速度发生在不同领域。

2. 皮亚杰的认知发展理论

皮亚杰认为儿童认知发展的主要机制是平衡,儿童主要通过同化和顺应两种方式来实现平衡。所谓平衡是指认知结构与环境需要之间达成的平衡。当儿童遇到的情境与自己对世界的预想或观念相一致时,他们就处于一种平衡状态,否则就处于不平衡状态。同化是以与现有图式(认知结构)相一致的方式处理物体或事件的过程。它不需要儿童改变现有图式,只需要把遇到的新问题纳入已有的图式中去就可以了。顺应则是当儿童无法用现有图式来解释新信息时,他们就必须要么修改现有图式,要么创立一个新图式来组织这些信息。

皮亚杰对儿童的认知发展进行了分期,提出了著名的四个阶段:(1) 感知运动阶段(0～2 岁)。这个阶段的儿童主要靠感知和动作进行思维,还不具备心理运算的能力,逐渐形成客体永久性的概念。(2) 前运算阶段(2～7 岁)。这个阶段儿童已经将感知运动模式内化为表象或形象模式,具有了符号功能,具备客体永久性概念,但思维具有单向性和自我中心性。(3) 具体运算阶段(7～12 岁)。这一阶段儿童的思维已具有真正的运算性质。儿童的思维已具有可逆性和守恒性,但此推理思维能力还离不开具体事物的支持,只限于可见的具体情境或熟悉的经验。(4) 形式运算阶段(11 岁以上)。认知发展臻于形式运算阶段的青少年,在思维方式上具有三个特征:假设演绎推理、命题推理、组合推理。

皮亚杰认知发展理论对教育教学有重要启示,主要表现在:(1) 教育目标应该是促进学生的认知发展。(2) 教学内容应适应儿童的认知发展水平。(3) 鼓励学生积极主动地参与课堂活动,合理运用探究学习。(4) 不仅要关注儿童的思维结果,还要关注其思维过程。

3. 维果斯基的认知发展理论

维果斯基将人的心理机能区分为低级心理机能和高级心理机能两类。前者的发展受个体的生物成熟所制约,是个体作为动物而产生的进化结果;后者是历史产物的进化结果,受社会历史发展规律所制约。高级心理机能的最重要的心理工具是语言,而内化是高级心理机能形成的机制。维果斯基认为,心理发展就是个体的心理从出生到成年,在环境与教育的影响下,在低级心理机能的基础上,逐渐向高级心理机能转化的过程。他还提出了最近发展区的概念,认为儿童的发展有两种水平：一种是儿童现有的水平，另一种是儿童可能的发展水平，两者之间的差距就是最近发展区。

维果斯基认知发展理论在教育教学中可得到如下应用：(1) 教学应当走在儿童发展的前面；(2) 积极发挥成人和同伴的作用；(3) 实施"支架式教学"。

4. 认知发展的差异

认知发展的差异体现在个体差异和文化差异中，为了应对个体差异我们可以可以采用以下教学策略：(1) 区分发展水平不同的学生，实施分层教学；(2) 开展合作学习，激发学生潜能；(3) 重视有特殊需要的学生发展。

## ∠ 思考题

1. 学生的认知发展有何规律可循？
2. 根据皮亚杰的理论，教师应该怎样促进学生对知识的掌握？
3. 为什么儿童似乎在几个月里保持一个发展水平停滞不前，而在短短一两个星期之后却发生突飞猛进的变化呢？教师应该怎样促进学生发生这种飞跃？
4. 教师应该如何根据学生的认知发展水平做到因材施教？

## ∠ 进一步阅读文献

1. 罗伯特·斯莱文著，吕红梅等译. 教育心理学——理论与实践(第二章). 人民邮电出版社，2016.
2. 林崇德著，发展心理学(第二章). 北京：人民教育出版社，2018.
3. Anita Woolfolk 著，伍新春，董琼等译. 教育心理学：主动学习版(第二章). 北京：机械工业出版社，2021.
4. Jeanne Ellis Ormrod 著，汪玲等译. 学习心理学(第十二、十三章). 北京：中国人民大学出版社，2015.
5. Richard I. Arends 著，丛立新，马力克·阿不力孜等译. 学会教学(第十一、十二、十三章). 北京：中国人民大学出版社，2016.

# 第三章
# 学生个性、社会性和道德的发展

## ☞ 章节说明

回想一下，过往的哪些经历让你印象深刻？是某次考试成绩的提高、某个数学公式的记忆，还是你的一次情感经历、被老师的重视、被同学的歧视？学校并不仅仅是传道、授业、解惑的机构，它还应该培养学生良好的个性、社会性和健康的情绪及道德品质。换句话说，作为一名教师，有效的教育教学除了掌握认知发展的基本知识和基本理论之外，还应该了解学生的个性、社会性和道德的发展。本章第一节首先介绍埃里克森的个性发展理论，包括他关于自我及自我同一性的观点、个性发展的八个阶段以及该理论在教育教学中的应用。第二节介绍布朗芬布伦纳的社会生态理论，并重点阐释作为学生直接接触的微观系统，包括家庭、同伴等，最后论述该理论在教育教学中的应用。第三节先阐述社会情绪的发展，然后重点介绍皮亚杰和科尔伯格的道德发展理论以及科尔伯格道德发展理论对教育的启示。最后一节将对学生个性、社会性和道德发展的差异性进行探讨。

## ☞ 案　例

一名初二女生前来询问，她和她的一个很要好的朋友吵架了，她不知道吵架之后两人还是不是好朋友。为了保住友谊，她们不敢相互指出对方的错误之处，甚至在她的好友有偷盗自己东西的行为时也不敢多说。近来，好友还被一群品行不良的人恐吓威胁，胁迫她陪着他们玩耍，而且让好友去干坏事。她们两个都害怕不服从会遭到报复，而服从了又害怕自己变坏，因此犹豫不定，也不知道怎么办。作为教师，你该如何对这名女生进行指导呢？解决这个问题需要了解学生个性、社会性和道德的发展问题。

## 第一节 埃里克森的个性发展理论

埃里克森(E. Erikson,1902～1994)出生于德国,在奥地利维也纳受过精神分析的培训,后移居美国,成为美国著名的心理学家,被看作新精神分析学派的代表人物之一。他的理论关注自我实现、同一性获得、个人与他人关系和社会文化在人的一生发展中的作用。

### 一、自我及自我同一性

尽管埃里克森非常拥戴弗洛伊德,但在关于个性结构的自我问题上,他持不同的观点。埃里克森认为自我是一种独立的力量,不再是本我和超我压迫的产物。他把自我看作一种心理过程,包含人的意识活动,是可以加以控制的。自我是人的过去经验和现在体验的综合体,并且能够把进化过程中的两种力量即人的内部发展和社会发展综合起来,引导心理性欲向合理的方向发展,决定一个人的命运。

埃里克森赋予自我许多积极的特性,诸如信任、希望、独立、自主、创造等。这些特性是弗洛伊德从未提到的。他认为,凡是具有这些特性的自我都是健康的自我,对人生发展的每一个阶段所产生的问题都加以创造性的解决。

埃里克森还提出了“自我同一性”(self-identity)的概念,是指将一个人的动机、能力、信仰和历史组织成一个恒定的自我形象,对自我一致性或连续性的感知,是对“我是谁”这一问题的综合性回答。自我同一性既指个体认识清楚自己固有的特点、爱好、理想,确定自己做什么样的人,也指个体追求一种社会的认同感。埃里克森认为,同一性形成的激活动因是自我,或意识的自我。自我同一性将成为青年面临职业、婚姻、学业选择时的一种无声标准。

埃里克森还认为,自我同一性最初起源于婴儿,要到青春期才能正式形成,但在形成的过程中会出现危机,导致不能很好地形成同一性,这将会影响到他以后的生活。因而,解决同一性危机将成为青年期的一个关键任务。个体发展到青年期,自我意识大为增强,并进一步形成了过去经验和对未来预期的一种新的混合;但在面临生活及社会的多重选择时,他们的情绪往往会陷入困境,常常认为自己不如别人,自己的行为不那么迎合别人的心意。他们常常问自己,自己应当成为什么样的人?诸如此类难以解决的问题折磨着他们,表明他们的自我和本我、超我失去平衡而陷入冲突,产生同一性混乱。埃里克森在临床中发现,同一性混乱危害青年的精神健康,轻则引起个性的不良适应,重则导致神经症或精神病，又叫“同一性扩散综合征”。因此，自我和自我同一性是埃里克森个性理论中特别强调的两个概念。

## 二、个性发展的八个阶段

关于个性(personality，也常被译为人格)的发展，埃里克森认为，个性发展应包括机体成熟、自我成长和社会关系三个不可分割的过程。每一过程必须以其他两个过程为前提，在不断交互作用中向前发展。他根据这三个过程的演化，把个性分为八个阶段(表 3-1)，构成一个完整的人生周期。但是在这三个过程中，他认为中心过程乃是自我过程，因为自我不仅对机体的自然发展和社会发展的任务进行整合，而且也对本能力量和社会力量进行协调，保证个体在自我体验和其他人的现实中具有一致性和连续性的人格。

**表 3-1 埃里克森的个性发展八阶段**

| 阶段 | 大致年龄 | 发展危机 | 如何帮助个体顺利度过本阶段 |
|---|---|---|---|
| 1 | 0～1 岁 | 基本信任对基本不信任 | 婴儿的主要照顾者(一般是父母)应积极、前后一致地满足婴儿的需求 |
| 2 | 1～3 岁 | 自主对羞怯与怀疑 | 家长或教师应多给儿童提供独立完成任务的机会，对儿童的尝试行为和成功举动加以表扬，对失败行为不要羞辱 |
| 3 | 3～6 岁 | 主动对内疚 | 教师或家长应多给儿童提供自主做决定的机会，不要横加干涉或包办代替 |
| 4 | 6～12 岁 | 勤奋对自卑 | 教师应多鼓励和肯定学生的成绩，鼓励学生与自己做纵向比较而非与他人做横向比较 |
| 5 | 12～20 岁 | 同一性对角色混乱 | 教师应鼓励青少年进行自我认同，并以身作则给他们树立良好的榜样 |
| 6 | 20～25 岁 | 亲密对孤独 | 广交益友，多参加群体活动或兴趣小组 |
| 7 | 25～65 岁 | 繁殖对停滞 | 找到生活榜样，也可邀请专家做指导 |
| 8 | 65～死亡 | 自我整合对失望 | 通过记日记，或者针对自己的未来对自己的每次选择做评价，较好地解决前面 7 个阶段的危机，或者接受自己当年的位置与独特性有助于获得整合感 |

埃里克森还认为，在每一个阶段中都存在着某种危机或矛盾。这些危机是在每一个发展阶段随着个体生理的成熟和社会任务的改变而相继出现的，是每一个发展阶段的标志。危机并不必然具有消极含义，也能促进个体发展。个性发展的过程就是危机化解的过程，而每一个阶段的危机解决得好不好，将影响着个体以后的发展。

（一）婴儿前期（0～1岁）：基本信任对基本不信任

埃里克森认为，婴儿前期（0～1岁）的基本矛盾是"基本信任对基本不信任"。这一阶段是一个生命来到世界时的无助阶段，婴儿需要积极的爱和关怀。此时的婴儿如果得到母亲有规律的照顾，对世界将会有充分的信任。得到信任的儿童，他们不怕失败，具有强烈的未来定向，会形成"希望"的品质（孩子对未来的希望是行动的动力）。这阶段没有得到充分关照的孩子，他们不敢希望未来，总是喜欢在父母的身边而不敢四处活动，这是对外面世界不信任的表现。

不过，对孩子的基本信任也不是无限制地给予，因为在现实生活中信任一切人和一切事对孩子是危险的。某种程度的不信任是必要的，也是健康的，对生存有帮助。

（二）婴儿后期（1～3岁）：自主对害羞与怀疑

这一阶段的孩子掌握了大量的技能（如说话、行走等），也开始有自己的"小主意"决定做某事或不做某事。父母应该多给儿童提供独立完成任务的机会，包括吃饭、穿衣、大小便等。对儿童自发的尝试行为加以鼓励，对他们偶尔的成功举动加以表扬。如果儿童不小心做了错事，不要过分批评，更不能羞辱，否则儿童的自主性就会降低，从而产生害羞和怀疑。持久的怀疑与害羞来源于外部的过分控制和自我控制力受损害。如果这阶段儿童的自主性多于害羞与怀疑，则儿童就形成意志品质，表现出自我意志和自我选择的不可动摇的决心。

（三）幼儿期（3～6岁）：主动对内疚

这个阶段的孩子应该是在幼儿园度过的。他们的活动更加精细、灵活，语言更加简练，更富于想象。这些能力的发展使儿童更能自主性地思考、行动、幻想和对未来提出计划。因此，他们喜欢自己决定做什么事不做什么事，对外部世界有很强的求知欲。父母和教师应该尊重和培养儿童的主动行为和想象，多给他们提供机会让他们自主决定。例如，在美术课上，可以允许儿童自由决定采用何种颜色来绘画，也允许他们自由决定画什么。再如，在玩游戏时，可以征求儿童的意见，也可以提出几种方案请孩子们自己选择。如果幼儿园教师或父母能经常做到这些，那么儿童会形成一种目的品质。如果教师或父母经常否定儿童的主动行为和想象，将他们把太阳涂成绿色斥之为"愚蠢"，将他们美丽的幻想讥笑为“异想天开”，孩子们就会缺乏主动性，以为自己犯了错误而感到内疚，从而形成保守的个性。

（四）童年期（6～12 岁）：勤奋对自卑

这个阶段的儿童大多数是在小学里度过的。他们在学校里学到生活所需要的知识、技能和社会行为规范，学会适应他们所处的社会文化环境。但埃里克森认为这一阶段儿童所学的重要课程是“体验通过集中注意和勤奋努力，完成工作时的愉快”。在这一过程中，儿童会产生一种勤奋感，为他在社会中满怀信心地寻求工作做好准备。儿童勤奋感的形成与父母和教师的态度有极大关系，如果孩子的努力得到赞赏强化，勤奋感便得以发展，他们就会发展起能力的品质，并且对未来的工作满怀信心。如果孩子的努力得不到关心，甚至受到责骂、嘲笑和反对，儿童就会产生自卑感和丧失信心。

此外，教师和父母要发展孩子的勤奋感，还要注意引导学生做自身的纵向比较而非与同学的横向比较，这样有利于小学生正确对待该阶段新出现的竞争问题，不会因为比别人差而自卑。

（五）青少年期（12～20 岁）：同一性对角色混乱

处于青少年期（或称青春期）的学生基本都在中学阶段，正是儿童向成人转变的过渡阶段。这个阶段的学生生理上会发生重大变化，认知方面正在发展抽象思维能力，学习从别人的角度来理解问题和看待自己。无论身体还是认知方面的变化都使他们面临着建构同一性（identity）的问题。如前所述，所谓同一性是对自我身份确定的自我意识，是对“我是谁”这个问题的综合性回答，用埃里克森的话说，是“一种知道自己去什么地方的感觉”。如果青少年知道了他们是谁，他们可能做什么，了解了他们的不同角色，确定了自己的生活策略，那么他们的自我同一性就会确立，就会形成忠诚的品质。反之，如果青少年不能把自己的上述方面整合起来，就意味着角色混乱的出现，表现为不能很好地选择适应环境的角色，没有明确的生活目标和生活意义，不清楚自己将怎样生活，成为什么样的人，甚至形成“消极同一性”，即特定社会文化环境不予认可的角色。

埃里克森关于同一性形成的思想得到了多方面的拓展，包括玛西亚（J. Marcia）的同一性状态以及对同一性这一说法的拓展。

玛西亚认为青少年同一性的选择有四个，这四种同一性来源于对两个问题的“是/否”回答：(1) 个体积极参与寻找同一性的活动了吗？(2) 个体已经确定自己的选择（例如，对价值观、对学校、对职业生涯、对自己要成为什么样的人等）了吗？表 3-2 对玛西亚的四种同一性状态进行了概括。

**表 3-2　玛西亚的四种同一性状态**

| 个体积极寻找同一性了吗？ | 个体已经确定自己的选择了吗？ | |
|---|---|---|
| | 是 | 否 |
| 是 | **同一性获得**<br>1. 自我坚定感和安全感。<br>2. 确定了职业、宗教、信仰、性别角色的观念等。<br>3. 充分考虑别人的看法、信仰和价值观，但决定是自己做出的。 | **同一性延缓**<br>1. 正在经历同一性危机，或者正处于转折点上。<br>2. 对于社会没有清晰的目标。<br>3. 没有清晰的自我认同感。<br>4. 正在积极争取获得同一性。 |
| 否 | **过早自认**<br>1. 对于自己的职业和各种理念已经有所定位。<br>2. 缺乏自我建构的过程，不假思索或不加怀疑地接纳别人的价值体系。<br>3. 在获得自我同一性的过程中过早做出决定。 | **同一性扩散**<br>1. 缺乏方向。<br>2. 对政治、宗教、道德或职业问题不关心。<br>3. 做事情不问为什么。<br>4. 对其他人为什么要做那些事情不关心。 |

［摘自 Sternberg，R，Williams，W. 著，张厚粲译. 教育心理学. 中国轻工业出版社，2003，78］

（六）成年早期（20～25 岁）：亲密对孤独

这个阶段的个体有的进入大学进行学习，有的则踏入社会参加工作。这个阶段是发展具有爱的能力和会工作的人。一个具有清楚而统一的自我的青年才敢与他人建立爱情关系。具有坚定的自我意识和确定的同一性的人，才能与他人建立起亲密关系。如果一个人具有建立亲密关系的能力，那他就会形成爱的品质。相反，一个没有高度的同一性确定感的人，由于角色不清、进退无据，就会害怕被他人压倒或击败，渐渐变得退缩和孤独。因此，如果你是一名大学教师，应该多鼓励学生参与集体活动，多与同学交流，发展他们爱的能力和工作能力。

（七）成年中期（25～65 岁）：繁殖对停滞

这是人生的中年期。这个阶段的人们开始发展其兴趣与关怀，创造事业，造福社会，生产并照顾后代。繁殖的含义在这里是广义的，除了养育和照顾下一代之外，也指一个人的生产能力和创造力。如果一个人在这个阶段不能发展繁殖感，对后代缺乏关心，对社会没有奉献，对人际交往没有兴趣，大多数活动都局限于自己的小圈子里，那他就处于停滞状态。尽管这个阶段的个体基本都离开了学校。但是作为学校的老师，应该在他们还在学校的时候就要加强这方面的教育，因为个性的发展是有一定的连续性的。比如，教师可以经常邀请一些专家或成功人士来校做一些讲座或报告以指导学生的未来。

（八）成年晚期/老年期(65岁～死亡)：自我整合对失望

这是人生个性发展的最后一个阶段，个体逐渐步入老年期。他们开始回首往事，对过去的生活做总结。所谓自我整合就是自我感得到巩固，愿意接受关于自己过去唯一的、不可改变的历史。既不悔恨当初，也不计较得失，对其生不存奢望，对其死不怀恐惧。相反，那些不能获得自我整合感的老人就会悔恨、失望，直至死亡。

作为学校老师，一方面可以鼓励学生养成记日记的习惯，方便日后对自己的一生进行梳理，另外在做重要选择的时候要慎重评估，以免日后后悔；另一方面，教师自身也应该为老年的整合感做准备，教书育人，最后桃李满天下，获得整合感。

## 三、埃里克森个性发展理论在教育教学中的应用

在基础教育中，中小学生正处于埃里克森所说的个性发展阶段中的第四个阶段和第五个阶段。埃里克森的个性发展理论在学前教育和中小学的教育教学中可以得到很好的应用。

（一）学前儿童的教师应鼓励孩子的主动性

一方面，学前教育教师应该多给儿童创造独立完成任务的机会，鼓励儿童做出选择并付诸行动。比如，当儿童能自主选择活动和游戏的时候，给他们自由选择的机会，并且鼓励他们独立完成。另一方面，教师要确保每一个儿童都有体验成功的机会并且能容忍孩子的意外错误。例如，当班上的学生能力相差较大时，应避免进行竞争性的游戏；当孩子不小心犯了错误时不要大声呵斥，要耐心解释错误的原因并赞赏他勇于尝试的勇气。

（二）小学教师要鼓励学生勤奋，帮助他们树立正确的竞争观念

首先，小学教师要确保学生们有机会设立目标并为之奋斗，并且要努力创造机会让学生们展现独立能力和责任心。例如：首先鼓励小学生制订学习计划并监督计划的执行，帮助他们顺利实现自己的目标，获得勤奋感；其次，对受挫而气馁的小学生提供支持，比如设立奖项的时候可以考虑多设几种，尽可能让每个学生都能拿到一个奖项；再次，教师还要帮助学生树立正确的竞争观念，尽可能与自己做纵向比较，看到自己的进步。

（三）中学教师要支持学生自我同一性的形成

第一，给学生提供如何进行职业选择的范例和一些成人的榜样。比如，鼓励

学生阅读名人传记，以历史上或文学作品中的模范人物为榜样，学习他们的事迹；或者采用角色扮演法来扮演著名科学家或作家等，让学生感受并模仿名人们是如何成功的。第二，接受学生们的流行和时尚，但要正确引导。中学生喜欢模仿、追星，这有利于他们同一性的形成，但是教师要正确引导他们向良性方向发展，避免影响他人或者妨碍学习。第三，给中学生以支持，也要给予真实反馈。真实的反馈有助于学生了解真实的自己，并且能给他们提供“第二次机会”，从而有利于其同一性的获得。

最后，需要指出的是，埃里克森的个性发展理论注重文化和社会因素的作用，并且从整体上考察了个体从出生到死亡的个性发展过程。这是他的贡献，对于我们理解儿童的个性发展非常有价值。但是，埃里克森的理论也有其局限性，比如，它缺乏可证实的数据，它关于每个发展阶段的划分以及其中的主要矛盾或危机的确定是否合理，是否适合不同文化背景中的人，都需要重新验证。另外也有人指出，正常的青少年，其同一性也是不稳定的，随着现代社会的复杂性而改变。

（四）老师应重新审视自己的教师生涯

首先，教师自身很可能处在埃里克森发展阶段中的以“同一性对角色混乱”或“亲密对孤独”为主要任务的发展阶段。埃里克森认为，同一性中最重要的是职业，教师职业生涯的成功可能是形成教师整体同一性的关键。其次，发展的另一个重要方面是建立与他人的积极亲密关系，教师也应与伴侣或一个及多个朋友之间建立健康关系，不断发展繁殖感，从而为学生树立发展的榜样。

**【理论运用于实践】培养积极的自我知觉**

(1) 促进学生很好地完成课堂学习任务

当学生为一次即将来临的测试学习时，老师应准备学生必须通过努力才能回答的一系列问题。

(2) 对学生的表现抱有较高而合理的期望

一个初中游泳教练鼓励学生不管过去经历如何都可以尝试学习游泳。她不但经常与游泳经验丰富的学生一起游泳，而且也经常与初学游泳的学生一起游泳，以便所有的队员都能有所提高。

(3) 对学生的成就提供积极的反馈。在进行全面的、积极的考虑这一背景下提供消极的反馈

同一个游泳教练告诉一学生：你的自由式泳姿大有改进。但你在蝶泳时时间掌握不当，最近几天我们要在这一方面继续努力。

(4) 真正关注学生的幸福

一个七年级新生上课时眼泪汪汪，老师邀请她午餐后和他一起散步。学生描

述了她在新学校交友的困难，随后他们一起制订了针对这一问题的行动计划及实施策略。

(5) 给学生提供各种机会以考察和试验各种成人角色

一个三年级老师在课堂上开展了许多课堂活动，如买一份热的午餐便当，将信息送到总办事处，给班上的金鱼和兔子喂食等。他将这些任务轮流布置给学生。

[摘自：Ormrod，E. 著，彭运石，彭舜等译. 教育心理学（上册）. 陕西师范大学出版社，2006，81]

## 第二节　布朗芬布伦纳的社会生态理论

社会生态理论（Social Ecological Theory）是美国心理学家布朗芬布伦纳（U. Bronfenbrenner，1917～2005）于1979年提出的关于儿童心理发展的一种理论模型。他强调从人的生态环境出发研究人的发展，十分重视人"发展的生态学"。布朗芬布伦纳指出，儿童的发展是其生态环境作用的结果，如俄罗斯的套娃一般，这些环境由若干相互联系的子系统组成。教师需要了解学生的各个环境层面的性质，因为这些环境会影响学生采取什么样的社会互动，以及形成什么样的个性和社会性。

### 一、布朗芬布伦纳的社会生态理论

布朗芬布伦纳认为，影响儿童心理发展的生态环境有以下五个子系统(如图3-1)。

#### （一）微观系统（microsystem）

微观系统是儿童成长中直接接触和产生体验的环境。家庭和学校都是儿童的微观系统环境。前者由儿童和父母以及其他家庭成员组成，后者主要由儿童、老师和同学组成。此外，社区少儿活动中心也是这样的微系统环境。教育心理学多以儿童的微观系统环境为背景进行研究。

#### （二）中介系统（mesosystem）

中介系统指两个或多个微观系统环境之间的相互联系和彼此作用，即它是由多个微观系统环境组成的系统。例如，学生的家庭关系影响到其学习成绩，或反过来学习成绩影响到家庭关系，这就属于中介系统的适例。学生既想不违背父母的意愿又想保持与同伴一致，也属于中介系统的情况。

#### （三）外部系统（exosystem）

外部系统是指个体并未参与其中，但却对其成长产生影响的那些环境以及这些环境的联系和相互影响。发生在这些环境中的事件会影响个体所生活的环境以及它们之间的相互作用,因此也就间接地但是必然地影响一个人的发展。例如,当父母所在的工厂破产倒闭时,会影响父母在家庭中的行为方式和态度(如开始节省开支、变得脾气暴躁等),继而影响孩子的发展。父母所在的工厂及其倒闭事件就是这个孩子成长的外部系统。

(四) 宏观系统(macrosystem)

宏观系统指个体所处的整个社会组织、机构和文化、亚文化背景,它涵盖了前述微观系统、中介系统和外部系统,并对它们发生作用,施加影响。宏观系统中的种种要素都会影响其他诸系统中的各环境,从而影响个体的心理发展。

(五) 时间系统(chronosystem)

时间系统是指个体的生活环境及其相应的种种心理特征,随时间推移所具有的变化性及其相应的恒定性。例如,一个人的微观系统随着时间的推移可能会发生很多重要的变化,如弟弟妹妹的出生、父母离婚、得到或失去宠物等。其他系统也会随时间发生变化。

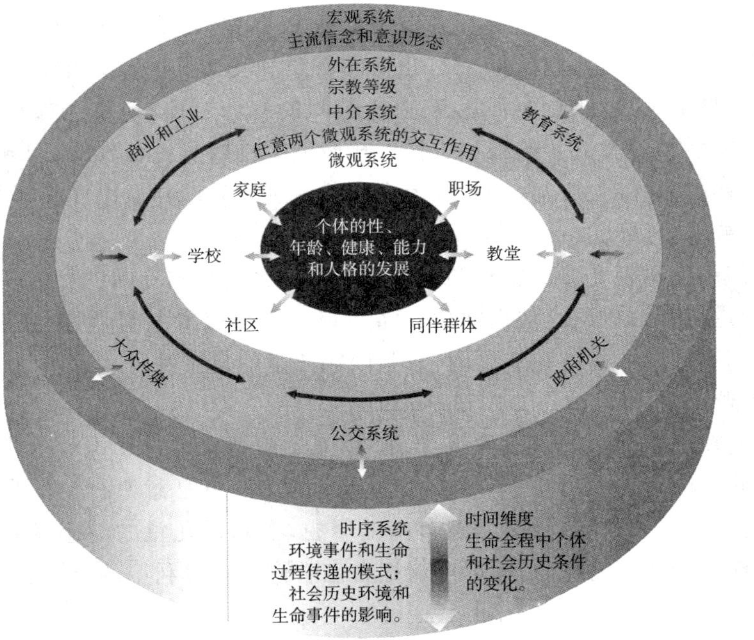


**图 3-1 布朗芬布伦纳的社会生态系统图示**

[摘自:《发展心理学》(第10版)的上册《发展心理学——从生命早期到青春期》]

黛安娜·帕帕拉(Diane E. Papalia)/萨莉·奥尔茨(Sally Wendkos Olds)/露丝·费尔德曼(Ruth Duskin Feldman)

译者:李西营等/申继亮审校,人民邮电出版社 2013.9.

## 二、学生的微观系统

由于每个人所处的微观系统与其发展直接相关，因此教育心理学多从微观系统对儿童的发展进行研究。下面我们对学生所处的几个主要的微观系统加以阐述。

### （一）家庭

家庭结构、家庭经济状况、父母教养方式等等，都是学生家庭微观系统中的要素。例如，离婚将导致家庭结构的变化，而这种变化将会直接影响孩子的心理发展。这些变化可能包括孩子只能拥有父母双方中的一方，搬家导致的邻居关系、同伴关系的变化，家庭收入的变化等。家庭结构的变化使孩子常常要做出很多心理调整才能逐渐适应。再比如，弟弟妹妹的出生也会使家庭结构发生变化。儿童可能因此而感受到父母态度的变化以及自己在家庭中地位的变化等。

父母教养方式是影响儿童发展的另一个重要因素。据研究，父母教养方式大致可划分为如下四种类型：

1. 权威型父母(authoritative parents)

他们对儿童温暖而严厉。他们对儿童的行为有明确的规定和要求，并能严格执行，同时他们对儿童的期望与儿童的需要和能力相一致。他们既高度重视儿童自主性的发展和自我管理，鼓励亲子间的双向交流，听取与接受儿童的意见，同时又承担管教儿童的根本责任。权威型父母以一种合理的、问题导向的方式来对待儿童，在有关纪律的问题上常与儿童进行讨论并做出详细解释。

2. 专制型父母(authoritarian parents)

他们高度重视儿童的服从和遵从，惯常使用惩罚的、专断的和强硬的纪律措施，很少进行言语讨论。他们深信儿童应该无条件接受父母所制订的规则和标准。他们不鼓励儿童的独立行为，总是限制儿童的自主性。

3. 溺爱型父母(indulgent parents)

他们在纪律问题上以一种接受、和蔼甚至有些顺从的方式对待儿童。他们较少对儿童的行为做出要求，赋予儿童高度的按照自己意愿行动的自由。溺爱型父母更可能认为控制是对儿童自由的侵犯，会妨碍儿童的健康发展。他们不是积极地塑造儿童的行为，而尽可能把自己看作儿童可利用的资源。

4. 忽视型父母(neglectful parents)

他们总是尽可能减少与孩子一起活动的时间，较少将精力放在孩子身上。在极端的情况下，忽视型父母对儿童可能置之不理。他们对儿童的活动和去向知道得很少，对儿童在学校或与朋友一起时的经历也不感兴趣，很少与儿童谈心，在做决策时很少考虑儿童的意见。忽视型父母“以父母为中心”，而不是按照有利于儿童发展的信念来抚养儿童，他们主要围绕自己的需要和兴趣来建设家庭生活。

研究表明，不同的父母教养方式对学生个性、社会性的发展会产生不同的影响。作为教师，了解学生包括父母教养方式在内的家庭背景是必要的，这也有助于理解学生在学校的表现。

（二）同伴

同伴关系和同伴文化是学生所处的微观环境中的另一重要因素。随着儿童年龄的增长，儿童与父母的接触逐渐减少，而与同伴的交往日益增多，同伴的影响将日益突出。

近年来，很多心理学家致力于研究同伴文化在儿童发展中的重要作用。同伴文化是一系列“规定”的学生群体——如何穿着，就连说话方式和发型都有规定。这些群体决定他们共同的活动、爱好、兴趣，决定喜欢什么不喜欢什么，喜欢谁不喜欢谁。例如，当一个学生群体普遍喜欢并“规定”一周之内除了周一穿校服外，其余四天都穿牛仔裤时，如果有一个成员在周二时没有穿牛仔裤，那他/她一定会遭到批评甚至排斥。同样，如果一个宿舍的女生都把头发拉直了，只有一个女生把头发烫弯了，那么这个女生多半不会受到同宿舍其他同学的喜欢。

当几个或更多同伴结成小群体时，同伴文化的影响就更为明显。如果这个群体的同伴都喜欢并且经常相约一起玩滑板时，其中一个同伴因为家庭原因没有买滑板，那么他/她会感到很孤立，就很可能闹着让父母买滑板。如果父母不同意，这个学生会继续争取，一直到父母妥协为止，否则他/她会渐渐离开这个同伴群体。一般来说，在父母与同伴的较量中，取胜的常常是同伴，儿童的年龄越大，受同伴的影响也越大。

因此，选择好的同伴及其群体，营造和接受好的同伴文化对于学生的个性、社会性发展非常重要。老师的责任就是引导学生建立健康的同伴关系和同伴文化，巧妙地利用同伴的影响来加强对学生的教育。

### 【理论运用于实践】帮助离婚家庭的儿童

**注意一些突如其来的行为变化，这些变化可能反映家庭发生的问题。**

例子：

1. 对学生异常的身体症状提高警惕，如学生有持续的头痛或者胃痛、体重剧增或剧减、疲乏或精力过于旺盛等，都要多加注意。

2. 留意学生产生情感危机的前兆，如喜怒无常、发脾气、很难集中注意力。

3. 让家长了解学生压力产生的症状。

**跟学生单独谈论他们态度和行为发生的变化。这就为你提供了一个找出学生压力源的机会，如父母离异。**

例子：

1. 做一个好的聆听者。可能没有其他成年人愿意听学生谈他们面临的问题。

2. 让学生们觉得跟你谈话很轻松，并让学生自定谈话的时间。

**注意你的语言，避免在谈话过程中流露你对于“开心”（双亲）家庭的刻板印象。**

例子：

1. 在班上发言的时候，要简单地用“你们的家庭”来代替“你们的父亲和母亲”。

2. 避免说出“我们需要母亲志愿者”或者“你们的父亲能帮助你们”这样的话。

**帮助学生们保持自尊。**

例子：

1. 看到学生们出色的地方。

2. 确保学生们能清楚自己的任务并且有能力处理繁重的工作。这并不等于给予学生新的工作和难度很大的工作。

3. 学生可能会生父母的气，但也可能把这种愤怒转移到老师身上。深刻理解学生对你表达的愤怒，很可能他们不知道如何表达自己的情绪，他们是无辜的。

**找出你所在学校可以利用的资源。**

1. 跟学校心理学工作者、辅导咨询师、社会工作者或者校长商议找出那些可能需要外界帮助的学生。

2. 考虑建立一个受过培训的、由成人领导的讨论组，在讨论组中为那些经历父母离异的学生设计一些能帮助他们的议题。

**了解并尊重离异父母获得孩子信息的应有权利。**

例子：

1. 当父母双方共有抚养权的时候，两者都享有知情权和参加家长会的权利。

2. 没有抚养权的一方仍可以知晓孩子在学校的情况。应该与校长一起咨询国家法律中有关非抚养方权利方面的内容。

**留意学生在离异父母双方家庭之间生活所产生的长期问题。**

例子：

1. 当学生与离异父母一方共同生活时，书本、作业、运动服可能会留在另一方的家里。

2. 离异父母可能收不到校方通知，因此没有按时到学校接孩子或者错过了家长会。

［摘自 Woolfolk，A. 著，何先友等译. 教育心理学（第十版）. 北京：中国轻工业出版社，2008，80-81］

（三）学校

学校是影响学生的另一个微观系统。学校不仅向儿童传授文化知识，同时也为他们提供了良好的社会交往条件。许多研究者指出，对于在校学生来说，直接影响其成就和心理发展的因素就是学校和班级风气。学校文化和风气与学生的行为和成就有着紧密的联系。例如，在一个风气很正、倡导互助合作的学校里，学生们的亲社会行为就会受到鼓励，学生们的攻击行为、自私行为就会受到批评，而在一个一味追求学校规模和经济利益的学校里，学生们的个性和社会性发展也容易受到误导，一些不良行为和不良心理可能因此滋生暗长。班级氛围和教师的教育观念、教学态度等也会影响学生的个性、社会性发展，一味追求升学率的学校或班级可能会忽视学生非智力因素的发展，教师自身更是学生（尤其是小学生）模仿的榜样。

## 三、布朗芬布伦纳社会生态理论在教育教学中的应用

（一）为学生的成长营造良好的微观环境

布朗芬布伦纳的社会生态学理论告诉我们，儿童所处的微观系统会直接影响他们的发展。因此，在教育实践中应该注意对班级和学生的管理。首先，学校管理的一个重要议题是把班级看成一个大家庭。比如，尽可能让老师的教学有一定连续性，即让老师在连续几年里教同一批孩子。这有助于建立教师与学生的亲密关系，而师生间的亲密关系有助于学生的社会性发展。其次，教师，尤其是班主任老师，应该与学生家长保持紧密联系。一方面可以通过电话、邮件、家访等方式经常与家长保持联系，了解学生的情况；另一方面可以定期举行家长会、设立家庭工作坊，但是家长会和工作坊不应变相为教师单方面报告会，教师在给家长讲解学习计划及教师的期望，帮助家长支持孩子学习的同时，也应该认真听取家长的意见和建议，家校合作开展有效教育活动。再次，教师要正确引导学生的同伴关系向良性方向发展。一方面要以身作则，做好榜样；另一方面要关心学生学习之外的生活，了解孩子的同伴关系状况，引导建立良好同伴关系，发展同学友谊等。

（二）充分利用社会教育资源，促进学生发展

在一定意义上，可以说学校教育就是社会教育的一个缩影。社会本身就是一个大学校，教师应该充分利用这个大学校的教育资源，同时尽量避免其中的不良因素。例如，学校可以与一些社会组织或机构，如企业、工厂、博物馆、科技馆、动植物园等结成联盟，建立友好合作的伙伴关系，把课堂延伸到社会，把社会机构融入学校，这样学校和社会就会有机地结合在一起，共同促进学生发展。教师

也可以根据学科教学要求或德育要求,有目的、有计划地邀请一些社会知名人士,如先进事迹个人、科学家、企业家等进学校开展交流活动,让中小学生直接和他们面对面地接触,以获取生动的学习案例,有效利用教育资源。

（三）特别注意社会大环境对学生的影响

虽然儿童密切接触并受到直接影响的往往是微观环境,但是微观环境之外的大环境(包括中间系统、外部系统、宏观系统等)对儿童的影响也不可忽视,而且在某种意义上,儿童的微环境是对大环境的反映和折射。社会上除了有很多可以利用的教育资源,更多的还是一些潜移默化的影响,比如文化的影响、传媒的影响、社会大事件的影响等。

在一些物质条件相对落后的地区,或者缺乏社会服务和健康服务,甚至有犯罪或者缺少基础生活条件的地区,这样的环境会损害儿童的学习动机、学业成就和心理健康,教师要特别注意这些大环境对学生可能存在的影响,并尽量消除不良影响。比如,引导学生多接触优秀文艺作品,引导学生观看教育节目、少儿节目,尽量远离消极影响。当发生一些重大社会事件时,比如汶川大地震,要及时引导学生发展同情心、爱心等亲社会行为,发展自助观念,学习危机应对策略等,而不是漠不关心。再比如,在金融危机下,学生的生活也会间接受到影响。作为教师,要关心社会大环境的发展变化,更要关心身处其中的学生的变化,以便及时调整教育教学方案,采取有效应对措施。

（四）响应文化的教学

我国是一个多民族、多文化并存的国家。儿童在进入学校学习之前,已经汲取了成长环境中文化的各方面,比如语言、信仰、态度、行为方式、饮食偏好等,这种情况下就要求教师应该进行响应文化的教学(cultural lyresponsive teaching)。所谓响应文化的教学是指认定和肯定学生的文化。响应文化的教师会帮助学生理解和欣赏自己的文化以及其他文化,在教育教学活动中注意设置肯定多样性的课堂环境。

首先,教师需要审查自己对待文化多样性的态度,因为教师自身是一个强有力的榜样。如果教师对某种文化下的儿童存有刻板印象或偏见,比如,对来自乡村的孩子可能不自觉地预期他们在校表现不好,对女孩可能期望她们比较文静等,这些信念会导致教师无意间向学生传达一种文化偏见,进而影响儿童的表现。所以,教师应该留心不同学生的学习困难,但同时也应该避免把这一点转化成刻板印象。其次,将文化视角融入日常沟通与教学之中。无论在教学内容中还是言谈举止、日常细节中都要表现出对文化多样性的尊重。第三,教师应至少拿出一部分时间让学生进行合作学习,使其接受符合他们文化取向的指导。总之,布朗芬布伦纳的生态理论要求教师了解学生的文化背景,这对有效教学起到关键作用。

教师在充分利用这一理论的同时也必须认识到该理论的缺陷。其主要的缺点是无法进行实证研究。例如,怎样对无数高度复杂的交互作用关系进行观测并进行深入的分析?怎样厘清个体与其微观系统、中间系统、外部系统之间的交互作用关系?时间系统、宏观系统是以怎样的方式通过微观系统作用于个体的发展的?这些都是尚未用研究证实和解决的问题。

## 第三节　情绪和道德的发展

当我们产生烦恼、不满甚至愤怒情绪时,我们是否直接把它发泄出来?当我们遇到一个两难问题时,我们又是如何做出选择的呢?这牵涉情绪(这里主要指社会情绪)和道德的发展问题。学生情绪和道德的发展是教师应该了解并加以促进的一个重要议题。

### 一、情绪能力的发展

理解别人的意图和从别人的角度看问题是情绪能力发展中的要素,也是理解和管理情绪能力的要素。

(一) 四个必需的社交/情绪能力

研究者指出,有四个必需的社交/情绪能力对于学生的学业和个人成就有重要影响:

1. 了解自己和他人

这主要包括:(1) 分辨情绪。认识和说出自己和他人的情绪;(2) 承担责任。为了做出符合伦理、安全和法律的行为,了解自己需要承担的责任并按责任要求办事;(3) 认识长处。认清自我和培养良好的品质。

2. 做有把握的决定

这主要包括:(1) 管理情绪。调节情绪适应环境而不是阻止事情的发生;(2) 了解环境。准确地了解你身处的环境;(3) 设定自己的目标和计划。设立目标,并为达成短期或长期目标而努力;(4) 创造性地解决问题。通过创新且合乎规则的过程,制订可靠的达成目标的计划,包括预测可能的障碍和克服障碍的计划。

3. 对别人的关怀

这主要包括:(1) 表示同情。分辨和了解别人的思想和感觉;(2) 尊重他人。作为人性的一部分,要相信他人希望得到友好和热情的对待;(3) 重视多样性。

懂得具有不同特点的个人和群体可以取长补短，并且增强对环境的适应性。

4. 知道如何去做

这主要包括：(1) 有效沟通。利用言语和非言语技能来表达自己，增强与别人的有效交流；(2) 建立关系。与个人或群体建立和保持有益、健康的关系；(3) 平等地谈判。重视所有相关人员的需要，努力寻找令双方满意的方法去解决矛盾；(4) 不要激怒他人。传达并服从有力的决定，不要采取不必要、不安全和不符合伦理道德的行为；(5) 寻求帮助。为了追求自身的需要和目标，了解自己的需求，接受那些合适的帮助和支持；(6) 行动合乎伦理。依照法律、专业条文的认识，或者以个人的道德和信仰为基础，通过一系列的法律标准来指导如何做决定和行动。

### (二) 心理理论的发展

除了这四个必需的社交/情绪能力外，儿童对自己和他人心理意图的推测和理解，即心理理论(theory of mind)的发展也是其情绪能力发展的重要内容。心理理论是个体对自己和他人心理状态的认识，并由此对相应的行为做出因果性的预测和解释。心理理论是一种对心理意图推测和理解的能力。例如，当一个儿童不高兴的时候，另一个儿童能否理解这个儿童为什么不高兴，这对于他们能否继续交往是非常重要的。

研究发现，在儿童两岁左右时，就有了对心理意图的理解，至少是对自己心理意图的理解。比如，他们可能会说："我想要一个布娃娃。"随着儿童心理理论的发展，他们也逐渐能理解别人的心理意图。例如，当一个孩子不小心碰掉另一个孩子的画册时，画册的小主人会知道对方不是故意的，因而一般不会表现出生气情绪。

儿童心理理论的发展与其观点采择能力(perspective-taking ability)的发展关系紧密。观点采择能力是指儿童推断别人内部心理活动的能力，即能设身处地理解他人的思想、愿望、情感等。理解他人的想法和感觉对于建立合作关系、发展道德、促进亲社会行为等方面都有重要意义。

## 二、道德发展

伴随着高级心理理论和理解别人心理意图能力的发展，儿童也发展起正误判断和道德评判的能力。例如，当一个小学生提出"老师，王××考试作弊"，或者"妈妈，妹妹的苹果比我的大，这不公平"，这就意味着儿童的道德观已经初步建立起来了。瑞士心理学家皮亚杰和美国心理学家科尔伯格对儿童道德的发展都有精辟论述。

（一）皮亚杰的道德发展理论

皮亚杰将儿童道德的发展划分为他律道德（heteronomous morality）和自律道德（autonomous morality）两个阶段。

他律道德是指道德是受他人提出的规则支配的，这个阶段也叫道德现实主义（moral realism）或强制的道德，即按照绝对的标准判断是非。在这个阶段，5～6 岁的儿童相信关于行为和游戏的规则绝对不能改变。儿童只注意到别人的行为，而没有注意到行为背后的意图或动机，因此，他们常常按照行为的后果来判断是非及其严重性。例如，儿童会认为不小心打碎了两个杯子比故意打碎一个杯子犯的错误更严重。

儿童大约 8 岁以后就能理解规则和法律并不是绝对的，是很多人同意后制订的，而且可以改变它。这时遇到规则被破坏的情况，儿童开始能够同时考虑行为的后果与意图。因此，这个阶段也叫道德相对主义或者合作性道德（morality of cooperation）。

（二）科尔伯格的道德发展理论

在皮亚杰道德发展论的基础之上，科尔伯格（L. Kohlberg，1927～1987）采用经典的道德两难故事和道德两难问题（moral dilemmas，即没有明确的选择或无正误之分的情况）对儿童的道德发展水平进行了探讨，将儿童道德的发展划分为更详细的三个水平六个阶段。

**表 3-3　科尔伯格的儿童道德发展水平**

| 阶段顺序 | 命名 | 基本特征 |
|---|---|---|
| 第一级水平 | 前习俗水平 | 由外在要求判断道德价值 |
| 第一阶段 | 服从与惩罚定向 | 服从规则以及避免惩罚 |
| 第二阶段 | 天真的利己主义 | 遵从习惯以获得奖赏 |
| 第二级水平 | 习俗水平 | 以他人期待和维持传统秩序判断道德价值 |
| 第三阶段 | 好孩子的道德定向 | 遵从陈规，避免他人不赞成、不喜欢 |
| 第四阶段 | 维护权威和秩序的道德观 | 遵从权威，避免受到谴责 |
| 第三级水平 | 后习俗水平 | 以自觉守约、行使权力、履行义务判断道德价值 |
| 第五阶段 | 履行准则与守法的道德 | 遵从社会契约，维护公共利益 |
| 第六阶段 | 个人良心式原则的道德观 | 遵从良心式原则，避免自我责备 |

水平 1：前习俗道德（preconventional morality）。这个水平下的道德推理水平多以自我中心为基础，7～10 岁的儿童大都处于这个水平。处于该水平第一阶段的儿童以这种或那种行为方式来获得奖励和避免惩罚。对个体而言，要么

顺从，要么受到惩罚。所有权威的都是正确的，不能违反，否则就会受到惩罚。处于该水平第二阶段的儿童则认为事情的正误由个人的需要来决定。只有当个体认为他的行为对自己有利时，他才会遵守规则。因此，道德感是相对的。

水平 2：习俗道德(conventional morality)。这一水平下的儿童已经内化了社会规则，他们遵守那些他们认为正确的规则或社会习俗(social conventions)。社会习俗是指在特定情况下，被普遍赞同的规则和做事方式。科尔伯格认为 10～16 岁时达到这一水平就很好了。处于第三阶段(即该水平第一阶段)的儿童认为，人们的推理是由众人共同的期望和一致意见决定的。因此，他们总是试图迎合那些生活中重要他人的期望。处于第四阶段(即该水平第二阶段)的儿童意识到良心和社会体系的重要性，知道遵守法律和履行义务的必要性。

水平 3：后习俗道德(postconventional morality)。这一水平下的青少年主要基于内心的一套标准进行道德推理，这种道德标准不一定与社会规则相一致。社会规则成为大多数行为的基础，但当社会规则与人们内心的道德准则发生冲突的时候，人们内心的准则往往占上风。这一水平很少有人能达到。在第五个阶段，青少年认为事情的好坏是由社会普遍认同的个人权利标准来决定的。他们认识到法律在大多数情况下都能为人们提供最大利益，但有时法律是与道德规则相违背的，这种事情一般不容易解决。只有 1/5 的青少年能够真正达到这个阶段。在第六个阶段，青少年认为利益和权利是个人道德心的事情，包括公平、人的尊严和平等等抽象概念，他们遵循普遍的伦理准则。但这个阶段是相当难达到的，它更多的是一个理想的而非清晰的道德阶段。

#### (三) 道德推理的性别差异

吉利根(C. Gilligan)提出了另一种模型，她认为女性有不同于男性的道德观念。男性更重视诸如公平和尊重他人权利这样抽象、理智的原则，而女性则更倾向于依据关心和同情来看待道德，即“具关怀的道德观”。女性与他人交往时更容易理解他人的想法，她们对亲密的人际关系特别敏感。有些研究结果证明了吉利根的一些观点，也有研究发现男性和女性在道德判断上都会考虑关心这一因素，尽管成年女性比男性更可能表达自己的关心，但男孩和女孩在关心方面没有明显差异。

### 三、科尔伯格道德发展理论在教育教学中的应用

科尔伯格很重视把研究成果应用到教育中去，从而形成了自己的道德教育观点。下面我们结合科尔伯格的道德教育观点谈谈该理论在教育教学中的应用。

（一）道德教育的首要任务是提高儿童的道德判断能力，培养他们明辨是非的能力

科尔伯格把儿童的道德发展看作认知发展的一部分，儿童道德成熟过程就是道德认识的发展过程。儿童道德成熟的标志在于他能做出正确的道德判断并形成他自己的道德原则的能力，而不是只具备服从周围成人的道德判断的能力。同样地，如果一个学生不学习道德知识（例如法律知识），不练习道德行为规范，他的品德也将得不到良好的发展。作为一名教师，应该经常在课堂上组织学生进行一些两难问题的讨论。这些问题可以源于学校的课程，也可以是校外发生的事情；可以是真实的事件，也可以是假设的事件。但是，老师要注意保护所有参与者的隐私，更不要形成一种处处“讲秘密”的氛围。此外，教师要确保所在班级的课程尽量能反映道德主题和价值观。比如，保持教室的秩序仅仅是一个基于行政管理需要的规则，而偷窃就是一种违反道德规则的行为。

（二）道德教育应遵循儿童的道德发展阶段

科尔伯格认为，在对儿童进行道德教育时，应随时了解儿童所达到的发展阶段，根据儿童道德发展阶段的特点，循序渐进地促进他们的发展。首先，对于小学阶段的低年级应侧重常规教育及良好的常规训练；中年级应侧重热爱集体、热爱学习和遵守纪律的教育；高年级应侧重社会公德、意志品格和爱国意识教育，培养文明待人的习惯，并预防不良的行为习惯。比如，教师可以通过组织学生讨论偷窃、嫉妒、嘲笑别人等行为来引导小学生的道德发展。其次，对于中学阶段，七年级可侧重于社会公德与遵守纪律的教育，培养文明待人和自觉守纪的习惯；八九年级应侧重于意志品格、道德理论和国家、民族前途的教育，目的是培养学生的意志力，自觉加强道德修养，并养成初步的道德习惯。第三，对于高中阶段则可在进一步加强道德伦理教育的同时着重强调世界观和人生观的教育。比如，可以讨论诸如欺骗、保护犯规的朋友、如何受欢迎等问题。但是，教师要知道任何一种道德发展理论都只适合一部分人，而不是所有人，各个年级的要求也应相互交叉，不能绝对化。因此，根据学生的实际情况进行道德教育是必要的。

（三）要为儿童的道德发展创造良好的环境

科尔伯格指出，学校、家庭和社会要创造良好的条件，广泛开展各种道德教育活动，提供略微超出儿童发展水平的社会道德问题让他们讨论，以促进他们达到更高阶段的道德水平，使他们的思维模式向更高水平发展。具体而言，一个教师进行道德教育的最重要的责任是建立一个以公平为基础的相互尊重和关心的班集体，以及建立固定的要遵守的规则。比如，班集体要有明确的共同目标以及由此而产生的共同行动，每一个集体成员都要为共同的任务而行动，彼此关心，

互相监督。此外，教师应根据不同行为领域给学生以适当的回应——道德或习俗领域。例如，当教师发现有学生说脏话时，要及时予以制止和纠正。如果学生说的脏话带有侮辱性，老师就应该明确告诉他这种行为对他人的伤害并予以批评。

综上，科尔伯格对道德发展问题的一系列研究，扩展了皮亚杰关于儿童道德判断研究的理论，在发展心理学中形成了一个重要的道德发展阶段的模式，使道德现象变成了一个可以客观观察的科学研究对象，并有助于将道德发展的理论运用到学校道德教育中去。需要指出的是，科尔伯格强调儿童道德判断能力的重要作用，是他的认知发展理论在道德教育上的必然反映。但是仅仅强调道德判断能力，而忽视了道德情感、道德意志和道德行为在道德品质形成和发展中的作用是不全面的。儿童的道德品质不只是要具备道德认识，还要有丰富的道德情感、坚强的道德意志和良好的道德行为，并使之成为习惯。生活中可以看到儿童的言行不一，有时并非是由于缺乏正确的道德认识和道德判断能力。有时儿童往往是在没有意识到道德准则的情况下做出道德行为的，可见应把知和行统一起来。此外，科尔伯格不重视习惯在儿童道德发展中的重要作用，也是片面的。

**【理论运用于实践】道德发展理论对教学的启示**

**教师对儿童道德思维和行为水平的预期应符合儿童的年龄。**有经验的教师知道，预期过高或过低，都不能帮助学生发展到适合的水平。

**在课堂上组织学生讨论两难问题，以帮助学生发展道德推理。**这些两难问题可以是源于学校的课程，也可以是校外发生的事情。科尔伯格和克雷默（Kramer）认为道德两难问题的讨论有助于学生发展道德推理，并向更高阶段推进。

**自我评价可以帮助教师提高自己的道德发展水平，更有利于教师准确评价学生的思想和行为。**

**教师应该知道对任何一种道德发展理论都不能全盘接受。**所有的理论都只适合一部分人，而不是所有的人。

**教师应该鼓励学生不仅发展道德评判能力，而且要发展明智的思维。**思维的目标是实现共同利益——最终也是每个人的最大利益。

［摘自：Sternberg，R，Williams，M. 著，张厚粲译. 教育心理学. 中国轻工业出版社，2003，97］

## 第四节　个性、社会性和道德发展的多样性

尽管儿童个性和社会性的发展遵循一些共同的或相似的规律，如都遵循一

定的发展顺序，都受到社会文化背景的影响等，但是我们必须承认，许多学生将经历其他孩子没有经历过的挑战和困难，比如有些孩子是在单亲家庭或暴力家庭中长大，而另一些孩子则可能生活在"温室"里。即使学生并未经历这些重大的个人挑战，他们的个性、社交技能、道德信念等仍然会有差异。某种程度上，这些差异是不同教养方式和文化背景造成的。教师必须了解这些差异并因材施教。

## 一、个体差异

特殊的家庭背景、独特的气质类型、生理上的差异等等因素都会导致学生在个性、社会性及道德观念上产生差异。例如，那些经历特殊挑战或困难的学生往往需要教师给予特别支持。生活在离异家庭的孩子可能比较敏感、内向；有残疾的学生可能比较自卑甚至自闭；有情感和行为障碍的学生观点采择能力和社交技能通常很差；智力落后的学生，道德推理能力也可能稍差；等等。这些学生需要老师给予更多的关怀和支持，比如关心学生生活和他们的未来发展，充当学生忠实的听众而且要经常让他们知道我们是多么重视他们中的每一个人。表 3-4 列出了孩子们的特殊需要以及教师可能提供的帮助。

**表 3-4　有社交或行为问题的学生特征及课堂策略建议**

| 学生特征 | 建议的课堂策略 |
| --- | --- |
| 被同伴拒绝，朋友很少 | 详尽地教授社交技能，提供机会实践这些技能，并进行反馈 |
| 在观点采择和识别他人情感状态方面有困难 | 制订可行的与可接受的课堂行为有关的规则，并加以执行 |
| 理解社会情境的能力不足（如，在无恶意的交往中觉察出敌意） | 指导适当的行为并加以表扬 |
| 社交技能和解决社交问题的能力很差，对其社交技能到底有多差认识有限 | 教授解决社交问题的策略（如，通过调解训练） |
| 控制冲动的能力差，控制情感有困难 | 给学生提供机会结交新朋友（如，通过合作训练活动），帮助学生识别各种不同情感的外部标志 |
| 不大同情别人 | 用诱导促进同情理解和观点采择 |

［摘自：Ormrod,J. E. 著，彭运石，彭舜等译. 教育心理学（上册）. 陕西师范大学出版社，2006，112.］

## 二、文化差异

如前所述，学生在个性、社会性及道德信念方面的差异，在某种程度上是不同教养方式和文化背景的产物。从群体角度看,生活于不同文化背景下的学生,其个性、社会性可能会有很大差异。例如,有些民族群体鼓励强烈的家庭认同感,也有可能鼓励民族群体认同感,在这些文化背景中长大的孩子更看重家庭或整个民族的成就感和荣誉感。因此,对于在这些背景中长大的学生,教师需要从家族或者民族荣誉感方面提供在学习方面取得成功所需要的动力。

从文化背景角度来看,道德行为和道德信念也可能因文化背景不同而不同。例如,在一些文化里,习俗和习惯被看作是规则,这能使社会生活更平稳。但在其他更加传统的社会里,社会习俗就等同于道德问题。说谎在一些社会中是不道德的、不被准许的,而在另一些文化中可能是一种合理的、可以保全面子的方式。有些文化鼓励亲社会行为和合作性,而另一些文化则鼓励竞争和个人选择。

性别差异是另一个比较明显折射文化影响的群体差异。在很多文化背景中,社会对女孩有不同于男孩的期望和约束,父母对女孩的教养方式不同于男孩。这些因素最终折射出个性、社会性和道德发展方面的性别差异。吉利根指出,女性和男性在道德发展的内容方面可能有不同侧重:女性更可能按照关心和同情的维度来评判是非,而男性更重视公平和理智。此外,受文化的影响,女性在学业上的自信心、对身体的自我概念可能会比男性差,而女性在社交技能和社会情绪能力方面可能比男性强。

作为教师,我们必须承认这些差异的存在并按照实际情况进行教学。教师应注意不要表达某些人更容易或更难掌握某些技能的偏见。比如,教师不要说"男生有更强的算术能力或者女生有更好的阅读理解能力"。相反,应当注意到学生自身的差异性,让他们在各种不同类型的任务中显露和展示自己的能力。一方面,我们应该尊重不同文化的差异,理解不同文化背景下的学生可能有不同的个性、社会性、道德、技能和兴趣等,甚至理解学生与自己也可能存在很大差异;另一方面,我们必须坚持并传播一些基本的原则,肯定和鼓励一些符合基本原则的行为,比如平等、尊重他人权利、幸福等。

## 回到案例

这是一个关于青春期少女对于友谊、道德、服从等感到困惑的故事。教师可以结合这个阶段学生的个性、社会性及道德方面的发展特点给予引导。下面是一个老师自述的指导方案:

首先给她介绍并讲解有关的科学知识。少年由于缺乏辩证而全面地看事物的经验,往往会把朋友之间的友谊神圣化。她们会把小集团中的一些人的行为准则作为自己的行动标准,常常为了所谓的"义气"而包庇同伴,或者为对方打抱不平,也不管是否符合社会道德规范就很冲动地做出一些造成较大不良后果的行动。然后，在咨询时要理解她的问题，给她参考性意见，最终让她自己决定该怎么做。具体来说包括以下可能的思想过程：

1. 明确真正的好朋友不仅仅是讲“义气”，而是好朋友要互相帮助，取长补短，共同进步，因为每个人都不是十全十美的。

2. 要知道每个人都有与别人不同的观点，要敢于接纳与自己不同的合理观点，保留自己的正确观点，最好能够采用一些合理的方法来证明自己观点的正确性。

3. 真正的好朋友应该为对方的健康成长着想，对方的不当行为我们都应该勇敢而委婉地提出来，引导她们改正错误。如果不方便直接说，也可以通过她信任的老师或者同学来转达。

4. 好朋友做伤害自己的事时，应该大胆提出，并表明只原谅第一次，再也不愿意看到有第二次。如果她还是不能改过，就应该向相关老师反映情况，老师会帮她分析问题行为产生的原因，并让大家来帮助她改掉这个坏毛病。

5. 面对不良行为的影响，应该主动向家长或者老师寻求帮助，毕竟我们处在一个法制健全的社会，一切不良的和不合法的行为都会受到社会的惩罚，正义终究会压倒邪恶。

## 学术争鸣

| 是人格特质还是情境决定了个体的行为？ | |
|---|---|
| **正方观点：特质论**<br>特质论认为，人格是由一系列特质组成的，所谓特质（trait），通常指在一段时间内、不同情况下相对稳定的个体差异性及个体有别于他人的基本特性。每个特质都是对立两端联系起来所构成的一个个体差异的维度。任何人都在这个维度上有一个确定的位置，有的人得分低，有的人得分高，但大多人都处于中间部分。特质论假定人格是某种相对稳定的东西，都可以加以描述，而且可以用来预测个体的行为。比如，可以预测一个害羞的儿童在社交场合中更可能有退缩行为，一个外向的学生更可能喜欢交际和集体活动等。特质论的典型代表是美国心理学家奥尔波特和卡特尔。 | **反方观点：情境论**<br>情境论者则认为，在不同的情境中几乎难以找到行为一致（即特质存在）的证据。行为几乎完全由情境决定。情境论的主要代表人物是米歇尔（T. Mitchell）。米歇尔的依据是：在绝大多数研究中，个体在两种情境中行为的相关系数并不高；特质论者没有确凿的证据可以直接证明行为的一致性；人们在解释行为时，易犯基本归因错误，夸大了特质的作用而忽略情境因素。比如，同一个人可能在陌生人面前表现出退缩行为，而在家人面前表现得很大胆，显然是不同的情境而不是他的特质决定了他的行为。 |

续表

| 是人格特质还是情境决定了个体的行为？ |
| --- |
| 研究发现，特质论和情境论都不能单独解释和预测人们的行为。例如，撒拉逊(Sarason)在1975年做了138个实验，研究中发现，情境平均能解释10.3%的行为差异，人格特质可解释8.7%的行为差异。换言之，情境与特质都无法很好地预测行为。巴斯(Buss)在1989年的研究中发现，有些实验室情境下行为更多地由情境决定，这时被试处在新异、正式的公共情境下，在较短时间内得到详尽的指令，行为选择性较低，此时，行为更多地由情境决定。在开放和不确定的情境下，人格特质则发挥关键作用。还有一些研究者的研究显示，人们在相似的情境尤其是自己选择的情境中时，会清晰地显示出特质的作用。<br>因此，当代的心理学者更多地倾向于认为，行为取决于人格特质与情境的交互作用。 |

## 小　结

1. 埃里克森的个性发展理论

埃里克森认为，个性的发展应包括机体成熟、自我成长和社会关系三个不可分割的过程。他根据这三个过程的演化，把个性分为八个阶段：(1) 婴儿前期(0～1岁)：基本信任对基本不信任；(2) 婴儿后期(1～3岁)：自主对害羞与怀疑；(3) 幼儿期(3～6岁)：主动对内疚；(4) 童年期(6～12岁)：勤奋对自卑；(5) 青少年期(12～20岁)：同一性对角色混乱；(6) 成年早期(20～25岁)：亲密对孤独；(7) 成年中期(25～65岁)：繁殖对停滞；(8) 成年晚期/老年期(65岁～死亡)：自我整合对失望。

埃里克森个性发展理论对教育教学的启示如下：(1) 学前儿童的教师应鼓励孩子的主动性；(2) 小学教师要鼓励学生勤奋，帮助他们树立正确的竞争观念；(3) 中学教师要支持学生自我同一性的形成。

2. 布朗芬布伦纳的社会生态理论

布朗芬布伦纳认为，影响儿童心理发展的生态环境有以下五个子系统：(1) 微观系统。微观系统是儿童成长中直接接触和产生体验的环境。家庭和学校都是儿童的微观系统环境。(2) 中介系统。中介系统指两个或多个微观系统环境之间的相互联系和彼此作用，它是由多个微观系统环境所组成的系统。(3) 外部系统。外部系统是指个体并未参与其中，但却对其成长产生影响的那些环境以及这些环境的联系和相互影响。(4) 宏观系统。宏观系统指个体所处的整个社会组织、机构和文化、亚文化背景，它涵盖了前述微观系统、中介系统和外部系统，并对它们发生作用，施加影响。(5) 时间系统。时间系统是指个体的生活环境及其相应的种种心理特征随时间推移所具有的变化性及其相应的恒定性。

布朗芬布伦纳的社会生态理论在教育教学中可得到如下应用：(1) 为学生的成长营造良好的微观环境；(2) 充分利用社会教育资源促进学生发展；(3) 特别注意社会大环境对学生的影响；(4) 响应文化的教学。

3. 皮亚杰的道德发展理论

皮亚杰将儿童道德的发展划分为他律道德和自律道德两个阶段。他律道德是指道德受他人制定的规则支配；自律道德指能理解规则和法律并不是绝对的，能够同时考虑行为的后果与意图。

4. 科尔伯格的道德发展理论

科尔伯格将儿童道德的发展划分为更详细的三个水平、六个阶段：(1) 水平1：前习俗道德。这个水平的道德推理多以自我中心为基础，7～10 岁的儿童大都处于这个水平。处于第一阶段的儿童是服从与惩罚定向的，而第二阶段的儿童是天真的利己主义。(2) 水平 2：习俗道德。这一水平下的儿童遵守那些他们认为正确的规则。处于第三阶段的儿童是好孩子的道德定向，而第四阶段的儿童具有维护权威和秩序的道德观。(3) 水平 3：后习俗道德。这一水平下的青少年主要基于内心的一套标准进行道德推理，这种道德标准不一定与社会规则相一致。处于第五阶段的儿童遵循履行准则与守法的道德观，而第六阶段的儿童遵循个人良心式原则的道德观。

5. 吉利根的道德发展模型

吉利根提出了另一种模型，认为女性更倾向于依据关心和同情来看待道德，即“具关怀的道德观”；而男性更重视诸如公平、尊重他人权利等抽象原则的道德观。

## ∠ 思考题

1. 简述埃里克森的个性发展理论及其对教学的启示。

2. 影响学生发展的生态环境有哪些？教师应如何有的放矢地进行教学？

3. 试述儿童道德发展的阶段，并根据科尔伯格的道德发展理论尝试分析小学生的道德发展状况。

4. 如果你问一个 7 岁的小学生和一个 14 岁的初中生一个同样的问题：“我是谁？”你认为他们会做出怎样的回答呢？其回答有什么不同吗？

## ∠ 进一步阅读文献

1. 罗伯特·斯莱文著，姚梅林等译. 教育心理学——理论与实践(第七版).

北京:人民邮电出版社,2004.

2. 托马斯·费兹科,约翰·麦克卢尔著,吴庆麟等译.教育心理学——课堂决策的整合之路.上海:上海人民出版社,2008.

3. 林崇德著.林崇德文集第七卷—教育的智慧·师魂(第七章).北京:北京师范大学出版社,2020,P166-P170.

4. 博伊德.比著,夏卫萍译.儿童发展心理学(第13章).北京:电子工业出版社,2016,P305-P326.

5. 刘儒德著.教育心理学原理与应用(第二章).北京:中国人民大学出版社,2019,P44-P55.

# 第四章
# 学习者的差异与教学

## ☞ 章节说明

学习者的差异是教学面对的重要问题,了解差异、承认差异、尊重差异是应对全球化、多元化世界的根本策略。教学要适应学生的差异,根据学生的特点选择教学内容、确定教学目标、设计教学方式,对不同学生提出不同的要求,使每个学生都得到发展与成长。本章主要从能力、学习风格等方面介绍学校教育中学习者的差异。第一节介绍学习者差异的含义、成因及其教学应用。第二节主要介绍能力的含义和有关理论、能力的个体差异以及面向能力差异的教学组织形式和个别化教学模式。第三节主要介绍学习风格的含义、分类,学习风格的生理性、心理性和社会性差异,以及相应的教学策略。第四节关注特殊需要儿童的教学,介绍资质优异儿童、智力落后儿童、学习困难儿童、情绪困扰儿童、注意力缺损多动障碍儿童的教学策略。

## ☞ 案　例

刘老师毕业后一直在一所生源及教学水平都较好的学校任教。她对学生严格要求,自己也勤奋刻苦,工作努力,逐渐摸索出一套行之有效的教学方法,取得了良好的教学效果,她也被评为市优秀教师。后来她被选派到该学校的另一校区(以进城务工人员子女为主)执教。一年过去了,该班级成绩没有多大提高,而且出现了好几个上课故意捣乱的学生。刘老师非常困惑,她心里想:“我用同样的方法教学,效果怎么不一样呢?是我的教学方法有问题吗?”

刘老师遇到了怎样的教学困境?她该怎么做?

我国古代教育家孔子在两千多年前就告诉世人,教育要“因材施教”。这一原则道出了教育教学的基础,即了解学习者的差异是实施教育教学的前提。本章主要探讨如何根据学习者的差异进行教学，具体包括能力差异与教学、学习风格差异与教学、特殊需要儿童与教学。

## 第一节 学习者差异概述

在教育心理学中，学习者的差异是指学习者在心理活动过程中表现出来的相对稳定而又不同于他人的心理特征。当代教育需要通过把握每个学生的身心发展特点来合理安排教学任务，只有这样才能有的放矢、因势利导地组织和开展教育教学。

### 一、学习者差异的含义

学习者的差异是指一个人在先天素质基础上通过后天实践活动所形成的，一般是指个体之间在稳定的心理特点上的差异，包括个性、能力、气质、兴趣等方面的差异。

### 二、学习者差异的成因

#### （一）遗传与学习者的差异

持遗传决定论的学者认为，个体差异主要取决于父母的智力水平，是遗传的产物。遗传决定论的代表人物是优生学的创始人高尔顿（F. Galton）。他宣称“人的能力得自遗传”，并提出“遗传论”，认为人的遗传 1/2 来自父母、1/4 来自祖父母、1/16 来自曾祖父母。他还运用家谱调查等方法来验证该理论。遗传决定论认为遗传素质是构成个体差异的生物前提和自然条件，决定个体发展的可能范围。遗传制约个体身心发展的年龄特征，也制约个体的生理成熟，进而制约心理发展。

#### （二）环境与学习者的差异

持环境决定论的学者则强调，个体差异取决于后天成长的环境，比如父母的教养方式和受教育程度等。行为主义心理学派创始人华生（J. Watson）是环境决定论的代表人物。华生有一名言：“给我一打健全的儿童，我可以用特殊的方法任意地将他们加以改变，或者使他们成为医生、律师、艺术家和富商，或者使他们成为乞丐和强盗。”这种观点完全否定了儿童的素质、年龄特征和内部状态的作用。他提出“让我们把能力倾向、心理特征、特殊能力遗传的鬼魂永远赶走吧”，实际上这种观点完全否定遗传因素在个体差异形成中的作用。

环境包括影响生物有机体发展的所有外部因素，是有机体借以生存和发展的客观条件。环境对个体差异的影响具有层级性，分为宏观环境和微观环境。宏观环境是全体社会成员所处的共同环境，主要包括社会制度、经济发展水平、文化传统、民族心理等。宏观环境的影响通常是一种间接的影响。微观环境指的是个人所处的具体生活环境，又称个人环境。它包括个体所在的家庭、社区、学校或工作单位以及同辈群体。这一点在布朗芬布伦纳的生态系统理论中有详细论述。

环境决定论认为个体差异是由环境因素决定的，这种观点显然片面地强调和机械地看待环境因素在心理发展中的作用，否认遗传素质对心理差异的影响。

（三）遗传与环境交互作用与学习者的差异

在个体差异的影响因素方面，目前被广泛接受的观点是：个体心理的发展是遗传和环境相互作用的产物，遗传和环境是相互制约、相互依存的。人的遗传因素、天赋素质或生理条件，只是构成人的心理个别差异的物质基础，没有这一前提条件就谈不上心理的发生与发展。许多智力落后的儿童，特别是比较严重的，常常是有遗传上的缺陷，比如唐氏综合征（Down syndrome，Ds）的儿童。只有具有正常的遗传素质，儿童才可能在社会生活条件下发展成为一个具有高度心理发展水平的人；而环境，包括维持生存所必需的自然环境和满足心理发展需要的社会环境，也不能单独并机械地完全决定人的心理的个别差异。也就是说，个体的心理差异是人们在不同遗传素质的基础上，以及在不同的社会物质生活和文化教育环境中，接受不同影响，从事多种社会实践活动的结果。个体差异是在遗传与环境交互作用下逐渐形成和发展起来的。遗传、环境的作用因人而异。通常在智力、气质这些与生物因素关系密切的特征上遗传因素表现得较为重要；而在价值观、信念、人格等与社会因素关系紧密的特征上后天环境因素更重要。

## 三、学习者的差异与教学应用

在教育教学中，只有针对学生的不同特点采取相应的教育措施，才能取得良好的教育效果，这就是“因材施教”。“材”就是指教育对象具体的条件，包括学生的兴趣、人格、能力等心理上的特点，同时也包括其所积累的先前知识经验、所处的家庭环境等非心理的条件。“因材施教”就是要承认差异、重视差异。在日常教育或教学活动中，教育者都应该从学生的实际情况出发，在学生现有的发展水平和可能的发展空间内，尽可能地使每个学生按照自身条件在德智体美劳等各方面都得到发展，成为合格的社会成员。

# 第二节　能力的差异与教学

## 一、能力概述

### （一）能力的含义

一般认为，能力是影响活动效率并使活动得以顺利完成的个性心理特征。例如，一位画家所具有的色彩鉴别力、形象记忆力等都属于能力，这些能力是保证画家得以顺利完成绘画活动的心理特征。

首先，能力是和活动紧密相连的。一方面能力在活动中形成与发展，另一方面能力在活动中得以表现。一个人的绘画能力，只有在绘画活动中才表现出来；一个教师的组织能力只有在教育教学活动中才能显现出来。因此，只有通过活动才能了解一个人能力的大小，当一个人能够顺利完成某种活动时，也就或多或少地表现了他的能力。

其次，能力是直接影响活动效率的心理特征。成功完成某种活动受许多主观因素的影响，如人格特征、兴趣与爱好等，但这些因素都不直接影响活动的效率，不直接决定活动的完成，而只有能力才是完成某种活动所必备的心理特征。例如，思维的敏捷性和言语表达的逻辑性，是直接影响教师能否成功地完成教学任务的能力因素。如果缺乏这些因素，就无法顺利有效地完成教学任务。

### （二）能力的种类

人的能力是多种多样的，一般可以分为以下几种：

1. 根据适应范围或表现领域不同，可将能力分为一般能力和特殊能力。一般能力指在各种不同种类的活动中都表现出来的能力，也就是平时所说的智力。智力是人脑发现、转换与建构客观事物（包括符号）或客观事物之间（包括符号之间）各种关系或联系的能力（见图 4-1）。也就是说，智力是由关系或联系的发现、转换、建构三个维度有机构成的。智力包括观察力、记忆力、想象力和思考力等，其中思考力即抽象思维能力是智力的核心。特殊能力指在某种专业活动（如绘画、音乐方面）中表现出来的能力。

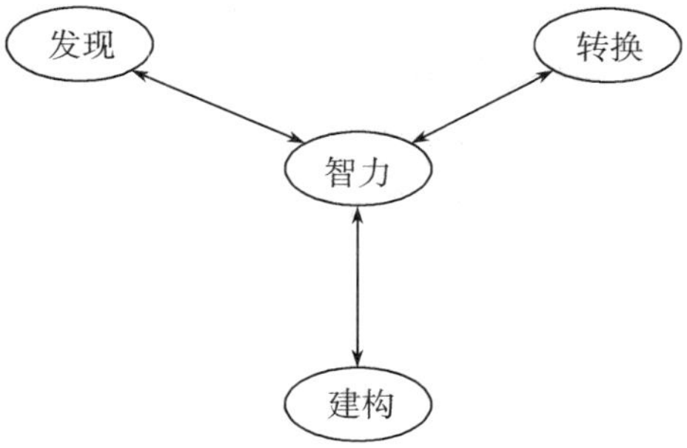


**图 4-1　智力结构**

2. 根据创造性水平不同，可将能力分为模仿能力和创造能力。模仿能力是指人们通过观察他人的行为、活动来学习各种知识，然后以相同的方式做出反应的能力。如儿童对父母的言语、表情的模仿。模仿主要包括两种成分：观察和仿效，即个人看到或听到别人怎么行动，自己也跟着怎么做。创造能力是指产生新思想和新产品的能力。如作家构思新的人物形象。

3. 根据智力与先天因素和社会因素的关系不同，可将智力分为流体智力和晶体智力。流体智力是指在信息加工和问题解决过程中所表现出来的能力，它较多依赖个人的先天禀赋。如知觉速度、机械记忆、识别图形关系等。晶体智力是指应用从社会文化中习得的解决问题的方法的能力，更多地取决于后天的学习，如词汇识别、言语理解、数学知识等。

在人的一生中，晶体智力和流体智力表现出不同的发展形态。晶体智力达到它的最高点的时间比流体智力晚，下降也晚。根据卡特尔(R. Cattell)的观点，流体智力在 20 岁以后发展达到高峰，30 岁以后就开始下降，但晶体智力在人的一生中一直在发展，在人年老的时候还能保持较高的水平。

4. 根据功能不同，可将能力分为认知能力、操作能力和社交能力。认知能力是指人脑加工、存储和提取信息的能力，如观察力、记忆力等；操作能力是指人们操作自己的肢体以完成各项活动的能力，如艺术表演能力、实验操作能力等；社交能力是指人们在社会交往活动中表现出来的能力，如言语感染力、判断决策能力、处理意外事件的能力等。

（三）能力发展的一般规律

1. 能力发展的年龄趋势

各种能力的发展不尽相同。有些能力发展或成熟较早，另一些能力发展或成熟较迟。到了老年，各种能力的衰退速度也是不一样的。一般来讲，感知能力(特别是侧重反应速度的能力)达到高峰和下降的年龄都比较早；相反，推理能力等发展较慢，下降也较缓。

于智力而言，在个体发展的早期，即婴幼儿时期智力发展最快，以后逐渐减速。智力随着年龄的增长而增长，但到一定年龄时，智力趋于停滞，并保持较长时期的稳定，而后又随着年龄增长而下降。青少年群体处于智力发展的高峰时期。贝利(N. Bayley)对同一群被试从其出生开始做了长达 36 年的追踪测量，绘制了智力发展曲线(见图 4-2)。沙因(K. Schaie)和斯特罗瑟(C. Strother)等人根据五种主要能力对成人进行测验，发现人的智力一般到 35 岁左右发展到顶峰，以后缓慢下降，到 60 岁左右迅速衰退。

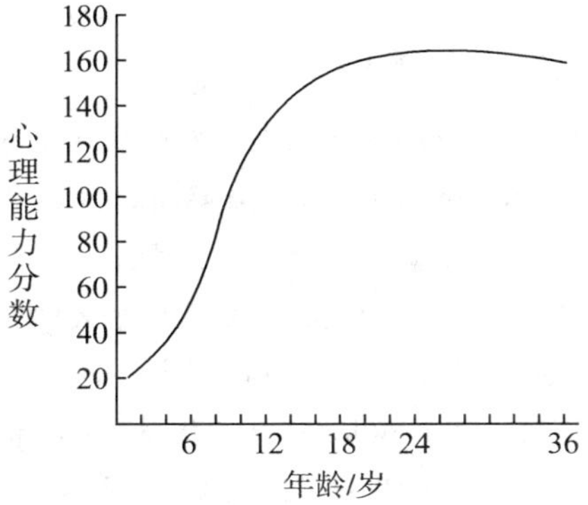


**图 4-2　智力发展曲线**

2. 不同智力成分的发展速度

智力是由观察力、记忆力、想象力、思维力等成分构成的，各成分的发展速度不同。瑟斯顿(L. Thurstone)考察了不同智力因素的发展情况，结果发现不同智力因素的发展速度各不相同(见图 4-3)。如果以成人的发展高峰(即成人水平)为 1.0 的话，那么，知觉速度在 12 岁达到成人的 80%；推理能力在 14 岁达到成人的 80%；词的理解能力在 18 岁达到成人的 80%；语词运用能力则要到 20 岁以后方能达到成人的 80%。

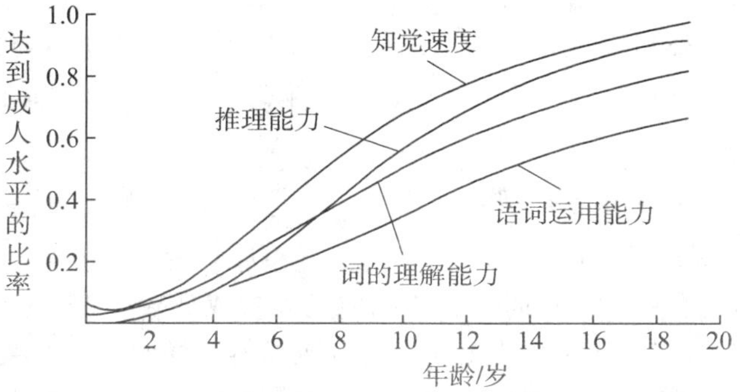


图 4-3　不同智力因素的发展曲线

## 二、能力的理论结构

能力的结构是指能力包含的因素以及各因素之间的关系。了解能力的结构对于深入了解能力的本质,合理设计能力测量工具,科学拟定培养学生能力的具体措施具有重要的意义。关于能力结构的理论有两类:一是心理测量学的理论,它偏重分析能力的结构特征;二是信息加工心理学的理论,它着重探索能力形成的心理过程及信息加工过程的特点。

### (一)心理测量学的理论

关于能力结构的心理测量学理论主要有以下几种:

1. 二因素理论

斯皮尔曼(C. Spearman)认为能力由两个因素组成:一般因素(G)和特殊因素(S)。G因素存在于所有的智慧行为中,是人的基本心理潜能;S因素是指在完成特定任务时所需要的一些特殊能力。人们任何一种作业的完成都有G和S两种因素的参与,但两者所起的作用却不同。G是主要的因素,它参与所有的智力活动,而S仅和完成某一种特别的智力活动有关。如果两种活动中包含G因素越多,作业成绩的正相关就越高;反之,包含S因素越多,成绩的正相关就越低。

2. 群因素理论

瑟斯顿认为能力由七种因素构成。这七种因素是独立的,它们分别是:计算能力,迅速而正确地处理数字的能力;言语流畅性,迅速选择同义词的能力;语言理解能力,了解词汇意义的能力;记忆能力,迅速记住事物、有效回忆事物的能力;推理能力,从特殊事例中发现抽象规则的能力;空间知觉能力,透视几何图形的空间关系,正确判断空间位置和方向的能力;知觉速度,迅速而正确地抓住细节与分辨异同的能力。瑟斯顿根据他所发现的七种基本能力编制了一个相应的智力测验,称为基本能力测验(Primary Mental Abilities Test,PMAT)。测验结果表明,这几种基本能力并不是绝对割裂的,它们之间有不同程度的正相关,这表明这几种因素并不是独立的,它们之间存在着某种普遍的因素。

3. 智力的三维结构理论

吉尔福特(J. Guilford)认为智力可以区分为三个维度,分别是内容、操作和产品。内容指的是智力活动作业的内容,包括听觉、视觉、符号、语义、行为;操作指的是智力活动的性质,即个体进行作业时所需要的心理活动,包括认知、记忆、发散思维、聚合思维和评价;产品指的是智力活动的产物,是运用上述智力操作所得到的结果,这些结果可以按单元计算,可以按类别处理,也可以表现为关系、转换、系统和蕴含。三维结构理论将智力在理论上区分为5×5×6种。如给被试 10 种图案，每种呈现 5 秒钟，然后让被试进行简要的描述，在这项活动中，需要的能力是：内容为视觉、操作为记忆、产品为单元。

4. 多元智力理论

加德纳认为智力的内涵是多元的，传统的智力测验偏重对知识的测量，结果窄化了人们的智力，甚至曲解了人们的智力。按他的解释，智力是在某种文化环境的价值标准之下，个体用以解决问题与生产创造所需的能力。他提出了八种不同的智力，言语智力、逻辑-数理智力、音乐智力、空间智力、身体-动作智力、自省智力、人际智力和自然智力（见表 4-1）。

**表 4-1　加德纳的八种智力**

| 智力维度 | 描述 | 举例 | 教学应用 |
|---|---|---|---|
| 言语智力 | 使个体通过语言进行交流及理解世界 | 诗人、记者、编辑、作家、演讲家和政治领袖 | 让学生流畅地表达出某个思想观点 |
| 逻辑-数理智力 | 使个体理解并欣赏抽象的关系 | 侦探、律师、工程师、科学家和数学家 | 帮助学生学会用数字、逻辑以及模型来量化和阐明思想观点 |
| 音乐智力 | 使人理解声音的意义并创造声音 | 作曲家、指挥家、歌唱家、演奏家、乐器制造者 | 帮助学生理解和欣赏环境声音，或者将思想观点以音乐旋律的形式表达出来 |
| 空间智力 | 使人理解空间信息，对视觉信息做出转换，并对知识做出视觉表征 | 画家、雕刻家、建筑师、航海家、博物学家和军事战略家 | 帮助学生以空间形式将思想观点表述出来 |
| 身体-动作智力 | 使人借助自己的身体解决问题 | 运动员、舞蹈家、外科医生、发明家 | 帮助学生协调整个身体的动作或掌握一些动作技能 |
| 自省智力 | 使个体能对自己的感受做出区分，以建立自己是谁的心理模型，并且对自己的生活做出决策 | 哲学家、小说家、律师 | 让学生反思其能力和人格从而使其更清楚自己是怎样的一个人并如何完善自己 |

续表

| 智力维度 | 描述 | 举例 | 教学应用 |
| --- | --- | --- | --- |
| 人际智力 | 使人们能够识别和解释其他人的情感和意愿 | 政治家、社会工作者及教师 | 开展一些团体活动来帮助学生掌握人际交往技能 |
| 自然智力 | 使人们能对自身环境的方方面面做出理解、分类、应用 | 猎人、农民、生物学家、考古学家 | 提供一些材料让学生进行分类并且分析自己是如何分类的 |

加德纳认为每种智力都是一个单独的功能系统，这些系统可以相互作用，产生外显的智力行为。他的多元智力理论已被视为一种实现个别化教学的方式。该理论启发教师要意识到学生的长处，帮助他们发展自身长处。

（二）信息加工的理论

信息加工理论把人的能力看作一个过程，它由不同的阶段组成，包括从感觉输入、转换、简约、加工、存储、提取到使用的全部过程，如模式识别、注意、记忆、表象、思维、问题解决等。

1. 智力三元理论

在斯腾伯格(R. Sternberg)看来，一个适当的智力理论应该考虑智力与外在世界、内在世界以及人的经验的关系。认为智力行为涉及三个方面的内容：第一，智力行为是在一定社会文化背景下发生的，在不同的文化背景下有着不同的含义，因此智力是一个相对的概念；第二，相同的智力行为有相同的内在心理机制；第三，智力既与社会文化条件有关，也与个体的内在心理机制有关，个体的经验是实现内部世界与外部世界联系的纽带。基于这样的认识，斯腾伯格的智力三元理论包括三个亚理论：(1) 成分亚理论。即完成认知任务需要使用的各种成分或过程。这些成分和过程分别是：元成分、操作成分和知识获得成分。元成分用于计划、控制和决策的高级执行过程，如确定问题的性质、选择解题步骤、调整解题思路、分配心理资源等；操作成分表现在任务的执行过程中，是指接受刺激，将信息保持在短时记忆中，并进行比较，它负责执行元成分的决策；知识获得成分表现在获得和保持新信息的过程中，负责接收新刺激、做出判断与反应，以及对新信息的编码与储存。其中元成分起核心作用，它决定解决问题时使用的策略。(2) 经验亚理论。表现为个体运用已有经验解决新问题时整合不同观念所形成的创造能力。该亚理论认为智力包括两种能力，一是处理新任务和新环境时所要求的能力，二是信息加工过程自动化的能力。(3) 情境亚理论。表现为个人在日常生活中应用学得的知识经验解决生活实际问题的能力。该亚理论认为智力行为是指向有目的地适应、选择和塑造与自己的生活有密切关系的现实世界的心理活动。它有三种形式:一是适应,指人们通过发展有用的技能和行为使自己适应环境的能力;二是选择,指人们在环境中找到自己适当位置的能力;三是塑造,如果个人不能很好地适应他的环境或不能选择一个新环境,在这种情况下,智力活动可能对环境进行塑造以提高个体与环境之间的和谐程度。

2. 智力的 PASS 模型

该模型是心理学家戴斯(J. Das)等人提出的。PASS 是指"计划—注意—同时性加工—继时性加工"(planning-arousal-simultaneous-successive, PASS)。该理论认为智力活动由三个相互联系的认知系统组成,它们是注意系统、信息加工系统和计划系统。这三个系统与鲁利亚(A. Luria)的机能系统是一致的,第一机能系统负责调节皮层的状态和维持注意,是心理活动的基础。只有达到合适的觉醒状态才能接收和加工信息。第二机能系统是使用同时性信息和继时性信息编码、加工和储存信息。同时性加工包括将刺激整合成集合,或对有共同特性的许多刺激进行再认;继时性加工涉及将刺激整合成特定的序列,使各成分形成一种链状结构。第三机能系统负责制订计划、调节和控制心理活动。三个系统之间是一种动态联系。

### 三、能力的个体差异

能力的个体差异是指不同个体之间所表现出来的能力差异,主要表现在能力的水平、结构、表现早晚和性别等方面的不同。

#### (一) 能力水平的差异

能力水平有高低之分。大致来讲,在全世界人口中,能力基本上呈正态分布,即中间人数多、两头人数少。以智力为例,智力的高度发展为智力超常或天才,智力发展低于一般人的水平为智力低下,中间分成不同的层次:聪明、中等和愚笨。智力水平中等的人占的百分比最大,智力水平特别高或特别低的人所占百分比很小。有接近一半的人智商在 90 到 110 之间,而智力发展水平非常优秀者和智力落后者在人口中只占很小的比例。处在智力分布两个极端的超常和低下儿童,虽然他们人数比例较低,但是由于他们各自具有与一般儿童显著不同的特点,常引起教育和心理学工作者的重视。不同智商水平在人口中所占百分比如表 4-2。

表 4-2　智商在人口中的分布

| 智商(IQ) | 类别 | 百分比 |
|---|---|---|
| 140 以上 | 极优等 | 1.33 |
| 120～139 | 优异 | 11.30 |
| 110～119 | 中上 | 18.10 |
| 90～109 | 中等 | 46.50 |
| 80～89 | 中下 | 14.50 |
| 70～79 | 临界 | 5.60 |
| 70 以下 | 智力落后 | 2.90 |

### （二）能力结构的差异

能力有各种各样的成分,它们可以按不同方式结合起来。能力的不同结合,就构成了结构上的差异。

1. 分析型、综合型与分析-综合型

这是人们在知觉过程中产生的差异。分析型的人具有较强的分析能力和清晰感知物体细节的特点,但概括性和整体性不够;综合型的人具有综合整体知觉的特点,但缺乏分析性,对细节不大注意;分析—综合型的人兼有上述两种类型的特点,既具有较强的分析性,又具有较强的综合性,是一种较理想的知觉类型。

2. 视觉型、听觉型、运动觉型与混合型

这是人们在记忆过程中就某一感觉系统记忆效果而产生的差异。视觉型的人视觉记忆效果最好;听觉型的人听觉记忆效果最佳;运动觉型的人有运动觉参加时记忆效果最好;混合型的人用多种感觉通道识记时效果最显著。

3. 艺术型、思维型与中间型

这是人们在高级神经活动中两种信号系统所占优势而产生的差异。艺术型的人第一信号系统(除语词外的各种刺激物)在高级神经活动中占相对优势。他们在感知方面具有印象鲜明的特点,在记忆方面易于记忆图形、颜色、声音等直观材料,在思维方面富于形象性,想象丰富,情绪容易被感染。思维型的人则第二信号系统(语词)在高级神经活动中占相对优势。他们在感知方面注重对事物的分析、概括,在记忆方面善于语词记忆、概念记忆,在思维方面倾向于抽象、分析、系统化,善于逻辑构思和推理论证等。中间型的人两种信号系统比较均衡,兼具两者的特点。

### （三）能力表现早晚的差异

能力表现早晚的差异,即能力的年龄差异,是指个体能力的发展有早有晚。

有些人的优势能力早在儿童期就表现出来，这是能力的早期表现，或为“人才早熟”“早慧儿童”“超常儿童”。据记载王勃 10 岁能赋，夏完淳 5 岁知五经，9 岁善赋古文，曹植 7 岁能诗，莫扎特 3 岁发现三度音程。超常儿童是在比较优异的自然素质的基础上和有利的环境影响下经过精心培育的结果。超常现象并不是自发出现的，大部分超常儿童都有优越的早期家庭教育的条件，有名人的指点和熏陶，或家长的精心培养。因此，创设一定的条件和环境对及早发现和教育超常儿童是非常重要的。

人的能力除“早慧”外，还有“大器晚成”的现象，即能力的充分发展是在较晚的年龄时期才表现出来。这些人在年轻时并未表现出出众的才能，但到中年后才崭露头角，表现出惊人的才智。如姜子牙 72 岁才任宰相，齐白石 40 多岁时才表现出卓越的绘画能力，达尔文(C. Darwin)50 多岁才写成《物种起源》。可见，巨大的成就也可以在较晚的年龄时取得。

其实大多数人的才能是在中年表现出来的，叫中年成才。这是因为中年人年富力强，基础知识扎实，实践经验丰富，创造想象力强，善于独立思考和分析批判，很少因循守旧，所以很多科学家的发明创造都来自这个时期。

（四）能力的性别差异

能力的性别差异是能力差异中一个较敏感的问题。许多研究尽管结论不同，但较为一致的观点是：其一，总体而言，男女生的能力即使存在差异也不明显，男女生能力的总体水平大致相等，但男生在某些认知技能上表现出更大程度的变异性，即优秀的和后进的男生数量相对女生较多。其二，男女生的能力结构存在差异，各自具有自己的优势领域，在许多特殊能力上男女有别。例如，在数学能力方面，女生在计算能力上具有一定优势，但这种优势在中小学阶段较为明显。在需要仔细或精确地运用标准程序的数学测验中，女生往往优于男生；在思维方面，男生偏于抽象思维，女生长于形象思维；在言语能力方面，女生比男生口语发展早，在语言流畅性及读、写、拼等方面均占优势，但男生在语言理解、言语推理等方面又比女生强；在空间能力方面，男生的空间知觉、空间推理、空间旋转明显优于女生，而在空间想象力方面，男女差异不明显。

通过对大量文献进行解读，对于性别差异，可以提炼出以下共识：总体平衡，各有优势，存在一定的年龄倾向。尽管在总体或在一般的水平上未发现明显的性别差异，但在某些任务或特殊能力上则发现了差异，因此不能简单地将男女生的差异解释为一种性别优于另一种性别。另外，性别差异可以受到年龄、生活经验、学生的内在心理因素以及种族等其他变量的调节。

## 四、面向能力差异的教学

学习者的能力是影响学习的重要因素，它不仅影响学习的数量，也影响学习的质量，因此在教学实践中，教育者一方面要开发学生的潜力，促进能力的提高；另一方面要采用不同的教学组织形式和教学模式以适应学生的能力水平和特点。

### （一）面向能力差异的教学组织形式

面向能力差异的教学组织形式主要有两种：一种是同质分组，另一种是留级和跳级。

同质分组是指对年龄相同的学生根据其智力水平和知识掌握程度进行分组教学，以便于集中采用适应学生智力特点的教学方式，这是中学和一些小学普遍的做法。例如重点学校和非重点学校、学校中重点班和非重点班的划分就属于这种形式。尽管这种方法可以缩小班内学生间的差距，便于用统一的方法和进度进行教学；但越来越多的研究表明，这种按能力或成绩分组的办法可能会对高成就的学生有益，而会引发低成就学生的问题。能力低或成绩差的班级一般接受低水平的指导，教师强调低水平的目标和常规课程，较少关注学生的学业情况。这样往往会有许多学生产生行为问题，而伴随着这些问题，教师的压力增加，热情降低。教学上的差异和教师的消极态度可能意味着把低期望传递给学生，继而又影响学生的发展。国外还有一种不分年级的学校，它依照儿童某一学科的成绩进行编组。这种教学组织形式是为了使能力不同和发展速度各异的儿童都能体验到学习上的连续进步而设计的。在这种学校中，儿童被按照各自的成绩水平编入八个或十个组内，每个儿童根据自己的具体情况进入某一个组，如果不能适应就转入低一个水平的组，如果进步很大就转入高一个水平的组。由于不强调分级和升级而减少了压力，学生能自由地按适合自己的速度前进，每个儿童都有了体验成功的机会，可见这种教学组织形式具有一定的优势。

在常规教学班级内也可采用灵活分组的形式，灵活分组是根据学生的学习需要进行分组和再分组的做法。例如，为了便于分组辅导，教师可按学生的学习水平将全班学生临时分为若干组，根据各组学生实际，采用不同的方法和进度进行辅导，并根据学生不同的接受水平调整教材的数量、难度和任务要求。另外，有的教师为了促进学生之间的相互影响，将学习成绩不同的学生混合编组，让具有不同学习能力和水平的学生共同完成学习任务，这种分组形式掌握得当也能取得良好的效果。

留级和跳级也是缩小班内学生能力差距的方法。通常情况下，跳级大都能达到预期的教学目的，但是留级的效果往往不够理想。留级的目的是让成绩差的学生通过第二次学习机会把学习赶上来，可是常常发现学生留级后成绩仍无多大进步，甚至比原来更差。其中一个重要原因可能是留级有损于学生的自尊心，削弱了他们的学习积极性；另一个重要原因可能是学生不能适应教师的教学方法，如果留级后教师的教学方法仍没有改变，学生仍旧无法适应，以致学习成绩没有多大改观。

（二）面向个别差异的教学模式

当前的课堂教学要求是面向中等程度的学生，同时满足智力水平高、成绩优秀学生的求知欲，使其不对学习失去兴趣；也要使智力水平低、成绩差的学生跟上进度，保持对学习的信心。为了适应学生的个别差异，除了改善一般的教学组织之外，具体的教学方式也应有所变化。例如可在教学实践中通过个别化教学来适应不同智力水平的学生。下面简要介绍几种比较有影响的个别化教学模式。

1. 掌握学习

掌握学习（mastery learning）是布卢姆（B. Bloom）提出的。布卢姆认为，除了处于智力分布两个极端的少数学生外，其余绝大多数学生的智力差异不过是学习速度的差异。如果按规律有条不紊地进行教学，几乎所有学生都能达到教学目标水平，达到完全掌握学习内容的程度。同时布卢姆还设计了一种掌握学习的程序：将精选的、结构化的教学目标分解成许多小目标，根据这些小目标将学习材料设计成一系列相互联系的学习单元。学生在学完一个单元后，教师就进行诊断性测验，测验成绩符合要求者就可以进入下一个单元的学习，否则应当重新学习这一单元，并根据学生的具体情况提供“矫正学习”或“深入学习”的程序。经过矫正学习，学生达到要求后转入下一单元的学习。如此循环往复，直至学完全部教材。采用掌握学习程序后，由于学生在每一个单元知识掌握程度上的差距缩小了，最终绝大多数学生可以获得较好的学习成绩。

2. 个别化诊断教学

个别化诊断教学（Individually Prescribed Instruction，IPI）是由美国匹兹堡大学学习研究开发中心在20世纪中叶发展起来的个别化教学程序。这一程序的特点是根据学习者的能力、需要和学习情况准备教材及教学媒体，经常性地详细诊断学生的学习情况，根据学生的学习结果设计个别指导的内容和进度，力求使每个学生获得最佳的学习效果。

3. 个人化教学系统

个人化教学系统（Personalized System of Instruction，PSI）是由凯勒（F. Keller）于1968年设计的。PSI要求教师将课程分为许多独立的单元，然后为每一单元准备相应的书面材料和学习指导书。学生从第一单元开始学习，在每一单元学习达标后即可进入下一单元的学习，否则必须重新学习有关材料，直至通过测验。各个学生的学习速度可以不同，但要求对每个单元的学习程度相同或相近。为了增强学生间的相互影响，PSI 还设置学生辅导员。学生辅导员由学过这一课程且成绩优秀的学生担任，主要负责给其他学生提供个别辅导、帮助解决疑难问题、测验评分和向教师提供反馈信息等。PSI 课程一般以学生一个学期或一个季度完成多少单元来决定学习等级。PSI 一般较适合于高年级且独立性较强的学生，对小学生和依赖性较强的学生实行起来比较困难。

4. 计算机辅助教学

计算机辅助教学（Computer Assisted Instruction，CAI）是将计算机所具有的特殊功能用于教学的一种教学形态。在教学活动中，利用计算机的交互性传递教学过程中的教学信息，达到教育目的，完成教学任务。这种教学方式使学生可以按自己的能力和需要自定进度，在计算机终端上进行学习，根据适合自己的学习速度一步一步完成学习目标。

计算机辅助教学的模式有：(1) 练习操作型。计算机提供一系列练习给学生回答，计算机按程序进行应答处理，同时提供信息反馈。(2) 个别指导型。对个别学生进行个别指导，通过人机交互会话来交流信息，实现教学过程的控制。(3) 问答咨询型。计算机辅助教学系统采用具有人工智能的专家系统结构，由专家系统来理解学生提出的问题，并做出相应的回答。(4) 模拟游戏型。提供一种新的实验方法和手段，完成许多常规设备难以完成的实验。(5) 问题求解型。通过解决某种问题的过程实现对一定内容学习的一种计算机辅助教学的学习形态。计算机辅助教学既有利于个别教育，因材施教，又有利于提高学生学习的主动性、积极性，同时还有利于发展学生的智能。

目前国内外采用的面向个别差异的教学模式还有很多。每种模式往往有利有弊，既取得了一些成效，也受到多方面的批评。因此，在采用的时候要全面考虑其适用条件，并需要在实施过程中不断加以改进。

## 第三节　学习风格的差异与教学

### 一、学习风格的含义

学习风格（learning style）是学习者持续一贯的、带有个性特征的学习方式，是学习策略和学习倾向的总和。这里学习策略是指学习者为完成学习任务或实现学习目标而采用的一系列步骤（其中的某一步骤可称为学习方法）；学习倾向是指学习者的情绪、态度、动机、坚持性以及对学习环境、学习内容等方面的偏爱。

对学习风格可从以下几方面来理解：(1) 学习风格直接参与学习活动，并影响学习效果。(2) 学习风格是个人对学习情境的一种特殊反应倾向或习惯方式。由于个人身心特点的差异，不同的人对不同的学习刺激会表现出不同的偏向和习惯化的方式。比如有的人喜欢合作学习，有的则喜欢独立学习；有的人喜欢听觉刺激，有的则喜欢视觉刺激。(3) 学习风格具有稳定性、独特性。由于学习风格是个体在长期的学习过程中形成的习惯化了的学习方式，所以它具有一致性、稳定性，很少随学习内容、学习环境的变化而变化；而且每个人的学习方式都有其独特的特点，表现出人与人之间的个性差异。(4) 学习风格的心理要素包括认知、情意和意动三个方面。认知要素表现为认知过程中信息加工的方式，如同时加工或继时加工，场依存或场独立，沉思或冲动等；情感要素表现在理性水平的高低、成就动机水平的差异等方面；意动要素表现在学习坚持性的高低、冒险与谨慎等方面。

## 二、学习风格的分类

### (一) 感知学习风格分类

20 世纪 80 年代中叶，瑞德(J. Reid)对感知学习风格(perceptual learning style)进行了深入细致的研究，并认为人们通过不同的感官进行学习，人人都有自己偏爱的学习感官及学习方式。例如，有的人主要用“眼”学习(视觉学习者)，而有的善于用“耳”学习(听觉学习者)，还有的则喜欢协同学习(小组型或协作型学习者)。由此，瑞德设计了一套感知学习风格偏爱调查表，并将学习风格分为：视觉型、听觉型、触觉型、动觉型、小组型和个人型。此外，瑞德还指出，学习者应充分发挥与感官偏爱有关的风格优势，多感官多渠道地接受信息，这样才能有效地感知、内化所学知识。

20 世纪 90 年代初期，奥克斯福(R. Oxford)就语言学习的偏爱方式进行了较为深入的研究。同样，她根据学习中对感官的偏爱方式将学习风格分为听觉型、视觉型、触觉型或操作型。视觉型学习者的典型特征是通过视觉接受信息。直观形象的视觉材料能在学习者脑海里形成清晰的视觉表象，使其具有使用此感官进行学习的优势。听觉型学习者喜欢通过接受听觉刺激进行学习。在听觉学习过程中，学习者常按继时加工的方式接受信息。触觉型或操作型学习者的主要特征是喜欢动手尝试，他们乐于在“做中学”，往往在操作性技能的学习中表现突出。另外，奥克斯福还根据学习者的信息接受方式将学习风格分为封闭型和开放型。开放型的人性格开朗、情感外露、健谈好动，因而喜欢交互性的课堂活动，乐于与同伴协同学习；而封闭型的人稳重寡言，不善于与人交往，所以喜欢独自学习或与自己比较熟悉的人做两人组的学习活动。

（二）学习过程周期的学习风格分类

20 世纪 80 年代初，柯勃（D. Kolb）对学习过程周期进行了独特的分析。他认为学习过程周期由四个相互联系的环节组成，即具体体验、沉思观察、抽象概括和主动实验（见图 4-4）。其中具体体验（感知）阶段强调体验在学习中的作用，学习者思路开阔，适应变化，从“感受”中学习。沉思观察（理解）阶段的学习特点为重视细心观察，多视角多维度地看待问题、理解学习内容。抽象概括（慎思）阶段则注重思考、客观逻辑地分析问题。主动实验（应用）阶段强调从“做”中学，学习者勇于探索并采取具体的方法解决实际问题。基于对学习过程周期的研究，柯勃将学习者分为不同类型，并对各自的特征进行了分析和解析。他认为学习过程周期的四环节两两对应，即具体体验对应于抽象概括、沉思观察对应于主动实验，学习者对某一环节的偏爱必然导致对另一环节的轻视。由于个体对这四个环节的偏爱程度不同，从而表现出不同的学习风格，即聚合型、发散型、同化型和调节型。一般来说，具有聚合型学习风格的人善于发现理论的实用价值，具有较强的决策能力，且能有效地解决实际问题；与此相比，发散型学习风格善于多视角地审视具体的情形或局面，常采用观察法从多种观点中寻找解决问题的答案，这类人往往具有丰富的想象和敏感性；同化型的人善于理解大范围内的信息，且能用简洁合乎逻辑的形式将其呈现出来，这类人通常对理论和抽象概念感兴趣；与之相比，调节型学习风格的人则善于“动手”，乐于实施具有挑战性的计划，且有能力完成任务。

**图 4-4　学习过程周期及学习风格类型**

（三）学习风格的“洋葱模型”

克里（L. Curry）的洋葱模型（Onion Model）几乎囊括了所有相关的学习风格理论，以后的理论几乎都可以归到其中的某个层上（图 4-5）。他把学习风格分为四层:第一层也是最外层,称为“教学偏好层”。这一层是最容易看得见、最不稳定、最易受影响的层面,这些影响因素主要包括学习环境、学生的愿望、教师的期望和其他外在特征。第二层称为“社会环境作用层”。该层面认为学习是通过学生和老师、学生和同伴、学生与学习环境以及学生和他们的学习之间的回避与参与、竞争与合作、依赖与独立来完成的,是课堂活动的反映,不是学习者个性的评价,因此也极不稳定。第三层是“信息加工层”,较第一、二层稳定,但仍能被学习策略加以修改。它处在基本人格水平的个体差异和社会环境的交叉点上,是个体对信息的加工方式。这一层强调信息获得、整理、储存和使用的重要性,且与加德纳的多元智能理论结合,是学习者吸收信息的心智活动方式。第四层是最内层,也是核心层,是“认知的人格方式”,它是个体改造和同化信息的倾向,不直接与环境相互作用。

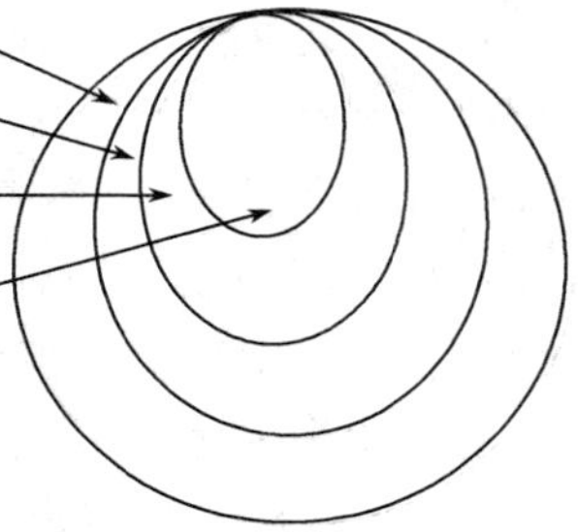


**图 4-5 Curry 的学习风格洋葱模型**

(四)谭顶良的学习风格分类

谭顶良从大脑功能、个性方面和心理发展三个方面对学习风格进行了较为详细的分类。

一是在大脑功能方面,首先根据个体对左右脑的偏爱将学习风格分成左脑型、右脑型、左右脑协同型和左右脑混合型四类;其次根据对脑的三个基本机能联合区的偏爱将学习风格分成直觉-操作-理智型,直觉-理智-操作型,操作-直觉-理智型,操作-理智-直觉型,理智-操作-直觉型,理智-直觉-操作型等六种类型。

二是在个性方面,首先将个性的外倾与内倾、感觉与直觉、思维与情感、判断与知觉这四维八极加以不同组合,把学习风格分成 16 种;其次,从其他个性类型来看,将学习风格分成外向型与内向型,理智型、情感型与意志型,顺从型与独立型。

三是在心理发展方面,根据学生认知发展、自我概念以及与之相对应的外部信息和内部信息的接受和使用程度不同,将学习风格分成四类:内在信息比外在信息掌握和运用得较多,自我概念相对较好,认知发展较差;学习者掌握的内外信息都很少,自我概念较差,认知发展受到限制;学习者掌握的外在信息较多,不善于接受内在信息，认知水平高于自我概念水平；学生易于接受内外部信息，自我概念和认知发展水平较高。

## 三、学习风格的差异

### （一）学习风格的生理性差异

1. 生理刺激

于声音而言，学习者对学习的背景声音（或噪声）的偏爱或承受能力是不同的。有的学习者学习时需要绝对安静，而有些则需要伴随背景音乐才能投入学习。于光照而言，由于生理结构和功能上的差异，个体对光线的感受性有高有低，因而对光线的明暗要求不等。强光会导致偏爱弱光的个体情绪紧张，而弱光则会使偏爱强光的个体在学习时提不起精神。于温度而言，由于生理的差异，不同个体对外界环境温度高低的偏好也不尽相同，同样的温度，不同个体的体验也会不一样，或感觉合适，或觉得太冷，或觉得太热。每个学习者的适宜温度略有差异，有的要求室内温暖，有的要求室内凉爽。

2. 学习时间

虽传统观点认为"一年之计在于春，一日之计在于晨"，然而每个个体对一天中不同时间段的偏爱是不同的。有人在早晨精神旺盛（这种人被称为百灵鸟型），有的人却在晚上至深夜精力充沛（这种人被称为猫头鹰型）；有的人在上午易于集中注意力，而另一些则在下午学习效率高。

3. 感觉通道

对于个体内外刺激，不同学习者的感知方式可能是不一样的。有的喜欢通过听觉来感知，如音乐爱好者；有的喜欢通过视觉，如摄影爱好者；也有的喜欢通过动觉，如运动爱好者；还有一些人是两种或三种感觉结合型，如宇航员。

4. 活动性与坐姿

传统的课堂教学要求学生端正地坐在自己的位子上，不做任何与学习无关的动作，静静地听老师讲课。事实上，在学习过程中，不同学习者对学习时的姿势有不同的偏爱，有人喜欢学习时间断性地短暂休息和活动，有人喜欢随意的坐姿。

### （二）学习风格的心理性差异

1. 认知差异

（1）场独立型与场依存型

对场独立和场依存的研究源自威特金（H. Witkin）对人的知觉特点的考察。场独立型（field independent style）学生在认知时不受或很少受环境因素影响，一般偏爱自然科学、数学，且成绩较好，善于运用分析的知觉方式，易于适应结构不严密的教学方法；场依存型（field dependent style）学生在认知时受环境因素影响大，一般较偏爱社会科学，偏爱非分析的、笼统的或整体的知觉方式，喜欢有严密结构的教学。在学习中，场依存型学生的笔记更有可能反映出教师或教材的组织结构和顺序，而场独立型学生的笔记更有可能反映出自己对于知识内容的组织结构和顺序。

**场独立型与场依存型测验**

一是身体适应测验。威特金最初对认知方式的研究起源于军事上的需要。二战期间，飞行员常因机身在云雾中翻滚而丧失方位感，进而造成失事。为减少此类事件的发生，在对飞行员进行选拔和训练时，要测试应征者对空间方位的知觉判断能力。因此，最初的测验是让受试者进入一个可调整倾斜度的房间，坐在房间中一个可以做各种角度转动的椅子上。房间与椅子的转动，有时方向一致，有时方向不一致，这就构成了类似飞机在空中翻滚的情境。测验中要求受试者将自己的身体调整到与水平线垂直的位置。能准确地将自己调整到垂直位置的人属场独立型，不能调整者属场依存型。

二是框棒测验。这是继身体适应测验之后，威特金设计的一种更简便的测验。测验时，被试坐在暗室内，面对着一个可调倾斜度的亮框，框中心有一个能转动的亮棒，要求被试将亮棒调整到垂直于地面的方位。倾斜的框架对被试调整亮棒影响较大者为场依存型，不受框架角度的影响者为场独立型。

三是镶嵌图形测验。这是目前研究中采用较多的一种方法，让被试在较复杂的图形中用铅笔勾画出镶嵌在其中的简单图形，见下图。在测验中，能排除背景因素的干扰，从复杂图形中迅速地、容易地知觉到指定的简单图形者为场独立型，而完成该项任务较为困难者为场依存型。

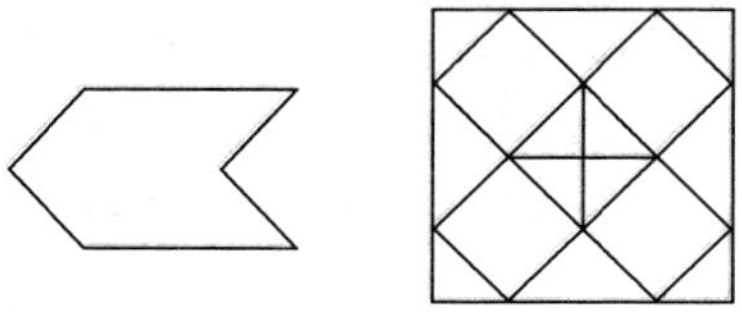

摘自：刘儒德，教育心理学：原理与应用，中国人民大学出版社，2019，68-69.

（2）沉思型与冲动型

卡根（J. Kagan）等人最早对沉思型（reflection）和冲动型（impulsivity）这两种认知风格进行了研究。研究发现，沉思型的人在解决认知任务时，总是谨慎、全面地检查各种假设，在确认没有问题的情况下才会给出答案；而冲动型的人总是急于给出问题的答案，他们不习惯对解决问题的各种可能性进行全面考虑，甚至会在尚未搞清问题要求时就开始对问题进行解答，因此出错率较高。

（3）发散思维型与辐合思维型

从信息加工模式的角度来看，发散式思维是一种搜寻策略，这种策略的注意面较广，并可以把已有的各种图式联结起来。这种搜寻很可能是松散的、缓慢的、广泛的，而且不只局限于信息贮存的某一方面。而辐合式思维则趋向于只注意某些方面，并很快地局限在某一特定领域之间。

发散思维型的人，很善于解决需要多个同等可接受答案的问题，这些答案强调多样性和创造性，因而这样的人往往具有更高的创造能力；辐合思维型的人，在解决问题时需要从提供的信息中找到一个明确的传统的正确答案，他们通常会倾向于选修自然科学，在智力测验中往往比发散思维型的人得到较高的分数。

**沉思型与冲动型的测量**

卡根(J. Kagan)设计了"匹配相似图形测验"(MFFT)作为测量沉思型与冲动型的工具。测验的基本内容是：给被试出示一个标准图形和 6 个可供选择的图形，要求被试从这 6 个图形中选出一个与标准图形完全一样的图形，不限反应时间。一共 12 套这样的图形。主试记下被试对每套图形从开始思考到作出第一个反应所需的时间，以及所犯的错误量。

奥尔特(R. Ault)等根据"匹配相似图形测验"中思考的时间及错误率，将儿童分为四个类型：(1) 沉思型，对问题的思考时间在平均思考时间以上，错误率在平均错误率以下的儿童；(2) 冲动型，思考时间在平均思考时间以下，错误率在平均错误率以上的儿童；(3) 快而正确型，思考时间和错误率均在平均数以下的儿童；(4) 慢而非正确型，思考时间和错误率均在平均数以上的儿童。有近三分之二的儿童属于沉思型或冲动型，属于后两种类型的儿童只有三分之一。可见，沉思型或冲动型是儿童普遍具有的两种认知风格。

资料来源：Kagan，1966；Ault et al. 1972。

(4) 整体型与系列型

帕斯克(G. Pask)对学生怎样学习进行了大量研究，试图发现学生在学习策略方面的差异。在实验中让学生对一些想象出来的火星上的动物图片进行分类，并形成自己的分类原则。在学生完成分类任务后，要求他们报告是怎样进行这项学习任务的。帕斯克发现在学生使用的假设类型和分类系统上，出现了一些有趣的差异，并总结出整体型和系列型两种不同的学习策略类型。

整体型的人倾向于将情境作为一个整体来看待，重视情境的全部，对部分之间的区分是模糊的或者不区分部分，倾向于将信息组织成整体；系列型的人把情境看作是部分的集合，常常集中注意于一两个部分而无视其他方面，可能曲解或夸张部分，倾向于把信息组织成轮廓清晰的概念集。

2. 情感差异

(1) 理性水平

一般来讲，理性水平高的学生，他们学习的自觉性、主动性、独立性较强，较少需要成人的监控，但往往忽视细节，自行其是，不喜欢循规蹈矩，不需要身边人的表扬。理性水平居中的学生，他们在学习中表现出良好的品行习惯，希望获得老师的表扬，在学习过程中如有他人观看、调课或教师教法发生变动，都会让他们变得拘束不自然，适应困难。理性水平较低的学生，他们学习的自觉性、主动性、独立性差，需要成人的监控，在学习活动中注意力容易分散，不善于解决问题，学习的动机来源于重要他人的赞许。

（2）成就动机

其一，在动机结构上，认知内驱力高的学生，学习行为由学习兴趣和对知识的好奇心所驱动，满足这种动机的奖励是学生成功的学习体验；自我提高内驱力高的学生，把学习当成一种赢得社会地位和声誉的手段，他们学习的目的是获得好成绩、好排名；附属内驱力高的学生，他们的学习是为了得到老师、家长所给予的赞许和表扬，从而获得派生的地位。其二，在动机倾向上，倾向于追求成功的学生，设立的学习目标适中，希望通过自己的努力实现目标，获得成功的体验；而倾向于避免失败的学生，设定的学习目标要么偏低，从而保证不会失败，要么偏高以便为失败找理由。其三，在动机水平上，杰克曼（M. Lachman）认为，个人的成功经验一般能提高以后的抱负水平，成功感越强，抱负水平越高；相反，失败的体验往往会降低以后的抱负水平，挫折感越强，抱负水平降得越低。由于学生成功的经验不同，他们之间的抱负水平也存在差异。学习者在确立抱负水平时，既不能过高，也不能过低，只有适度高于学习者现有能力的抱负水平，才能激发其意志努力，体验艰苦奋斗过后的成功，进而增加学生的信心。

（3）焦虑水平

高焦虑的学生由于学习动机过强，对学习过程中的人际因素和环境因素过于敏感，学习的责任心强，但学习情绪不稳定，容易急躁。中度焦虑的学生能理性地认识和处理学习目标、学习能力和学习条件之间的相互关系，学习情绪稳定，学习成效高。底焦虑的学生学习动机弱，目标不明确，学习责任心不强，往往容易跟着感觉走，受外部诱因和偶发因素影响较为明显。

（4）控制点

内控型的学生倾向于将成败归因于主观内部因素（如能力、努力、兴趣、态度等），所以，他们可以从成功中获得更大的内在动力和信心，从失败中寻找自身的不足与差距。外控型的学生倾向于将成败归因于客观外部因素（如任务难度、教师教法、外部奖励、运气等），因此，他们对学习成绩常抱侥幸心理或“听天由命”，面对失败往往怨天尤人，责任心较低。

3. 意动差异

（1）学习坚持性

学习坚持性是指学生遇到学习困难与挫折或外界无关刺激影响时坚持努力的程度，这是学生学习风格的意志特征。

高坚持性的学生学习自觉性强，有耐心、面对学习困难和障碍能够不气馁，喜欢富有挑战性的学习任务；低坚持性的学生学习自觉性较弱，需要更多的外部督导和与他人的合作，他们不喜欢有挑战性和有难度的学习任务，挫折承受力较低。

（2）言语表达

不同的学生在言语表达方面是有差异的。有的学生不善于表达，他们沉默寡言，课堂上很少主动回答老师的提问；相反，有的学生活泼健谈，善于表达，课堂上常常主动回答老师的问题。

（3）冒险与谨慎

这是个体做出选择或决策时所表现出的差异。冲动型的学生更倾向于冒险的选择和决策，而沉思型的学生则倾向于谨慎选择、小心决策。

（4）实际操作

在学习过程中，有的学生喜欢动口动脑不动手，即喜欢在大脑中运算；而有的则爱在纸本上运算或喜欢将所学知识应用于生活实践。

### （三）学习风格的社会性差异

1. 独立学习与结伴学习

有些学生喜欢独立学习，当与其他人在一起学习时就会显得不自然，不易集中注意力或注意力持续时间更短，从而使学习效率下降；相反，有些学生则喜欢与他人一起学习，在集体学习中相互激励、相互督促，增进学习效率。为了满足不同学生的学习需求，教师应当既提供结伴学习的机会，也要给学生留出独立学习的空间。

2. 竞争与合作

有些学生倾向于通过与同伴竞争激发学习动机，他们认为通过与班内的其他学生进行竞争，才能赢得好名次或教师的注意之类的奖赏，他们把课堂看作与同伴对决的场所。有些学生则喜欢合作学习，觉得在合作的情境中学习更有归属感。他们认为通过分享各种思想观点和解题技巧可以在彼此之间学习到更多的新知识。他们不仅把课堂看作分享学习的场所，而且看作人际交往的场所，他们喜欢参加集体性的活动。

## 四、面向学习风格差异的教学

学生作为独立个体，所形成的学习风格直接参与教学过程，成为影响教学效果的重要因素。因此，教师在进行教学时，应充分考虑学习风格的差异，将学习风格的差异作为因材施教的重要依据。

（一）适应风格的课堂组织教学策略

在以班级为主要组织形式的教学中，面向学习风格差异的教学，并不表示要一味迁就学生的学习风格和特点。任何一种学习风格既有长处又有短处，每一个学生的学习风格既有优势又有劣势，面向学习风格差异的教学既要利用长处，也要弥补短处。所以，根据学习风格制订的因材施教策略分为两类：一是扬长策略，教学要适应学生在学习方式方面的偏爱，尽量使教学方式与学生的学习风格相一致，充分发挥学生学习风格中的长处，这是一种匹配策略，但该策略无法弥补学生学习方式或学习机能上的欠缺；二是补短策略，这种策略不是去适应学生的学习风格特点，而是针对学生学习风格中的短处，采取对其能力发展有促进作用的方式，以弥补他们认知机能或学习方式上的缺陷或不足，这是一种有意失配策略，使用该策略在一开始时往往会在一定程度上影响学生知识的获得，表现为学得慢、学得少，学生难以理解学习内容。但两种策略的交替使用，最终会促进具有不同学习风格的学生各种心理机能的全面发展和学习质量的全面提高。

（二）适应学习风格的个别教学策略

除了课堂教学，教师还有必要对不同风格的学生进行不同的课外辅导，适应不同学习风格的个别教学策略有很多，这里主要介绍教育合同与学习包。

教育合同是以某一学生的学习风格为基础，就某一具体的教育内容与学生签订教育协议，使学生对自己的学习承担更多的责任，而教师则对学生的学习加以指导并对合同的执行情况进行监控和验收，最终促进学生的学习。教育合同通常有三种类型：一是由教师制订且由教师决定执行的合同，这是个别化教学计划中采用的标准方法，在这一合同中，学生学习的内容、学习过程和步骤、完成合同任务所需的时间等各项，均由教师决定；二是由教师制订，由学生决定执行的合同，在这一合同中，教师给学生确定学习内容的范围，学生根据这一范围选择自己的学习内容，并安排自己的学习时间；三是由学生制订且由学生决定执行的合同，学生可以根据自己的学习特点、学习兴趣、学习需要与教师签订合同，并由学生自己决定合同的执行。

学习包是为指导学生独立学习而组织教学内容的一种技术。教师根据学生的学习风格制订个别学习计划，以帮助学生自学。一般认为，每一学习包中，大致包含以下内容：学习者的行为目标、前测试卷、主要内容、各种学习材料、各种学习活动、校正活动、自测试卷、教师评价、参考文献目录、评价表等内容。但这些内容可以随着所学内容的变化做适当改动。

总之，教师不仅要分析把握学生的学习风格，还要有意识地引导学生认识自己的学习风格和特点，帮助学生认识自己学习风格的长处和劣势，在帮助学习者发挥原有风格的优势的同时，主动扬长补短，弥补学习方式上的缺陷和不足，逐步形成多面的、适应性强的学习风格。

需要注意的是，每一个个体或群体都是特殊的，个体或群体之间存在着许多的不同。研究学习者差异的目的只有一个：更好地教育每一位学生。第一，了解学生。应该多花些时间了解学生及他们的父母、学生的兴趣、在学习中的困惑及家庭教育情况等。第二，尊重学生。尤其要尊重学习者的差异，学生在能力、学习风格等方面存在很大的不同，对这些背景信息的把握，有利于教师更科学地组织教学。第三，教育学生。作为教师最终的目的就是教会学生如何学习，如何做人。

但是，即使有这些不同，与我们拥有的所有特征相比，个体间的差异是非常小的。以种族为例，对任何两个随机选出的人，他们基因密码的字母顺序平均只有 0.012％是由种族不同造成的。因此教学中针对学生差异个别施教的同时，一定不要忘记学生是有共性的，教学是有共同规律的。

## 第四节　特殊需要儿童的教学

教育中，特殊儿童一般指两类，一类是学习上有特殊需要的儿童，另一类是行为和品德上的特殊儿童，本部分主要分析第一类。学习上有特殊需要的儿童又包括：资质优异儿童、智力落后儿童、学习困难儿童、情绪困扰儿童和注意力缺损多动障碍的儿童。

### 一、资质优异儿童的教学

资质优异儿童（supernormal child）是指智商高于常人，有较高的领悟能力、解决问题的能力或在某一方面有特殊才能的儿童。根据资质优异儿童的潜能、成就与行为特征可以将他们分为六种类型：（1）智力型。这类儿童的智商显著地超出常人水平。通常智商在 140 以上，一般占全部人口的 1％～2％。（2）学术型。这类儿童学业成绩特别突出，而且有一门或几门功课特别优秀，例如有的特别擅长数学运算，有的特别擅长阅读或语言表达。他们有很高的逻辑思维能力。（3）创造型。这类儿童创造意识和创造能力强，思维流畅、灵活、新颖，能不拘一格地进行发明或创造。（4）领导型。这类儿童有很强的组织能力、分析判断能力、感召力和自我控制能力，具备领导者的素质和潜力。（5）艺术型。这类儿童有很高的艺术资质，有超出常人的视觉观察能力、声音辨别能力、空间想象能力或表演能力，擅长美术、音乐或戏剧等。（6）运动型。这类儿童运动记忆和形象思维能力强，反应灵活，具有很好的动作协调和模仿能力，擅长舞蹈、杂技表演、体育运动等。

儿童智力的发展是先天因素与后天因素共同作用的结果。神童和天才，若没有适当的教育环境，哪怕天资再好，也难以成才。如王安石的《伤仲永》中写道：

仲永之通悟，受之天也。其受之天也，贤于材人远矣。卒之为众人，则其受于人者不至也。彼其受之天也，如此其贤也，不受之人，且为众人；今夫不受之天，固众人，又不受之人，得为众人而已耶？

对于资质优异的儿童而言，教师和家长能够及早地鉴别他们，并尽早地采取有效的教育措施，启发他们的求知欲，激发学习兴趣。由于有的资质优异的儿童接受新事物的能力强，可以很快地吸收教师讲授的知识。因此，对此类儿童，教师应将课业内容层级化，一步一步地提高练习难度，鼓励他们独立自主地学习。这样不仅能调动儿童学习的积极性，而且还能有益于他们的才能和智力发展。

### 二、智力落后儿童的教学

智力落后(mental retardation)儿童又称弱智，是指智力明显落后于同龄正常儿童的发展水平，而且在社会适应方面存在明显缺陷的儿童。智力落后儿童在智力功能和适应性行为两个方面都存在显著的局限。学习上他们比同伴学得要慢，学习需要更多的时间和练习，很难把学习从一个情境迁移到另一个情境。根据智商高低可以把智力落后儿童分为四类：轻度弱智、中度弱智、重度弱智和极重度弱智。

在教学中，对不同类型的弱智儿童要区别对待。具体来说：(1) 轻度弱智的儿童智商在 55～69 之间，有生活自理能力，能承担一般的工作。通过特殊的教育可读完小学课程，让他们获得一定的读、写、算的能力，学会遵守一般的行为规范。(2) 中度弱智的儿童智商在 40～54 之间，具有部分的生活自理能力，对环境的辨别能力差，但没人照顾也能在熟悉的地方单独活动；通过特殊教育可让其完成小学一二年级的课程，阅读和计算能力都很低。(3) 重度弱智儿童智商在 25～39 之间，身体上有明显的智力异常的外形，缺乏生活自理能力，运动和生活能力都很差，通过特殊教育和训练让他们获得最基本的生活自理能力。(4) 极重度弱智儿童智商在 25 以下，有明显的智力异常的外形，基本没有生活自理能力，需要依赖他人护理。

### 三、学习困难儿童的教学

学习困难(learning disabilities)也称学习障碍或学习失能，是指有学习机会的学龄期儿童，由于环境、心理、技能等方面的原因，导致学习成绩明显落后于同龄儿童。学习困难又可分为广义的学习困难与狭义的学习困难两大类。广义的学习困难是指由于智力、学习动力、学习方法等问题引起的学习成绩下降。狭义的学习困难是指特定的学习技能发育障碍，如阅读、拼写、计算等困难引起的在某些学习方面的困难。在我国，结合教育实际，人们普遍把学习困难儿童理解为智力正常，但在学习上缺乏一般的胜任能力，学习效果低下，成绩明显落后的儿童。他们的主要特点是认知过程中信息加工效率低，缺乏必要的学习策略，学习动机水平低、焦虑水平高，常常表现出好动、注意分散、记忆与思维紊乱、行动不协调、情绪不稳定等特征，在听、说、读、写及运算等方面存在明显的困难。

对学习困难学生的教学应致力于提高他们的注意、记忆和问题解决的能力，根据学科特点进行学习技能和策略的直接指导。例如，在阅读教学中，把字音教学和字辨认教学结合起来是一种有效的方法。罗维特(M. Lovett)和她的同事在教授严重阅读障碍的学生时，使用了四种不同的字辨认策略：(1) 进行类比认字；(2) 寻找自己认识的字的部分；(3) 尝试不同的元音发音；(4) 在多音节词中"剥掉"前缀和后缀。教师不仅要一对一地教学生学习和练习这四种策略，同时还要分析字音和如何把字音组成单词。

总之，对于学习困难儿童的教学，教师在教育思想上要有清晰的认知。儿童学习行为的不良表现不仅与外界的环境因素有关，还与其大脑功能轻微失调等因素有关。在教学中，会出现一些儿童及教师都难以控制的因素。因此，教师不能只是简单粗暴地对待学习困难的儿童，要理解、尊重和接纳他们。在教育教学方法上，可以针对学习困难儿童的特征提供具有针对性的训练。

**学习困难儿童中常见的几种障碍**

阅读障碍主要表现为：1. 省略、替代、歪曲、添加词语或词语成分。2. 阅读速度慢。3. 一开始阅读就错，长时间停顿或"不知道读到哪里"，短语划分不准确。4. 颠倒句中的词序或词中的字母顺序。5. 不能回忆所阅读的内容，读完后不能讲出段落大意。6. 不能从阅读的材料中得出结论和推论。7. 用常识作为背景材料，而不是从所阅读的故事中得出的信息来回答与故事有关的问题。这类儿童在阅读时，突出表现有倒读、漏读现象。倒读：如把月亮读成"亮月"，把刀片读成"片刀"，把"老师麻烦您了"读成"老师烦麻您了"。漏读：儿童读第一行可以依次从左读到右，而读第二行即变成从右读到左，甚至漏读第二行，跳到第三行。这类儿童的语文成绩差，但是由于不理解题意，所以数学应用题的成绩也差，还往往伴有语言发育障碍、拼写障碍。

拼写障碍主要表现为:口头和笔头拼写单词的能力都受到损害。这类儿童在写字时,突出表现有倒写、漏写现象。倒写:1. 上下颠倒,将“p”写成“b”。2. 左右颠倒,将“p”写成“q”。3. 上下左右颠倒,将“9”写成“6”。4. 一个字内部颠倒,将“相”写成“目木”。漏写:漏写一个字或漏写一行字等。

计算障碍主要表现为:不能理解运算的基本概念,不能理解数学术语与符号,不能辨认数字符号,难以进行标准的数学运算,难以将数字正确排列、加入小数点或符号,难以对数字进行空间组合,不能熟练掌握和运用乘法口诀表。这类儿童在做数学题目时,突出的表现不是计算颠倒,而是分不清符号“+、-、×、÷、=”等的含义。纸上写着3+2=,结果却是等于1,把“+”看成“-”,常被家长、老师误认为粗心。这类儿童主要涉及基本计算技能,即加、减、乘、除的掌握,不涉及更抽象的数学技能,如代数、三角、几何等。

## 四、情绪困扰儿童的教学

有些儿童在成长的过程中由于遇到困难和挫折而产生一系列情绪问题,这会造成情绪上的困扰。如果学生长期处于情绪不适的状态,会影响个人正常情绪控制能力。情绪困扰表现为焦虑、自卑、孤独、易怒等方面。其情绪变化的开始也许只是源于一个很小的诱因,但若未经妥善处置,就很可能会进一步造成情绪困扰。出现情绪困扰的学生在智力上是正常的,甚至很聪明,但是情绪的困扰使他们不能正常地展现自己。出现情绪困扰的原因是多方面的,有的是由于生理创伤所致,在这种情况下需要及时就医,配合药物来恢复;有的是由于心理原因所致,如不公平对待、他人忽视、缺乏控制、学业压力感等都可能造成情绪困扰,可以通过心理辅导,使其心理情绪得到平衡,从而解决困扰。在教学中,面对这样的学生,教师要把重点放在建立师生的亲密关系和良好的课堂气氛上,帮助学生学会合理认识情绪、表达情绪和调节情绪。

## 五、注意力缺损多动障碍儿童的教学

注意力缺损多动障碍儿童(Attention Deficit Hyperactivity Disonder,ADHD)的主要问题是注意的指向和保持,而不仅仅是他们的身体活动。美国精神病协会建立了一个注意力缺损多动障碍的诊断分类,以鉴别多动和有注意问题的儿童,表4-3列出了ADHD的一些指标。

注意力缺损多动障碍儿童在一段时间持续表现出以下一种或多种特征:注意力缺损、多动、易冲动。注意力缺损的儿童难以专心做事,而且几分钟以后就会对一件事情感到厌烦;多动的儿童活动量偏大,似乎总是静不下来;易冲动的儿童难以控制自己的反应,而且在行动前多不会加以考虑。ADHD的病因尚不确定，可能与大脑神经递质、遗传等有关。在我国患此障碍的儿童也不在少数，对他们的教育应引起重视，以下是几项应对的教学策略：(1) 重复并简化课堂作业和功课的指令要求，一次只给他们几个结果清晰的问题来让他们完成；(2) 把学习中的指导和记忆策略与动机训练结合起来，使学生形成改善成绩的“技能和愿望”；(3) 将任务拆分为较小的部分，提供结构化的环境和教师指导；(4) 清楚地表达期望并及时给予儿童反馈；(5) 教师要教这些学生监控自己的行为；(6) 让从事特殊教育的教师参与教学；(7) 开展户外活动，让儿童有机会四处走动。

## 如何诊断特定的学习技能障碍？

诊断为特定的学习技能障碍必须具备以下几个条件：1. 学习技能损害必须达到临床显著的程度。特定的学习技能障碍的学习技能(如阅读、拼写、计算)、学习成绩与正常水平相比相差在1年以上。2. 这种损害必须在上学的最初几年就已存在(常见于小学一二年级)，而不是在受教育的过程中才出现。3. 在同样接受社会教育的条件下，表现出学习技能障碍。没有任何外在因素(如家庭环境或学校教育)影响，可以充分解释其学习困难。4. 没有明显的智力低下，智商应在70以上。5. 不是视力、听力障碍或神经系统损害的直接后果。6. 至少具备下列一项：特殊阅读障碍，包括对文字的理解及阅读障碍，常伴有言语特殊发育障碍。

**表 4-3　ADHD 部分诊断指标**

| 注意力问题 | 冲动控制问题 | 过度活动 |
|---|---|---|
| 经常对细节不能集中注意或犯粗心的错误 | 经常在问题还没有提完之前就脱口说出答案 | 经常手脚烦躁不安地动或在座位上扭动身体 |
| 在完成任务或游戏活动时不能保持注意力 | 不能等到轮到他或她 | 要求不要离开座位时，经常从座位上站起来 |
| 似乎听不到别人对他说的话 | 经常打断或闯入其他人的谈话或游戏 | 经常在不恰当的场合跑来跑去或过多地爬上爬下 |
| 不能从头到尾跟上教学进度，不能完成作业(不是因为不想完成或听不懂指导语) | | 不能安静地从事娱乐休闲活动 |
| 组织任务或活动有困难 | | 经常讲话过度 |

续表

| 注意力问题 | 冲动控制问题 | 过度活动 |
|---|---|---|
| 回避、不喜欢或不愿意参加需要持续脑力工作的活动，如课堂作业或家庭作业 | | 经常好像有“引擎驱动”似的活动，但又不能坚持 |
| 丢失完成任务或活动必需的东西 | | |
| 容易被无关刺激干扰 | | |
| 对日常活动健忘 | | |

## 回到案例

通过本章的学习，我们了解了学习者的差异表现在很多方面，教师的教学要适应学生的差异。刘老师用同样的教学方法对待不同的班集体，没有考虑到他们的能力差异、学习风格的差异以及由于家庭教育环境等方面的特殊性给孩子带来的心态方面的差异，因此出现了“同法不同效”的结果。

刘老师应该根据能力、学习风格和性别方面的差异对学生进行因材施教，通过教学实践灵活掌握“因材施教”的理念和方法。在教育中应了解学生的能力水平，有的放矢，因人施教；不仅如此，刘老师也应注意不同学生的学习风格，因人制宜，发扬优点，克服缺点，针锋相对，利用矛盾，培养良好品质，抓住时机、因势利导，促进发展，注意培养学生的自主学习能力。刘老师也应该根据不同性别学生的特点对他们提出不同的要求，使用不同的教育方法。

同样是学生，在能力、学习风格等方面会存在着不同的特点。教师首先要了解学生自身的特点，改变自己的教育观念，顺应学生的自然天性，采取适合学生自身特点的方式，因材施教，才会达到事半功倍的效果。

## ☞ 学术争鸣

| 争鸣:按成绩分组是一个有效的策略吗<br>按成绩把学生分到不同的班里或组里,长时间以来,这一在许多学校成为标准化程序的做法,是一种有效的策略吗? | |
|---|---|
| **正方观点:按成绩分组是有害的,应该取消**<br>研究发现在按成绩分组中,通过压制低分组学生的成就,提高高分组学生的成就,增加了高分组和低分组学生间的差距,并且这种差距比辍学学生和在读生间的差距还大。 | **反方观点:取消按成绩分组将损害许多学生**<br>虽然按成绩分组会伤害一些学生,但不是对所有学生都有害。首先,按成绩分组对高分组的学生似乎更有积极效应。优秀的计划和班级荣誉,似乎没有人想取消这些效应,尤其是家长。其次,在混合组中,虽然差距变小了,却是以一般学生和高分学生为代价的。一般的学生被分到不同班里,成绩下降了 2 个百分点,高能力学生的成绩下降了 5 个百分点。 |

# 小　结

1. 学习者的差异与教学

学习者的差异是一个人在先天素质基础上通过后天实践活动所形成的,是遗传和环境相互作用的结果。在教育教学中,教育者应从学生的实际情况出发,因材施教。

2. 能力的差异与教学

能力是一种心理特性,是顺利实现某种活动的心理条件。能力一般可以分为:一般能力和特殊能力;模仿能力和创造能力;流体智力和晶体智力;认知能力、操作能力和社交能力。

能力的发展表现出一定的年龄特征。

能力的理论有斯皮尔曼的二因素说、瑟斯顿的群因素说、吉尔福特的智力三维结构论、加德纳的多元智力理论,还有斯腾伯格的智力三元理论和戴斯等人的 PASS 模型。

能力的差异主要表现在发展水平、结构、表现早晚和性别等方面。

面向能力差异的教学组织形式有同质分组、留级和跳级,面向个别差异的教学模式有掌握学习、个别化诊断教学、个人化教学系统和计算机辅助教学。

3. 学习风格的差异与教学

学习风格是学习者持续一贯的、带有个性特征的学习方式，是学习策略和学习倾向的总和。学习风格种类多样，如瑞德和奥克斯福对感知学习风格进行的分类；柯勃对学习过程周期的独特分析；克里提出的学习风格的“洋葱模型”；谭顶良从大脑功能、个性和心理发展三个方面对学习风格的分类等。学习风格的差异主要体现在生理、心理和社会性三个方面，这些差异可以作为因材施教的重要依据。

4. 特殊需要儿童的教学

在教学活动中，特殊儿童一般是指学习上有特殊需要的儿童，如资质优异儿童、智力落后儿童、学习困难儿童、情绪困扰儿童和注意力缺损多动障碍的儿童。对于需要特殊帮助的学生，教师需要采取合适的策略帮助他们实现自身的积极发展。

## ∠ 思考题

1. 学习者的差异是如何形成的?

2. 能力有哪些种类?

3. 简述加德纳的多元智力理论。

4. 论述斯滕伯格的智力三元理论。

5. 能力的个体差异表现在哪些方面? 举例说明应如何进行面向能力差异的教学。

6. 感知学习风格是如何分类的? 如何根据学生对感官的偏爱方式的差异进行教学?

7. 论述学习风格的差异，并谈一谈应如何针对学生学习风格的差异开展教学活动?

8. 举例说出三种具有特殊需要的学生并思考如何对其进行教学?

9. 案例分析

威特金认为，个体的认知风格分为场独立型与场依存型。受威特金认知风格理论的启发，彭老师在班级开展了差异化教育，他运用观察、调查等方法，结合认知风格自我评价表，全面了解学生的认知风格特点。

班上学生李同学偏爱的是人文社会学科，善于总体把握所学材料，但具体分析问题的能力不强，对数学和自然学科兴趣不高，学习不够灵活。学生王同学偏爱数学和自然学科，善于抓住问题的关键部分，能灵活运用已有的知识解决问题，但整体把握材料的能力相对不足，人文社会学科成绩较差。

彭老师根据李同学和王同学认知风格的优势，进行了针对性教育。对李同学，彭老师布置更多社交性任务，采用小组讨论的教学方式，并及时给予指导。对王同学，彭老师布置有难度的学习任务，以发挥其学习的自主性。同时，针对李同学和王同学认知风格存在的不足，在教学方式上彭老师采取补短板的形式，要求李同学承担需要应用分析能力来单独完成的任务，而鼓励王同学参加一些需要合作完成的学习活动，对其整体的合作能力加强训练。彭老师还根据李同学和王同学认知风格特点的发展变化，不断调整自身的教学方式，组织多样化的教学活动。

试分析：

(1) 按照威特金的认知风格分类，材料中的李同学和王同学分别属于哪种认知风格？

(2) 结合材料分析，彭老师是如何针对不同认知风格的学生进行差异化教学的？

## ∠ 进一步阅读文献

1. Jack Snowman，Rick McCown 著，庞维国等译. 教学中的心理学(第 14 版，第二部分)(上、下册). 上海：华东师范大学出版社，2019.

2. 杨峰主编. 教育心理学(第二章). 北京：清华大学出版社，2022.

3. Jeanne Ellis Ormrod，Eric M. Anderman，Lynley H. Anderman 著，龚少英等译. 教育心理学(第 10 版，第五章). 北京：人民邮电出版社，2023.

# 第五章
# 学生的学习动机

## 章节说明

学生在面对困难与具有挑战性的学习任务时会如何做出选择？学生如何在课下主动完成作业？为什么有些学生在一些简单任务上坚持很短时间就放弃？学生在日常学习过程中所表现出的这些问题都与动机密切相关。学习动机是影响学习的关键因素，激发学生的学习动机是教学的重要任务之一。了解学习动机的基本特征和理论，有利于调动学生的学习积极性，让学生愿意学习、努力学习。本章首先介绍学习动机概述，包括学习动机的含义、基本结构、分类、对学习的影响以及多样性。其次，为更好地解释学生努力学习的原因，即哪些因素使得学生想学习、愿意学习，心理学家们也提出了形形色色的理论。在此，本章主要介绍几种常见的学习动机理论，其中包括本能论、行为主义的动机理论、人本主义的动机理论和认知主义的动机理论。最后，在学习动机理论的基础上探讨如何培养和激发学生的学习动机。

## 案　例

数学期中考试成绩公布了，小王、小罗和小赵成为班上为数不多的超过90分的同学。多数同学都考得不好，这几位同学却得了高分。他们是如何看待自己的成绩的呢？

小王激动地说："我太幸运啦！老师出的题目刚好是我会做的，要是他出了另外的题目，我不可能做得这么好！"

小罗高兴地说："我平时花了好多时间做课后习题，考前又花了几天进行复习，看来我的努力得到了回报。"

小赵也满意地说："我很擅长数学，这个分数在我意料之中。"

小王、小罗和小赵三位同学的看法对后续的学习行为有何影响?

"如何让学生爱学、会学"是现代教育心理学研究的核心论题之一,其中的"爱学"就是教育心理学的学习动机问题。学习动机是推动人们进行学习的直接原因和内部动力。学习动机支配着学生的学习行为,体现学生是否想学、乐意学、努力学的程度等。上述案例中的小王、小罗和小赵三位同学对期中考试的数学成绩看法不同,这会影响他们后期的学习动机与学习行为。

# 第一节　学习动机概述

## 一、学习动机的含义

动机是指由某种需要所引起的,直接推动个体活动、维持正在进行的活动、使该活动朝向某一目标以满足需要的内在过程与内部心理状态。动机具有三种功能,一是激活功能:动机能激发个体产生相应的行为,推动个体由静止状态转入活动状态,是行为的启动因素;二是指向功能:个体的行为总是指向一定的目标,动机使行为具有明确的指向性和目的性;三是维持与调节功能:个体的行为在达到目标前,动机起维持作用并及时调节行为以实现目标。

学习动机是指激发学生开展学习活动、维持正在进行的学习活动、并使学习活动朝向一定目标的内在过程和内部心理状态。学习动机是学习活动的内在原因与动力,是一种特质,也是一种状态。主要表现为:学生热爱学习、想学习、要求学习,在学习上有着迫切的愿望,表现出积极性与主动性。如果学生不想学习或者不喜欢学习,而是被迫学习,就很难取得好的学习效果。学习动机与学习行为是相互作用的。一方面,学习动机可以加强并促进学习活动;另一方面,学习活动又可激发、增强和巩固学习动机。

## 二、学习动机的基本结构

### (一)学习需要与内驱力

学习需要是学习动机的基本构成要素之一,是指个体在学习活动中感到某种欠缺而力求获得满足的心理状态。它的主观表现形式是学习者的学习愿望或学习意向,包括学习兴趣、爱好、学习信念等。这种愿望和意向是驱使学生学习的根本动力。学习需要对学习的作用,称为学习的内部驱动力或学习内驱力。例如,有的学生回到家很快就能进入学习状态,因为他把作业当作自己学习进步的阶梯,通过完成作业检验、巩固自己的知识掌握程度。奥苏伯尔(D. Ausubel)

将成就动机区分为认知内驱力、附属内驱力和自我提高内驱力，这三种内驱力分别由三种成就需要（即认知需要、关系需要和自我提高需要）引发。

（二）学习期待与诱因

学习期待是学习动机结构的另一个基本构成要素。学习期待是个体对学习活动所要达到目标的主观估计。学习期待不等同于学习目标。学习目标是个体通过学习活动想要达到的预期结果，而在个体完成学习活动之前，这个预期结果以观念的形式存在于头脑之中。所以，学习期待是学习目标在学生头脑中的反映。例如，“我希望这次考试能取得好成绩，这样妈妈就会很高兴”。在这里学生的学习期待是“妈妈高兴”。学习期待往往存在个体差异，个体之间的学习期待在强度、可能性以及情绪、情感等方面都存在差异。

学习动机的产生，除了内驱力外，诱因也是一个重要的条件。诱因是指能够激起有机体的定向行为，并能满足某种需要的外部条件或刺激物。诱因可以是简单的物体，如食物、水等，也可以是复杂的事情，如名誉、地位等。使个体产生积极行为的诱因为积极诱因；反之，则为消极诱因。积极的、能够满足学习需要的诱因容易激起有效而强烈的学习动机；消极诱因则会降低学习动机的强度。譬如，枯燥乏味的学习内容，单调无趣的课堂学习，考试成绩不理想等都会降低学习动机。

学习动机结构中的学习期待成分，就其作用而言就是学习的诱因，它可以将静态的期待转换成动态的目标，这些目标可以是成绩、奖品、赞赏、名誉、地位等。

## 三、学习动机的分类

学习动机是在学习需要的基础上形成和发展起来的，学习需要的多样性决定学习动机的复杂性，在同一学生身上，又存在着多种不同的动机。由此可见，学习动机的分类依据和分类标准也多种多样。对于教育者而言，了解和掌握学生学习动机的类型和特点，进而明确激发和培养学习动机的方式，有利于提高教学效率。本章主要介绍在学术界比较公认的几种学习动机分类方式。

（一）内部学习动机与外部学习动机

根据动机的动力来源，可以将学习动机分为外部动机和内部动机。

内部动机是指由学习活动本身的意义和价值引起的动机。这种动机是学生在追求个人兴趣和能力的提高时产生的一种寻求挑战并克服挑战的自然倾向，它会让学生获得或保持一种愉悦的内部状态。内部动机的出现源于追求兴趣和锻炼能力等内部因素。相比之下，外部动机是指由学习活动的外部结果引起的动机。学习是学生为达到某种结果的手段。动机的满足不在学习活动本身，而在学习活动之外。外部动机源于取得高分、获得赞赏、避免惩罚、取悦老师等与任务本身无关的其他原因。我们可以从小宇和小林的故事中感受内外部学习动机的差异。

小宇喜欢打篮球，因为打篮球的过程本身可以带来快乐。他的理想是成为一名球星，每天打篮球可以帮助他身体提升技能，对他实现“篮球梦”非常有帮助。如果小宇一段时间不打篮球，他就会怀念篮球场上的日子。

小林也经常打篮球，因为打篮球可以交到朋友、强身健体、赢得他人的关注，只要在球场上展现出帅气的 pose，就可以获得迷妹们的关注，这种关注可以使他增加人气和扩大知名度。

从上述两个例子中可以看出，小宇打篮球的行为主要由内部动机激发，而小林打篮球的行为主要由外部动机激发。内部动机能够激发学生求知的意愿，并促进学生学以致用，增加学生在课程完结乃至毕业之后仍然继续学习知识的可能性。而当学生受到外部动机影响去参与学习活动时，他们更多地处于一种被动的状态，更可能进行浅层的信息加工，只对简单的任务感兴趣。在实际的学习中，很多学生参与学习活动都是同时受到内部动机和外部动机的双重影响。一般来说，外部学习动机的作用较弱且短暂，内部学习动机能持久、强烈地推动学习。但也存在外部诱因可能抑制内部动机的情况。下面的德西效应实验反映的就是这种情况：

### 德西效应实验

心理学家德西(E. Deci)让大学生在实验室里解有趣的智力难题。

第一阶段，所有的被试都无奖励；

第二阶段，将被试分为两组，实验组的被试完成一道难题可得到 1 美元的报酬，而控制组的被试与第一阶段相同，无报酬；

第三阶段，被试可以在原地自由活动。

实验者将被试在这一阶段是否继续解题作为他们喜爱这项活动程度的指标。

结果发现，与奖励组的被试相比较，无奖励组的被试休息时仍继续解题，而奖励组的被试虽然在第二阶段有报酬时解题十分努力，而在不能获得报酬的休息时间，明显失去对解题的兴趣。这也就是说，第二阶段的金钱奖励，造成明显的过度理由效应，使奖励组的被试用获取报酬来解释自己解题的行为，从而使自己原来对解题本身有兴趣的态度发生了变化。到第三阶段，奖励一旦失去，对解题态度已经改变的被试而言，没有报酬就没有继续解题的理由了；而无奖励组的被试对解题的兴趣没有受到过度理由效应的削弱，因而在第三阶段仍怀着热情继续解题。

资料来源：Deci，1975。

通过德西效应实验，我们认识到人们本来会在内部动机的激励下进行某种活动，但是当他们在有了为此而得到外部奖励的经验之后就可能发生变化，如果没有外部奖赏，活动则不再进行。

在日常生活中，大家也会遇到相似的情况：

一位老人在一个小乡村里休养，但附近却住着一些十分顽皮的孩子，他们天天互相追逐打闹，喧哗的吵闹声使老人无法好好休息，在屡禁不止的情况下，老人想出了一个办法。他把孩子们都叫到一起，告诉他们谁叫的声音越大，谁得到的奖励就越多，他每次都根据孩子们吵闹的情况给予不同的奖金。等到孩子们已经习惯于获取奖金的时候，老人开始逐渐减少所给的奖金，最后无论孩子们怎么吵，老人一分钱也不给。结果，孩子们认为受到的待遇越来越不公正，认为"不给钱了谁还给你叫"，再也不到老人所住的房子附近大声吵闹了。

老人解决孩子吵闹的办法很简单，他将孩子们的内部动机"为自己快乐而嬉闹"变成了外部动机"为得到奖励而嬉闹"。他操纵着奖金这个外部因素，也因此操纵着孩子们的行为。在学习活动中也是如此。当学生将外部评价当作参考坐标时，情绪就很容易出现波动。因为，外部因素无法控制，它很容易偏离学生的预期，让他们产生不满、甚至牢骚满腹。不满和牢骚等负性情绪让学习痛苦。为了减少痛苦，他们就只好降低预期，最常见的方法就是减少学习活动的努力程度。

内部学习动机和外部学习动机并不是相互对立的，它们可以并存，也可以单独存在。有研究表明，内部学习动机和外部学习动机对于个体的学习都是有作用的，将两者结合才能达到最好的学习效果。教师在学习活动中要激发和维持学生的学习动机，在学生没有学习动机时，要创设条件激发学生的外部学习动机；当学生有了外部学习动机之后，要有目的地培养学生的学习需要、学习兴趣、学习热情，并促使这些因素转化为内部学习动机。"你可以把马牵到河边去，但你不能使它一定要喝水"，教师在教育过程中最重要的是激发学生对学习活动本身的动机，适当利用外部学习动机，使两者并行不悖，贯穿于学习活动的全过程，从而提高学习效率。

（二）自主性的学习动机与控制性的学习动机

德西和瑞安（R. Ryan）等人构建的自我决定理论则从动机的外部激发因素以及外部激发因素逐渐被内化为个体内部动机的过程来分析动机及其作用。与内外部动机的两分法不同，该理论强调，动机是从无动机、外部动机到内部动机的连续体。无动机是完全没有目的、没有意向以及没有自我控制的状态。例如，小雨也不知道他为什么学习，他看到大家都学习，所以他也学习。根据外部激发因素的内化程度可以区分出五种动机调节方式，分别为外在调节、内摄调节、认同调节、整合调节和内部动机，它们均匀地分布在由外到内的连续体上。其中，外在调节指个体的表现和行为是为了获得奖励或避免惩罚，是由外部因素所控制的，例如，小高做作业是为了赢得老师的表扬和避免家长的批评；内摄调节是个体为了维持自尊或避免内疚感而采取行动，例如，小林并不喜欢下象棋，但是却报名参加了学校组织的象棋比赛，因为他认为作为好学生应该全面发展；认同调节是个体理解并认可了行为的价值，并将其接纳到自我内部的一种较自主的动机，例如，小军认同学习对自己的重要性，如可以开阔视野，因此努力完成课程作业；整合调节是指个体接受了外界目标，并使其成为个人的核心价值和信念，例如，小王特别喜欢打篮球，因为他觉得打篮球可以让他提高动作的灵活性；内部动机指个体因活动带来的内在满足感而从事活动，例如，小红喜欢弹钢琴，因为弹钢琴本身让她感到非常享受。

根据自我决定的程度，德西等人在自我决定论的基础上进一步将外在调节和内摄调节称为控制性动机，将认同调节、整合调节和内部动机称为自主性动机。控制性动机是指个体出于内部（如内疚）或外部（如他人的要求）压力而做出某种行为。自主性动机则指个体出于自己的意愿和选择而行事，使个体表现出较强的意志感和选择感，从而有助于完成复杂或启发式的学习任务。因此，与以往的动机理论强调内外部动机的划分不同，自我决定理论更关注自主性动机和控制性动机的不同，并指出自主性动机与控制性动机的区分比内外部动机的区分在预测学习行为时更具预测力。例如，在中国文化背景下开展的近期研究也表明，受自主性动机驱动的学生会对信息进行深度加工，会对引起其兴趣的问题付出更多的意志努力，注意力集中并且心情愉悦，有高度的情绪唤醒水平，因而在创造性思维、学业成就、适应性的学习态度等方面具有良好的表现；而受控制性动机驱动的学生会产生不良的学习态度以及消极的课堂行为，阻碍认知灵活性和深度信息加工。

### （三）直接的近景性学习动机与间接的远景性学习动机

根据动机起作用时间的长短，以及它与活动目标的关系，可以把学习动机分为直接的近景性动机和间接的远景性动机。

直接的近景性学习动机是指由学习活动的直接结果所引起的学习动机，如学习是为了应付老师的测验或为获得老师的好评，也可能是由于同龄人间的竞争所引起的。例如，小明期中考试不理想，父母答应如果期末考试能考好，就给他买电脑，于是小明刻苦学习，期末考试时取得了优异的成绩。这种动机很具体，效果比较明显，但是稳定性较差，往往容易受当时的具体条件和一些偶然情境的影响。

间接的远景性学习动机与学习活动本身没有直接联系，是指由于了解学习活动的社会意义和活动结果的社会价值而引起的学习动机。如中学生小红认为自己是祖国未来的栋梁,必须要努力学习,长大后为祖国奉献自己的一份力量。这类动机反映了社会和家庭的要求,又与学生对学习意义的认识、志向以及他们的世界观有关系。这是一种比较深刻、富于理性的学习动机,有力地影响着学生学习的自觉性和主动性。这类动机具有较强的稳定性和持久性,能在较长时间内发挥作用。

直接的近景性学习动机和间接的远景性学习动机是相辅相成的。直接的近景性学习动机需要有间接的远景性学习动机的补充和支持,才能使学习活动更主动和有意义,从而保证学习活动的持久性和学习行为的积极性。而间接的远景性学习动机也需要直接的近景性学习动机的补充和支持,使远景的价值更好地与当前学习活动的具体目标结合起来。因此,教师在教育教学活动中应将直接的近景性学习动机和间接的远景性学习动机有机结合起来,充分发挥两者对学习活动的推动作用。

#### (四)主导性学习动机与辅助性学习动机

根据动机作用的大小,也就是其起作用的主次,可以把学习动机分为主导性动机和辅助性动机。

主导性学习动机指在一定时期或某个特定活动上起支配作用,发挥主导作用的动机。与其他学习动机相比,主导性学习动机对学习活动的影响最为强烈,也最为稳定。一般而言,在同一时间内,主导性学习动机只有一个,它对人的活动起主导作用。

辅助性学习动机指在一定时期或某个活动上处于从属地位,发挥辅助作用的动机。相对于主导性学习动机来讲,它对学习活动的影响则是比较微弱的和不稳定的。在同一时间内辅助性学习动机可能有几个,它们各自的强度与稳定性也是不一样的。

在学习活动中,在一段时间内起主导作用的学习动机在另一段时间内可成为辅助性的学习动机。反之也是如此,在一段时间内起辅助性作用的学习动机在另一段时间内可成为主导性的学习动机。比如,在小学阶段想获得老师表扬的学习动机是主导性的,进入中学阶段这种动机便成为辅助性的;在小学阶段承担社会责任的学习动机是辅助性的,进入中学阶段这种动机则是主导性的。主导性学习动机与辅助性学习动机对学习活动会产生或大或小的作用,因此教师要根据具体情况综合考虑两种动机的作用。不要只重视主导性学习动机,而忽视辅助性学习动机;也不要只肯定辅助性学习动机的作用,而忽视主导性学习动机。

#### (五)一般学习动机与具体学习动机

根据动机起作用的范围,可以将学习动机分为一般学习动机与具体学习动机,也称为性格动机和情境动机。

一般学习动机是在许多学习活动中都表现出来的,是较稳定、持久地努力掌握知识经验的动机。该类动机贯穿于学校生活的始终,可能延续到以后的工作中甚至毕生都具有这样的动机。

具体学习动机是在某一具体学习活动中表现出来的动机。由这种动机支配的学生,常常只对某一门或某几门学科或内容感兴趣,而对其他的学习内容则不予注意。这类学习动机多半是在学习过程中因学业成败或师生关系的影响而逐渐形成的。

#### (六)认知内驱力、附属内驱力与自我提高内驱力

奥苏伯尔在《学校学习》一书中提出,学校情境中的成就动机主要由以下三个方面的内驱力组成,即认知内驱力、附属内驱力和自我提高内驱力。这三种内驱力分别由认知需要、关系需要和自我提高需要所引发。

认知内驱力是由内在的好奇心和求知欲而产生出来的想要满足认知需要,理解和掌握相关知识的一种愿望和动力,即“我想学知识”;附属内驱力是为了保持家长或老师的赞许和认可而表现出来的要把学习或工作做好的愿望和倾向,即“我想要表扬”;自我提高内驱力是为了提高地位、赢得尊重,在同伴群体中处于优势的一种愿望或动机,即“我想要名位”。

### 四、学习动机对学习的影响

#### (一)学习动机对学习态度的影响

学习动机对于学习态度的影响主要体现在注意状态、情绪状态和意志状态三个方面。

(1)注意状态

注意是心理活动对一定事物的指向和集中。当学生在注意听老师讲课时,他的视觉、听觉、思维活动都指向和集中于教师所教授的内容上,而对与学习无关的其他事物却“视而不见,听而不闻”。注意是一种心理特性,是伴随认知过程出现的,使认知过程集中于所指向的事物,使心理活动保持一定的稳定性。同时,随着活动的转移,注意不断地指向新的对象。教师可以通过观察学生在学习任务上专注的强度和持续时间来考察学生的学习积极性。

(2)情绪状态

情绪和情感,是人对现实的对象和现象是否适合人的需要而产生的体验。情绪不等同于情感,情绪通常是在有机体的天然生物需要是否获得满足的情况下产生的;情感是受社会关系制约的、对客观世界的态度的反映。情绪往往作为情感的表现形式方面,具有较大的情境性。在学习活动中,如果学生的学习需要

得到满足，就会产生一种积极的情绪体验。这种情绪状态可以促使学生更主动、更努力地学习。因此，教师可以根据学生在完成学习任务时是否主动热情，是否具有积极的情绪状态来考察他们的学习积极性。

(3) 意志状态

意志是自觉地确定目的，根据目的去支配、调节行动，并不断地克服困难，从而实现目的的心理过程。学生完成既定的学习任务需要各种意志努力，特别是在遇到困难挑战的情况下更是如此，所谓“越挫越勇”。例如，在外界干扰与诱惑的情况下坚持学习，顽强地钻研枯燥无味的学习材料，面对困难的学习题目或在考试失利情况下毫不灰心等。教师可以从学生在学习中遇到困难时是否有信心和决心去克服，在克服困难时是否有足够的自制力和毅力等方面考察学生的学习动机。

需要注意的是，学习态度除了与学习动机具有密切关系外，还与学生的智力水平、知识水平等因素有关。所以，并不是说解决了学习动机问题后，学生的学习态度问题就全部解决了。

(二) 学习动机对学习效果的影响

动机是影响学习活动必不可少的因素之一，学习动机对学习行为的选择、发起和维持都有重要作用。学生为什么学习以及抱着什么态度学习，不仅说明其学习性质(如“为了不丢自己的面子而学习”与“为让我们的小组不输掉比赛而学习”)，同时也会影响学生未来其他方面的发展。一般情况下，学习动机与学习效果具有一致性。动机强，学习效果也会较好；动机弱，学习效果相对也较差。现在，我们通过一个民间传说《羿射不中》的故事来思考动机与行为的关系：

有一天，夏王指着一块一尺见方、靶心一寸的兽皮箭靶对后羿说：“请射吧！如果射中了，赏你万金，如果射不中就削掉你千户的封邑。”后羿听后十分紧张，结果呼吸急促不能自控，屡射不中。夏王问之何故？

从上述故事中，可以发现动机与行为的关系并非完全具有一致性。同样地，学习动机与学习效果也是如此。在学习中不乏这样的学生，如学习积极性较高，但短期内学习效果却不好；学习动机不那么强，但学习成绩较好。产生这种情况的原因主要是由于学习动机和学习效果的关系不是直接的，而是以学习行为为中介。学习行为又受到智力水平、教师指导、知识基础、学习方法与习惯、人格特点、健康状况等主客观因素的影响。因此，只有把学习动机、学习行为和学习效果三者综合研究才能更好地理解学习动机和学习效果的关系。学习动机是影响学习行为，提高学习效果的一个重要因素，但却不是决定学习活动的唯一条件。

耶克斯(R. Yerkes)与多德森(J. Dodson)等人的研究表明，动机与学习效果之间的关系并不是完全的正比例关系，二者之间呈现倒U形曲线关系(如图5-1)。

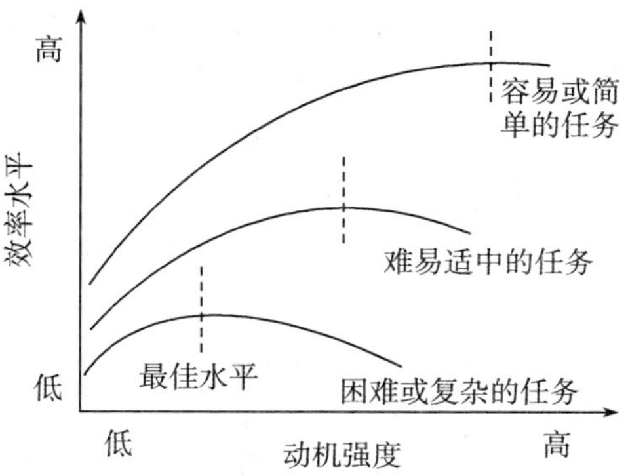


**图 5-1　学习动机强度与学习效率的关系**

学习动机强度的最佳水平不是固定不变的，而是根据任务的难度不同而异。通常情况下，学生在中等动机水平状态下效果最好，学习动机不足或动机过分强烈，都会使学习效率下降。在动机水平很低时，学生的学习热情还没有被充分调动起来，无法进入学习状态。随着动机的不断提升，能力发挥也不断增强，学习效果呈现上升状态。当动机高于一定程度之后，学生就会产生焦虑，导致学习效果下降。例如，在考试时，如果一个学生的动机水平比较低，他就会感到疲倦，提不起精神，从而发挥不出应有的水平；而如果他动机过高，则会容易紧张，甚至出现焦虑反应（手心出汗、心跳加速、注意力不集中等），也无法发挥正常水平。

对于不同难度的任务，动机的最佳水平是不同的。对于难易适中的任务，最佳动机水平为中等强度；对于比较容易或简单的任务，最佳动机水平为较高强度；对于比较复杂或困难的任务，最佳动机水平为较低强度。例如，在百米接力比赛中，运动员只需要尽快跑，将接力棒交接给下一个运动员。这是一个比较简单的任务，此时运动员需要有很强的动机，才能发挥出运动的潜能，达到最佳效果。相比之下，如果是参加记忆大赛，所要面临的任务则要复杂很多，每一内容都需要仔细记忆，选手如果过于紧张，就可能会出现失误，因此需要相对较低的动机水平。

## 五、学习动机的多样性与教学

### （一）性别差异

一部分学生认为，女生与男生善长不同的学业领域，这样的观念毫无疑问会影响其努力程度和相关课程选择。有关研究还发现，女生的学业自我效能感通常低于男生，特别是在典型的以男性为主导的学习领域；学业自我效能感的差异主要表现为女生往往会低估自己的能力，而男生往往会高估自己的能力。性别差异同样存在于长期目标中,尽管女生在学业成就上普遍高于男生,但她们更倾向于制订短期的目标。

因此,在激励学生的动机时,应尽量考虑男生和女生各方面的差别。对男生来说,应该把他们的长期目标与课堂的集体成就相联系;对女生来说,应该鼓励她们拓宽视野,让她们相信即使是男性主导的领域,女生也可以立足。

(二) 文化差异

在设计任务、表扬成绩、管理时间等方面,要考虑到语言文化的多样性,这能增强学习动机。当双语学生被鼓励用英语和他们的母语来表达时,动机与参与度都会增强。有关拉丁美洲的双语学生的研究发现,高效的阅读者把阅读看作是有意义的加工,他们用两种语言来解释材料。例如,他们可能会在西班牙语中寻找与英语中相对应的词来帮助他们进行理解。还有研究发现,把文化背景融入写作任务中,也是一种吸引和保持兴趣的方法。鼓励学生把他们自己的文化知识融入进来,会增强学习的意义感。

## 第二节　学习动机理论

### 一、本能论

本能是指先天的、在物种演化过程中形成并以遗传方式传递的、不学而能的行为或行为模式。本能论主要用本能来解释人的行为的动因。18 世纪末 19 世纪初,伴随着达尔文《物种起源》中的进化论的提出,人们逐渐接受人与动物虽有差异,但也有相似之点,因为人是由所谓的“低等动物”演化而来的。既然动物的行为是由本能推动的,而人是由动物演化而来的,他们在种系发展上是有连续性的,因此,人的行为也必定受到本能的影响。

詹姆斯(W. James)认为,人的行为依赖本能的指引,人除了具有动物本能外,还具有社会本能,如爱、社交、同情和诚实等。麦独孤(W. McDougall)的观点更为极端,他认为人类的一切行为都源于本能。本能是人类一切思想与行为的基本源泉和动力;本能具有能量、行为和目标指向三个成分;个人和民族的性格与意志也是由本能逐渐发展而形成的。他认为,人类有 18 种本能。然而詹姆斯和麦独孤本能论的共同缺陷是把本能行为与习得行为混淆在一起,并错误地把许多习得行为看成本能行为。

著名的精神分析学家弗洛伊德(S. Freud)认为,人的一切行为都是由一个或多个内在的生物本能所引发的,只是一些行为直接满足人的本能需要,另一些行为是间接地满足本能需要。弗洛伊德认为人有两大类本能：一种是生存本能，如饮食和性等；另一种是死亡本能，如残暴和自杀等。但这两种本能在现实生活中都不能自由发展，而常常会受到压抑。这些被压抑下去的无意识冲动在梦、失言和笔误等以及许多神经状中会显露出来，在日常生活中也会以升华（如通过写诗宣泄内心的悲伤）或社会所允许的其他方式（如练拳击、散打）的方式出现。弗洛伊德完全排除物种特有行为，竭力强调驱力的本能论是有失偏颇的。

被誉为西方教育心理学之父的桑代克（E. Thorndike）也非常强调本能，他的代表作《教育心理学》就是由学习、本能和个性三部分组成的。此外，习性学家洛伦茨（K. Lorenz）认为，本能是由遗传决定的、受特异能量驱动的物种特有的固定动作模式；个体的经验可以转化成本能行为，行为是本能与学习交互作用的结果。他还提出了著名的“印刻现象”。

**印刻现象**

小雁、小鸭、小鹅等动物，出生数小时就能跟随自己的母亲，而且这种行为的形成还有一个关键期。在这个关键期内，如果将小动物与其他动物放在一起，不久，小动物就会将其他的动物当作自己的母亲，而紧紧跟随、甚至还能跟随任何一个移动的物体；然而如果在这一时期把小动物与其母亲分开，它跟随母亲的行为就再也不会形成了，洛伦茨将这种现象称为“印刻现象”。

资料来源：Lorenz，1937。

## 二、行为主义的动机理论

### （一）驱力理论

赫尔（C. Hull）是内驱力理论的代表，他提出了“驱力消减论”。他认为机体的需要产生驱力，如缺乏食物产生饥饿驱力，缺少水分产生渴驱力等。驱力激起有机体的行为。驱力是指个体由生理需要所引起的一种紧张状态，它能激发或者驱动个体行为以满足需要，消除紧张，从而恢复机体的平衡状态。需要得到满足，驱力降低。

由此可以看出，赫尔的理论主要有两个要点：(1)有机体的活动主要在于降低或消除驱力；(2)驱力降低的同时，活动受到强化，因而它是促使学习效率提高的基本条件。所以该理论也叫驱力降低理论。

在赫尔的理论中，驱力主要有两种：原始性驱力和继发性驱力。原始性驱力同生物性需要状态相伴随，并与有机体的生存有密切联系。这些驱力产生于机体组织的需要状态，如，饥、渴、空气、体温调节、睡眠、回避痛苦等。继发性驱力是对于情境（或环境中的其他刺激）而言的，它由学习获得。也就是说，之前的中性刺激由于能够引起类似于原始性驱力所引起的反应，而具有驱力的性质。

但是，驱力理论不能解释另外一些行为，如：为什么一个人可以通宵达旦地工作？为什么政治家在监狱里可以绝食数日？……因为在这些行为中，人的驱力不是减少，而是增加了。

（二）诱因理论

所谓诱因是指人们试图得到或避免的目标与情境刺激。它具有激发或诱使个体朝向目标的作用。如诱人的美食激发人的进食欲望，挑战性的任务激发人的成就需要。诱因可以是物质的，如食物、服装等，也可以是复杂的事件和情境，如获得名誉、地位等；诱因还可分为积极的和消极的，有吸引力的刺激物称为积极诱因，个体回避的刺激物（如痛苦、贫困、失败）称为消极诱因。诱因理论是一种强调外界诱因在行为激发中的作用的理论，它注重行为的外在诱因的牵引作用。如果说驱力理论关注的是行为的内在推力，那么诱因理论则关注外部刺激、奖赏、目标等对行为的拉力作用。

在教育中，可以通过设置各种各样的学习目标作为诱因来引起学生的学习动机。

（三）强化动机理论

强化动机理论是由联结主义心理学家提出来的，他们用强化来解释动机的引发。按照他们的 S-R 观点，人的某种学习行为倾向完全取决于某种学习行为与刺激物之间因强化而建立的稳定联系，动机被看作是由外部刺激引起的一种对行为的推动力量，并用强化来解释动机的引起和作用。强化理论起源于桑代克提出的效果律。效果律表明，如果一个动作或行为伴随情境中一个满意的结果即奖励，类似情境中该动作重复的可能性增加；反之，如果伴随一个不满意的结果即惩罚，这个动作或行为重复的可能性将减少。斯金纳（B. Skinner）通过系统的实验操作证实了行为之后给予的正强化对后继行为具有增强作用，认为强化是形成和巩固学习的重要条件。

一般来说，正强化和负强化都具有增强学习动机的作用，如适当的表扬、奖励、评分、竞赛等正强化能激发和维持学生的学习动机；学习进步时减少家庭作业量、在校认真学习取消处分等负强化措施同样也可以起到激发和维持学习动机的作用。但是，需要注意的是，得到令人失望的考试分数、受到批评、惩罚、嘲笑等会使学生产生回避学习的动机，所以教育中要慎用。另外在运用强化去激发学生的学习动机时，一定要注意使学生准确认识到教师要强化的行为，否则，所运用的强化就达不到预期的效果。

强化动机理论对学校教育有着广泛的影响。在教育教学实践中,尤其要重视对“后进生”的强化,教师应对“后进生”给予持续的关注、鼓励和支持,强化他们正确的行为,从而取得比较好的效果。

强化动机理论把行为的原因归结为外部刺激和外部强化的作用,过分强调引起行为的外部力量,忽视甚至否定了人的学习行为的自觉性和主动性,因此,这一理论具有很大的局限性。

## 三、人本主义的动机理论

### (一)需要层次理论

人作为一个生物实体和社会成员,必然离不开对许多事物的要求,如食物、衣服、睡眠、学习、娱乐、工作、交往等等。这些要求反映到个体头脑中,就形成了需要。需要是机体在生活中感到有某种缺乏而力求满足的一种内在状态。它是有机体的内部环境和外部生活条件的要求在人脑中的反映,它常常在主观上以一种缺乏感被人感受着、体验着。

动机总是和需要相连,需要是人活动的内部动力,是积极性的源泉。需要层次理论人本主义心理学家马斯洛(A. Maslow)认为,要揭示动机的本质,必须关注人的需要。他把需要区分为一些基本的层次,对这些需要层次进行研究,从整体上把握动机的实质。他提出的需要层次理论认为,人类的需要是相互联系、相互依赖和彼此重叠的。它们排列成一个由低到高逐级上升的层次。马斯洛先后提出了七种需要,从低到高分别是(如图 5-2):生理需要、安全需要、归属与爱的需要、尊重的需要、认知需要、审美需要和自我实现的需要。马斯洛还将七层次需要分为两大类,前四个层次为基本需要,后三个层次为高级需要。基本需要都是由于生理或心理上的缺失而导致,因此又称为缺失性需要。基本需要或缺失需要一旦获得满足,其需要强度就会降低。高级需要又称为成长需要,成长需要的需求强度因获得满足而增强,也就是说在成长需求之下,个体所追求的目标是无限的,成长需要永远也得不到满足。实际上,求知和理解世界的需要满足得越多,人们学习的动机越强。

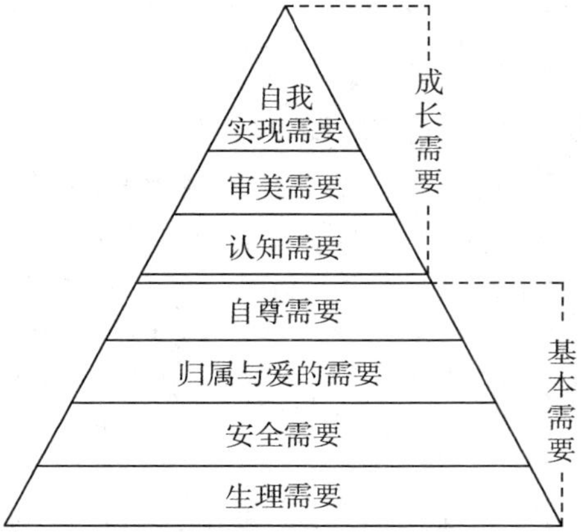


**图 5-2 人类需要的层次**

马斯洛认为，只有低级需要基本获得满足以后，才会出现高一级需要。他还认为，优势需要支配一个人的意识，并组织有机体的能量朝向需求的满足。层次较高的需要发展以后，层次较低的需要依然存在，但对行为的影响减弱了。

人的各层次需要都与学习有一定的关系。生理需要和安全需要虽然并不直接推动学习，但它们是保证学生进行有效学习的前提条件，如休息不好的学生上课注意力就难以集中。这两种需求得不到满足，不仅无法进行学习，而且会导致学生出现身心疾病。归属与爱的需要是学生交往的动力，在学校环境中，师生交往、同伴交往既是学习的条件，也是学习的内容。尊重的需要是推动学生学习的重要动力，学生努力学习获得他人的尊重，从而产生自信，感受到自己的能力和价值，这一需要得不到满足，则会产生自卑感，觉得自己无能，失去上进心。求知的需要就是学习动机，求美的需要在很大成分上也是学习动机，推动人去求真、求善、求美。自我实现的需要推动人发挥自己的潜能，是学校应该加以培养的。基于需要层次理论，家长和教师应该满足学生的缺失性需要，注重为学生创设良好的成长环境；老师在学校中应该民主、公正、理解、爱护、尊重学生，关心学生的生活和情绪。这些缺失性需要得到了满足，学生会寻求满足成长性的自我实现需要。

需要层次理论迄今为止是心理学界备受推崇的动机理论，其积极意义主要表现在如下几方面：首先，该理论是一个有严格组织的层次系统，比较客观、准确地揭示了人类需要产生的客观规律；其次，该理论注重社会正常人的基本需要，具有广泛的普遍性，因此在各行各业中得到广泛的应用。

当然，该理论也存在一定的缺陷：第一，马斯洛脱离社会现实生活实践和人类社会的发展历史去看待人性，将人的社会性需要也看成是与生俱来的潜能，将人类的一切需要都看成是由潜能决定的，因此降低了社会生活环境在人的需要发生发展中的重要作用；第二，马斯洛强调低级需要向高级需要发展，但没有充分认识到高级需要对低级需要的调节作用；第三，马斯洛是一个人本主义者，他的许多概念是从抽象的人性论出发的，而未能顾及这些概念的现实社会内容。

### （二）自我决定理论

自我决定理论是由德西和瑞安在20世纪80年代提出的动机过程理论。该理论关注人类的行为在多大程度上是自愿的和自我决定的。该理论认为人是积极的有机体，具有与生俱来的心理成长和发展的动力，人类有机体一直在争取自主性、自我决定感与归属感。在与这个世界相互作用时，每个人都需要感到自己是有能力的、有选择的，对自己的生活有控制感，并且有归属感，是某个群体中的一员。

自我决定理论的核心是自主需要。人们在体验到成就或效能的同时，还必须感觉到行为是由自我决定的，是自己的意愿而不是外界的奖励或压力决定了我们的行为。在教育中只有由学生自我决定的学习和自主性的学习才能够激发学生的兴趣，才对其内在动机有促进作用。相反，那种控制性的教学虽然可以提高死记硬背的任务的成绩，但学生会感到他们是在被强迫做某件事情，这反而会削弱其内在动机。

自我决定理论包含着四个分支理论，即认知评价理论、有机整合理论、因果定向理论和基本心理需要理论。

认知评价理论主要探讨了内在动机的影响因素。根据该理论，所有的事件都有控制和信息两个方面。当一个事件是高控制性的，也就是它强迫学生必须以某种方式行动时，学生体验到较少的自我控制感，从而削弱内部动机；如果该事件是信息性的事件，它提供给学生信息以增加其胜任感，其内在动机就会增强。例如，老师在表扬学生时说："你之所以得A，是因为你听老师的话，按老师的指导去做了。"这种高控制性的语言暗示的是，成功归因于老师。这样就破坏了学生的自我决定感和内部动机。

有机整合理论主要探讨了外在动机的类型和促进外在动机内化的条件。有机整合理论将动机划分为内在动机、内化动机和外在动机。内化动机是指由外在因素激发的个体对学习活动意义的内在认同和追求，是学习的主导动力。自我决定行为源自自我高度整合的动机，包括内在动机以及高度内化的外在动机。该理论强调学习动机激发的重点在于外在动机的内化。同时，自我决定理论认为，个体动机由外到内经历了外在动机、内摄动机、认同动机和内在动机这一系列连续的发展过程。在教学中，教师应努力促进学生的外在动机的内化过程，将学习与个体的自我加以整合，达成将学习作为人生信仰的终极目标，这一过程可以通过自主支持、能力支持、关系支持加以实现。

因果定向理论认为，个体具有对有利于自我决定的环境进行定向发展的倾向。德西认为个体身上存在着三种水平的因果定向，即自主定向、控制定向和非个人定向。不同因果定向水平的人具有不同的人格特点，高自主定向的个体富有创新精神，勇于承担责任，善于寻求有趣的和有挑战性的活动；高控制定向的个体注重财富、荣誉和其他一些外界的因素；非个人定向的个体认为满意的结果是运气的产物，自己无法控制，所以他们从来不进行规划，并且墨守成规，随波逐流。

基本心理需要理论解释了基本心理需要的含义以及心理需要和主观幸福感的关系。自我决定理论认为，每个个体身上都存在着一种发展的需要，这就是人类最基本的心理需要：自主需要、能力需要和归属需要。自我决定理论中动机内化和基本心理需要的关系尤为密切，其核心为动机内化的程度是基本心理需要得到满足的函数。基本心理需要的理论观点已经成为自我决定理论许多重要假设建立的基础。

## 四、认知主义的动机理论

### （一）成就动机理论

成就动机来自人的成就需要。成就需要是指人们克服障碍、完成艰巨任务、达到较高目标的需要。成就需要的强度因人而异，它影响着人们追求成就的倾向和对自己工作成绩的评价。默里（H. Murray）将成就需要定义为克服障碍、施展才能、力求尽快尽好地解决某一难题的需要。麦克里兰（D. McClelland）和阿特金森（W. Atkinson）接受了默里的思想，并将其发展为成就动机。成就动机是人们在完成任务时力求获得成功的内部动因，即一个人对自己认为重要的、有价值的事情愿意去做，并努力达到完美的一种内在推动力量。在此，本部分主要介绍阿特金森和奥苏伯尔的成就动机理论。

1. 阿特金森的成就动机理论

阿特金森认为个体成就动机的强度（用 T 来表示）由三个因素共同决定：一是成就需要，即个体稳定地追求成就的倾向，它是人在生活中所形成的稳定的人格特性（用 M 来表示）；二是对成功的期待，即人对某一任务是否能够成功的概率的认知，表现为认知到的成功可能性（用 P 来表示）；三是成功的诱因值，即成功带来的价值和满足感（用 I 来表示）。一般而言，成功可能性越小，成功后带来的满意感就越强。所以，对成功的期待和成功的诱因值之间具有互补的关系，即 $I=1-P$，这说明成功完成一个困难的任务后所体验到的满足感比成功完成一个容易的任务后体验到的满足感更强烈。

然而，人在追求成就时有两种倾向，一种是不畏困难、必达目标地追求成功的倾向，即追求成功的动机；另一种是害怕失败、避免屈辱的回避失败的倾向，即避免失败的动机。

追求成功的动机可以用下式表示，即 $T_s = M_{s(成就需要)} \times P_{s(成功可能性)} \times I_{s(成功诱因)}$；避免失败的动机公式为 $T_f = M_{f(避免失败)} \times P_{f(失败可能性)} \times I_{f(消极诱因)}$。其中成功的可能性与失败的可能性相加为 1，即 $P_f = 1 - P_s$。阿特金森认为，一个人追求成功的动机倾向 $T_s$ 和回避失败的倾向 $T_f$ 同时存在，要预测个体的行为，必须把这两种相反的动机同时考虑在内。一个人面临一个任务时最终是趋向还是回避，要取决于 $T_s$ 和 $T_f$ 的强度，用公式表示为：

$$T = T_s - T_f = (M_s \times P_s \times I_s) - (M_f \times P_f \times I_f) = (M_s - M_f)[P_s \times (1 - P_s)]$$

从这个公式可以看出，当 $M_s > M_f$ 时，T 是正值，这类人的成就动机就高，表现为趋向成就活动，而且当 $P_s = 0.5$ 时，成就动机最高。当 $M_f > M_s$ 时，T 是负值，这类人的成就动机就低，表现为逃避或抑制参与成就活动。当 $P_s = 1$ 或 $P_s = 0$ 时，成就动机最低。

阿特金森认为，对于高成就动机的人（$M_s > M_f$）来说，他们更爱选择中等难度的任务，这样的任务有挑战性，有助于他们通过各种活动努力提高自尊心和获得心理上的满足；而对于低成就动机的人（$M_f > M_s$）来说，他们要么选择他们确信能成功的任务，要么选择他们认为肯定要失败的任务，这样即使失败，也可为自己找到合适的借口，以防止自尊心受伤害或产生心理烦恼。

2. 奥苏伯尔的成就动机理论

在麦克里兰、阿特金森成就动机研究的基础上，奥苏伯尔提出了自己的成就动机观点。奥苏伯尔指出，一切称之为学校情境中的成就动机，至少包括三方面的内驱力，即认知内驱力、自我提高内驱力、附属内驱力。他认为，学生众多的学习行为都可以用这三方面的内驱力来加以解释，这三方面通常被称为成就动机的三个组成部分。

（1）认知内驱力

认知内驱力是寻求了解与理解知识、阐述与解决问题的需要。在学习活动中，学生具有认识和理解周围环境的需要，这种需要驱使个体独立地思考有一定难度的任务，乐于从事智力活动，并试图合理地解决问题。这种以求知作为目标的内在驱动力量就是认知内驱力。认知内驱力多半是从好奇的倾向如探究、操作、领会以及应对环境有关的心理特性中派生出来的。当个体遇到新异的刺激时，会表现出注意、疑惑、求知，继而引起探究和操作行为等。而这些又大都与人的遗传素质有关，因而认知内驱力有一定的先天成分。

然而，作为认知驱力起源的好奇与探究倾向，最初只具有潜在的而非真实的动机性质，既没有明确的目的，也无特定的内容和方向。要使这种潜在的动机成为真正能起作用的行为动机力量，必须通过实践活动。个体在活动中，通过多次获得成功，才能确定学习的目的和方向，并产生进一步获得满足的愿望。也就是说，认知内驱力虽然具有先天的成分，但是在很大程度上又是学习来的。学生对于某学科的认知内驱力主要是后天形成的，适当的教育环境、成功的学习经验可以提高学生的认知内驱力。因此，认知内驱力与学习之间是相互作用、相互影响的。认知内驱力对学习具有推动作用，学习成功的经验又会增强认知内驱力。认知内驱力可能会成为学生学习中最稳定、最重要的动机因素。由于这种动机作用完全指向于学习任务本身，并且这种认知需要的满足也完全由学习任务本身提供，因而认知内驱力是一种内部动机。

（2）自我提高内驱力

自我提高内驱力指的是个体因自己的胜任能力或工作能力赢得相应地位的需要。学生自我提高内驱力不仅指向于学业成就与名望的获得，同时也指向于未来的学术与职业目标。自我提高内驱力与认知内驱力不同，不是直接指向学习任务和学习目标，而是指向在集体和他人心目中赢得怎样的地位。一个人所赢得地位的高低是与他的成就和能力水平相对应的。成就的大小决定着所赢得地位的高低，进而也决定着人们的自尊心。显然，自我提高内驱力属于外部动机。

奥苏伯尔指出，内部动机对学习的推动作用有一定的稳定性和持久性，在课堂学习中具有重要的作用。但是，外部动机在学习中也是不可缺少的。在学生的学业活动和职业生涯中，自我提高内驱力在其成就动机构成中常常占有很大的比重。学生不可能始终保持认知内驱力，专注于知识的掌握。在有些情况下，自我提高内驱力可以促使学生努力学习，以求得相应的地位和自尊，并以此为未来的职业和生活做好准备。因此，对于学生来说，除了要激发其内部的学习动机外，也可以适当地采用表扬、名次、分数等诱因激起他们的自我提高内驱力，以促使学生为获得优异的成绩而做出努力。但是过分强调自我提高内驱力的作用也不恰当，它可能导致过高的抱负水平，也可能会导致功利主义的倾向。

（3）附属内驱力

附属内驱力是成就动机的第三个组成成分，它指的是学生为了保持教师、家长和同伴的赞许或认可表现出来的一种努力学习的需要。这种需要既不指向学习任务和学习目标，也不指向自我地位的提高，而是对教师、家长和同伴在感情上的依附，它之所以能促使学生努力求得学业成就，是因为成就被看作是从教师、家长和同伴们那里赢得赞许或认可的手段。教师、家长是学生追随和仿效的对象，得到他们的赞许或认可就可获得一种派生的地位，显示出自己在所属集体中处于优越的地位，还意味着与这些人之间保持着亲密的情感关系。为了保持这种关系，学生会有意识地使自己的行为符合教师、家长或同伴的要求和期望，以便获得与保持他们的赞许、认可。显然，这也是一种外部动机。

奥苏伯尔认为，学生的成就动机中所表现出来的认知内驱力、自我提高内驱力和附属内驱力在其学习活动中的作用不是固定的，各部分的比重随着年龄、性别、个人在群体中的地位等因素的不同而变化。认知内驱力的作用随年龄增长而提高；附属内驱力在童年早期是比较突出的，在童年后期和青春早期减弱；自我提高内驱力随着年龄增长而增加。

作为教育者还需明白，不能想当然地认为某一诱因对学生都具有动机价值，因为诱因的动机价值还受许多因素影响。下面来看几个情境：

假如一小时能完成一件很轻松的工作，可以得到 60 元的报酬。对大多数人而言，这是一个非常有效的强化物。现在，请你考虑下面四种情况。

情境一：王先生答应付给你 80 元，让你给他的花园除草。你可能觉得，对于这项工作而言，80 元绰绰有余。所以，你倾其全力完成了此事。可是，当你干完时，王先生说："我认为你干的活不值 80 元，给你 60 元吧！"

情境二：王先生答应付给你 50 元，让你给他的花园除草。你可能觉得，对于这项工作而言，50 元不算少。所以，你倾其全力完成了此事。可是，当你干完时，王先生十分赏识你出色的工作，给了你 60 元。

情境三：你和一位美女在一个晚会相识，彼此互有好感。晚会结束时，你们俩在月光下漫步许久。当走到她家时，她拿出 60 元对你说："谢谢你陪我走了一个小时，这是 60 元，希望你能接受。"

情境四：你最敬重的老师给你 60 元，希望你能在周末给他女儿补习英语。如果你答应了，你将错过观看一部期望已久的芭蕾舞剧。

（二）自我效能感理论

自我效能感是指人对自己是否能顺利地进行某项活动并取得成功的主观判断。班杜拉（A. Bandura）指出，人的行为受行为的结果因素与先行因素的影响。行为的结果因素就是人在认知到行为与强化之间的依随关系之后产生的对下一步强化的期待。他将期待区分为"结果期待"和"效能期待"两种。

结果期待是人对自己的某一行为会导致某一结果的推测，如果人预测到某一特定的行为会导致某种特定的结果，那么，这一行为就可能被激活和被选择。例如儿童感到上课认真听讲就会获得他所期望的好成绩，他就有可能认真听课。效能期待是指人对自己能够顺利进行某一行为的能力的推测和判断，即人对自己行为能力的推测。它意味着人是否确信自己能够成功地进行带来某一结果的行为。当人确信自己有能力进行某一活动时，就会产生高度的自我效能感，并会去进行那种活动。如学生只有认为自己能听懂老师的课时才会认真听课。

1. 自我效能感的影响因素

(1) 个人自身行为的成败体验

这是个人的亲身体验,对自我效能感影响最大。一般来说成功经验会提高效能期望,反复的失败会降低效能期望。但也并非绝对如此,成功经验是否影响人的效能感还受个人归因方式的影响。如果将成功归于外部的、不稳定的因素,将失败归于内部的、稳定的、不可控的因素,就不会增强自我效能感。因此归因方式直接影响自我效能感的形成。

(2) 替代经验

替代经验是学习者通过观察示范者的行为而获得的间接经验。人的许多效能期望来源于观察他人的替代经验,其关键是观察者与榜样的一致性。当一个人看到与自己水平差不多的示范者取得了成功,就会增强自我效能感,认为自己也能完成同样的任务;看到与自己能力不相上下的示范者遇到了失败,就会降低自我效能感,认为自己也不会有取得成功的希望。

(3) 言语说服

这是凭借说服性的建议、劝告、解释和自我引导,来改变人们自我效能感的一种方法。由于应用简单而成为一种常用的方法。然而依靠这种方法形成的自我效能感不易持久,一旦面临困难或难于处理的情景时,就迅速消失。研究表明,言语说服的作用是脆弱的。人们对说服者的意见是否接受,通常取决于说服者的身份和可信度。此外,言语说服与个人的直接经验不一致也不大可能产生说服效果。

(4) 情绪唤醒

正面的情绪可以增强自我效能感,负面的情绪会减弱自我效能感。

2. 提高自我效能感的策略

(1) 让学生更多地体验到成功

行为的成败经验,对效能感的影响是最大的。不断成功会使人建立起稳定的自我效能感,这种效能感会泛化到类似情境中去,而且不会因一时的挫折而降低。因此,教师在学校中要让学生产生更多的成功体验,要善于给学生提供难度适中的学习任务和要求。如果学习任务过难,学习要求过高,学生容易感受失败;但学习任务和要求过低,即便取得了成功,学生也不会增强自我效能感。学生对行为成败的归因方式,也会影响自我效能感,教师应注意引导学生进行积极的归因,即把成功与努力和能力相联系,将失败与努力不足相联系,从而增强学生的自我效能感。

(2) 为学生提供适当的榜样

学生通过观察榜样示范的行为获得的间接经验会影响自我效能感。教师在提供榜样时,一是要给学生提供信息,二是要给学生提供比较标准。因此,教师要注意给学生提供不同层次的榜样,使不同层次的学生都能找到适合自己的榜样,增强自我效能感。特别需要注意的是,不要给学生提供过高的榜样,这种榜样对大多数学生都不具备学习的可行性,反而会降低学生的自我效能感。

(3) 恰当地运用外部强化

不论是直接强化,还是间接强化,恰当地使用都能够促进学生对自身能力的认知,增强自我效能感。教师要对学生提出适当的目标,推动学生向难度适中的学习任务挑战,努力学习并掌握新的知识和技能,直到取得成功,从而产生自我效能感。对于学生的进步,教师要及时给以强化,这样有利于使学生学会判断自己能力的提高,增强自我效能感。

(4) 使学生学会自我强化

自我强化是人根据自己设立的标准来评价自己的行为时,以自己能支配的强化去增强和维持自己达到标准的行为。当人达到了自己的标准时会感到自己有能力,产生或增强自我效能感。因此,自我强化的前提是获得行为的标准和目标,自我强化的过程是根据行为标准对自己的行为进行评价,而自我强化的心理实质是自我效能感的变化。

### (三) 归因理论

在教学中,可以听到学生对自己的分数持有多样化的认识:

“你考得怎么样,小亮?”小康问道。

“很糟糕,”小亮感到很难为情,“我不是做这个的料。我从来都不擅长写老师所要求写的这种东西。我根本学不好。”

“我这次也没有考好,”小康回答道,“不过我早料到这次会考不好,因为我这段时间学习太不用功了,我就知道我这次会有麻烦了。不过我可不想这样的事情再次发生。”

“简直难以置信!”小容抱怨说,“真见鬼了,我居然只得了 B。她到底有没有认真读我写的东西啊!”

学生对自己学习成绩的解释,体现的是一种归因的过程。归因是人们对自己或他人活动及其结果的原因所做出的解释和评价。在学习和工作当中,人们总是对成败做出解释,即寻找成功和失败的原因。个体怎样解释其先前的成功与失败决定了他下一次对任务的选择、持续努力的时间、热情程度如何等等。也就是说,归因是动机的决定因素。比如,一个人将他之前的成功归因为自己的能力超群,则更可能在将来接受富有挑战性的工作,因为他相信自己并预期会再一次成功;而那些将自己成功归因为运气好的人则不会这么自信。

韦纳(B. Weiner)指出对于成功和失败人们总是寻找多方面的原因,这些原因有能力、努力、运气、任务难度、身心状态、外部环境等,这些原因可以划分为以下三个维度:控制源、稳定性和可控性。从控制源这一维度来看,成败的原因可分为内部原因和外部原因。内部原因是存在于行为者本身的因素,如努力、能力、兴趣、态度、性格等等;外部原因是指行为者周围环境中的因素,如任务的难度、外部的奖赏与惩罚、运气等等。根据稳定性维度,行为的原因可分成稳定的原因和不稳定的原因。稳定的原因是导致成功和失败的诸因素中那些稳定地发挥作用的因素,如能力、任务难度等;不稳定的原因是导致成功和失败的诸因素中那些容易变动的因素,如运气等。根据可控性这一维度,行为的原因有可控的和不可控的,可控的原因有努力,像能力、运气等都是不可控的。韦纳的"三维度六因素"归因模型如表 5-1。

**表 5-1 韦纳的"三维度六因素"归因模型**

| 维度<br>因素 | 控制源 | | 稳定性 | | 可控性 | |
|---|---|---|---|---|---|---|
| | 内部 | 外部 | 稳定 | 不稳定 | 可控 | 不可控 |
| 能力 | √ | | √ | | | √ |
| 努力 | √ | | | √ | √ | |
| 任务难度 | | √ | √ | | | √ |
| 运气 | | √ | | √ | | √ |
| 身心状态 | √ | | | √ | | √ |
| 外部环境 | | √ | | √ | | √ |

人们往往把自己的成功与失败归结为上述原因中的一个或几个,归结为不同的原因会带来相应的心理变化,表现为对下一次成就结果的期待与情感的变化,进而影响以后的成就行为。而如果一个人总是把失败归因于内部的、稳定的和不可控的因素(能力低),则会形成习得性无助。

### 习得性无助

"习得性无助感"这个概念来源于心理学家塞利格曼(M. Seligman)和梅尔(S. Maier)用狗做的一项经典实验。实验中把狗放进一个无法逃脱的笼子,给狗施加电击,电击的强度能够引起狗的痛苦,但不会伤害狗的身体。结果,这只狗在一开始被电击时,拼命挣扎,想逃脱这个笼子,但经过再三的努力,仍然发觉无法逃脱后,挣扎的程度逐渐降低了,最后根本不再挣扎。随后,把这只狗和另外一只没有接受过电击的狗放进另一只笼子,这个笼子由两部分构成,中间用隔板隔开,隔板的高度是狗可以轻易跳过去的。隔板的一边有电击,另一边没有电击。当把经过前面实验的狗放进这个笼子时,它只在头半分钟表现出惊恐。之后一直卧倒在地接受电击而没有试图逃脱。没有经过前面第一个程序实验的狗则轻而易举地从有电击的一边跳到安全的另一边,逃脱了电击之苦。心理学家们把这种在受到多次挫折之后产生的应对情境的无能为力感叫作习得性无助感或习得性绝望感。

资料来源:Seligman, Maier,1967。

首先,归因会使人出现情感反应。如果把成就行为归因为内部原因,在成功时会感到满意和自尊,失败时会感到内疚和羞愧。但如果把成就行为归因于外部原因,不论成功还是失败都不会出现太突然的情感反应。人们在研究中发现,成就动机水平高的人在面对失败时往往归因于努力不足,即使失败也不灰心,相信努力和结果之间有密切联系,不会产生无力感,表现出积极的行为。成就动机水平低的人在失败时往往把原因归于能力不足,容易灰心丧气,认为努力也不能带来相应的结果,容易产生习得性无助感。

其次,归因将导致人们对下一次成就行为的期待。如果把成就行为归结为努力或运气这些稳定性不强的原因,那么人们会预期下一次行为结果与上一次结果可能不一致。例如,如果认为这次成功是努力的结果,那么人们预期下一次可能成功也可能不成功,因为努力是不稳定的因素,成功与否取决于下一次是否努力。但是,如果把成就行为归结为能力或任务的难度这些稳定性较强的原因,那么对下一次行为结果的期待往往与上一次结果是一致的。例如,把失败的原因看成是自己能力差,那么人就会担心下一次还会失败,因为能力是比较稳定的,很难在短时间内得到改变。也就是说,原因的稳定性影响成败期待的继续,这也就是归因的期望原理。

归因理论的一个特色还在于,重视努力在成就中的积极作用。这一方面建议教师应该基于学生是否努力进行奖励和惩罚,而不是根据学生成功与否。另一方面教师要尽量地引导学生对成败做努力的归因,这也就是归因训练。归因训练的目的不在于寻找成败的真正的、逻辑上的原因,而在于激发学生的学习动机。

归因训练的基本步骤如下：

1. 了解学生的归因倾向。可以通过观察、谈话或问卷测验来进行。

2. 让学生进行某种活动，并取得成败体验。可让学生通过数学练习、单元考试、回答问题等取得成功与失败的体验。

3. 让学生对自己的成败进行归因。可以让学生在能力、努力、任务难度、运气中选择其成败的原因。

4. 引导学生进行积极的归因。当学生将成功归因于自己的努力和能力，将失败归因于努力不够时，教师要给予积极强化；若学生将成功归因于外部因素，将失败归因于缺乏能力或外部因素时，教师要对学生进行归因指导，告诉学生成功是你努力的结果，而失败则是你努力不够。

很多研究表明，通过归因训练可以使学生学会积极的归因，提高他们的学习积极性。当然，也要注意因人而异，对不适合做努力归因的学生，也要防止因过度努力归因而带来的负面影响。找到成败真正的原因还是非常必要的。

#### （四）成就目标理论

成就目标指个体从事成就活动所要达到的目的。20 世纪 80 年代初，德维克（C. Dweck）等在社会认知框架的最新研究成果基础上，综合以前成就动机的研究成果，提出了较为完善的成就目标理论。

德维克认为，人们对能力持有不同的内隐观念。一种是能力实体观，持这种观点的人认为能力是一种稳定的、不可改变的特质。根据这一观点，有些人会比另一些人更加聪明，但是每个人的能力都是固定的。另一种是能力增长观，认为能力是不稳定的，是可以提高的，是可以随着知识的学习、技能的培养而加强的。

持有能力实体观的学生倾向于建立成绩目标，他们会选择难度较低的工作，比如不需要花费太多精力而且成功可能性很大的工作，以最好的成绩表现他们聪明的一面，从而避免被别人看不起。具有成绩目标的学生更关心能否向其他人证明自己的能力，通俗地说，就是做给别人看，所以也被称作是自我卷入的学习者，因为他们关注的是自己。持有能力实体观的老师则更倾向对学生贴标签，而且即使他们遇到和他们观念不符的事实时也很难改变他们原本对学生的成见。因此，教师在教学中可以恰当给予针对过程的反馈，如“你已经很努力了”或“你用这种方法暂时没解答问题，试试其他方法”等可促进学生的能力发展。

相反，持有能力增长观的学生，他们更多设置掌握目标，并寻求那些能真正锻炼自己的能力、提高自己的技能的任务。认为进步才意味着能力的提高；失败并不可怕，不过是走向成功的必经之路，它只是说明自己还需要更多的努力，自己的能力并没有受到威胁。所以，他们选择有挑战性的任务。持有掌握目标的学生其学习是为了个人的成长，又被称为任务卷入的学习者，因为他们关心能否掌握任务，而不是和他人相比，不去关心自己的表现是否出众。这类学习者会更多地寻求帮助，使用较高水平的认知策略，运用更高效的学习方法。

德维克和莱格特(E. Leggett)探讨了两种成就目标与认知、情感和行为的关系。一般来说，掌握目标产生适应性的认知、情感和行为模式，掌握目标定向的个体具有以下特征：能够运用深加工策略和自我调节策略；对成败进行努力和策略归因；面对失败，焦虑程度适中；面对困难具有高坚持性，愿意选择挑战性任务；具有创造性，内部动机高；适当地寻求帮助。而成绩目标引起非适应性的认知、情感和行为模式，成绩目标定向的个体采用浅加工策略；对成败进行能力归因；面对失败易产生高焦虑；不敢面对挑战性任务，对困难坚持性低。

在两分法基础上，艾略特(A. Elliot)及其同事把接近-回避的倾向结合以往的分类研究，将成绩目标分为：成绩-接近目标、成绩-回避目标。成绩-接近目标关注于表现得比他人更好或更聪明，指向于得到对能力的积极判断；成绩-回避目标关注于不比别人更差或更蠢笨，指向于回避对能力的消极判断。平崔克(P. Pintrich)又将掌握目标分为掌握接近与掌握回避两种。掌握接近目标的个体关注的是掌握任务，以及学习和理解，根据自己的进步和对任务的理解深度来评价自身的表现。掌握回避目标的个体关注的是如何避免不理解和没有掌握任务的情况，判断成功的标准是在自我比较的基础上准确无误地完成任务。至此，成就目标共有四种类型。

对成就目标研究的重要意义在于，教师应该强调学习内容的价值和意义，使学生相信学习不是为了分数，应该淡化分数和其他奖励。例如，老师可以说："今天我们学习分数的性质，因为我们在日常生活中常常遇到将一个东西平分的问题。"而不要说："我们今天要学习分数的性质，请同学们注意听，因为明天要就此进行测验。"

#### （五）自我价值理论

自我价值指个体对自身重要性的主观感受，反映一个人对自己的接受程度。卡文顿(M. Covington)认为，自我接受的需要是人的第一需要，自我接受的前提是肯定自我价值。在学校里，当个人获得好的分数与等级时，就能够增强其个人优越感，维护其积极的正面的自我形象，提升自我价值。但是，现实生活中不是每个人都能够成功，总有一些人会失败，失败就会带来一些负面的情绪，影响一个人对自己价值的认识。

自我价值理论还清晰地论述了学生是如何采取措施来维护自己的自我价值以及他们在能力和努力这两个影响学业成就的重要因素上又是如何归因的。自我价值理论认为学生常常把自我价值与能力相等同，感到自己具有过人的能力是最重要的优势，有的时候重过一切，甚至超过了取得好的成绩。如大学生将有才华、有思想看作是学术成就的重要指标，远远重要于考试成绩。可以说能力就意味着价值，甚至独立于具体的成功。所以有些学生采取根本不努力的手段，为自己的失败找到借口而不至于使别人认为自己无能。在自我价值理论中努力变成了一把双刃剑，一方面刻苦努力会得到老师的嘉奖，但另一方面，刻苦努力的评价是被学生本身所忌讳的，因为那隐藏的潜台词可能是“他无能，所以用努力来弥补”。

从自我价值理论角度分析，课堂中学习动机的激发远远复杂于鼓励孩子刻苦努力，因为努力和能力之间存在一定的冲突。因此，在充满竞争的学校环境中，学习的动力主要源于为增强和保护有关能力的自我概念所进行的努力。

在阿特金森的基础上，卡文顿的自我价值理论将动机类型划分为四种，见图5-3。自我价值理论认为追求成功和避免失败是两个独立的维度，个体追求成功的动机较高，但并不影响其在避免失败上所处的位置。

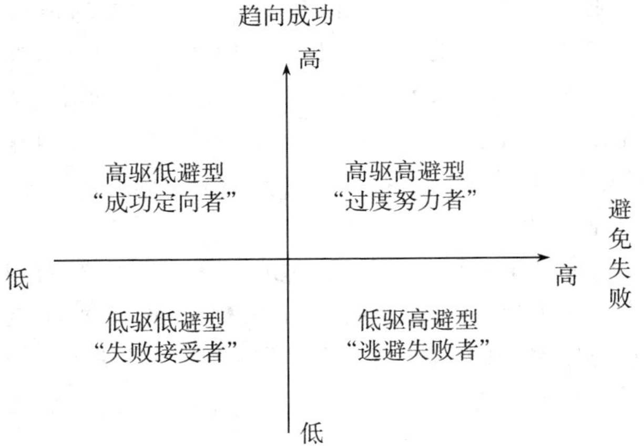


**图 5-3　学生的四种动机类型**

1. 高驱低避型

又称为“成功定向者”。这种动机类型的学生拥有无穷的好奇心，表现得自信、机智，对学习有极高的自我卷入水平。他们通过不断地刻苦努力发展自我，通常这些学生的学习超越了对能力状况和失败状况的考虑，对他们而言，学习本身具有价值，学习本身就是一种奖励。他们超脱于教学环境，学习行为根本不用依赖于外界的刺激，可适应任何一种教学条件。但这种学生较为少见。

2. 低驱高避型

又称为“逃避失败者”。对于这类学生，逃避失败要比对成功的期望重要。他们表面看来没有学习的动机，但其实他们有强烈的失败恐惧感。面对没有把握成功的任务时，他们的这种恐惧会十分强烈，而必须采取逃避的手段。但是他们可能不会真的放弃参加任务或者辍学，更多的是在心理上采用防御措施，比如尽量降低该任务的重要性等等。他们怀疑自己的能力，害怕被指责为没有能力的人，感受着高度的焦虑和紧张。所以这类学生花费许多不必要的时间寻求焦虑的解脱，如幻想（我希望考试取消）、减少重要性（这个课程没有我想象的那么重要）、积极地寻求理由开脱自己的责任（如果我有一个好老师，我会学得更好）。有时候，这类学生会觉得自己的好成绩并不代表自己的能力，觉得自己有一天注定会失败。他们对学校和生活感到持续的厌烦和无聊，大部分时间里表现得无精打采，懒洋洋。但是他们并不一定存在学习问题，他们的成绩可以是很好的，但是对课程的兴趣却不高。

3．高驱高避型

又称为“过度努力者”。具有这种动机形式的人同时受到成功的诱惑和失败的恐惧，他们对一项任务怀有既追求又排斥的冲突情绪，他们兼具了成功定向者和避免失败者的特点。对他们而言，焦虑引起并加强了对学习的注意，他们的根本目的是防御。他们采取的方式是用取得成功来避免失败。这类学生通常学习努力、聪明能干，对于大部分没有挑战性的作业和功课，他们会自己提出更高的要求和目标，以赢得老师额外的奖励。表面来看他们很好，但事实上他们受着紧张、冲突的严重困扰。

4．低驱低避型

又称为“失败接受者”。他们没有对成功自豪的期望，也没有对羞耻感的恐惧。他们内心很少有冲突，同时学习的机会和时间也非常有限。他们放弃了通过能力的获得来保持其身份地位的努力。这些学生在面临学业挑战时表现出退缩，对成就漠不关心，这种不关心意味着放弃，这样也就防止了对自己无能的评价。

在应试教育的指挥棒下，所有的考试与评价都是一种相对的评价，即一种与别人相互比较的评价。在这种情况下，成功也往往只属于少数人，失败则属于大多数人。面对一次次的失败、一次次的对能力的打击，学生们只能通过不努力或者采取一些消极的措施来维护自己的价值和自尊。因此评价时要以学生自身的提高为标准，而不是与其他同学进行比较。只要学生相对于自己来讲是有进步的，就应该得到鼓励和表扬，这样一方面使学生感受到了自己的进步，一方面也维护了他们的自我价值。

## 第三节　学习动机的培养与激发

小浩是小学四年级学生，智力正常，一、二年级成绩还可以，属中等水平，但三年级后成绩开始下滑，四年级更明显。他上课不认真听，作业也是应付老师和父母。每次试卷和作业发下来，看都不看就塞进书包。老师批评他，他也无所谓。小浩爱看电视，爱玩电脑游戏，每天匆匆忙忙做完作业就去看电视和玩游戏。父母均为某企业职工，文化程度不高，因此对孩子读书期望较高，一直对孩子的成绩不满意。

学习动机是学习的动力，是学生在学习活动中的一种自觉能动的、积极的心理状态。学生的学习动机不仅直接影响其学业成绩，而且对学生的学习态度、努力程度、对任务的坚持性等都具有重要的影响。如何激发与培养学生的学习动机是理论工作者和一线教师所关注的。

### 一、内部学习动机的培养与激发

#### （一）激发学生的学习兴趣和求知欲

1．创设问题情境

创设问题情境就是在提供的学习材料、条件、实践等和学生求知心理之间制造一种“不协调”将学生引入一种与问题有关的情境中。创设问题情境时应注意问题要小而具体、新颖有趣、有适当的难度、有启发性，善于将要解决的问题寓于学生实际掌握的知识基础之中，造成心理上的悬念，由此产生学习的好奇心和意向。在教育教学中，教师不仅需要熟悉教材，掌握教材的结构，了解新旧知识之间的内在联系；还需要充分了解学生已有的认知结构，使新的学习内容与学生已有发展水平之间构成一个适当的跨度。这样，才能创设符合学生学情的问题情境。

2．激发兴趣

教师应该让学生坚信所学内容的重要性和趣味性，尽量向学生证明所学内容的用处。例如，在物理课上，教师可以通过实验演示：先用手堵住吸管的一端，再把吸管放入盛水的杯中，松开手指后水流出来了。以此使学生感到惊奇或困惑，引发学生进一步探索其中奥秘的兴趣。

3．注重教学内容和方法的新颖性

教师还可以新颖有趣以及多样化的学习材料。例如，教师可以通过使用各种录像、电影，邀请专家或相关人士做演讲、进行演示等方式来丰富教学内容，激发学生的兴趣。但是每种方式的使用都必须经过深思熟虑，以确保不偏离教学目标，并使各种方式相互补充。除此之外，在教学过程中，教师可适当让学生进行模拟或者角色扮演，这可以促使学生承担某种角色，并从事与角色相适应的活动，在活动中体验乐趣。例如，教师可以让学生模拟习题讲解。

（二）增强学生自信心和自我效能感

自我效能感是指人们对自己能否成功地实施某一行为的主观判断，即对自己是否有能力胜任某种学习任务的认知。在个体拥有了相应的知识技能后，自我效能感就成为个体行为的决定因素。许多学业成绩不良的学生，由于对自己的学习能力持怀疑态度，表现出很低的自我效能感，在学习中放弃应有的尝试和努力，进而影响学习成绩。教师可以为他们设置难易适当的任务，让他们不断地获得成功体验，进而提高他们的自我效能感；可以让他们观察和想象那些与自己学习能力相近者的成功行为来感受榜样的力量，通过获得替代性经验和强化来提高他们的自我效能感，使他们相信自己也有能力完成相应的学习行为，从而推动学习的进行。

（三）帮助学生自主设置合适的目标和获得成功体验

当目标由个体自己设定而非别人强加时，个体通常会付出更多的努力。当学生在设定自己的目标时，教师可与学生交流过去所设定目标的完成情况，是完成了还是未完成，然后为下次设置一个新的目标。在讨论的过程中，教师要帮助学生根据自己的实际情况来设定一个既有挑战性又能实现的目标，并对学生设定及实现目标的行为予以鼓励。通过设定合理目标并获得积极体验可以增强学生学习的积极性与主动性。

（四）引导学生适当归因以避免习得性无助

不同的归因对学生后续的行为会产生不同的影响。大多数学习困难的学生都将失败归因于不可控制的能力因素，并因此不再做出努力。作为教师，需要让学生明白，他们学业的成功或失败更多地取决于自身的努力程度。表现低成就的学生可能不知道自己该如何努力，所以仅仅规劝其用功学习是不够的，还必须传授给他们有效的学习策略，让他们知道成功或失败取决于在学习及使用策略中的努力程度。例如，教师可以对成功使用新策略的学生说："你看，多好，已经进步了不少呢！你如果继续使用这种学习的新方法，将来得做出多大进步呀！"这样会提高学生做出持续努力的动机。

本节开头小浩的例子中，很可能是父母对小浩学习期待较高，却没有在具体的学习活动中给予提高其学习成绩的帮助，使得小浩没有取得自己期待的学习成绩；加之父母的期待较高，小浩意识到自己即使再怎么努力也没法达到父母的期待，转而产生逃避学习的行为，希望父母打消他们对自己学习的期待。其实也就是小浩无法面对不理想的学习成绩和较高的父母期待而产生对学习任务的逃避。

## 二、外部学习动机的培养与激发

### （一）合理的期望与适宜的要求

学习目的的培养就是使学生意识到学习的社会意义与个人意义，了解国家和社会对学生的期望和要求，将祖国和社会的要求转化为个人的要求，形成长远的学习动机。学习目的教育还包括揭示学科学习的社会意义，使学生将当前的学习活动与未来的生活和理想联系起来，将长远学习动机与对该学科的学习动机结合起来。因此，教师向学生提出明确、具体的学习目标，有利于激发其学习动机。学习目标是指学习预期达到的客观标准。教师提出的每一个具体目标实质上就是一种诱因，诱因多种多样，但必须具体明确、可测量、可实现、具有现实性等。长远目标的动机作用较为稳定和持久，但离开近期具体目标，其功能是无法实现的。所以，在学习的各个环节，教师要向学生提出合理的期望和适度的要求，并设定近期目标完成的时限。需要注意的是，目标的高低要因人而异，要尽量与个人的学习能力相一致。只有在学生能力范围之内，又具有一定挑战性的目标，才能有最佳的动机激发作用。另外，教师在提出目标的同时，还要采取相应的评价和激励措施，以激发学生的学习动机。

### （二）对学习结果提供及时、经常性的反馈与评价

当学生知道自己的学习进度、成绩与在生活实践中应用知识的效果时，可以激起进一步学习的愿望。因此，教师要帮助学生及时了解学习的结果。例如，当学生看到课堂作业的表现、考试成绩时，教师既要及时引导学生看到自己的进步，又要通过反馈让学生看到自己的缺点和不足，这对激发学生进一步努力学习的动机具有重要作用。

此外，教师对学生的学习结果进行适当的评价具有强化作用。佩奇（E. Page）曾做过这样一个实验：把学生分为无评语组（只对学生进行学习等级的评定）、顺应评语组（除等级评定外，还按照学生的答案附加针对性的评语）以及特殊评语组（除等级评定外，还对不同等级者给予不同的评语）。该实验结果表明，顺应评语组针对学生答案中的优缺点做出评定，效果最好；特殊评语组的评语内容针对性不够，虽有激励作用，但不如顺应评语；无评语组的成绩明显低于其他两组。因此，教师对学生课堂表现、习题作业、考试测验等进行评价时，不仅应打分数、评等级，还应加上相称的评语，评语要写得具体，有针对性、启发性和教育性，这样效果会更好。

（三）适度使用表扬和批评

尽管在一定的情形中适度地批评和惩罚对促进学习是有效的，但一般来说，表扬、鼓励、奖励要比批评、指责、惩罚更能有效地激发学习动机。学生的进步应当受到来自教师的肯定、表扬和鼓励，使他们可以体验到成功，产生自信心；反之，则会体验到失败，产生无助感。虽然表扬和奖励对学习具有促进作用，但使用过多或者使用不当，也会产生消极作用。任何的批评和表扬都应让学生感到是有理有据的，是对其努力和能力的反馈，滥用与不及都将会破坏学习动机。由此，教师应在有客观证据直接表明进步与成就出现时给予表扬，同时，向学生说明理由，使之归因于努力和能力。

同时，外部奖励的使用一定要合理适度。因为学生不可能在任何时候对任何学习内容都表现出好奇与兴趣。外部奖励若使用不当，则比表扬的滥用危害更大，不仅会使学生产生不合理的归因，更有可能损害已有的内源性动机。因此，奖励并非越多越好，尤其是外在物质性奖励，更应当慎用。对教师而言，应首先了解学生原有的学习兴趣，然后再考虑外部奖励是否必要。

此外，教师在批评和表扬学生时，要考虑到学生的个体差异。对学习成绩较差、自信心不足的学生，多加以表扬鼓励，使其体验到成功的快乐，逐步提升学习的自信心。对于成绩较好，但有些自傲的学生，提出的要求应较高，在表扬的同时指出其不足。

（四）恰当开展学习竞争与合作

竞争使学生的注意力指向他们自己能够完成学习的能力。学生获得的成绩是通过同别人的相互比较来解释的，从中可以鉴别出自己能力的高低。竞争情境的最大特点是能力归因，学生认为获胜的机会与个人的能力直接相关。当一个人认识到自己有竞争能力时，就会积极活动，争取成功，激发学习动机；反之，自尊就会受到打击，因而会逃避竞争情境。

合作情境的一个明显特点是共同努力。学生之间存在着积极的相互依赖关系，他们共同努力，共享成功的奖励。在合作情境中，每个成员都尽全力为集体的成功而工作，积极承担集体义务。这种关系会引起一种平等的自我评价，强调了“我们共同”的感受。他们会认为同学彼此之间的水平、能力是相近的。

虽然合作与竞争在不同的方面激发学生的学习动机。但是，大量的研究表明合作能最大限度地调动学生的学习积极性，更有利于激发学生的学习动机和改善同伴关系。不过，要使得合作学习有效，必须将小组奖励与个人责任相结合，避免责任扩散和“搭便车”现象。同时，小组的所有成员都必须对小组的成功做出贡献。这样才能使小组成员感到有共同的奋斗目标，从而激发学习动机，提高学习成绩。

## 回到案例

学完这章，我们可以回答本章开始案例中的问题了。结合韦纳的归因理论，可以了解到小王同学把数学成绩归因为运气，这属于外部不可控、不稳定的归因方式；小罗同学把成绩归因为努力，这属于内部可控、不稳定的归因方式；小赵同学把成绩归因为能力，这属于内部稳定、不可控的归因方式。这三位同学的归因方式会对后续的行为产生一定的影响。于小王同学而言，他将自己的数学成绩归因为运气，这样的归因方式会降低他的学习动机，导致他对自己的行为不负责任；小罗同学将数学成绩归因为努力，是合理的归因，也是唯一可控的归因，这一归因可以提高他学习的积极性和主动性；小赵同学将自己的数学成绩归因为能力。而一个总是失败并把失败归因于内部的、稳定的和不可控的因素（即能力低）的学生会形成习得性无助。这样的归因会让他削弱学习的动力，认为自己没有改变现状的能力，长此以往，还会对学习失去信心。因此，在公布考试成绩后对学生进行正确的归因训练，让学生无论面对什么样的成绩都能继续努力学习是十分必要的。

## 学术争鸣

<table>
<tr><td colspan="2">

**争鸣：外部动机一定会削弱内部动机吗**

当动机的激发指向获得或保持一种愉悦的内部心理状态时，所产生的动机作用称为内部动机作用。隐藏在内部动机背后的基本理念是，完成或参与某一活动获得的奖赏来自活动本身。

外部动机作用是由外部奖赏所引发的动机，当学生发现他们的行为与其所获得的某些外部奖赏之间存在某种关系时，也就是当学生意识到“如果我做了 A，B 就会发生”时，就会形成外部动机。外部的奖励有金钱、同伴的赞同或公众的认可等。

</td></tr>
<tr><td>

**正方观点：外部动机会削弱内部动机的作用**

内部动机具有适应性，与个体的注意力集中、工作卷入及良好的工作绩效等有关。外部奖赏的运用是企图操控学生的行为，最终会导致学生本身内部动机的减弱。

外部动机对立于内部动机。二者是连续体的两个极端点，互不相容。内部动机要求对工作的投入，当个体开始关注产品而不是过程时，意味着外部动机开始发生作用。强的外部动机发生作用时，内部动机就会降低。

</td><td>

**反方观点：外部动机会提高内部动机的作用**

很多情况下好的表现即使它是由内部动机引发的，也将会获得外部的奖赏。外部的结果，比如表扬是一种必要的反馈，能使学生意识到他们努力的效果，而且这些外部信号确实能提高内部动机的作用。

研究发现内部动机与外部动机之间的负相关较弱，表明两者间并不是互相排斥的，是一种共存的关系。

实验室研究也发现外部动机对内部动

</td></tr>
</table>

续表

| | |
|---|---|
| 内部动机降低的程度将是外部动机上升的程度。<br>20 世纪 70 年代，德西等研究者对不同的被试，采用不同的活动、程序和伴随刺激进行实验室实验，获得了一致性的结果：外在刺激削弱已存在的内部动机。随后，大量的研究对这一结论提出了挑战，结果在 3～80 岁的个体身上均发现了内部动机被削弱的现象。 | 机具有促进效果。如德西检验了“口头奖励”对完成字谜任务的内部动机所产生的影响，结果发现获得“比同伴要好”的反馈的个体，相对于无反馈者在随后任务中的内部动机会增加。研究还发现，非必然的外在奖励（即活动结果达到一定的水平才能得到的奖励）较那些必然伴随的奖励（即只要活动就能获得的奖励）对内在动机更少地造成损害效果，更多地产生促进作用；未预料到的奖励较预料到的奖励对内在动机产生更大的积极效果；无形的外在奖励（如口头的、社会的）较有形的奖励产生更多的促进作用与更少的削弱作用；为个体提供明显的胜任与能力感的奖励对内在动机产生更多积极的效果。 |

## 小　结

1. 学习动机的含义、基本结构以及对学习的影响

学习动机是指激发个体进行学习活动、维持已引起的学习活动、并使学习活动朝向一定目标的内在过程和内部心理状态。学习动机是推动人们进行学习的直接原因和内部动力，其基本结构包括学习需要与内驱力、学习期待与诱因。学习动机可以影响学习态度和学习效果。

2. 学习动机的分类

学习动机具有多样性，其分类依据和分类标准也多种多样。根据其动力来源，可以将其分为外部动机和内部动机；根据其内化程度，可以分为自主性的学习动机与控制性的学习动机；根据其起作用时间的长短，以及它与活动目标的关系，可以将其分为直接的近景性动机和间接的远景性动机；根据其作用的大小，可以将其分为主导性动机和辅助性动机；根据其起作用的范围，可以将其分为一般学习动机与具体学习动机；根据其内驱力，可分为认知内驱力、附属内驱力和自我提高内驱力。

3. 学习动机的多样性

本章主要关注了学习动机在性别和语言文化上的多样性。在激励学生的动机时，应尽量考虑男生和女生在各方面的差异；在设计任务、表扬成绩、管理时间

等方面，要考虑到语言文化的多样性。

4．学习动机理论

本能论主要用本能来解释行为的动因；

行为主义认为人们的动机是对外界力量和能量的追求、是受到外界某种诱因和强化的结果；

人本主义注重激发学生内在的潜能和智慧，强调课堂活动能促进学生获得自尊、胜任感，激发学生对学习的兴趣，最终达到自我实现；

认知主义强调个体行为不仅仅是对外界客观刺激的被动反应，还是个体对事物进行主观认知的产物；认为个体对事物的认识是影响动机的重要因素。

5．学习动机的培养与激发

学习动机是学习的动力，是学生在学习活动中的一种自觉能动的、积极的心理状态。在教育教学中，教师可以从内部和外部因素着手来激发学生的学习动机。

## 思考题

1．学习动机有哪几种分类？各种分类是如何划分的？

2．学习动机如何对学习产生影响？

3．马斯洛的需要层次理论的内涵及其对教育的启示是什么？

4．动机的驱力理论与诱因理论各自的特点是什么？

5．举例说明动机内化的四种调节方式。

6．影响自我效能感的因素有哪些？在教学过程中教师如何提高学生的自我效能感？

7．根据维纳的归因理论，不同的归因对学生的学习有什么影响，如何指导学生进行正确归因？

8．试用自我价值理论分析学生不爱学习的原因。

9．试论述认知主义的动机理论的内容。

10．联系实际谈谈怎样培养和激发学生的学习动机。

11．案例分析：

小明在初中学习阶段，成绩一直居于班级前列。中考时发挥得不太理想，考分比重点高中录取分数线低 5 分。父母设法让小明进入一所市重点高中就读。进入高中学习的头几个月，小明心想不能辜负父母的期望，铆足了劲，刻苦学习，成绩也一直居于班级平均线以上。可是第一学期末的两次年级统考中，小明总分排名却落到班级第 37 名。寒假中小明没有休息，希望通过加班加点复习，迎头赶上。但第二学期开学后的几次测验中，小明的成绩一直没有起色，上课的时候，老师也很少让他回答问题。特别是数学成绩经常在班级倒数 10 名左右。小明开始怀疑自己缺乏数学细胞。原来语文一直是小明的优势学科,后来也开始明显退步。自此以后,小明就提不起精神,不想看书,有时放学回家连书包也不动。近来他已经有一个多月没有上学了。父母对小明也批评过、骂过,都无效果。

请利用动机理论解释小明“拒学”的原因。

## ∠ 推荐阅读的文献

1. 陈琦,刘儒德主编. 当代教育心理学(慕课版第3版). 北京:北京师范大学出版集团,2019.

2. 唐卫海,刘希平,张环编著. 教育心理学(第四章). 北京:清华大学出版社,2023.

3. 张景焕,刘桂荣,师玮玮,付秀君. 动机的激发与小学生创造性思维的关系:自主性动机的中介作用. *心理学报*,2011,43(10),1138-1150.

# 第六章 学习的行为观

## 章节说明

学习是人类的基本功能。与其他生物相比，人生来就是一个灵活的学习者、主动获取知识和技能的行动者。学习不仅改变了人的心理与行为，而且推动了人类个体和种系的发展。学习问题的研究是心理学中最核心、最充分，也是最具魅力的领域之一，对学习心理机制的揭示有助于我们利用学习规律提高学习与教学的效率。

本章主要介绍了行为主义的学习观。行为取向的学习理论试图解释行为反应与环境刺激之间的关系，将学习视为行为的形式或频率所发生的外显变化。行为理论家试图用客观的方式来描述具体的学习现象，既促进了学习心理学的科学化研究，也研发出各种切实可行的行为训练方案。本章第一节主要介绍了行为主义关于学习的早期观点，包括经典条件作用说和操作条件作用说的原理及实际应用。第二节分析了后期的行为主义学习观，重点是观察学习的理论及运用以及如何开展自我指导下的认知行为改变。第三节就行为学习的多样性和共同性问题进行了探讨。

## 案　例

本学期，李老师接手了三年级一班。她之前了解到，该班纪律有些散漫、学风比较懈怠。开学第一周，李老师发现班上个别学生上课不专心听讲，扰乱课堂纪律，整个班级的作业质量不佳，有的学生书写潦草，有的学生漏写作业，个别学生甚至不交作业。为改变这些情况，李老师计划从第二周采取一些措施。

第二周周一放学前，李老师一边布置家庭作业一边告知学生相关要求："从今天起，我们的语文作业分成两个部分——必做与选做部分，必做部分是每个同学必须完成的……”

李老师话音未落，浩明就转头小声问身后的玉轩：“选做作业是不是就不用做了？”

李老师马上走到浩明旁边，眼睛看着他，用温和但坚定的语气说：“浩明，不要跟玉轩说话，你不专心听不认真记，就不知道该怎么完成作业！”

在李老师的注视下，浩明拿出记作业的小本子，开始记起来。

李老师边布置必做部分的作业，边重点检查时常漏写作业的几位学生的记录情况。发现浩明在安静地记录，便走到他身边微笑着说：“你刚才听得很专心，老师看到你记得也很全！”

接下来，李老师又解释选做作业的要求：选做作业有点难，同学们可以根据实际情况自己决定要不要做。如果决定不做，要把理由写在作业本上，理由可以是：①不会做；②必做作业写完后累了，不想做；③其他具体理由……老师希望看到更多同学愿意挑战一下自我！

周二早上，全班同学都交了作业，而且至少一半完成了选做作业。用心批改了全部作业后，李老师先选出字迹工整、卷面整洁的 10 份作业，再选出完成数量或质量有明显进步的 5 份作业，把它们固定在教室后墙的“优秀作业栏”里。李老师邀请同学们观看，并告诉大家每天都会选出整洁的和进步的作业进行展示，获得展示的学生每人可得到一个印有“优秀”字样的小贴纸，一个月内获得 3 张小贴纸的同学可以到老师那里挑选一份自己喜欢的礼物或兑换额外的自由活动时间。同时，根据学生提供的无法完成选做作业的理由，李老师不断优化教学内容、改进教学方法以帮助更多学生掌握学习内容。

两个星期下来，三年级一班的课堂纪律和作业质量都有了明显进步。

为了提升学生的课堂纪律和作业质量，李老师具体使用了行为管理的哪些策略？

## 第一节　有关学习的早期解释

学习是基于经验而导致的行为或行为潜能发生的较为持久的变化过程。提及“学习”这一词汇，人们首先想到的可能是学校课堂情境中典型、正规的学习活动，但学习的发生范围要远远超出学校与课堂，日常生活的方方面面存在着各种形式的学习。读书交友、操纵物体、文艺创作、辨别是非、调整情绪、改变行为、防范危险……人类用以生存和发展的各种知识和技能大都是通过后天学习而获得的。

现代心理学关于学习的早期解释是由行为主义学派代表人物的观点构成的，主要包括桑代克的联结说、巴甫洛夫的经典条件作用说、华生的行为习惯说、格斯里的接近性条件作用说、赫尔的驱力还原说以及斯金纳的操作性条件作用说等。其中，巴甫洛夫的经典条件作用说、斯金纳的操作性条件作用说影响最大。

## 一、经典条件作用观

### （一）经典条件作用建立的基本过程

1. 实验过程

苏联生理学家巴甫洛夫在关于消化系统生理过程的研究中发现了条件反射现象，由此开创了经典条件作用的系统研究。

研究人员将一条狗置于严格控制的隔音实验室内，通过遥控装置将食物送到狗的面前，狗的唾液分泌量可通过仪器随时记录下来。实验开始后，研究人员首先向狗呈现铃声刺激，铃响 0.5 秒至数秒之间便给予食物，然后观察并记录狗的唾液分泌反应。当铃声与食物反复配对呈现多次后，仅呈现铃声而不出现食物时，狗也产生唾液分泌，这表明经典条件作用已经建立。

2. 经典条件作用建立的过程

经典条件作用是指，将不能引起反应的中性刺激与能够引发反应的刺激配对一次或多次后，使中性刺激最终能引起同类反应的过程。为了与后来的操作性条件作用相区分，巴甫洛夫的条件作用被称为经典性条件作用（classical conditioning）。实验开始时，能够诱发狗分泌唾液的食物叫作无条件刺激（unconditioned stimulus，简称 UCS），即无需学习、第一次呈现就能引起反应的刺激；由食物所引发的唾液分泌反应称为无条件反应（unconditioned response，简称 UCR），而铃声不能诱发狗分泌唾液，所以铃声被称为中性刺激（neutral stimulus，简称 NS）。随着实验的进行，单独呈现铃声时狗也会分泌唾液，此时中性刺激的铃声具有了诱发狗分泌唾液的性质而变成了条件刺激（conditioned stimulus，简称 CS），而单独呈现条件刺激就能引起的唾液分泌反应称为条件反应（conditioned response，简称 CR）。

**经典条件作用形成的基本过程**

条件作用之前：UCS ⟶ UCR
（食物）　（唾液分泌）

条件作用期间：CS＋UCS ⟶ UCR
（铃声稍前，食物相继出现）　（唾液分泌）

条件作用建立后：CS ⟶ CR
（铃声）　（唾液分泌）

### （二）经典条件作用的基本原理与现象

1．条件作用的获得与消退

条件作用是通过条件刺激与无条件刺激反复匹配，从而使个体学会对条件刺激做出条件反应的过程而建立起来的。条件作用的获得与条件刺激和无条件刺激出现的间隔时间、前后顺序等有密切关系。对于大部分经典条件作用的建立而言，条件刺激和无条件刺激应同时或近于同时出现，间隔太久就很难建立联系。例如，一位恼怒的母亲对犯错误的孩子说："等你爸爸晚上回来再跟你算账！"很多情况下，这种恐吓、威胁并不奏效。尽管父亲的惩罚（US）能够引起孩子的恐惧（UR），但母亲的威胁（CS）并不能起多大的威慑作用，因为CS与US之间相隔的时间较长。另外，条件刺激必须先于无条件刺激呈现，否则难以建立条件作用。

条件作用的形成并非一蹴而就，亦非一劳永逸。如果在条件作用建立以后，条件刺激多次出现而没有无条件刺激的伴随，条件反应会越来越弱甚至消失；而条件刺激和无条件刺激一旦继续同时出现，条件反应又会迅速表现出来，即自然恢复，但这种恢复了的条件反应会很弱。当然，要完全消除一个条件反应比建立一个新的条件反应要困难得多。

2．刺激的泛化与分化

人和动物一旦学会对某种特定条件刺激做出条件反应，其他与该条件刺激类似的刺激也能诱发该反应，这就是条件作用的泛化。曾被大狗咬过的小孩可能对小狗也感到恐惧。有些学生最初参加数学考试时紧张，后来在参加物理考试时也会有这种感觉，这是因为紧张情绪泛化到了其他科目中。泛化的强度取决于新刺激与原条件刺激的相似程度，新刺激与条件刺激相似程度越高，其诱发的泛化反应就越强。与泛化相反，分化指仅对条件刺激做出反应，而对与条件刺激相似的其他刺激则不予反应。在识字教学中教师时常需要帮助学生做出分化反应，如为了让学生能够区分"烧、浇、晓、绕、挠、翘、饶"，把这些字编成了一段歌谣："用火烧，用水浇，东方日出是拂晓，左边绞丝弯弯绕，换上提手是阻挠，右边加羽尾巴翘，丰衣足食才富饶"。分化会使反应更加精确。

3．恐惧性条件作用

具有恐惧性质的刺激作为无条件刺激而引起的条件作用又称为恐惧性条件作用。研究者在对恐惧性条件作用的研究中发现一个重要现象：有机体会形成一种泛化的、一般性的恐惧反应。华生和雷纳在1920年最早进行了条件性恐惧研究。实验对象是一名9个月大的婴儿小阿尔伯特。华生和雷纳假设婴儿对大分贝噪声的恐惧就像狗对食物分泌唾液一样，是与生俱来的先天反应。因此，他们按照经典条件反应的规律推测，与噪声不相关的其他对象也可以通过某种方式引起婴儿的恐惧。起初，他们拿给小阿尔伯特一只小白鼠，小阿尔伯特和它一起玩耍，没有表现出任何恐惧的情绪。但在接下来的实验中，当小阿尔伯特刚要去抓小白鼠时，实验人员在小阿尔伯特的脑袋后面用锤子击打钢棒，制造出尖锐而响亮的噪声。小阿尔伯特立即闪躲，向前摔倒，但并没有哭。重复实验多次后，小阿尔伯特一见到小白鼠，便开始哭并迅速逃避。这就是恐惧性条件反应。后来，小阿尔伯特的恐惧反应泛化到小白兔、白围巾、棉花等其他物体上。

4. 高级条件作用

巴甫洛夫在实验中发现，可用其他条件刺激来替代原来的条件刺激，以唤起已确立的那种条件反射。换言之，原来的条件刺激可以在后来的尝试中起无条件刺激的作用。例如，狗在对铃声形成唾液分泌反射之后，把铃声（CS1）与灯光（CS2）配对，也能使狗产生唾液分泌反射。狗对灯光（CS2）形成条件反射的过程，也就是高级条件作用的过程。高级条件作用的例子在我们身边比比皆是，许多广告商应用这一原理，把那些能够引起美好情感的画面（如微笑、美丽有趣的事物）、音乐或令人心动的广告词与商品同时呈现给人们，以使顾客在看到那些商品时就会产生积极的情绪、情感反应。

教育者理解经典条件作用的基本原理与现象十分重要，它可以帮助我们解释学生是如何获得一些重要的情绪反应和态度的。以情绪反应为例，学生会将原本是中性的学校刺激与曾经引发强烈情绪反应的刺激联系起来，而后，他们会对这些学校刺激表现出同样的反应。

**学校中的经典条件作用现象**

申铭过去多次在数学作业和测验方面做得不好，现在只要老师拿出试卷测验，他的手心就会出汗，开始感觉难受。

在受到成人赞扬和支持时，玲玲感到既兴奋又满足。她的老师很温和而且经常鼓励学生，所以当她谈起或想到学校时就会很开心。

在小学时，盛佳参加过两次文艺演出，但一次他忘记了台词，还有一次表现也不尽如人意，这使他感到既紧张又尴尬。现在，他站在台上表演时会非常紧张。

（三）经典条件作用原理的应用

经典条件作用的建立，意味着有机体对可预期的信号产生了学习。这种将环境中的配对事件迅速联系在一起的能力具有深远的行为应用意义。

1. 把学习任务与儿童的积极体验联系起来

儿童上学之初，一般对所学科目及作业并不反感甚至是喜欢的。但不少家长和老师却在无意中造成了儿童对学习的厌恶态度。如儿童做作业时，家长逼孩子、骂孩子甚至打孩子，孩子完成学习任务的过程是烦恼、痛苦的，厌学几乎是必然的。要让孩子养成良好的学习习惯，就要让他们在学习上获得快乐。当孩子用心做了一会儿作业后，最好是在孩子疲劳前，让孩子开始玩耍休息。玩的时间一般为10分钟。玩的地点最好不要在书房，而且此时孩子不能看电视或玩游戏机。到时间后，再把孩子送进书房。孩子主动快乐地学一会儿，轻松快乐地玩一会儿，每次学习都不痛苦，而是有力量、有信心。这样，孩子就对学习感兴趣，喜欢学习，学习效率就容易提高，从而又激励孩子学习更加用功，良好的学习习惯也就自然形成了。

2. 给学生安排固定的学习地点

学生要在书房完成作业。条件允许，家长可给孩子安排独立的书房；条件不允许，应尽量将书房与睡房区隔，形成独立的空间。告诉孩子，书房只有做作业的时候才可以用，作业完毕要立即离开书房。如果孩子要玩，必须到其他地点。这样做下来，儿童一进书房，就想着要看书学习。另外，家长不要在书房批评孩子，要让孩子切身感受到书房是获得快乐的地方。如果要批评，就先将孩子领出书房。

3. 帮助学生分清情境间的差异性和相似性，以便适当地分化和泛化

学习中的某些情绪往往是由泛化和分化等方式形成的。例如，某个学生由于某门功课太差，会进而泛化到对所有课程都产生厌恶的情绪。教师要及时引导学生了解自己及各门课程的特点，在学生能够胜任的课程上给予关注与肯定。另外，每次大考之前，很多学生会很紧张。虽然适当的紧张和压力是必要的，但是过度紧张则会适得其反。因此，教师要尽量降低学生因分化对待考试而引起的情绪波动，引导学生把重要的考试当成平常测验来对待，而对每一次平常测验都认真准备，积极应考，把“小考当成大考，大考当成小考”。这样学生才有可能在关键的考试中发挥出正常水平。

**应用经典条件作用的原则——给教师的建议**

1. 强调进步但不求完美，让学生知道错误是学习中不可避免的部分。
2. 给学生提供重做难题(考试)的机会。
3. 保持一种有序的、有预期的课堂环境，让学生知道老师的预期。
4. 保证新来的学生一开始就能得到他们需要的支持。

4. 帮助学生摆脱焦虑的困境

当学生身处陌生人群或尝试新的学习任务时，往往会产生焦虑情绪，帮助学生主动和成功地去体验产生焦虑的情境则有助于他们摆脱消极情绪的困扰。

(1) 给害羞的学生分配更多的任务，给他们创造更多的与他人交流的机会。比如，让他们做课代表，给大家分发作业、试卷。还可以经常把大家组织到一起进行一些集体活动，如爬山、春游等，让一些害羞的学生在更放松的情境中与他人交流。

(2) 设计小步骤,实现大目标。例如,一位同学害怕在全体同学面前讲话,可以先让他在小组同学面前坐着读一个报告,然后站着读,再让他根据笔记内容作一个报告,不要逐字朗读。最后,当他有勇气应对这一任务时,让他给全体同学作报告。

(3) 树立学生的自信心。比如,向不愿意回答问题或成就动机低的学生提问时,可以提征求性问题:对这个问题你们注意到什么了?你怎么比较这两个例子?教师要对学生做出的任何提议给予积极评价,以帮助学生建立自信。

**帮助学生摆脱考试焦虑**

考试焦虑是一种不良情绪反应,表现为担忧、不安、注意力不集中、记忆力下降、学习效率低、思维僵化、考试时大脑突然空白或越想越乱。轻度的焦虑,可以通过心理暗示克服,如"我能应付这个考试""我觉得我有能力去解答这些问题""今天的精神真好,我一定可以考好"等,这些积极的自我暗示有助于克服考试焦虑。而重度考试焦虑则需要运用系统脱敏法帮助消除。

系统脱敏法是一种最常用的行为治疗方法,它应用"对抗条件作用"原理来解除当事人与焦虑有联系的神经症等行为问题。其基本原则是交互抑制,即在引发焦虑的刺激物出现的同时,让当事人做出抑制焦虑的反应,这种反应会削弱并最终切断刺激物同焦虑反应间的联系。系统脱敏法的治疗过程有三个阶段:学习放松技巧、建构焦虑等级、系统脱敏。

放松训练:放松训练针对的是焦虑时产生的躯体紧张状态,通过全身肌肉的放松,达到放松精神的效果。其基本要点是,依次先收紧再放松全身各部位肌肉,体会放松的感觉,每日坚持练习,最后做到随心所欲,随时放松。

建构焦虑等级:将个人的各种焦虑反应按程度从弱到强的顺序排列出"焦虑等级"。先把最弱的刺激情境,即只引起很小焦虑的情境排在第一位,然后依次将所列刺激情境排列完毕。

系统脱敏:在完全放松时,开始想象"焦虑等级"中的第一级情境。想象要尽可能生动、逼真。此时有紧张现象发生,就再次进行放松。交替进行想象和放松,直到此种想象情境不再引起肌肉紧张为止。接下来,进入第二种情境的想象……依次类推。

需要注意的是,每次脱敏的"焦虑等级"不应超过三种。在每次进行新的脱敏之前,一定要先做放松训练。

## 二、操作条件作用观

经典条件作用能够有效解释有机体是如何学会在两个事件之间建立联系的。但从有机体的实际学习内容看,经典条件作用似乎只限于对某些反射或先天的反应进行条件作用。对于人们是如何学习复杂的技能及做出主动的反应,经典条件作用很难解释。著名行为主义心理学家斯金纳在改进桑代克的动物学习实验装置的基础上，对白鼠和鸽子等动物的学习行为进行了精密的实验研究，提出了操作性条件作用理论。

(一) 操作条件作用建立的基本过程

1. 经典实验

斯金纳的操作性条件作用理论是通过观察动物在他发明的实验装置——斯金纳箱中的行为而提出来的。他在箱内装一个小杠杆，杠杆与传递食丸的机械装置相勾连，杠杆一被压动，一粒食丸就滚进食盘。斯金纳将饥饿的白鼠关在箱内，刚开始白鼠盲目、随机活动，偶尔压到杠杆则获得食丸。此后，白鼠在杠杆周围活动的时间明显增多，获得食物的次数也增多。最后，白鼠逐渐学会了以按压杠杆来获取食物，即建立了操作条件作用。此种反应能由停止食丸的供应而消退。

2. 操作条件作用建立的过程

操作条件作用是指，在某种情境中，由个体自发的反应产生的结果导致反应的概率增加，并最终与某一刺激或事件建立起新的联系的过程。该过程可以表示如下：

$S^D$ ··················→ 指 ————————→ $S^R$

（辨别性刺激）　（操作性反应）　（强化）

在这一公式中，辨别性刺激(discriminative stimulus)是指影响动物获得食物奖励的线索，一般是中性刺激，如杠杆、发光键等。作为反应或行为得以发生的环境或情境事件，辨别性刺激在一定程度上控制着个体的反应。操作性反应(operant response)是动物有意识做出的、能达到某种目的的反应，如按压杠杆、啄发光键等。操作性反应可以是已经习得的行为，也可以是新建立的。强化(reinforcement)是指利用强化物提高操作性反应概率的过程，强化物是跟随行为之后的结果，既可以表现为各种刺激，也可以是各种活动或反应等。

(二) 强化学说

斯金纳对强化进行了全面系统的研究，强化学说是操作条件作用理论最重要的部分和基础。

1. 强化与强化物

(1) 强化及强化物的内涵。斯金纳认为，凡是能提高反应概率或反应发生可能性的手段、措施等都可以称为强化，能提高反应概率的事件即强化物。强化物既可以是具体的刺激、物品等，也可以是行动、活动或者心理上的需求满足等。比如，获得认可、关爱、自尊、自由等，都可以看作是不同形式的强化物。

(2) 强化(物)类型。根据强化或强化物性质的不同，可以把强化(物)分为不同类型。

正强化和负强化。呈现愉快刺激增强反应概率的过程即正强化，所呈现的愉快刺激即正强化物，如学生表现出努力学习的行为后得到教师或家长的表扬、物质奖励。通过取消厌恶刺激来增强反应概率的过程即负强化，如司机驾驶汽车时系上安全带就听不见提示声的反复呈现，这时提示声就是一种负强化物。

一级强化和二级强化。一级强化，即无需训练和学习就能对个体的遗传结构或生理结构起强化作用的过程。一级强化物是指，具有本能的强化作用的刺激物，如食物、水或其他感觉刺激。二级强化是，在一级强化的基础上，通过经典条件作用使原来的中性刺激具有强化特性。二级强化物是指，任何一个与一级强化物相配后而获得强化性质的刺激物。如金钱对儿童原本不是强化物，但当儿童知道钱能换糖时，就能对其行为产生影响。再如考试分数，也是在受到教师的注意后才具有强化性质的。

（3）普雷马克原理。在强化时，通常遵循这样一个原则——普雷马克原理（Premark Principle），即用高概率活动作为低概率活动的强化物，高概率活动可以提高低概率活动的发生率。普雷马克原理被广泛应用于许多方面。日常生活中，老人为了让儿童能够从事某些活动，经常利用该原理：让儿童先做他们不太喜欢的事情，然后才允许他们做自己喜欢的事情。比如，儿童只有先吃素菜，才能吃荤菜；只有先把东西放整齐，才能出去玩。所以，普雷马克原理有时也被称为“祖母原理”。

### 做完作业再做其他喜欢的事

“朝三暮四”的故事大家都听说过，对于贪吃的猴子来说，早晨能吃到四颗栗子是一件愉快的事。利用这个原理，我们可以让完成作业成为一件愉快的事。每个孩子都有他最喜欢的一项业余活动，或看动画片，或游戏，或进行体育活动。假如孩子最喜欢看动画片，可以让他看，但必须做完作业以后看。如果以前没有这样的习惯，家长可以和孩子重新达成协议。假设动画片是在6点播，孩子就要在5点开始做作业。达成协议后，写在纸上，亲子双方签上字，贴在门上。孩子每天遵守协议，雷打不动。

为什么要这样做呢？原来，孩子做作业是非常辛苦的，大脑非常疲劳，要抵抗很多不利因素才能完成。做完一件疲劳的事情，然后再做他最喜欢的事情，等于给他一个安慰、一个奖赏。孩子的作业能和快乐连接起来，他就愿意学习；否则就不愿意学习。

我们常常看到这样的情况：孩子放学回来，先找吃的，然后看电视、打游戏，接着和大人吃饭，磨蹭一会儿又洗澡，到了快要睡觉的时候，作业还没有做。这时，孩子把家中所有能享受的都享受完了，才不得不做作业。没有什么好事等着他，他就没有做作业的劲头。有时由于作业过多，耽误了睡觉，孩子的生活就会进入恶性循环。

值得注意的是，某一事物能否成为强化物，其价值及作用大小往往因不同个体、不同时期等因素而有所差别。在学校情境中，教师在利用强化物管理学生的行为之前，一方面需要准确了解学生的不同需要和预期，另一方面应选用有价值的强化物，比如当众的言语鼓励与认可、目光的关注、从事某项活动的特权等，而不是只用单一的分数强化方式。

2. 强化与惩罚

(1) 强化与惩罚的区别。当有机体做出某种反应后，呈现一个厌恶刺激以消除或抑制此类反应的过程称作惩罚。强化与惩罚的区别在于，前者是增加反应发生的概率，后者则是抑制反应的发生，从表 6-1 中可以看出二者的不同之处。

**表 6-1　强化与惩罚的区别**

| | 反应后呈现 | 反应后消除 |
|---|---|---|
| 奖励性刺激 | 正强化 | 负向惩罚 |
| 厌恶性刺激 | 正向惩罚 | 负强化 |

(2) 惩罚的弊端。斯金纳认为，惩罚有时在改变行为方面是一种有效方法，但不是一种理想方法。虽然多数情况下应用惩罚会导致反应的减少，但从根本上说，它只是抑制而不是消除这种行为。具体说来，惩罚有以下弊端。

首先，惩罚的效用是短暂的。研究发现，在实施惩罚期间，受惩罚的行为一般会消失，但不代表这种行为已经被遗忘。比如，一位学生在自习室里大声喧哗，受到老师的严厉批评，他可能在一天或几天里保持安静，但过段时间该行为又会出现。

其次，惩罚可能会导致消极的情绪状态。大部分情况下，惩罚与其他中性刺激建立起经典性条件作用，引发不愉快的情绪反应。例如，家长在吃饭时训斥孩子，惩罚可能与家长、餐厅、饭桌等中性刺激联系起来，这些中性刺激可能成为条件刺激进而引发恐惧、焦虑、退缩等条件反应。

再次，惩罚容易引发攻击性行为。惩罚易引发攻击行为可能有两点原因。一是受到惩罚的个体可能会对惩罚者心怀不满而实施报复行为或迁怒于他人。以父母惩罚儿童为例，许多调查证明，受到父母严厉惩罚的儿童，对其他儿童使用暴力的可能性明显提高，更有可能发展为少年罪犯，长大成人后更容易出现诸如抑郁、酗酒、家庭纠纷等问题(Straus, Kantor, 1994)。二是在某些情况下，惩罚的实施给受罚者示范了攻击性行为的反面榜样，从而可能使儿童模仿不良行为。比如，那些具有很强攻击性倾向的儿童，其父母在家中经常对他们不恰当的行为给予严厉的惩罚。那些经常辱骂孩子的父母，当他们还是孩子时，也经常被自己的父母辱骂。

最后，儿童可能错误解读惩罚的意义。有时成人眼里的惩罚行为在儿童眼里会变成奖励。某些情况下，儿童做出不良行为或许就是为吸引成人的注意，成人加以惩罚，正是对儿童的注意。这样，儿童不但不会改变不良行为，反而变本加厉。如有的学生在课堂上不好好听讲，交头接耳，调皮捣蛋，老师狠狠地训斥了他，可这个学生更加放肆，因为他知道自己学习成绩不好，引起老师注意的唯一方式就是调皮捣蛋。

虽然使用惩罚有诸多弊端，但不少人认为，惩罚至少在抑制不良行为方面非常有效。在学校情境中，教师应当适时运用惩罚，在学生发生不良行为时，创设使学生感到不愉快的情境，使不良行为消退。但应慎重使用，不仅要考虑不良行为本身的轻重，也要考虑学生的人格特点。如在公开场合大声斥责学生，对有些学生的确可以起到震慑作用，不仅教育了这个学生，同时也对其他同学起到良好的警告作用。但是有时候，如果学生的性格极其内向又很自卑，那么教师的大声斥责就有可能使他更加自卑，不仅没有起到良好的教育作用，还可能对学生的心理健康产生恶劣影响。

（3）运用惩罚的注意事项。在儿童行为管理中，使用惩罚技术需要注意以下方面。

第一，使用惩罚要有节制。一般说来，应尽量避免采用惩罚的方式来矫正行为。如确需使用惩罚，应尽量采取适当的方式，比如采用负向惩罚（如没收物品、取消特权等）比采用正向惩罚（如体罚、关禁闭等）能给个体身心带来更少的伤害。

第二，实施惩罚必须客观、一致。无论什么时候，惩罚必须一致且一视同仁。如果普通学生做了错事受到老师的批评，而班干部犯同样错误却可以免受惩罚，惩罚就失去了应有的功能。

第三，要及时告知受罚者惩罚的理由。为保持惩罚效果的持久性，在实施惩罚前，应明确告知个体受到惩罚的理由。这可以加深受罚者对不当行为及其后果之间关系的认识，减轻对惩罚的误解或怨恨，如果能够唤起受罚者的内疚、自责反应，更有助于受罚者在以后的活动中主动抑制不当行为的发生。

第四，提供适宜环境，强化良好的替代行为。由于惩罚只能告诉儿童不应该做什么，无法告诉他们应该做什么。因此，在受罚期间，可以通过调整刺激环境，诱发良好行为反应，一旦儿童表现出可接受的行为，要及时给予积极认可。

### （三）操作条件作用原理的应用

操作条件作用的原理与方法适用范围广泛，实践证明，在行为习惯的形成与矫正方面具有很强的实用价值。需要注意的是，教育者应在全面、系统了解相关原理与方法的基础上再加以应用，才能收到预期的效果。

1. 行为习惯的形成与矫正

（1）塑造。塑造是指强化个体逐步趋近预期目标的行为。斯金纳认为“教育就是塑造行为”。如何通过强化去塑造行为？斯金纳采用了连续渐进法（method of successive approximation），即通过不断强化一系列逐渐接近最终行为的反应来塑造某种行为。例如，教孩子系鞋带时，不只是先向他们示范该怎么做，然后等他们自己完成整个动作后再给予强化；相反，当他们能打第一个结时就给予强化，然后再强化他们的绕圈反应等，对每次的进步都予以强化，直到完成整个任务。

**行为塑造的步骤**

当个体要学习一项复杂行为时，家长和老师若要等到个体百分之百完成终点行为才给予强化，必然不利于新行为的获得。斯金纳设计的连续渐进法是，通过不断强化与终点行为有关的一连串反应，循序渐进，最终使行为者完成至终点行为的整个过程。整个程序包括下列步骤。

先把要求个体学习的目标行为列出来→开始有反应动作，而这个动作（第1个反应）是最终目标的起始动作，此时给予强化→第1个反应已经学会，不再予以强化，只有在完成第1个反应后，接着出现更接近最终目标的第2个反应，马上给予强化→依次类推→最终出现目标行为时，给予强化。

在课堂教学中，塑造是完成复杂反应的重要手段。想让学生写一段含有一个主题句和一句总结的英文段落，这一任务包括许多步骤：能识别主题句、佐证材料和总括句；能写出一个完整的句子；能正确使用大小写、标点符号和语法；能正确拼写。如果教师在一节课里教授所有的技能，要求学生写出一段文字，并且根据他们的内容、语法、标点和拼写而评分，那么大多数学生将会失败；反之，老师可以一步一步地训练这些技能。学生可以先学如何写主题句，然后写佐证材料，最后写总括句。在此之前，教师可以专门讲讲如何选题立意并对段落和标点提出要求。在每一阶段，学生都有机会获得强化，因为强化的标准都是他们可能达到的。

在塑造行为时要注意这样的原则：学生必须在他们能力所及的反应范围内得到强化，同时这些行为又必须能向新的行为延伸。学生能在15分钟之内解10道数学题，如果能在12分钟之内解出就应强化，但不必要求他们必须在8分钟之内完成才予以强化。但是，对一个能做20道题的学生必须做24道题后才给予强化，不能在少于20道题时就予以强化。

（2）代币。“代币”是用于强化个体某种行为的各种象征性强化物，如小粘贴、棋子或者计划表的分数等。这些象征性强化物必须积累到一定数目，才能兑换个体钟爱的奖励物。代币法的最大优点在于：当个体表现出好行为时，不是立刻就满足他的要求，而是延迟满足，个体必须持续努力才能达到目标。在学校中使用代币法，可以更好地培养学生的进取心和忍耐力，让他们体验到必须不断努力才能获得成功，同时也降低了物质奖励对学生的刺激，强化了学生的自我成就感。因为每当学生通过努力得到分数或卡片时，都能体验到一种喜悦感。

**教孩子养成好习惯**

张女士是一位职业女性，公事十分繁忙，家事也不让她省心，尤其是两个宝贝儿子的教育更让她头痛。在一番自我探索后，她听从专家意见，采用积分制，用奖金方式，使得两个小孩自动且有效地处理自己的事务。半年来，张女士轻松应付家事，且尚有空闲。

积分制的方法是这样——孩子们能准时起床、睡觉各得 2 分，能整理自己的床铺、衣服、书包和书桌，按时吃饭、上学各得 1 分，准时做完作业得 5 分，笔记成绩得甲上或 95 分以上得 5 分。说谎扣 3 分，开口骂人扣 3 分，回骂扣 2 分，先动手打人扣 5 分，回手扣 3 分，争吵各扣 2 分。

张女士为方便有效，设计了表格张贴在白板上，每周一张，每天由孩子自行填写。妈妈抽空检查，一星期结算一次，每分 0.5 元。

怕小孩有钱乱花，张女士还设置了储蓄奖励金。如果一个月奖金没有花掉一块钱，则提供 100 元的奖励。若花了，不管多少，100 元的奖金就没有了。但唯恐孩子在奖金的诱因下，节省不花，眼看同学用钱，而影响其心理人格的发展，所以张女士告知孩子只要说明用钱的必要，在她同意下，不但可以开支，而且奖金照给。

实施半年后，小孩几乎变成了另外一个人。

选自：[中国台湾]林正文著. 儿童行为的塑造与矫正. 北京：北京师范大学出版社，1998.

（3）消退。当终止或取消强化时，个体的某种行为将因此而减弱甚至消失，这一过程称为先前习得行为的消退。比如，有带班经验的老师都知道，刚上幼儿园的孩子在父母离开幼儿园那一刻经常会哭泣。通常情况下，家长会给予安慰或关注，此时儿童会停止哭泣，但当父母要离开时，儿童又开始哭泣。这种情形下，安慰和关注是对哭泣行为的一种强化。因此，老师一般会告诉家长，想让孩子哭的时间短，父母应把孩子送到幼儿园后立刻离开，儿童哭泣时不予理睬，这样在短短一两天内孩子的哭泣行为就会逐渐消失。

消退不是一个逐渐减弱的过程。取消强化物之初，个体行为的发生率通常会提高。例如，父母把孩子送到幼儿园后立刻离开时，儿童哭得可能会比平时更凶，此时坚持不予以强化，儿童最终会放弃哭泣行为。在消退的开始阶段行为水平提高的现象叫消退爆发。教师进行课堂管理时要考虑到这种特征的重要影响。

设想一下，你决定消退某儿童喊出答案的不适宜行为（不是先举手并经允许后再回答），具体的做法就是忽视该儿童，直到他能举手并安静等待。开始时，对这个孩子的忽视可能增加他不举手就说话的行为，甚至他会拍着桌子喊出答案，这是典型的消退爆发。不要错误地认为忽视或消退的做法并不奏效。事实上，持续忽视不适宜的行为才是适当的课堂管理策略。可惜的是，一些教师最终可能会放弃忽视，并在学生第三次或第四次不举手就大声说话时，点名让他发言。此举可能会增加教师原打算减少的那种行为，因为学生学到了"如果最初没有成功，那就尝试，再尝试"。

2. 程序教学

程序化教学直接体现了学习的行为主义思想。程序化教学与塑造过程紧密相关，先让学生用已习得的反应来回答问题，然后以非常小的步骤引入新的信息，并随机提出一些新的问题，而学生也不大可能答错这些问题。

程序化教学建立在这种假设上：通过正确地回答问题，学生可以得到积极强化，因此可能更多地去重复学习到的行为。逐渐增加新的学习材料，并提出学生能正确回答的问题，通过这种方法学生能够渐渐地学到大量的新材料。程序化教学通常是以练习册、软件程序和录像带等形式实施的。具体说来，程序化教学需要遵循以下基本原则。

（1）小步原则。学习上前后连续的每一个步骤应该尽量小些，这样可以使学习的难度降低，强化的次数提高，而由于错误引起的令人反感、不愉快的后果则缩减到最低限度。

（2）积极反应原则。要克服传统教学中学生被动接受知识的弊端，就必须让学生对每个问题均有所反应。因此，程序教学必须让每个学生有一套程序课本或机器，这样学生才能真正开动脑筋学习回答问题，通过选择、书写答案、填充、解题或者按键做出积极反应。

（3）即时强化原则。即时强化原则要求，在每个学生做出反应后，教学程序必须使学生立即知道其反应是否正确，即给学生"及时确认"或"及时强化"。这样才能提高学生的自信心，增进学习的效果，保持和巩固已有的知识。

（4）自定步调原则。学生的学习能力和学习速度各不相同，程序教学应该让学生根据自己的速度和学习潜力进行学习，即所谓的自定步调。也就是要求以个体化的学习方式进行，不要求统一的进度。

（5）低错误率原则。在程序教学的过程中，因为错误太多，会影响学习的进度、正确行为的巩固、学习者反应兴趣的维持等，应该尽量避免可能出现的错误反应。

程序化教学尤其有助于学生学习有一定困难的科目。比如统计学，一般在开始时给学生提一些问题，要求学生以简单的数学运算进行回答，像加法和减法，随后逐渐引入统计学的概念。数学科目也很适合于程序化教学，多数情况下数学学习的难度是螺旋上升的，新知识的学习很大程度上需要旧知识的积累。因此它可以相对容易地建立起学习的顺序，在这个顺序中学生可以学到各种各样解决问题的行为。

## 第二节　观察学习与认知行为改变

个体可以通过经典条件作用来学习建立事物间的联系，学会如何预测事件的发生，也可以通过操作条件作用来学习建立行为与结果之间的联系，主动调控行为的发生。这两种学习方式都强调了学习者直接的、亲身的经验在学习中的重要性，但在解释行为学习方面却有一定的局限性。比如，儿童可以通过观察、模仿等间接的、替代的方式获得复杂的社会行为，这就涉及学习中的认知因素，而条件作用学习机制的有关解释中忽视了不能被直接观察的认知过程。

### 一、班杜拉与观察学习

班杜拉早年对学习的研究是以行为主义的强化和惩罚原理为基础的，但他对传统行为主义学习理论进行了修正，引入并强调社会因素对学习的影响。班杜拉及其同事完成的观察学习(observational learning)研究最主要的发现是：人们可以通过观察他人行为来习得新的行为，而观察者没有必要在学习过程中表现出这些行为；强化也不是绝对必要的。这对经典行为主义学习理论的中心假设提出了质疑。班杜拉早年的工作证实了行为示范在亲社会行为和反社会行为中的作用以及榜样在行为矫正中的作用。

#### (一) 观察学习的过程

所谓观察学习，就是学习者通过观察榜样在一定情景中的行为及其结果所进行的学习。其实质在于他人给观察者传递了某种信息，提示了新行为的途径。

1. 观察学习的实验基础

班杜拉及其合作者进行了大量实验研究以探讨观察学习的心理机制。一个典型例子是，幼儿园儿童观看了一部成人拳打脚踢一个充气玩具的电影。一组儿童看到成人的攻击行为得到了奖励，另一组儿童看到成人受到了惩罚，第三组儿童没有看到奖励或惩罚的结果。当他们被带到一个有充气玩具的房间时，看到电影中的榜样拳打脚踢玩具并受到强化的儿童表现出最多的攻击行为，那些看到榜样受到惩罚的儿童对玩具的攻击性最弱。但是当告诉儿童谁模仿攻击行为就能获得糖果奖励时，三组儿童攻击行为的水平几乎没有差异。一方面，这说明儿童的行为可以通过观察而习得，尽管他们自己没有主动参与；另一方面，表明榜样行为所导致的后果只会影响到儿童模仿的表现，而不会对其学习过程产生影响。

2．观察学习的基本过程

班杜拉认为，认知过程在观察学习中具有重要作用。学习者以符号表征的形式来编码、储存习得的经验，对可能出现的行为结果进行预期，基于这些认知，人类可以调节自己的行为。通过对观察学习的认知过程进行探讨，班杜拉总结出决定观察学习进程及结果的四个过程：注意过程、保持过程、动作再现过程以及动机过程。

（1）注意过程。这是观察学习的首要阶段。要想通过观察进行学习，学习者需要集中注意力。在教学中，教师要通过清晰地呈现和强调重点，确保学生的注意力集中在课堂的重要环节上。在示范操作技能时，组织学生从多个角度观察比较并加以讲解，可以帮助学生对榜样的明显或关键特征进行知觉、模仿，从而使观察学习易于实现。

（2）保持过程。观察者观察榜样所示范的行为后，将注意到的内容以表象或言语等符号表征的形式储存于记忆中，这是观察学习的第二个心理过程。观察者要在大脑中演练示范者的动作（想象模仿的行为）或者通过实际练习来加强保持。在观察学习的保持阶段，练习能帮助学习者记住行为的要点。

（3）动作再现过程。在这一阶段，学习者需要将榜样行为的符号表征转换成适当的外显动作。对学习者来说，要重现榜样行为，产生最佳的行为模式，必须具备一定的操作技能或运动技能。当然，在多数情况下，即使观察者知道行为是什么样的并记住行为的要素或步骤，仍然不能流畅地表现出相应行为，还需要很多练习、反馈和细微的指导。在动作再现阶段，练习能使行为流畅化和熟练化。

（4）动机过程。个体通过观察不仅能学会榜样的行为，而且在动机的激励下，会在适当的时机、场合表现出已习得的行为。强化在观察学习中发挥了作用，如果学习者预料因为模仿榜样的行为而得到强化，就更会激发他们去关注、记忆和再现这些行为。

班杜拉提出了三种鼓励观察学习的强化形式，即直接强化、替代强化和自我强化。直接强化指观察者本人再现榜样的行为时获得奖励，如儿童表现出习得的礼貌行为时，成人说：“真是好孩子！”替代强化则是强化他人或示范者的行为，进而间接地强化了观察者的行为。例如，教师表扬了两名在实验报告中添加了有趣图片的学生，其他学生看到后会在下次写实验报告时也这么做。自我强化指学习者对自己符合要求的达标行为进行强化，这类强化对于学生非常重要。学生的学习不应仅出于外部奖赏的原因，更应受内部的价值观和兴趣的驱动。这样他们才能成为自我控制的学习者。

观察学习充分说明学习中认知因素的重要性，如果人们通过观察就能学习，那么他们必须集中注意力、建构表象、记忆、分析和做出影响学习的决定。因为这些认知过程在人们行动之前就在大脑中演习过了，甚至包括强化。

3. 观察学习的影响因素

观察学习发生于学习者与他人的互动过程中，互动双方的特征会在一定程度上影响学习的发生。

（1）榜样的特征。榜样的年龄、性别、态度、价值观或社会背景等因素与学习者越相似，越容易激起学习者的认同愿望及模仿动机。另外，社会地位较高、社会声誉良好、富有人格魅力、外表或能力出众的榜样，其行为更能引起学习者的注意并宜于有效模仿（表 6-2）。

**表 6-2　什么是观察学习的好榜样**

| 特　征 | 举　例 |
| --- | --- |
| 卓越 | 老师演示如何用正确的方法解决问题 |
| 受人喜欢和尊敬 | 老师让一个很受欢迎的学生第一个到黑板上解题 |
| 类似 | 老师叫了好几名学生解题，这样每个学生都会预想，自己将是下一个被提问的人 |
| 强化 | 老师在全班同学面前公开表扬一个学生 |

（2）学习者的特点。不同的学习者会认同、仿效不同的榜样，即使面对同一榜样，不同的学习者可能产生不同的学习效果。由于观察学习包含一系列重要的认知过程，所以学习者的认知发展水平在很大程度上决定着这一过程能否顺利实现。另外，学习者自身的个性特征也影响到学习的效果，缺乏自信和自尊，具有依赖人格或常因模仿受到奖励的人，更倾向于注意并模仿榜样的行为，但这种模仿可能带有盲目性；相反，那些自信而能力强的人更有可能从榜样的高水平示范中获益。最后，观察者的行为目标预期与自我效能感在一定程度上引导、调节着个体的学习过程。如果观察者目标明确、自我效能感高，就更可能注意榜样，并努力模仿、实现他们的行为。

（二）观察学习在教育中的应用

观察学习的原理表明，模仿是学生学习的重要途径之一，学生可以从大众媒体、家庭或他人确立的榜样身上获得信息。教育中可以通过以下方面发挥观察学习的作用。

1. 教师示范期望学生学习的行为

教育者的主要目标之一是教会学生获得教师期望的行为，比如处理好同伴关系、有效阅读、获得批判性思维以及创造力等。教师自己的角色示范是教育学生最有效的方法之一。教师应对所教内容表现出兴趣并向学生演示如何完成某种脑力或体力任务，或者给学生示范有效的解题方法（比如一边思考问题，一边大声说出所思所想，示范主要的思维技巧）。

2. 鼓励学生表现出已经学会的行为或对行为进行调整

有时学生已经掌握了一些行为技能，却不知道在什么情况下表现出来。这时，教师一方面可以表现出对学生的信任或尊重，另一方面可以通过各种方式指出良好行为和积极结果之间的联系，鼓励学生表现出他们已经学会却未准备表现的行为。另外，在陌生情境中，教师应鼓励学生通过从他人身上寻找观察线索，适当调整已获得的行为，以表现出与该情景相适宜的行为。

3. 让班干部或同伴做出示范

教师应注意安排班干部或班级中能力强、受欢迎的学生率先做出期望的行为，如遵守纪律、积极发言等，利用"涟漪效应"会使学生倾向于模仿良好的态度与行为。同时，教师应有效处置破坏纪律的学生，即使班干部违反了纪律，也要严肃处理。

4. 适当激发学生的情绪

通过观察学习，学生会对未曾经历的情境产生情感反应。因此，有经验的教师能够将自己对学科的热情或对不良行为的厌恶，通过情绪的唤醒传递给学生。这样可以帮助学生选择做出怎样的行为，以及了解对自己的行为可能产生什么样的感受。

## 二、自我指导下的认知行为改变

在深入探讨行为主义理论的应用时，不难发现，许多行为主义的技术中包含了认知过程，这在观察学习的发生中尤为明显。认知行为改变（cognitive behavior modification）技术就是综合了行为和认知的学习原则来塑造行为的有效方法。具体说来，认知行为改变是指，以行为和观察（社会认知）学习理论为基础程序，个体通过使用自我谈话和自我指导来改变自己的行为。在这一过程中，学习者既要区分出对之进行反应的刺激，又要使用自我强化来强化这个刺激。由于认知行为改变强调思维和自我谈话，所以更倾向于认知方面的改变，其中学习者的自我指导（self-instruction）至关重要。

在认知行为改变中，教师可以教授学生如何使用自我指导。维果斯基关于儿童认知发展的观点认为，成熟的思想基于内部言语，儿童通过与他人交谈所习得的外部言语来发展内部言语能力。众多研究也揭示了人们在解决困难问题时确实会使用内部言语。在大量有关自我言语能够组织行为的研究基础上，米肯鲍姆(D. Meichenbaum)提出了自我指导的步骤。

1. 榜样示范

成人或优秀的同伴榜样一边完成任务，一边大声说出与完成任务有关的话(认知示范)。例如，教师一边演算一边大声地讲述，学生就能直观地感受到榜样的思维过程——完成行为的必要执行步骤。

2. 外显的成人指导的示范

学习者一边照着同样的步骤做，一边大声描述，同时指导者在一旁监督学习者的行为。例如，学生在解决加法问题时一边解题一边说，教师则指出学生做对或是做错的地方。

3. 外显的自我指导的示范

学生一边完成任务，一边大声指导自己，此时他们不再需要榜样的指导。例如，学生在解决加法的进位问题时，大声对自己说：个位满十，向十位进“1”；十位满百，向百位进“1”。

4. 自我指导逐渐减弱的示范

学习者按照上述步骤完成任务，同时自己低声说出指导语，直到开始使用默默的指导。

5. 内部自我指导的示范

最后，学习者可以成功地模仿榜样的行为，默默地指导自己。

曼宁(B. Manning)建议，教师应通过不断地大声讲述完成任务的步骤来示范自我指导。例如，当一位教师要阐明怎样写一篇研究论文时，他可以实施以下做法。

好吧，我们怎么开始呢？记下我的要点。首先，要拥有材料。在写作之前我会寻找有关材料，组织我的思想。当我阅读这些材料时，我会略记下它们的要点，这能使它们成为提纲，意思也更加明白。我还需要其他一些信息——在我开始写作之前让我找找它们。最后，我已经准备好作文的计划了。怎样才能使文章的开篇就吸引住老师的注意力呢？他对我的上一篇文章是满意还是不满意呢？这次的作文应该有什么不同之处呢？

一般说来，学生在自我学习时主要涉及四种技能，即倾听、计划、工作和检查。通过认知的自我指导，每一项技能都可以获得良好发展(见表6-3)。例如，利用班级标语可以促进学生通过反省发展自己的这些技能。这一过程还可以让学生进行思考并创造出他们自己的指导语和标语，讨论并张贴这些想法可以让学生更好地了解自我并控制自己的学习。

**表 6-3　利用海报提醒学生在学校里通过倾听、计划、工作和检查“谈论自己”**

| | |
|---|---|
| 这四张海报是五年级一班设计的，用来帮助学生记住使用自我指导。一些提示语反映出这些未成年人的特殊世界。 | |
| 海报 1<br>倾听时：<br>(1) 这个有意义吗？<br>(2) 这个我会了吗？<br>(3) 在忘记前我需要问一个问题。<br>(4) 请专心。<br>(5) 我能按他所说的去做吗？ | 海报 2<br>工作时：<br>(1) 我的工作够快吗？<br>(2) 停止注视我喜欢的女孩，回到工作上去。<br>(3) 还有多少时间？<br>(4) 我需要停下来并重新开始吗？<br>(5) 这对于我很难，但我能完成。 |
| 海报 3<br>计划时：<br>(1) 我把所有的事情都放在一起进行考虑了吗？<br>(2) 我能让我的朋友现在就会吗？<br>(3) 让我先把内容组织好。<br>(4) 我做这个的顺序是什么？<br>(5) 我知道这个东西。 | 海报 4<br>检查时：<br>(1) 我完成每件事了吗？<br>(2) 我需要再检查什么？<br>(3) 我为这个工作自豪吗？<br>(4) 我写下所有的单词了吗？数一数。<br>(5) 我认为我完成了，我自己组织的，我白日梦做得太多了吗？ |

研究表明，受过自我指导训练的学生更倾向于自我监控，花在任务上的时间要多于没有受过训练的学生。运用自我指导技术还可以帮助有特殊需要的学生，如帮助冲动型的学生学会沉思，提高有阅读障碍学生的阅读理解能力，以及促进智障学生在新的情境中进行问题解决等。除了自我指导，认知行为改变技术还包括一系列教学原则，如教师与学生之间的对话互动、树立榜样、教师指导下的发现学习、使用动机策略以及将学生的认知发展水平与要完成的任务细致匹配等，学生甚至可以参与计划的设计。利用这些有效的教学原则，可以促进学生把从认知行为改变中发展而来的技能应用到新的学习情境中。

## 第三节　行为学习的多样性与共同性

李老师听到上课铃声，疾步走到教室门口，踏进教室一刹那，映入眼帘的是：
安瑞：口沫横飞地大发谬论；

丽童：旁若无人地乱丢纸屑；
润言：津津有味地翻阅画册；
卫西：兴致勃勃地聊天说笑；
兆林：埋头用功地书写作业；
净伊：无精打采地坐在角落；
……

仔细观察这些现象，不难发现：每种情况都涉及儿童的某种行为，其中有些是偏差行为，有些是良好行为，有些则是中性行为。作为教师，尤其是在掌握了行为主义学习原理的情况下，当然希望使用行为学习与矫正的技术，使偏差者能改善，中性者能从善，良好者能继续保持。然而，有效工具并不能自动产生良好结果，而且有时人们会随意、笼统或前后不一地使用行为策略，而这种不加选择的使用往往令教师陷入困境。因此，使用行为矫正技术，首先要了解行为学习的多样性。

## 一、行为学习的多样性

### （一）学生来自多样化的背景

绝大多数学生来自不同的背景，他们生活于其中的亚文化特征、家庭社会经济地位、父母教养方式等各不相同，学习经历也有很大的差异，这使得每位学生都是独特的。比如：一些孩子受到的教育是在群体里不要抢着发言，而要安静地等到该他们发言的时候才说话，另一些孩子则可能在鼓励大声、及时说话的环境里长大；一些学生害怕在公开场合讲话或害怕在竞争性的体育运动中失败，另一些学生则对陌生的学校环境或高年级的同学感到焦虑；一些学生努力学习是为了取得好成绩，另一些学生则是为了赢得教师或家长的肯定而用功读书，还有一些学生却对学习漠不关心。教师要充分认识到班内学生的不同特点，在培养他们良好的学习及行为习惯时，考虑实施个性化方案，因材施教。

### （二）使用多样化的强化刺激

每个人的成长史不同，其行为的强化史也有一定差异。因此，某些活动或物品可以作为一些学生的强化刺激，对另一些学生却可能无效。另外，对一些学生是强化刺激的机会，对另一些学生却可能是惩罚。比如，在公众面前演讲或唱歌是一些学生喜欢的项目，但却使另一些不具备相应才能的同学感到难堪。教师可以使用调查表确定对学生有效的强化刺激（见表 6-4）。最后，教师还应注意，不要让少数学生得到“太多好东西”，如果教师过度使用强化刺激，最终它们会失去作用。

**表 6-4　我最喜欢做的事(学生调查表)**

| |
|---|
| 姓名：________　年级：________　日期：________ |
| 请尽你所能完整地回答所有的问题。 |
| 1. 最喜欢的课程是：________ |
| 2. 在学校里最喜欢做的三件事：________ |
| 3. 如果每天在学校里有 30 分钟的自由时间，你可以做自己真正喜欢的事，你将会做：________ |
| 4. 最喜欢的两种小吃：________ |
| 5. 在休息时间里，最喜欢做(三件事)：________ |
| 6. 如果我有 1 元钱，我会买：________ |
| 7. 我在班上最喜爱的 3 件工作：________ |
| 8. 在学校里我喜欢合作的两个人：________ |
| 9. 在家里我最喜爱干的事(三件事)：________ |

(三) 为学生提供多样化的榜样

学生可以通过观察、模仿他人行为及其结果而学习多种社会行为。作为教师，我们的目标是给学生提供尽可能多的积极的榜样示范来帮助他们。教师本人、学生干部、行业领袖、社会精英及模范人物身上有大量值得学生学习的品质或行为，教师应创造机会引导学生接触、观察这些榜样，这对学生正向价值观的确立、良好品质的形成有重要影响。同时，教师还要警惕学生可能面临的危险的负面角色示范，如学生可能从媒体中观察到的暴力行为等。这种情况下，一方面要尽量减少学生跟负面角色的接触机会，另一方面要提高学生明辨是非的能力。

## 二、行为学习的共同性

**鼓励总是重要的**

有位餐厅师傅，烧得一手好吃的北京烤鸭，但他出炉的鸭子只有一条腿。偏偏老板又是个闷葫芦，一忍就是 3 年。

有一天，老板心情实在不好，看到这位师傅烤出的鸭子仍旧少了一条腿，火上心头，忍不住问道：

“这只鸭子怎么只有一条腿？”

“本来就只有一条腿嘛！”

“是吗？”

“你看，窗外池塘边的鸭子不都只有一条腿嘛？”

老板抬头一看，正在午睡的鸭子都是缩起一只腿金“鸡”独立着。老板重重地拍了两下手掌，鸭子受惊，立刻探头伸腿，“呱！呱！呱！”叫着跑掉了。

老板愤怒地质问：“你看，不是两条腿吗？”

“我的烤鸭也是一样，只要你拍手(鼓励)两下，鸭子就变成两条腿了。”

不知你有没有读出这个故事的含义:要想成功管理儿童的行为,只要及时拍手就好。日常生活中,每个孩子都会做出适宜、得体、令师长欣慰的举动,就连那些平常被视为表现最差的孩子也并非一无是处。身为父母或教师,若能随时注意,当儿童表现良好时及时激励,那就掌握了行为管理的要领。

尽管学生有不同的学习经历,但还是可以找到一些相同之处,因此就有一些共同原则是教育者使用行为策略时可以参考的。

(一)教师一定要使用某种方式奖励或关注学习者的良好行为

每个人都希望自己的行为得到肯定,儿童更是如此。得到教师的肯定评价和令人鼓舞的重视,学生会表现得更好。但有些老师认为学生用功读书、遵守纪律的行为十分平常,甚至是理所当然的,没有必要给予表扬,因而就忽略了对学生良好行为的培养。不仅如此,有时教师更容易盯住学生的不良行为严加批评。这样的学校经历,会让大多数学生心情沮丧,放弃模仿或保持良好行为。

(二)有效的表扬必须是对学生成就的真诚认可

教师发自肺腑对学生的真诚表扬,可以使学生找到明确的努力目标,建立自信,完善其行为表现。而要做到这一点,教师的表扬不能刻意设计或随意为之,必须针对学生的具体行为。只有通过关注学生的努力、进步或出色表现,客观公正、因人而异地提出表扬,才会使表扬成为有效的强化物。

(三)告诉学生受到强化的原因

无论教师选择何种强化方式,都应明确告知学生为何受到了强化。在强化某一行为时,强化的效果有可能扩展到同时出现的其他行为,但那些并不是教师想要强化的。为避免强化不适当的行为,教师应告诉学生受到强化的原因。

(四)相信无论学生现在处于什么水平,他们能够学会更多的自我管理技能

只要教师遵循认知行为改变技术的有效原则,在准确把握学生认知发展水平的基础上加强师生对话及适时指导,学生就能够掌握更多的自我管理技能,成为自主有效的学习者。

## ☞ 回到案例

现在,我们分析一下本章开头案例中李老师对课堂和学生作业的管理行为。

首先,在课堂纪律方面,针对浩明随便说话的问题,李老师先采用了温和的正向惩罚,即在浩明转身说话时马上点名制止,这是当众对浩明不遵守纪律行为的一种责备或警告,令他感到不舒服,从而不再做出此类行为。考虑到学生被当众点名自尊心会受到伤害,此处李老师的态度很坚决,语气却是温和的,因此易使学生接受和遵从。

由于惩罚只是抑制了某种行为且效用是短暂的,最好的方式是结合对良好

行为的强化进行。因此，接下来李老师对期待浩明表现出的适宜行为——专心听并记录作业——及时进行了正强化，即通过肯定的描述激励他继续保持遵守纪律的良好行为。

其次，在提升作业质量方面，李老师在考虑学生多样化背景的基础上，主要采用了正强化、观察学习（替代强化）、代币制等行为管理策略。由于学生在学习基础、能力水平、成就动机等方面存在差异，李老师布置作业时进行了分层设置，每个学生都可以根据实际情况进行练习、巩固或提升，她不想让更多学生掉队，直到他们逐渐赶上来。

通过优秀作业展示，李老师对作业完成情况较好和有进步的同学给予及时、持续的强化，引导更多学生建立良好的作业习惯。通过对优秀作业的观察学习，学生们更直观地认识和领会到该怎样书写和呈现答案，同时，利用替代强化加强了其他学生表现出良好作业行为的意愿。通过发放小贴纸和兑换礼物与自由活动时间，每位学生都有机会通过自己的努力体验到进步的喜悦及自身的价值。这些伴随学习而产生的积极体验有助于良好作业习惯的形成和巩固。

## ☞ 学术争鸣

| 行为主义的方法有效吗？ | |
|---|---|
| **正方观点：行为主义的方法有悖伦理，而且从长远看来是无效的。**<br>有些学者认为，行为主义方法的本质是对人们的行为实施控制，通过简单的“贿赂”以使他人保持适当行为，这在伦理上是不可接受的。“你不给钱，我就不刷碗！”运用外在奖励方法培养的行为很容易消退，一旦奖励停止，行为也就停止了。而且，教师还可能误用奖励和惩罚，比如在课堂上点名批评做鬼脸的学生反而导致更多破坏课堂纪律的行为发生。另外，行为主义的方法不仅没有长远效果，还可能产生反作用。例如，有些教师和家长使用各种奖励手段甚至是金钱来强化学生的学习行为，可能让学生把学习当作一种手段，而不是结果。它会破坏学生的内部动机，降低他们原有的兴趣。例如，让一个喜欢阅读的学生一周必须读两本书才能得到奖励，实际上会削弱他的读书兴趣。 | **反方观点：行为主义的方法是有效的。**<br>赞同行为主义方法的学者认为，学生的行为总会得到不同形式的奖励或惩罚，行为主义的控制结果使教育更加公平，因为它给每个人都提供了得到奖励的机会。而且，学生不一定是行为技术的被动接受者，教师可以引导学生自主参与行为矫正的计划，并鼓励学生取得进步时进行自我奖励。另外，行为主义的方法给学生提供了学习情况的及时反馈。斯金纳和钱斯等心理学家都认为，人们在有反馈的环境里学得最好。教师表扬或奖励学生的表现，就提供了一个有反馈的环境。行为主义的方法会有长远的效果。奖励就是让学生知道他正在逐渐胜任一项任务或掌握一门课程，这会使学生充满信心并对学习更感兴趣，特别是对于那些缺乏能力或开始时对任务缺乏兴趣的学生。有证据表明，学生一旦掌握了初级阶段的任务，无论有没有奖励，其能力的增长已经成为一种对自我的奖励。这时，继续完成任务的兴趣就成为一种内部动机。 |

# 小 结

1. 有关学习的早期解释

学习是基于经验而导致的行为或行为潜能发生较为持久变化的过程。现代心理学关于学习的早期解释，源于行为主义学派代表人物的主要观点，其中巴甫洛夫的经典条件作用说、斯金纳的操作条件作用说影响最大。经典条件作用是指，将不能引起反应的中性刺激与一个能够引发反应的刺激配对一次或多次后，使中性刺激最终能引起同类反应的过程。经典条件作用的建立意味着有机体对可预期的信号产生了学习，这种将环境中的配对事件迅速联系在一起的能力具有深远的行为应用意义。操作条件作用是指，在某种情境中，由个体自发反应产生的结果导致反应的概率增加，并最终与某一刺激或事件建立起新联系的过程。强化学说是操作条件作用理论最重要的部分和基础。操作条件作用的原理与方法适用范围很广，尤其在行为习惯的形成与矫正方面具有很强的实用价值。

2. 观察学习与认知行为改变

班杜拉通过引入并强调社会因素对学习的影响对传统行为主义学习理论作了修正。其主要观点是，人们可以通过观察他人行为习得新的行为，认知过程在观察学习中具有重要作用。观察学习包含四个子过程，其效果受到榜样及学习者双方因素的影响。观察学习的原理表明，模仿是学生学习的重要途径之一，教育中可以通过示范期望行为等措施发挥观察学习的作用。认知行为改变技术是指，个体通过使用自我谈话和自我指导来改变自己的行为，它是在行为和观察学习理论的基础上发展而来的。实践证明，改变学生有缺陷的认知过程能有效改变其行为。

3. 行为学习的多样性和共同性

教师要充分认识到，来自多样化背景的学生其特点各不相同，培养他们良好的学习及行为习惯，要使用多样化的强化刺激并提供多样化的榜样。同时，一些共同的原则如合理强化、有效鼓励等，是教育者使用行为策略时可以参考的。

## 思考题

1. 分析生活中一种常见的经典条件作用现象。
2. 分析生活中一种常见的操作条件作用现象。
3. 举例说明经典条件作用与操作条件作用有何不同。
4. 经典条件作用原理对教师有何启发意义？

5. 你将如何使用连续渐进法教一个儿童学会大声说话？

6. 你同意用惩罚的方法矫正学生的不良行为吗？为什么？

7. 如何利用观察学习使学生获得并表现出助人行为？

8. 如何把认知行为改变技术应用于学生的行为管理？

9. 说说你对行为学习的多样性与共同性的理解。

## ∠ 进一步阅读文献

1. 陈琦，刘儒德主编，教育心理学(第 3 版)(第四章). 北京：高等教育出版社，2020.

2. 简妮·爱丽丝·奥姆罗德著，陈陈等译. 学习心理学(第 8 版)(第三、四章). 北京：中国人民大学出版社，2023.

# 第七章
# 学习的认知观

## ☞ 章节说明

认知心理学家研究学习的角度与行为主义者不同。他们着重探讨知识经验的心理组织过程及认知结构的特征，通常把学习视为接收、加工、储存以及提取信息的过程，并强调这一过程中隐含在信息加工与信息表征之下的心理机制。认知心理学家认为，环境只为学习者提供了潜在的刺激，至于这些刺激能否引起以及引起何种反应，则取决于学习者的准备状态及心理结构。认知取向的学习观重视人在学习活动中的主体价值，充分肯定了学习者的主动性以及记忆、意义理解、独立思考等意识活动在学习中的重要地位和作用。这不仅丰富了教育心理学的研究内容，也提高了对学习现象的分析与解释。

本章第一节首先介绍了知识的本质及现代信息加工心理学关于广义知识的分类观，然后介绍了陈述性知识的表征和学习过程，最后探讨了陈述性知识的教学策略。第二节首先介绍了程序性知识的分类及表征，然后重点分析了动作技能和心智技能两类程序性知识的学习过程及教学策略。第三节主要围绕元认知问题，探讨了元认知的实质及结构、元认知策略、元认知的发展特点以及提高学生元认知水平的教学策略。第四节就认知学习的多样性和共同性问题进行了探讨。

## ☞ 案　例

根据以往经验，赵老师知道明天要讲的"分子间有间隔"这个知识点对初三学生来说理解起来比较困难，因为这部分知识属于化学中的微观知识，看不见、摸不着，只有恰当联系学生的生活经验，才能帮助他们充分思考并理解这一现象。考虑到这些，赵老师决定今晚再优化一下教学设计。

上课时，赵老师先抛出一个问题："谁知道液体温度计的工作原理？"

同学们轻易地说出了答案："热胀冷缩！"

"为什么一个篮球不管打多少气，体积总是那么大呢？"赵老师又抛出第二个问题。

一个男生想了想，回答道："因为气体可以被压缩。"

赵老师放慢语速问道："热胀冷缩是怎么发生的？气体为什么能被压缩呢？"

同学们兴致勃勃地讨论起来，最终达成了一致的猜想：构成物质的分子不是紧密地黏在一起的，它们之间有空隙，空隙的大小会随温度或压力发生变化。

"你们该怎么证实这一假设呢？"赵老师用鼓励的目光看向学生，学生们跃跃欲试。

此时，赵老师请同学们拿出准备好的等体积的水和酒精，让他们小心地用特制的容器加以混溶后进行观察，每个人都可以清楚地看到 100ml 的水和 100ml 的酒精混溶后体积不到 200ml。赵老师幽默地问："刚才做实验时谁偷着喝酒了？"

同学们哈哈大笑，课堂气氛也变得轻松起来。

"谁能做一回福尔摩斯，把这个案子给破了？"赵老师微笑着看向同学们。

"酒精分子和水分子相互填充了彼此的间隙，所以它们的总体积变小了！"

"那酒精加酒精体积会变小吗？"赵老师问道。

"不会，只有当两种液体物质的分子间隙不一样大时，混合后体积才会减小。"

"1 L 黄豆与 1 L 芝麻混合后总体积小于 2 L 能反映分子之间有间隔吗？"

"不能，因为黄豆、芝麻是宏观的物质，不能说明分子间有一定间隔。"

"现在你们能解释热胀冷缩现象了吗？"赵老师又回到了开始时的问题。

"物体受热后，温度就会升高，组成物质的分子的运动会随之逐渐活跃起来，分子之间的间隔也就渐渐拉开，于是，整个物体就膨胀起来了。物体受冷时，分子之间的间隔就渐渐缩小，物体体积也就会缩小。"同学们充满信心地回答。

"生活中还有哪些现象体现了这一微观原理？"

……

赵老师是怎样帮助学生深入理解"分子间有间隔"这一微观原理的？

## 第一节　陈述性知识的学习与教学

现代认知心理学把人的认知过程假设为信息加工过程，信息加工的结果就是获得按一定方式储存的信息，即不同表征类型的知识。

## 一、知识的本质及广义知识的分类

关于知识本质的描述，我国教育类辞书中有两种说法。第一种是：对事物属性与联系的认识。表现为对事物的知觉、表象、概念、法则等心理形式。第二种是：就它反映的内容而言，是客观事物的属性和联系的反映，是客观世界在人脑中的主观映象。就其活动形式而言，有时表现为主体对事物的感性知觉或表象，属于感性知识；有时表现为关于事物的概念或规律，属于理性知识。这两种说法都是从哲学认识论的角度给出的，强调知识是主体对客观事物的主观反映。

从心理学角度看，知识是个体的一种内部状态。著名认知心理学家皮亚杰认为：知识是主体与环境或思维与客体相互交换而导致的知觉建构，知识不是客体的副本，也不是由主体决定的先验意识。根据皮亚杰的思想及现代认知心理学的观点，知识可以被定义为主体与其环境相互作用而获得的信息及其组织，储存于个体内即为个体的知识，储存于个体外则为人类的知识。知识的本质是信息在人脑中的表征。

人类的头脑能以不同的方式来表征信息，而信息表征的方式则决定了它对行为的影响。我们都曾留意到，有时候人能解释或者描述一个活动，但自己做不出来；而有时候人能做出一些动作，但不能解释自己是如何做的。这类现象让认知心理学家推断，知识在人类头脑中具有不同的表征方式。

20 世纪 70 年代，信息加工心理学家安德森(J. Anderson)对知识在人头脑中的表征性质做了两种最基本的划分：陈述性知识(declarative knowledge)和程序性知识(procedural knowledge)。陈述性知识是关于客观事物及其关系的知识，是可以用词语来表达或视觉化方式来描述的知识，主要用于回答事物“是什么”“为什么”及“怎么样”的问题，它使我们能够描述或者识别客体和事件。这类知识与我们日常使用的知识概念及内涵较为一致，也称为狭义的知识。程序性知识是关于技能、认知操作和如何做事情的知识，也就是“知道怎样”的知识，往往潜在于行动背后，难以用词语来表达。如完成将“We go to school yesterday”改成合适的时态、驾驶汽车等任务，需要人们使用程序性知识。

## 二、陈述性知识的表征

知识的表征是指信息在心理活动中表现和记载的方式。一个外在的客体在心理活动中可以以具体形象、概念或命题等形式表现出来，这些形象、概念或命题都是信息的表征形式。同一事物可以有不同形式的表征，不同表征形式所具有的共同信息称为表征的内容，而每一表征形式称为编码。信息加工心理学家认为，陈述性知识的主要表征形式有：命题、命题网络、图式、表象系统。

### （一）命题与命题网络

命题是知识的最小单位，用于表述一个事实或描述一种状态，通常由一个关系和一个以上论题组成。关系是用来限定论题的，一般由动词、副词或形容词表达，有时也用关联词和介词表达。论题是指命题中的实体，可以是命题中的主体、受体、目标、工具等，一般由名词或代词表达。例如，在"大熊猫'丫丫'回国了"这一命题中，"大熊猫'丫丫'"和"国"是两个论题，即命题谈及的话题和主题，"回"是这一命题的关系。

命题用句子来表达，一个句子可以包含一个或多个命题。例如，"贾宝玉给林黛玉讲了耗子精偷香芋的故事"，这个句子由两个命题组成，即"贾宝玉给林黛玉讲故事"和"这个故事是关于耗子精偷香芋的"。虽然命题由句子组成，但命题不等同于句子。句子代表着交流观念的方式，有一定的语法结构、句式，而命题只涉及句子表达的意义，跟具体的句式无关。

共同涉及某些信息的命题能相互联系起来形成命题网络。如"同学们正在讨论有趣的数学问题"中包含三个命题，"同学们正在讨论问题""这个问题很有趣"和"这个问题是与数学有关的"。这三个命题共享"问题"这个信息，构成一个简单的命题网络。

长时记忆中的大部分陈述性知识是以相互联系的概念和关系构成命题网络的形式存在的（如图 7-1）。与命题一样，命题网络储存的也是事件的意义，当人们要回忆一些信息时，可以将事件的意义转化为熟悉的短语、句子或心理图像。命题网络能够保持大量的相关信息，从而使人们在回忆一些信息时可以引发对另一些信息的回忆。因此，网络式的信息表征有利于信息的记忆和有效提取。

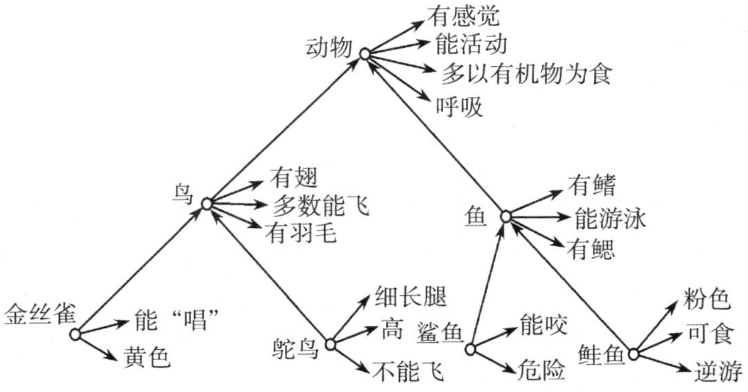


**图 7-1　命题网络片段**

（二）表象和表象系统

表象是对信息的大体轮廓、空间位置的表征，是对事物的物理特征做出连续保留的一种知识形式。例如，有人问你离这儿最近的超市在哪里，你会停顿下来思考一会儿再回答。这期间，你正在形成有关超市的心理地图，虽然没有现实生活中超市的实际位置那样准确，但可以对超市的位置有大体的掌握，便于寻找。

关于知识储存的双编码理论认为，人的长时记忆系统可以划分为表象系统和言语系统，表象系统利用意象编码来储存关于具体客体和事件的信息，言语系统以语义编码也就是命题编码来储存言语信息。命题编码与其表征对象的联系是任意的（如"书"这个词与实际的书并没有物理上的相似性），而表象编码有着与实际知觉相似的性质（如一本书的表象与实际的书的知觉有某些共同特征）。因此，有心理学家将语义编码称为符号表征或言语表征，将表象编码称为类比表征或意象表征。言语表征一般是系列化的，而意象表征能同时对许多特征进行编码。一个复合意象，如教室的意象，能同时对与教室有关的特征进行编码，而教室的言语表征一次只能涉及某一信息（如房子内有课桌，中间有通道，墙壁上有窗子，如此等等，直至穷尽教室的所有特征）。

双重编码理论认为，语义和情景记忆都可以通过符号或类比的形式来表征。因此，为了让学生更好地记住重要信息，教师在呈现信息时应尽量图文并茂。

（三）图式与脚本

认知心理学家安德森认为，对于表征小的意义单元，命题是适合的；但对于表征一些我们已知的有关特殊概念的较大的有组织的信息组合，命题是不适合的。例如，有关房子的知识如果用"房子是人的居住处"这一命题表征，则不足以表征人们有关"房子"的全部知识。关于房子，我们还知道以下知识：

房子是一类建筑物；

房子有房间；

房子可能用木头、砖头或石头建造；

房子的形状通常是矩形或圆形；

房子一般大于 20 平方米小于 300 平方米。

现代认知心理学认为，人拥有的较复杂的整块知识是用图式来表征的，图式是人头脑中关于普通事件、客体与情景的一般知识结构。现代图式理论的代表人物鲁墨哈特（D. Runelhart Rumelhart，1977）总结了图式具有的四个主要特点：(1) 图式含有变量，如在"房子"这一图式中，房子的功能、大小、形状等都是变量；(2) 图式可以相互嵌套，比如"眼睛"的图式可以嵌套在"人脸"的图式中，而"人脸"的图式又可以嵌套在"人体"的图式中；(3) 图式可以在各种抽象水平上表征知识，从宇宙天体到粒子运动，从意识形态到洗衣做饭都可用图式表征；(4) 图式所表征的是知识而不是定义，图式中含有同类事物的本质特征和非本质特征，而定义只反映一类事物的本质特征。

心理学家还把图式分为表征客体的图式与表征事件的图式两大类。香克(R. Schank)和阿伯尔逊(R. Schank R. Abelson，1977)把表征反复出现的有序事件的图式称为脚本(script)。脚本不同于客体图式，它表征的事件有一定的时间顺序。如，"订餐"这个经常出现的事件，一般可以分解成如下阶段：打开手机上的外卖应用软件、定位送餐地址、选择餐厅以及订餐品种与数量、结算付款、等待外卖员上门送餐、检查送餐品种与数量。由于这样的步骤多次重复出现，人头脑中就形成了有关订外卖的脚本。

### 三、陈述性知识的学习过程

信息加工心理学把陈述性知识的学习看作是信息的编码、储存和提取的过程。图 7-2 较完整地反映了这一过程。

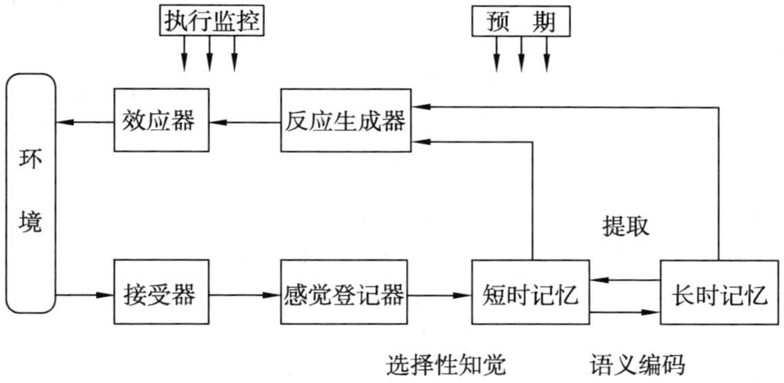


**图 7-2　陈述性知识的学习过程**

（一）有意义的编码

编码就是将输入信息与记忆中已有的概念和思想联系起来，以便更好地记住新材料的过程。在编码阶段，信息最初以感觉信息的形式从我们的各个感觉器官(如眼、耳、鼻等)进入感觉登记器。感觉登记器是一个容量很大的存储器，可以暂时保存所有感觉信息，但保存时间极为短暂。只有经过学习者选择性知觉(这一过程会受到学习者的长时记忆和认知过程的影响)的信息才会进入工作记忆(又称短时记忆)。工作记忆中的信息，除了对外部世界的选择性知觉而获得的信息，还有从长时记忆中提取的存储信息。工作记忆非常重要，是人们"思考"过程的发生之地。现在你阅读、理解这句话，就是在工作记忆中进行的。工作记忆维持信息和思维过程的能量是有限的，如果某一时段的信息太多，或学习者要进行一些复杂的认知加工，工作记忆就会超出负荷，可能导致关键信息的遗忘或重要加工步骤的遗漏。当然，学生可以通过使用维持性复述或形成组块等记忆策略来提高工作记忆的效能。

长时记忆是信息加工过程的第三种记忆结构，人们获得的所有知识都存储在这里。长时记忆的容量似乎是无限的。信息经编码后储存在长时记忆中，对陈述性知识进行编码会使新知识变得更有意义并有助于学习者理解和记住相关信息。心理学研究表明，精致化（elaboration）、组织（organization）和背景利用（context utilization）是三种有效的编码方式。

1. 精致化

精致化是指将新知识与已储存在长时记忆中的知识建立起联系，从而赋予复杂知识以意义的过程。例如：一个学习过太阳系行星的学生知道，金星离太阳比地球更近，这个学生还知道人离电热器更近会觉得更热，所以金星可能比地球更热；同样，学习过计算等腰三角形面积的同学，求等边三角形面积时会得心应手，驾轻就熟。通过对新信息进行精致化加工，学生主动增加了新信息中的意义，这一方面给今后的回忆提供了更多可提取的线索，另一方面能帮助个体推论出自己不记得的知识。

2. 组织

组织是指将新信息置于某一相关信息的范畴和次序之中，或者将不同范畴的信息重新组合，把相同或相关范畴放在一起，便于理解和记忆。例如，我们的购物单上有苹果、书、铅笔、毛衣、香蕉、鞋、帽子、笔记本等物品，为了方便记忆和选购，可将其分为三类：水果类、鞋服类和学习用具类。

与精致化编码类似，组织也会导致新的联结或联系在长时记忆中建立。在复杂知识的学习中，可以采用列出课文结构提纲和网络图的方法对材料进行组织。在许多教材中，章节前面都有简要的内容结构提纲，呈现出大小标题、层次和序号，使读者可以清晰知觉课文的内在逻辑结构，便于对课文内容的学习和理解。教师在授课时，可以在板书上设计每一节的知识结构和网络图，为学生学习这种方法提供示范。

**体验一下“组织”的编码方式**

| | | | | | | | | | |
|---|---|---|---|---|---|---|---|---|---|
| 斑马 | 菊花 | 土豆 | 野猪 | 狐狸 | 玫瑰 | 书立 | 骆驼 | 铅笔 | 白菜 |
| 冬瓜 | 老虎 | 香菜 | 墨水 | 橡皮 | 山羊 | 丁香 | 茶花 | 海豚 | 牡丹 |
| 橡皮 | 书包 | 洋葱 | 大象 | 蜡梅 | 番茄 | 水牛 | 老鼠 | 茉莉 | 豌豆 |

首先，试着记住上表中的30个词汇，过段时间你回忆时就会发现长时记忆中的“组织”工作，即那些单词已被归入四个类别之中：动物、蔬菜、文具和花。归类表现为，对于相关或相似的项目，无论是有序还是无序呈现，记忆是按一定类别组织起来的。

3. 背景利用

人们在学习新信息时，会注意到周围背景的方方面面(地点、时间、情绪、和谁在一起等)，无论是出于有意注意还是无意注意，这些背景知识在随后的回忆活动中会起到启动的作用。假如你无法回忆一些事情，这些背景信息可以间接地引导、启发你，直到回忆起正确的信息。例如，在特定空间(如教室)内加工学习材料的学生，如果在相似的空间内进行测验，比在一个表面上看似不同的空间(如图书馆)内做同样的测验表现要好一些。

总之，在陈述性知识的编码阶段，新旧知识之间建立联系是一个重要环节，旧知识的可利用性越高，新知识与之建立联系的固着点越多，越有利于有效编码，从而使新知识获得意义。

(二) 储存和保持

1. 知识储存和保持的实质

保持是识记过的经验在人们头脑中的巩固过程，也就是信息的存储过程。知识保持是一个动态的过程，储存的知识在数量和内容上都会发生变化。数量方面的变化，主要表现为保持数量随时间的推移而逐渐减少，这就是遗忘现象，后面我们还要详细论述。在内容方面，由于每个人编码和储存知识的经验和方式不同，在长时记忆中保持的陈述性知识有可能发生以下三个方面的变化：(1) 保持的内容比原来识记的内容更简略、更概括，一些不太重要的信息趋于消失，而主要内容及其显著特征被保留下来；(2) 保持的内容比原来识记的内容更详细、具体、完整、合理和有意义；(3) 保持的内容比原来识记的内容更夸张、突出或歪曲，变得更生动、离奇或更具特色。

2. 知识遗忘的过程

记忆保持的最大变化是遗忘，遗忘和保持是一对尖锐的矛盾。记忆的内容不能再认和回忆，或者再认和回忆时发生错误，就是遗忘。德国心理学家艾宾浩斯(H. Ebbinghaus)最早对遗忘过程进行了系统研究，并在此基础上绘制了艾宾浩斯遗忘曲线。该曲线表明：材料识记之后，遗忘就开始了，但遗忘的进程是不均衡的，呈现出先快后慢的趋势，之后会保持在一个相应的水平上。后来关于记忆的研究表明，与机械学习的材料相比，具体事实同样容易遗忘，但在理解基础上记忆的概念和原理不易遗忘。

**科学安排复习时间**

根据遗忘的有关规律，教师应该指导学生按如下步骤复习：

第一次复习，学习结束后的5～10分钟，背诵要点，或者阅读后尽快用自己的语言表述出来；

第二次复习，学习当天晚些时候或第二天，再读要点内容，用自己的话复述出来；

第三次复习，一星期后；

第四次复习，一个月后；

第五次复习，半年后。

此外，遗忘还表现出系列位置效应（serialposition effect）。1962年，加拿大学者默多克（B. Murdock）在实验中给被试呈现系列没有关联的词，如肥皂、氧、枫树、蜘蛛、雏菊、啤酒、舞蹈、雪茄烟、火星等，请被试按一定顺序学习。结果发现，最先学习和最后学习的单词回忆成绩最好，中间部分的成绩最差。据此，心理学家描绘出了关于记忆的“系列位置曲线”（serialposition curve）（U形曲线），该曲线表明，学习材料中各部分所处的位置不同，学习效果往往不同。比如，识记一篇文章，开头部分和结尾部分的识记效果就比中间部分要好。

（三）提取

在学校情境中，教师往往通过回忆或再认任务考查学生对陈述性知识的掌握。这时，学生要把长时记忆中的信息提取出来以完成任务。激活扩散（spreading of activation）和重构（reconstruction）是两种有效的提取策略。

1. 激活扩散

长时记忆是一个巨大的网络，可以储存无限的信息，处于工作记忆中正被思考的知识只是其中的一小部分。不过，通过这一小部分可以启动、激活与它高度相关、与之直接相连的结点。随着这一过程的持续，这一激活又会向四周扩散，蔓延到其他结点或组块，进而能够提取到大量的信息。例如，物理学中与“斜面”相关的概念和命题有“力”“加速度”“牛顿第一运动定律”“牛顿第二运动定律”“F、m、a的定量关系”等。从激活扩散模型可以看出，知识的保持不仅与知识的组织程度有关，而且与知识的运用频率和信息加工过程的决策有关。认知心理学的研究也表明，不同的识记方式导致对识记内容的加工深度不同，对新知识信息加工越充分，识记效果越好，提取也越有效。

**试一试，由红色这一概念你能想到什么呢**

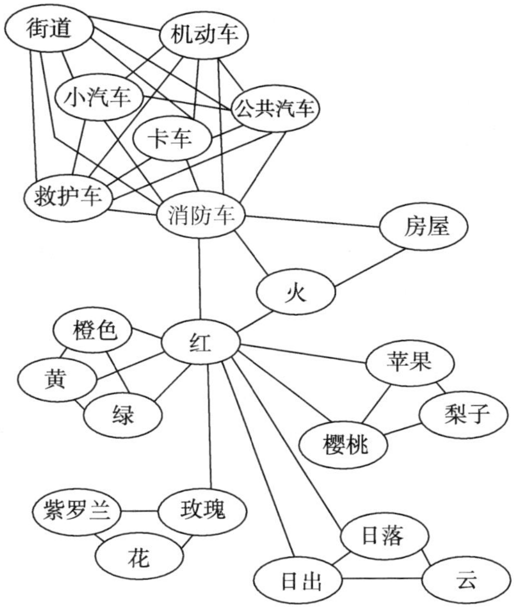


2. 重构

在陈述性知识的提取过程中，如果激活扩散没有找到我们要找的信息，这时就要借助第二种策略——重构，来达到提取目的。重构是一种认知工具或问题解决过程，通过将缺失的部分填上，利用逻辑、线索及其他知识建构一个合理的回答。比如，如果学生没有掌握“维C可以增加白细胞活性”这一命题，当老师提问“维C对白细胞有什么影响”时，首先激活的是命题网络中的“维C”和“白细胞”两个概念，学生不能直接找到“维C可以促进白细胞活性”这一命题，会通过“白细胞消灭病毒”“感冒是由病毒所引起的”“维C通过影响白细胞来预防感冒”等命题，逐步推导出“维C可以增加白细胞活性”的结论。

由此可见，陈述性知识提取的过程是对命题网络进行搜索并做出决策的过程。这一过程包括对知识的重构。当然，有时候重构的内容是不正确的。

## 构建自己的学习

请阅读下面这篇“鬼魂的战争”：

一天晚上，两个艾古拉克的年轻人去河里捕海豹。当他们来到那里时，天起了大雾，四周很寂静。顷刻他们听见了打仗的吵嚷声。他们想：“这里可能有战争。”于是两人赶紧跑上岸，隐藏在一根木头后面。这时驶来几条独木舟，他们听见划桨的声音，而且还看到一条独木舟向他们划来，上面有5个人。这些人向他们喊道：“我们要去上游同他们开战，很想带上你们，怎么样？”

其中一个年轻人回答：“我没有箭。”

“船上有箭。”这些人喊道。

“我不愿随你们去，我会被杀死的，家里人还不知道我跑到哪里去了。”这位年轻人说完之后对他的同伴说，“不过你可以跟他们去。”

于是，一个年轻人跟着去了，另一个则返回家中。这些勇士继续沿河而上，抵达了卡拉玛河对岸的一个小镇。他们跳入水中开始战斗，有许多人被杀死了。这时随去的年轻人听见一位勇士大声叫道：“快，我们回家去，印第安人遭袭击了。”此时他才想到：“哎哟，这些人是鬼。”他并没有感到痛，但这些人却说他已被射伤了。

独木舟返回了艾古拉克，年轻人上岸回到了家里，生了一堆火。他告诉每个人说：“瞧，我遇见鬼了，我还去打仗了。我们当中有许多人被杀死，但攻击我们的人中也有许多被杀死了。他们说我被射伤了，但我根本没感到痛。”

年轻人说完之后渐渐平静了下来。当太阳升起时，他倒下了，嘴里流出了黑色的东西，脸也变了样。人们叫着，跳着。

他死了。

读完这则故事，做15分钟别的事情，然后尽可能多地回忆故事里的情节。也可以请你的同学参加这个测验，看看回忆时你们都犯了哪种类型的错误。

（错误类型提示：趋平——简化故事；精锐化——突出和过分强调某些细节；同化——将细节变得更符合被试自己的背景或知识）

多数人犯的错误是将文中不可理解的部分通过重构变得可以理解。当人们阅读晦涩难懂的材料时，可能会扭曲文章原意而使其与自己已有的知识保持一致。

### 四、陈述性知识的教学策略

#### （一）吸引学生的注意

注意是知识掌握的门户。注意可分为有意注意和无意注意。无意注意受外界刺激的特征和个体自身状态两方面因素的影响，与直接兴趣相联系。研究表明，凡变化的刺激，如教师讲课时语调的高低，呈现教材的颜色，教师的姿势、动作、手势等变化，都能引起学生的无意注意；凡能唤起人的情绪反应的刺激，如生动形象的描述和比喻、直观教具、图画等都能引起学生的情绪反应，引起无意注意。因此，教师应灵活应用变化的刺激和情绪性刺激的特征来唤起和维持学生的注意。有意注意主要受个体的间接兴趣影响，提高学生对知识的间接兴趣是保持有意注意的关键。因此，教师在教学中应更多采用说明所学知识、技能的应用价值等策略来维持学生的有意注意。

**这样认识“圆”形象又有趣**

在“圆的认识”一课中，为了让学生既能初步感知圆是“平面内到一定点的距离等于定长的点的轨迹”，又能激发对“圆”的学习兴趣，在新课开始的时候，教师拿着一个系着一段绳子的小球对同学们说：“这是一个小球，它上面系着一段绳子。现在我用手拽着绳子的一端，将小球甩起来，你们看看小球会甩出一个什么样的图形。”由于好奇心的驱使，全班同学的注意力全部集中到对教师动作的观察。当然，他们很快看出小球甩出的是一个圆形。由于学生看到圆可以用这种新奇的方式产生，自然地产生了认识圆的学习兴趣。

（二）激活原有知识

美国著名教育心理学家奥苏伯尔在所著的《教育心理学：认知观点》一书中道：假如让我把全部教育心理学仅归纳为一条原理的话，那么我将一言以蔽之，影响学习的唯一最重要的因素就是学生已经知道了什么，要探明这一点，并应据此进行教学。

研究表明，新知识要获得意义，学生认知结构中必须具有相应的知识储备，而且这些知识必须处于激活状态。课堂教学中，当学生原有知识经验还没被激活和提取时，教师可以给学生补充一些过渡性的学习材料，或者利用与新知识有关的问题提问学生。这样既可了解学生原有知识的掌握情况，也可做一些概要的复习，为新知识的讲授做好准备。

（三）促进选择性知觉

学生在课堂学习中主要通过视、听两个渠道获取信息。教师无论采取何种渠道传输信息，要使信息便于学生接受，就必须精心组织和设计。从视觉呈现的材料看，教师可采取如下方式促进学生的选择性知觉：(1) 在教材中采用符号标志技术。如要求学生把重要的概念用下划线标出，把要阐明的观点用小标题列出等，使材料结构清晰，一目了然，便于学生选择适当的信息，并将信息组成一个彼此关联的整体，形成概念框架。(2) 注重对板书和直观材料的设计。板书设计得好可以突出新授知识的组织结构，可以弥补学生从听觉渠道接受信息的不足，如短时记忆容量的限制。直观材料的呈现要突出新知识的关键特征，便于学生去选择性知觉，促进知识掌握。从听觉渠道呈现的材料看，教师能吸引学生注意的技巧也适用于促进选择知觉新信息。教师的讲授与板书相结合，多媒体与直观材料的呈现相结合，其效果会更好。

（四）促进新旧知识相互作用

课堂教学中，教师可采用多种方式促进学生新旧知识的相互作用，其中奥苏贝尔倡导的“组织者”是十分有效的策略。组织者分陈述性组织者和比较性组织者。前者适用于学生原有认知结构中缺乏同化新知识的有关知识观念时；后者适用于学生的认知结构中已具有同化新材料的适当观念，但不能自发应用，即不能独立找到它们之间的内在联系。通过提供这种引导性材料，可以在学习者的“已知”与“未知”之间搭建桥梁，以达到“以其所知，喻其不知，使其知之”的目的，使学生能够更有效地学习新材料，加深对知识的理解。

（五）促进认知结构改组与重建

现代教育心理学认为，知识掌握不仅是保持知识，而且要经过认知结构的改组和重建，以达到简约与减轻记忆负担的目的。为防止知识的混淆和有用观念的遗忘，教学中应帮助学生认识知识系统的整体结构，理清知识要素间的纵横联系，尤其是概念原理间的联系规律，分清知识的主干与分支；启发学生概括、归纳、比较解决问题的方法，达到触类旁通、举一反三；指导学生比较知识要点的同中之异、异中之同，帮助学生发展知识结构。通过对已有知识的进一步加工和改造，能够有效促进学生认知结构的改组与重建。

（六）有效测量和评价陈述性知识的掌握状况

陈述性知识掌握的实质是学生认知结构中命题网络的建立。有效的测量必须测查相关的命题网络是否形成。根据认知心理学测量认知结构特征的技术，教师可以编制测量知识内在联系的试题。用什么样的试题测量学生掌握知识的情况，不仅是评价教学结果的手段，而且对学生的学习起到导向作用。如果测验题只要求学生机械背诵学习材料，学生就会只注意死记硬背；如果测验题偏重测量知识的内在联系，学生就会主动去建构知识的网络结构。

## 第二节　程序性知识的学习与教学

### 一、程序性知识的含义及分类

（一）什么是程序性知识

程序性知识是人脑中储存的关于步骤、程序、操作的知识，即“怎么做”某件事情，是一种动态的知识，表现为在信息转换活动中进行具体操作。例如，音乐家演奏音乐、运动员完成某项体育项目以及学生进行数学运算等活动，都需要拥有相应的程序性知识。学习某种程序或许要花费一定时间，但学会之后，这种知识便长久地储存在长时记忆中，不会遗忘。

**怎么完成分数的加法**

数学课上，对“1/3＋1/5＝?”这一分数加法算式的运算就是一种程序性知识。其解题步骤分为四步：

① 求两个分母的最小公分母，结果为15；

② 将第一个分数的分子、分母同时乘以5，得到5/15；

③ 将第二个分数的分子、分母同时乘以3，得到3/15；

④ 将两个同分母的分式相加，分子相加，分母不变，得到8/15。

（二）程序性知识的分类

程序性知识可分为运动技能和心智技能两大类。

1. 运动技能

运动技能又称操作技能，是通过学习而形成的合乎法则的操作活动，主要借助于对骨骼肌肉系统的协调而实现。日常生活中的听、说、读、写，体育活动中的奔跑、跳跃，艺术领域中的吹、拉、弹、唱等，都是运动技能的体现。

运动技能有三个特点：第一，客观性。就操作的对象来说，运动技能借助对骨骼肌肉系统的协调来完成各种活动，操作对象是客观实体或骨骼肌肉。第二，外显性。就操作进行的过程来说，运动技能都是通过骨骼肌肉的运动实现对外在实体的操作，是可以看见的，具有外显性。第三，展开性。就动作的结构而言，操作活动的每个动作必须切实执行，不能合并、省略，在结构上具有展开性。

2. 心智技能

心智技能又称智力技能，是借助于内部言语在头脑中进行的认知活动。例如，小学生的心算活动、阅读、思考、写作技能等都属于心智技能的范畴。

心智技能有三个特点：第一，观念性。与操作技能不同，心智技能的对象是储存在人脑中的知识和信息，是对客观事物的主观表征，因此具有观念性。第二，内潜性。由于心智技能的对象是主观观念，而不像运动技能通过肌肉运动对客观实体进行操作，也不像言语活动那样通过言语器官、口腔肌肉的活动进行表达。心智技能是通过内部言语进行的，只有通过其作用对象的变化来判断活动的存在，因此具有内潜性。第三，简缩性。与运动技能的展开性不同，心智活动不需要把每一个步骤切实执行，在自己的意识范围之内可以省略、合并及简化，因此具有简缩性。

## 二、程序性知识的表征方式

信息加工心理学家认为,人脑和计算机一样,都是"物理符号加工系统",其功能都是操作符号。计算机之所以具有智能,能完成各种运算和解决问题,是因为它储存了一系列"如果/那么"(if/then)的形式编码规则,这种规则被称为产生式(production)。信息加工心理学创始人纽厄尔(A. Newell)和西蒙(H. Simon)把计算机科学中的这一概念引用到心理学中,安德森则提出程序性知识是以产生式和产生式系统(production systems)的方式表征的。

### (一)产生式

每个产生式由条件和行动两个因素组成。条件部分储存了能够激发行为的环境条件和心理条件的信息,行动部分则储存了指导心智或身体行动的信息。当特定条件存在时,一定的行为就必然发生,即如果 A,那么 B。例如,"如果外面下雨了,那么不打伞出去衣服就会被淋湿","如果家里停电了,那么冰箱就会停止工作"。

**产生式的例子**

Production1(实施强化的产生式):

条件:目标是增加儿童的注意行为,且儿童的注意时间比以前稍微延长。

行动:对儿童进行表扬。

Production2(识别三角形的产生式):

条件:已知一个图形是两维的,且该图形有三条边,三条边是封闭的。

行动:识别此图形是三角形。

### (二)产生式系统

产生式与产生式之间是通过系列控制而相关联的,当一个产生式的行动成为另一产生式发生所需的条件时,就构成了产生式系统。在产生式系统中,因一个产生式的应用而导致的信息转化结果提供了另一产生式应用所需要的条件,因此一系列相关行为就自动地发生。例如,使用洗衣机清洗衣服的产生式系统是:

条件一:如果待洗的衣服已经放入洗衣机内,并加入了适量洗衣液;

行动一:按下洗衣机的电源开关。

条件二:电源已经接通;

行动二:选择洗衣程序。

条件三:洗衣程序已经选择好;

行动三:选择洗涤和漂洗水量。

条件四:水量已经选择好;

行动四：按下启动按键。

产生式系统的激活会使一系列离散的行为形成一个连锁，并以顺畅且相对自动化的方式运行，直到达到一个主要的目标或者建立一个新的目标。

### 三、陈述性知识与程序性知识的区别和联系

成功完成一项任务会同时用到陈述性知识和程序性知识。例如，教师要想在课堂中获得成功，就既要理解相关理论，又要掌握理论的应用。表 7-1 对陈述性知识和程序性知识做了比较和对照。

**表 7-1　陈述性知识和程序性知识比较**

| 特征 | 知识类型 | |
|---|---|---|
| | 陈述性知识 | 程序性知识 |
| 表征方式 | 命题、表象、图式 | 产生式、产生式系统 |
| 运　　用 | 灵活：可以在很多情境下使用 | 特殊：在有限的情境中使用 |
| 对行为的影响 | 效率低：行为需要有意识的控制，缓慢而容易犯错误 | 效率高：行为是自动化的（无意识控制），快速而不易出错 |
| 习得速度 | 快：可以较快速地获取组块 | 慢：获得新的产生式需要多次尝试 |
| 遗　　忘 | 遗忘可能很快 | 遗忘相对较慢 |

可见，陈述性知识与程序性知识二者有本质的区别，是两类不同形态的知识。不过，从另一方面来看，二者又有密切的联系。

首先，陈述性知识的获得是学习程序性知识的基础。学会“怎么做”之前必须先知道“是什么”“为什么”和“怎么样”的问题。一般而言，产生式系统是依据命题网络编制的，人们一开始通过对命题网络的有意识搜索来决定怎么做。经过大量练习，命题网络的某些部分开始转化为产生式和产生式系统，即陈述性知识的程序化。

其次，程序性知识获得后，为获取新的陈述性知识提供了可靠保证。陈述性知识的获得离不开对某些信息的判断和转换，这主要依靠个体的程序性知识。任何陈述性知识的获得都离不开过去的知识基础，而这其中就包括大量的程序性知识。可以说，陈述性知识和程序性知识的学习是互为条件的。

## 四、程序性知识的学习过程

### (一) 运动技能的形成过程

费茨和波斯纳(Fitts,Posner,1967)把一般运动技能获得的心理过程概括为三个阶段。

1. 认知阶段

认知阶段也叫做动作定向阶段。在这一阶段,学生首先要了解动作技能的结构,对动作系统有初步认识,在头脑中形成完整的目标意象,即有关动作形式的表象,用表象调节动作并掌握局部动作。在这一过程中,编码是重要的环节。学习者对信息的编码可以是具体的,也可以是抽象的;可以是词语的,也可以是视觉的。儿童一般使用具体的、视觉的编码,而成年人能够将视觉和语词联系起来进行编码。动作定向在动作技能形成中十分重要,有了动作定向,学生就能知道做什么,而且初步知道怎么做。

2. 联系阶段

这是由动作定向向动作协调完善阶段发展的过渡阶段。在这一阶段,心理发展要经过两个过程:程序化和组合。程序化是指将工作记忆中激活的陈述性知识创建为新的产生式这一认知过程。在上一个阶段,学习者已经掌握了动作的陈述性知识,在使用陈述性知识操练活动时,必须将每一步的理论知识和分解动作相对应,用理论指导动作的进行,经过多次训练,一些新的产生式就形成了,一系列分解动作就程序化了。组合是指将两个或多个产生式组合成产生式系统的过程。组合的结果是使一系列分解动作更为流畅,成为一体。经过程序化和组合,学习者的动作逐渐熟练,上一阶段的表象调节和有意识控制也减少了。

在这一阶段,学习者必须排除过去经验中习惯的干扰。例如,已经学会了简化太极拳的人,在学习杨氏太极拳时,常常把前者中后坐的动作带到后者里来,而后者没有这个动作。因此,他必须努力纠正这些习惯性动作。这一阶段的学习过程非常重要,教师应重视并提高警惕,以防学生形成错误的产生式系统。

3. 自动化阶段

此时,骨骼肌肉动作实现程序化、自动化和完善化,达到操作的熟练,所形成的各种动作方式对外在变化的条件具有高度的适应性。需要指出的是,自动化并不意味着没有意识的参与,它只是以动觉反馈调节为特征,意识的参与性减少,可以将注意分配到其他活动上。自动化的内在机制是在大脑皮层中建立了动力定型,即大脑皮层的概括的、巩固的暂时神经联系。

研究表明,任何运动技能的掌握都是相对的。例如,有人对工业生产技能进行的长期研究发现,雪茄生产工人的动作技能在四年多的时间内不断进步,这些工人要掌握一定水平的技能,必须经过大量的实践。例如,第一年工人生产一支雪茄需用 0.12 分钟,第二年降至 0.1 分钟,第三年降到 0.09 分钟,第四年以后,工人技能仍有缓慢改进。许多体育技能的训练表明,一个运动员要达到自己的最高水平需要多年的练习,要保持最高水平则需要大量的练习。

(二) 心智技能的形成过程

心智活动虽有观念性、内潜性和简缩性,不同于外部的实践活动,但它又来源于实践活动,是实践活动的反映。心智活动是通过实践活动的"内化"而实现的。据此,苏联心理学家加里培林于 1959 年提出了著名的心智活动形成的五阶段理论,认为智力技能的形成是一个从外部的物质活动向内部的心理活动转化的过程。

1. 活动的定向阶段

这是活动的准备阶段。学生要预先熟悉任务,形成关于活动本身和活动结果的表象。这一阶段主要是给学生提供活动的原型,并说明活动的目的、方法以及操作程序,使学习者明确活动的方向。例如,学习进位加法,本阶段要向学生指出其关键是进位,并提醒学生注意为什么要进位和如何进位。

2. 物质活动和物质化活动阶段

这是借助实物、模型或示意图等进行智力活动的阶段。这两种活动既有联系又有区别,二者都是对外在的客观实体进行操作,不同的是,物质活动的操作对象是实际事物,是对象本身。例如,魔方是很多小朋友喜欢的玩具,通过动手操作,他们的智力得到开发。物质化活动的操作对象不是客观实体,而是它的代替物,如模型、蓝图、图解、标本以及记录等。例如,在人体解剖课上,老师可以通过人体骨架模型向学生讲授人体的骨骼、肌肉系统等。

此阶段的关键是:应把智力活动分为各种大大小小的可以进行的操作,不能有任何遗漏或缺失,学习者只有充分了解展开的智力活动的全过程,才可能真正理解学习任务,同时也为下一步活动打好基础。如一年级学生练习 9 加 2 的进位加法时,教师可结合实物的演示,把其运算步骤分为可以操作的想、分、算三个环节(如图 7-3)。

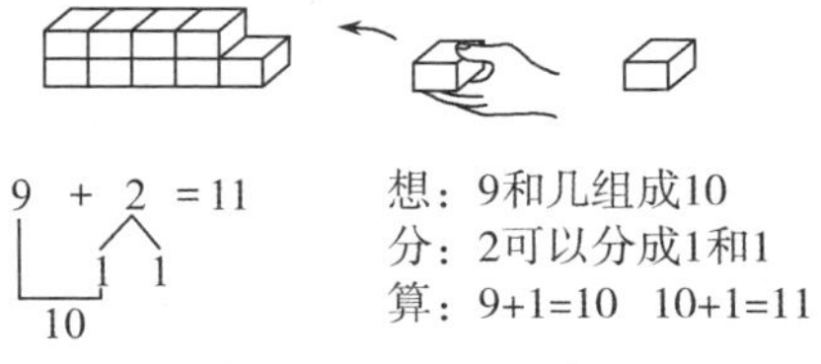


**图 7-3 9 加 2 智力活动过程**

教师在展示智力活动的过程后,应指导学生运用实物进行相应的操作,使学生能准确而清晰地操作,并能对操作程序形成鲜明确切的印象。此外,在该阶段要注意变更活动对象,使活动方式在直觉水平上得以概括,从而形成关于活动的较为概括的表象。同时,学生进行“原型”操作时,应注意与言语结合,以利于智力活动向下一阶段转化。

3. 出声的外部言语阶段

该阶段是不直接依赖实物而借助出声言语进行心智活动的阶段。这是从外部物质活动向内部活动转化的第一阶段,即智力活动摆脱了实物,以出声言语充当内部操作的支持物。这一阶段要求对智力活动做言语练习,用言语表达完成认知活动。如小学生算 9 加 2,不再操作实物,而直接依据想、分、算三个环节,用有声言语进行计算。这个阶段有可能与物质及物质化阶段融合在一起,不单独成为一个阶段,但有声言语活动必须完成。如儿童在物质或物质化活动阶段可能边操作实物边大声说出操作的过程。

4. 无声的“外部”言语阶段

这一阶段与前一阶段的不同之处在于,活动的完成是以不出声的外部言语进行的,即此时以声音表象、动觉表象为支柱进行智力活动。这种不出声的外部言语与出声的外部言语相比,看似很简单,但要求对言语机制进行很大的改造,因而这种言语形式要求重新学习及掌握。这一点在儿童学习从朗读到默读的过程中尤为明显。

5. 内部言语阶段

这是智力技能形成的最后阶段。该阶段智力活动简约化、自动化、熟练化,似乎不需要意识的参与,学习者本人常常觉察不到其进程。如学生掌握了加减法运算技能,在运算时,由于运算过程已经自动化,他可能觉察不到,而觉察的只是运算的结果。

加里培林的心智活动五阶段理论与运动技能形成的三阶段论似乎不太一样,前者强调智力技能的形成是外部活动内化的结果,而后者认为运动技能的形成是因为陈述性知识向程序性知识的转化。但仔细分析,二者的实质大同小异。加里培林理论中的第一阶段相当于认知心理学所说的陈述性阶段,而其二、三、四三个阶段基本上相当于转化阶段,其第五阶段也与自动化阶段相当。

### 五、程序性知识的教学策略

通过上面的分析可以看出,虽然动作技能和心智技能形成过程的阶段划分不同,但实质相同。概括起来,大致都经历了陈述性知识、转化和自动化三个阶段。因此,前面我们论述的促进陈述性知识学习的教学策略也是适用于程序性知识的。这里重点谈一下教师为学生选择和设计学习任务、促进程序性知识理解以及正确指导学生的练习等针对程序性知识的教学策略。

（一）选择和设计学习课题的教学策略

在程序性知识的教学中，为学生选择和设计学习任务是发挥教师指导作用的一个重要方面。这方面可以运用加涅(R. Gagne)等人提出的学习任务分析技术。加涅认为，智力技能的学习存在层次关系，高一级的学习以低一级智力技能的学习为必要条件。基于这种思想，加涅认为，从任何特定的学习目标出发，都可以找到一些作为先决条件的更简单的学习目标。换句话说，一个特定的终点任务，可以分解为一系列的从属任务或子任务。所有的子任务分层次排列，低水平任务必须在较高水平任务掌握之前完成，高水平任务的完成必须以较低水平任务的完成为前提。例如，小学生在学习统计单元的内容之前应该掌握计算平均数的技能，而要计算出平均数，则需要掌握加法和除法的运算技能。如果有人还不能这样做，教师就要通过一定的方式先教授这些技能。

（二）促进程序性知识理解的教学策略

1. 示范、讲解与让学生说出示范动作相结合

研究表明，教师的示范和讲解对学生程序性知识的学习具有重要作用。示范和讲解有利于学习者不断调整头脑中的动作表象，形成准确的定向映象，进而在实际操作中可以调节动作的执行。早在1945年，心理学家戴维斯(D. Davies)就曾对在运动技能的学习中指导与讲解的效果做过比较研究。在实验中，被试分两组学习射箭。甲组受到详细指导，如演示如何站立、如何握弓、如何放箭；乙组自行尝试，未受严格指导。经过18次练习，指导组射中率为65%，尝试组射中率为45%。示范的准确性是影响操作技能学习的直接决定因素，错误的示范直接导致错误的模仿。准确的示范在技能学习的初级阶段尤其重要。

研究表明，指导者的示范与讲解不同，学习者的学习效果也不同。汤普森(L. Thompson)曾把儿童分为五组，在不同的示范方法下让其学习装配齿轮的七巧板。由于示范时对各组儿童活动的要求不同，主试的言语指导不同，各组儿童独立完成拼装的效果呈现出明显的差异(见表7-2)。可见，最有效的指导方法是教师示范、学习者描述示范动作和教师纠正学生的错误相结合。

**表 7-2　不同指导方法的不同效果**

| 组别 | 儿童在观察时的活动 | 示范者的言语解释 | 拼七巧板所需的时间(容易的)(分钟) | 拼七巧板所需的时间(困难的)(分钟) |
|---|---|---|---|---|
| 1 | 连续加 2 至 100 | 无 | 5.7 | 25* |
| 2 | 说出示范者所演示的 | 无 | 3.1 | 22 |
| 3 | 静默观看 | 不完整的描述 | 3.5 | 16 |
| 4 | 静默观看 | 完整的描述 | 3.2 | 14 |
| 5 | 说出示范者所演示的 | 纠正儿童叙述中的错误 | 2.2 | 12 |

* 25 名儿童中仅有 3 名完成了任务

2. 把各个步骤充分展开加以示范

教师在示范过程中要将每一套动作分解成最小的动作单元,即一个一个的步骤。在学习的初级阶段,教师应不厌其烦地多次示范,在两个动作的衔接处更要高度重视,使学生不仅对每一个分解动作形成稳定的动作映象,而且注重动作的切换与衔接。

不仅运动技能如此,智力技能也是如此。在对年幼儿童的智力技能教学中,需要把智力活动转化为一系列的物质或物质化的活动,教师必须认真演示每一个小的步骤,让学生了解构成活动的各个动作以及动作之间的执行程序,并了解动作的执行方式,使学生对活动有一个完整的印象,为今后的学习奠定基础。随着儿童年龄的增长,教师可以通过板书的方式向学生演示、讲解智力活动的步骤。

3. 降低示范速度,防止信息负担过重

研究表明,在技能学习初期,教师应放慢示范和讲解的速度,多次演练。因为学习者的短时记忆容量有限,一次性学习太多,会造成记忆超载,负荷太重,以致影响后面的学习。俗话说"欲速则不达",不能急于求成,否则会使学生产生逆反心理,失去学习兴趣,得不偿失。

4. 引导学生回忆并利用已掌握的有关技能

新学的技能常常包含部分已学会的技能,或者新技能是若干已学会技能的不同组合。教师在教学中应引导学生回忆过去学过的有关技能,分析新技能与原有技能的共同之处。这样不仅可以使学生更好地理解新技能,而且有利于下一阶段原有技能向新技能的迁移。

5. 给学生提供具体事例

教师在为学生讲解各种新的概念和规则时,可以通过举例方式促进学生的理解。运用具体事例可以使抽象的知识变得具体、生动,效果比空洞说教好得多。举例要注意运用变式和比较,避免学生把对有关概念和规则的理解停留在特定事例上。

（三）指导练习的教学策略

1. 及时提供反馈信息

大量研究表明,及时提供反馈信息是提高练习效果的一种有效策略。反馈有外部反馈与内部反馈之分。前者是通过操作者自身以外的人或事提供的反馈;后者是指操作者自身的感觉系统提供的感觉反馈,对运动技能来说是指由动觉信息提供的反馈,而对智力技能而言则是指通过元认知的自我监控获得的反馈信息。

内部反馈在技能的形成中具有重要作用,随着练习的进行,学习者越来越多地通过内部反馈控制自己的行为,这是技能逐步趋于自动化,产生式系统得以形成的根本原因。但是,只有建立在正确的外部反馈的基础上,有效的内部反馈系统才能得以建立。如果不能及时得到正确的外部反馈信息,学习者的内部反馈系统就不能尽快建立,甚至会建立起不适当的内部反馈系统,这将严重阻碍技能的形成。因此,教师必须在学生练习时或练习后,及时、准确、具体地告知情况和结果,以便学生在外部反馈的基础上进一步建立内部反馈,提高练习的效果。

2. 设计变式练习题

教师提供适当的变式练习能够帮助学生把静态的知识转化为动态的技能。变式是指概念的正例的变化,在不断呈现的变式中,虽然无关特征在不断变化,但本质特征却始终不变。例如,学生学习了“浮力”概念后,就要让他们鉴别各种存在浮力的情境,如浮在水上的物体或沉在水下的物体、水中的物体或其他液体中的物体、木头物体或金属物体等。学习了一项动作技能后,要让学生在变换场地、变换工具或变换对手等的情况下进行练习。教师设计的变式练习可以从提供与学习情境相似的问题情境逐渐演变为与原先学习情境完全不同的多种新情境,让学生熟知规则适用的各种不同条件。

**光合作用知识的练习与巩固**

教师在教学中讲授了光合作用的光反应和暗反应的过程后，可通过下列变式练习这一程序性知识。

1. 下列变化属于光合作用暗反应阶段的有（　　）

① 氧分子的释放　② $H^+$ 的产生　③ $CO_2$ 的固定　④ 产生 ATP　⑤ ATP 中能量的释放

A. ①②　　B. ③④　　C. ②④　　D. ③⑤

2. 将置于阳光下的盆栽植物移至黑暗处，则细胞内 $C_3$ 与葡萄糖的生成量的变化是（　　）

A. $C_3$ 增加，葡萄糖减少　　B. $C_3$ 与葡萄糖都减少

C. $C_3$ 与葡萄糖都增加　　D. $C_3$ 突然减少，葡萄糖突然增加

通过一系列彼此联系的练习，可让学生在新的不同情境中运用光合作用过程的知识，帮助学生完成知识的转化，提高学生的迁移能力。

3. 选用恰当的练习方法

练习方法选用得当会提高练习的效率。从练习时间的安排看，有集中练习和间时练习。如果任务比较复杂，学生能力较低，宜采取间时练习，反之使用集中练习效果较好。从练习的形式看，有身体练习和心理练习。一些研究表明，心理练习是提高运动技能练习效果的有效方法。心理练习是指身体不实际活动，而是在头脑内对各种动作进行回忆、想象的练习形式。1952 年，哈比（S. Harby）对动作技能学习中的心理练习与身体练习的比较研究发现，心理练习在自由投篮动作技能发展中有显著影响，若能将心理练习与身体练习相结合，其效果更好。这证明在运动技能训练中，心理练习能起到促进作用。同样，在智力技能训练中，加强身体练习也是提高训练效果的重要措施。这里的身体练习既包括动手，也包括动口和动笔。在智力技能形成过程中，教师可以指导学生把动脑和动手、动口、动笔相结合。

4. 激发并维持学生的练习动机

程序性知识的获得，要经过长期且艰难的练习过程，没有捷径可走。因此，教师要注意学生练习动机的激发和维持，并使其保持较高水平。这样，学生就会增强练习的努力程度和坚持性，增强克服困难的信心，从而提高练习效果。一个重要策略是，让学生及时了解自己练习的进步情况，强化他们的练习行为，并能使学生产生成功的体验，提高自我效能感。同时，还应注意克服学生过度的焦虑情绪，不让学生的动机水平过高，因为动机水平过高反而会妨碍练习的正常进行。

# 第三节　元认知

信息加工心理学家一般将学习的信息加工过程区分为加工过程和执行控制过程。前者包括信息的输入、短时记忆、长时记忆贮存和提取等过程；后者指对信息加工过程起监测与控制作用的过程，如通过复述、精致化和组织等活动，使信息在长时记忆中持久保存。这些控制过程也被称为元认知。

## 一、元认知的实质及结构

### （一）元认知的含义

元认知（metacognition）这一概念是美国心理学家弗拉维尔（J. Flavell）20世纪70年代提出的。根据他的观点，元认知是任何以认知过程与结果为对象的知识，或是任何调节认知过程的认知活动。之所以称为元认知，是因为其核心意义是对认知的认知，其实质是人对认知活动的自我意识和自我控制。具体来说，元认知是主体对自身心理状态、能力、任务、目标、认知策略等方面的认知；同时，元认知又是认知主体对自身各种认知活动的计划、监控和调节。

### （二）元认知的结构

元认知具有三个独立但又相互联系的成分：元认知知识、元认知体验和元认知监控。

1. 元认知知识

元认知知识就是有关认知的知识，即关于什么因素或变量以什么方式起作用（或相互作用）来影响人的认知活动过程与结果的知识、信念。它大致又可分成关于人、任务和策略三方面的知识。关于人的元认知知识，是有关个体对自己或他人作为认知主体的特征的知识，如学习者能够认识自己的兴趣、爱好、学习习惯及能力，知道记忆、理解有不同的水平等。关于任务特点的认识，即关于不同的认知材料和任务目标对认知活动的不同影响的知识，如学习者知道回忆一篇文章的大意比背诵该文章容易得多。有关进行认知活动有哪些策略，何时以及怎样使用这些策略，这些策略的优缺点和有效性等方面的知识，是关于策略的元认知知识，比如学习者能够在材料本身缺乏意义的情况下利用谐音联想法去记忆材料。

2. 元认知体验

元认知体验，是个体伴随着认知活动而产生的认知体验或情感体验。对于这些体验，学生可能意识到而且能够表达出来，也可能模糊不清而不容易表达出来。元认知体验可能发生在开展认知活动的任何时刻，但一般认为，它常产生在学生期望对自己的认知活动进行有意识的调节和控制的时候。元认知体验直接影响着认知任务的完成情况，如怀疑自己所解的题有错而重新审视，阅读中遇到障碍而反复阅读，学习者也可能由于失败或困惑的体验而修改或放弃原有的目标。总之，积极的元认知体验会激发主体的认知热情，调动主体的认知潜能，从而提高认知加工的速度和有效性。

3. 元认知监控

元认知监控是指个体在进行认知活动的全过程中，将自己正在进行的认知活动作为意识对象，不断积极、自觉地对其进行监视、控制和调节。元认知监控是元认知的核心，主要包括：制订认知计划、实际控制认知过程、及时检查认知结果、及时调整认知计划以及在认知活动偏离认知目标时采取补救措施等。个体主要使用一系列具体的元认知策略来完成元认知监控。已有研究表明，在一定的基础知识上，学生对学习的自我监控水平是其学习成功的关键因素。

在实际认知活动中，元认知知识、元认知体验和元认知监控三者是相互联系、相互影响和相互制约的，它们构成一个有机整体，指导、调节个体的认知加工过程，以达到预期目标。大量实证研究表明，学习的高效率与学习者具有较高的元认知有密切关系。元认知在学习活动中之所以具有重要作用，是因为它具有两个重要功能：(1) 意识性。使学习者明确知道自己正在干什么、干得怎样、进展如何。(2) 调控性。使学习者能随时根据自己对认知活动的认知，不断做出调节、改进和完善，使认知活动能有效地向目标靠近。

## 二、元认知策略

元认知策略是指利用认知过程中获得的知识、确立学习目标与计划、监控学习过程和评估学习结果等手段来调节学习行为。它是对认知活动的全过程进行指导、监控与调节的高级学习策略。元认知策略可分为三种：计划策略（planning）、监视策略（checking）和调节策略（monitoring）。

### （一）计划策略

计划策略包括确立学习目标、结果预测、决策分析、时间分配、评估有效性、拟定细则等环节。给学习活动制订计划，可以使学生了解自己的学习进度，清楚知道学习进程中的重要环节及内容，还可以帮助学习者对先前的学习进行评价，并帮助学习者克服惰性和倦怠。古语说“凡事预则立，不预则废”。运用计划策略可以使学生成为一个积极而不是被动的学习者。

### （二）监视策略

监视策略是指在认知过程中，根据认知目标及时检查、评价认知活动的结果与不足。监视策略具体包括:阅读时对注意加以跟踪,对材料进行自我提问,考试时监控自己的答题速度和时间。这些策略使学习者觉察到自己在注意和理解方面可能出现的问题,以便针对问题加以修改。

(三) 调节策略

调节策略是指,根据监视的结果找出认知偏差,及时调整或修正目标的策略。在实际运用中,调节策略总是跟监视策略连在一起的。例如:当学习者意识到他不理解课文的某一部分时,就会退回再读困难的段落;在阅读困难或不熟悉的材料时放慢速度;复习还没弄懂的课程材料;测验时跳过某个难题,先做简单的题目等。调节策略能帮助学生矫正他们的学习行为,补救理解上的不足。

元认知策略的这三个方面总是相互联系在一起。一般而言,学习者先认识自己当前的任务,然后使用一些标准来评价自己的理解、预计学习时间、选择有效计划或解决问题,最后监视自己的进展情况,并根据监视结果采取补救措施。另外,对成功的学习者而言,元认知策略总是和认知策略结合得很好。认知策略帮助他们将新信息与已知信息整合在一起,并存储于长时记忆中;元认知策略帮助他们决定在某种情况下使用哪种策略。研究表明,元认知策略的培养,对激发学生的学习动机、提高学生的元认知、优化学习方式、增强学生的自我监控能力以及提高学生的学业成绩等,都具有十分积极的作用。

### 三、元认知的发展

元认知能力是在长期的学习活动中逐步发展起来的。它的发展体现出以下特点。

(一) 随年龄的增长而增长

元认知是个体在学习中随经验的增长而逐渐发展起来的。例如,弗拉维尔和同事曾以 12 张图片为材料,对幼儿、学前期、小学二年级、三年级和成人五个年龄段的对象进行了记忆广度实际值和预期值的研究发现,成人对自己的记忆广度有相当正确的估计,预期的记忆广度值和实际测到的记忆广度值几乎一致;而四个年龄阶段的儿童,随年级的增长,其预期值和实际值相差越来越小。这说明,随着年龄的增长,儿童对自己认知活动的意识逐步提高。

(二) 从外控到内控

在元认知开始发展之前,儿童的学习活动通常在教师、家长等人的直接指导、要求和监督下进行,离开成人的指导和安排,他们对学习往往束手无策。随着对学习材料、学习规律的熟悉与掌握,以及关于自身特点及有关策略知识的不断丰富,自我调控的经验增多,他们对学习的自我调控逐步从无到有,由低级到高级发展起来。

(三) 从无意识到有意识再到自动化

从意识的角度看,儿童元认知的发展经历了从无意识到有意识再到自动化的进程。最初,他们毫无监控学习活动的经历与体验,往往由无意识的或不自觉的自我监控获得成效而强化了再次的体验与监控,从而逐步从无意识转化为有意识。随着有意注意的增强,这种需要较大意志努力及足够注意的自我观察、自我判断、自我控制逐渐变得娴熟起来,最后达到几乎不需再作有意识的选择和努力,或仅需少量注意就能自然而然地操作,达到自动化的程度。

(四) 从局部到整体

儿童对学习活动的自我观察与监控,最初常常只针对学习活动中的某一环节、某一侧面或某一学科内容。随着儿童在这些领域的成功及元认知知识与体验的增加,他们的自我观察、自我监控不断从某一环节扩展到学习的整个过程,并迁移到不同的学科内容上。

## 四、提高学生元认知水平的教学策略

根据元认知的结构及发展特点,教学中可以通过下列措施培养学生的元认知。

(一) 提高学生的元认知意识

要提高元认知水平,首先应提高学生有关元认知学习的意识性:(1) 清晰了解任务的意识性。要求学生准确、全面把握学习任务,明确任务的性质、特点,任务的要求以及要达到的程度。(2) 掌握学习材料特点的意识性。每种学习材料都有自己的特点,应培养学生认真分析每种学习材料的性质、结构、难度、主次,以便能合理分配学习的时间和注意力。(3) 使用策略的意识性。不同学习材料、不同学习要求需要采用不同的学习策略,在解决任务之前,要求学生考虑有哪些策略可供使用,哪种策略解决当前任务最佳,要有意识地选择并运用有效学习策略。(4) 把握自己学习特点的意识性。引导学生充分认识自己的认知特点。例如,自己是善于视觉学习,还是听觉学习;是记得快忘得快,还是记得慢忘得慢。(5) 对学习过程进行自我调节的意识性。培养学生在学习过程中能敏锐判断出现的困难、障碍,准确分析它们出现的原因,并能适时地进行调整。

**改革作业批改方式**

> 教师批改学生作业时，只在过程和结果正确的题目上打“√”，对那些过程错误或结果错误的题目不能只简单地打上一个“×”，而要让学生自己去寻找错误的原因。当学生完成反省过程后，便要求他们把正确的解题过程重新写在另一个“订正本”上。此外，教师还要求学生每周写“学习反省周记”，内容包括一周学习成功和解题错误的总结，有条件的话可以让同学们互相交流，形成良好的反省氛围。

（二）丰富学生关于元认知的知识和体验

已有研究表明，学生的元认知水平与其拥有的元认知知识有极大关系，因此教师在教学中要注意元认知知识的传授。选择正确的教学模式对传授元认知知识非常重要。传统的教学模式有两种：一是专门化的教学模式，这种模式专门教授各种策略性知识，训练学生掌握一般的学习方法和技巧等；二是学科渗透式的教学模式，教师在讲授学科知识的同时有意识地展示一系列方法与技巧的运用，通过渗透将这些元认知知识融入学科知识中。

鉴于这两种教学模式各有长短，有研究者主张将二者结合，建立一种交叉式教学模式。该模式一般是先独立地教一般性的策略性知识，包括策略的意义、具体操作程序，在此基础上，再与具体的学科内容结合起来，根据具体学习情境的差异，要求并提示学生把所学的策略运用于具体的知识学习中。这种教学模式的教学效果较好。

在教学中，教师还应通过创设问题情景等方式，诱发学生产生元认知体验，并不断提高这些体验的精确度，以提高学生的元认知水平。

（三）制订一套外显的、可以操作的训练程序

虽然一部分元认知知识是个体对自己内在认知过程的调控活动，很难从外部直接观察到，但它仍然可以在个体的认知行为中得到反映。把这些知识转化为一套具体的、可操作的程序，对学生加以训练，会大大促进学生对元认知知识的掌握。例如，许多中小学生甚至大学生存在阅读困难，往往是由不良阅读策略或阅读习惯造成的。为解决这类问题，国内外研究者开发了多种技术帮助学生提高阅读理解能力，其中一项得到广泛应用的技术是 SQ3R。它采用如下步骤：(1) 浏览(survey)，即略读全文，把握大意；(2) 就学习材料的关键部分提出问题(question)；(3) 带着问题阅读课文(read)；(4) 试着用自己的话来回答每一问题(recite)；(5) 尝试回忆已阅读过的材料(review)。利用这套程序对学生进行训练，会使师生双方的行为都有据可依。另外，在训练过程中，教师应经常引导学生意识到使用策略的价值，增强对策略有效性的认识。

（四）创设反馈的条件与机会

反馈在教学中起着重要而不可替代的作用。通过反馈，教师可以了解到学生元认知知识与技能的掌握程度，从而对学生的学习效果进行评价，并指导他们认真分析学习中的错误，及时采取补救措施。教学中，教师应给学生提供一种和谐、民主的反馈环境。如让学生把他的解题过程展现出来，或请其他同学分析解题中的错误，让每个学生都能自由地评价他人的学习方法与策略，也可以被他人评价。在此基础上，逐步引导学生从由教师主导的外部反馈转化为由学生自己掌控的内部反馈，不断提高对学习的监控能力。

（五）鼓励学生监控元认知的运用

学生在学会一定的元认知知识和技能后，经常会将其弃之一边，仍沿用以前的旧习惯。教师要鼓励学习者在各种新情境中练习、运用自己的元认知知识和技能，并对其进行监控，使学生能够保持思维的清晰，掌控学习过程，成为学习的真正主人。其中最常用的方法是“自我提问法”。

**元认知训练的自我提问法**

自我提问法是指在元认知训练中，通过提供供学生自我观察、自我监控、自我评价的问题系列表单，不断促进学生自我反省进而提高问题解决的能力。例如，美国数学家波利亚就解决数学问题的四个阶段，提出了以下供学生自我提问的系列问题。

理解问题阶段问：未知条件是什么？已知条件是什么？已知条件足以确定未知量吗？多余还是不足？

拟定计划阶段问：过去见过这种题吗？若见过，它是否以稍许不同的方式出现？我能应用一个具有相同或相似未知条件的熟悉问题解答当前题目吗？如果不能解答当前题目，应问：我能从已知条件中产生什么有用的东西？使用了所有的条件和数据了吗？

执行计划阶段问：能清楚地认定每一步都是对的吗？能证明它是对的吗？

回顾阶段问：我能检验结果的正确性吗？我能检验推理过程吗？我能把这个结果或方法运用于其他问题吗？

## 第四节　认知学习的多样性与共同性

众所周知，计算机为信息加工心理学提供了最便利的隐喻——将人脑比作电脑，他们认为人脑和计算机一样，都是“物理符号加工系统”，可以对表征信息的物理符号进行输入、编码、贮存、提取、复制和传递。这一比喻为信息加工心理学家开展人类认知过程的研究提供了便利条件。但人脑与计算机又有着明显的区别,除了人类具有计算机并不具备的情感反应之外,人与计算机的重要区别之一在于人类认知过程的多样性。

## 一、认知学习的多样性

认知学习是一个复杂的心理事件,人们通过协调对外界信息的感知、注意、思维等众多基本的心理过程来完成认知加工。在这一过程中,学习者之间存在着发展上的和个体间的差异。

### (一)先前知识的差异性

先前知识会影响学习者对知觉对象的选择性以及知觉和记忆的方式。学生的知识基础在容量与内容方面都有区别。一般而言,学习者知识基础的容量与他们的年龄有关。随着年龄的增长,儿童会经历得更多,因此也知道得更多,在信息的组织方面也更具概念化,也能更自觉地使用学习策略。

除了概念与技能之外,个人的习惯、爱好、价值观与信念也是自身知识基础的反映,而这些都与个体的文化背景有关。人们在不同的文化环境中成长,所以有着不同的知识储备。学生的文化背景会影响他们的选择性注意、知觉加工及信息的储存与提取。

### (二)信息加工能力的差异性

1. 工作记忆方面

(1) 发展上的差异。研究表明,幼儿的工作记忆非常有限,他们的记忆广度随着年龄的增长而提高。现在还不清楚这些差异是记忆容量的改变还是策略改进的结果。凯斯(Case,1998)认为,每个年龄阶段,儿童用于信息加工的空间总量是相同的,但年龄小的孩子一定使用了该空间的大部分来记忆如何执行一些基本操作。例如,对于幼儿来说,伸手去够远处一个玩具就是一个相对复杂的任务,需要使用大部分记忆空间。随着年龄的增长,儿童发展了越来越多的有效策略来解决问题。四五岁时,儿童学会了复述策略;九十岁时,他们会自发地使用组织策略;直到儿童晚期精加工策略的使用才会发展成熟,小学高年级学生和青少年才更可能通过创造想象或编故事来记忆各种概念。

(2) 个体间的差异。除了发展上的差异,工作记忆能力还表现出个体间的差异,比如在工作记忆的广度、效率等方面人们的作业成绩不同。研究表明,个体先前的知识经验对相关工作记忆有重要影响。除此之外,当个体有丰富的特定领域的知识基础时,也有助于提高此领域相关信息的记忆效果。许多被诊断为学习困难的学生其工作记忆一般存有缺陷,它会削弱学生在阅读理解和解决数学问题等任务上的表现，因为这些任务对工作记忆提出更高的要求。

2. 长时记忆方面

学生长时记忆之间的差异主要体现在知识量上。当学生拥有更多某个专业领域的陈述性知识和程序性知识时，他们能更好地学习和记忆该领域的其他相关知识。当我们阅读知之甚少的某领域的技术性书刊时会困难重重，因此不得不停下来查阅生词或返回上一部分阅读尚未理解的概念。如果我们拥有相关的知识基础，情况就会变得截然不同。

人们在记忆中使用表象的能力也有差异性，这种差异性既有发展上的也有个体间的。儿童比成人更有可能使用表象记忆，随着认知的成熟，言语命题逐步取代了表象。对于成人而言，一些人在使用想象方面优于另一些人，但大多数人可以通过练习提高想象能力。

3. 加工速度方面

研究表明，儿童加工速度的提高与年龄有关。心理学家凯尔（Kail，1997）认为，生理成熟是导致信息加工速度存在年龄差异的最主要原因。生理成熟包括两个方面：大脑联合区神经细胞的不断髓鞘化，以及干预信息加工有效性的多余神经突触的消除。

### （三）元认知的差异性

1. 发展上的差异

研究表明，元认知能力在5～7岁开始发展，随着各种元认知知识的学习，儿童的元认知计划、监控、调节能力也在逐步提高。比如，年幼的孩子可能不会意识到一节课的目的、一个知识点的难度，不会估计记忆一个词汇要用多长时间等。随着年龄的增长和知识经验的积累以及教师有意识地训练，儿童逐渐显示出成熟的元认知水平。

2. 个体间的差异

除了发展上的差异，学生的元认知水平也有很大的个体间差异，主要体现在学生能否有效管理自己的学习。这些差异似乎与智力无关，可能是由生理差异或学习经验的差异引起的。比如，学生在选择性地注意环境中信息的能力方面差异很大。实际上，高级元认知能力可以弥补低水平能力的不足，这对那些学习困难的学生尤为重要。

### （四）学习心向和定势的差异性

学习心向指的是对学习的心理准备状态。有心理准备的学生做好了利用知识的充分准备，去认识和学习新事物的效果显然比仓促接受好许多。学习定势指的是由于先前学习引起的对后来学习产生影响的心理准备状态，对学习具有定向作用。例如，艺术家经过长年积累、磨炼形成的独特艺术风格是很难改变的，会潜移默化地影响他以后的作品。学生在学习心向和学习定势方面也具有一定差异性，这正是区别于他人的重要特征。

另外，学习者的学习动机、学习风格等都会影响其认知学习的质量与效率。这些内容已在其他章节有过详细介绍，在此不再赘述。

### 二、认知学习的共同性

认知学习的多样性表明，尽管学习者之间存在着较大的差异性，但在认知学习领域仍有一些共同原则适用于绝大多数学习者。

（一）有意义的学习发生在新知识与学习者已有的知识建立起联系时

当学习者把新信息与已有的理解整合起来时，他们的知识便得到了发展。因此，教师在备课时必须对学生的已有知识具有敏感性。成功的课程应该给学生提供他们所缺乏的各类相关知识，纠正他们的错误，并帮助他们将新信息与先前的相关知识联系起来。

（二）最有效的学习和记忆方法是理解和使用新信息

学习者第一次学习知识所用的方法会影响他后来所能回忆的程度。最有效的记忆方法是通过精致化、组织和背景的作用来充分理解和使用新信息，这样被使用过的信息最有可能在记忆中“自由出入”。

（三）学习是一个主动的、由目标所引导的过程

学习过程中成功的编码和提取，在很大程度上有赖于使这些过程与预期的学习目标相一致。学生元认知技能的发展是一项重要的教学目标，教师应帮助学生确立恰当的学习目标，让学生了解何时以及如何运用特定的学习策略来达到这些目标，并监控自己在这些目标上获得的进步。学生在相关学习体验的基础上能够不断改进自己的学习。

## ☞ 回到案例

现在，我们结合陈述性知识的学习与教学内容来分析一下赵老师采取的教学策略。

“分子之间有间隔”这一微观原理属于典型的陈述性知识，也是较为抽象的陈述性知识。虽然从初中二年级开始，学生的思维已经进入到形式运算阶段，抽象思维已占主导地位，但离开了感性经验的支持，他们对眼睛不能直观看到的微粒之间有“间距”这一分子性质仍难以理解。

于是，赵老师先从学生熟悉的物体热胀冷缩、更多气体可以一同进入一个密封的空间等生活经验入手，激活学生的原有知识，同时也引发学生对将要学习的新知识的思考和大胆猜测。接下来，赵老师引导学生通过酒精和水混溶的探究实验，在直观水平上看到并检验了“分子间有间隔”这一原理，加深了对这一知识

点的理解。此时,赵老师还用“谁偷着喝酒了”“谁来做福尔摩斯破案”等幽默风趣的语言唤起学生的情绪反应,吸引学生对实验结果的关注,在轻松愉悦的课堂气氛下,学生的注意力会更集中,思维也会更活跃。

接下来,赵老师通过“酒精加酒精”“黄豆加芝麻”等几个精心设计的问题,不断激发学生新旧知识的相互作用,加深并巩固对新知识的理解。后来,赵老师请同学们用“分子间有间隔”这一新知识点解释他们熟悉的热胀冷缩现象,促进了学生关于“物质的结构”“分子的运动”等相关认知结构的改组与重建。

最后,赵老师用让学生举例子的方式进一步测量和评价了学生关于新知识的掌握情况。

综上,在这个教学案例中,赵老师采用吸引学生注意、激活学生原有知识、促进新旧知识相互作用、促进认知结构改组与重建、有效测量和评价知识的掌握情况等策略进行了陈述性知识的教学。

## 学术争鸣

| 学习中要不要机械记忆 | |
|---|---|
| **正方观点:机械记忆只能产生惰性知识,因而是无效的** | **反方观点:机械记忆是一种掌握知识的有效方式** |
| 机械记忆是依据事物的外部特征或外在联系而进行的机械重复的识记,其过程往往枯燥、乏味而效果不好。早在20世纪20年代,格式塔学派的代表人物韦特海默就曾批评过一些教师过于注重机械记忆而不惜牺牲学生的理解能力。他最喜欢引用的一个例子是,一位在病房里值夜班的护士,到了夜里11点时,推一位睡着了的病号:“哎,醒醒!医嘱上说现在你该吃安眠药了。”这个例子说明,仅凭机械记忆获得的知识是惰性的,总是不能真正解决问题。<br>学校学习的目的,是要把习得的内容迁移到校外情境中去。通过机械记忆习得的内容,也许只能被用于像回答考试题目这样非常具体的情境。多元智能理论的提出者加德纳也强烈批判机械记忆,他曾说:“学生不能理解知识、技能和其他外在的成就,并且不能将知识成功地应用于新情境中。如此缺乏灵活性和适应性,学生所受的教育没有什么价值。” | 一些教育家相信,尽管机械式学习现在并不流行,但它是一种有价值的学习技巧。已有证据证明,通过用心重复而获得的学习对于某些信息的编码是十分有效的,如母语和外语学习中的词汇记忆。由于词汇材料本身缺乏意义联系,人们在初学外语时势必经历一段机械记忆的历程,而且没有机械记忆的积累也发掘不了其中的构词规律。古人有所谓“熟读唐诗三百首,不会作诗也会吟”的心得。现在看来,以记住的信息为基础,的确有助于学生更好地发展复杂思维和解决问题的能力。近些年全国一些省市推广的“古诗文经典诵读”活动,以组织少年儿童诵读、背诵中国古诗文经典的方式,让他们在一生中学习、工作压力最轻、记忆力最好的时候,以最便捷的方式,获得古诗文经典的熏陶和修养,从而受用一生。实践证明,经典诵读收到了良好的效果。 |

# 小　结

1. 陈述性知识的学习与教学

陈述性知识是个体对有关客观环境的事实及其背景与关系的知识，它的主要表征形式有命题与命题网络、表象与表象系统以及图式与脚本。陈述性知识的有效学习过程包括利用精致化、组织和背影利用进行有意义的编码、储存，利用激活扩散和重构策略加以提取。教师可以通过吸引学生的注意、激活原有知识、促进选择性知觉和新旧知识相互作用、促进认知结构改组与重建以及有效测量和评价陈述性知识的掌握状况等策略，加强对陈述性知识的教学。

2. 程序性知识的学习与教学

程序性知识是人脑中储存的关于步骤、程序和操作序列的知识，其表征方式主要是产生式和产生式系统。程序性知识与陈述性知识既有本质的区别，也有一定的联系。程序性知识可以分为运动技能和心智技能两大类，两类技能形成的具体阶段不同，但实质相同，大致都经历了陈述性知识、转化和自动化三个阶段。教师可以通过选择和设计学习课题、促进程序性知识的理解和加强指导练习等策略开展有效的程序性知识教学。

3. 元认知

元认知是以认知过程与结果为对象的知识，或是任何调节认知过程的认知活动，其实质是人对认知活动的自我意识和自我控制。元认知包含元认知知识、元认知体验和元认知监控三个独立又相互联系的成分。在具体的认知过程中，学习者通过使用计划、监视和调节三种元认知策略来管理认知活动的全过程。学生的元认知能力是在长期的学习活动中逐步发展起来的。根据元认知的结构及发展特点，在教学中可以通过提高学生的元认知意识、丰富学生关于元认知的知识和体验、制订外显的可以操作的训练程序等一系列措施来提高学生的元认知。

4. 认知学习的多样性与共同性

认知学习是一个复杂的心理事件，在这一过程中，学习者在先前知识储备、信息加工能力等方面都存在着发展上的和个体间的差异，教师应在了解认知学习多样性的基础上因材施教。同时，认知学习领域有适用于绝大多数学习者的共同原则。

## ∠ 思考题

1. 举例说明陈述性知识和程序性知识有哪些表征方式。
2. 你在学习陈述性知识时用了哪些有效的信息编码方式?
3. 举例说明陈述性知识与程序性知识的区别与联系。
4. 如何进行有效的陈述性知识的教学?
5. 针对程序性知识的教学策略是什么?
6. 列举你在认知学习活动中使用的元认知策略。
7. 说说你对认知学习的多样性与共同性的理解。

## ∠ 进一步阅读文献

1. 陈琦,刘儒德主编,教育心理学(第3版)(第五章,第九章). 北京:高等教育出版社,2020.

2. 简妮·爱丽丝·奥姆罗德著,陈陈等译. 学习心理学(第8版). 北京:中国人民大学出版社,2023.

# 第八章
# 复杂的认知过程

## ☞ 章节说明

本章内容共分为五个部分：概念的学与教、问题解决与创造性、学习策略与技能、为迁移而教以及复杂认知过程的多样性和共同性。在概念的学与教部分，主要阐述了概念的定义和结构、概念的类型、概念的获得、概念的教授等。在问题解决中，主要探讨了问题与问题解决的界定、问题的分类、问题解决的过程、影响因素及问题解决策略，重点是培养学生的问题解决能力。而在创造力培养中，首先对创造和创造力进行了界定，其次阐述了影响创造的诸因素，最后讨论了创造力培养问题，主张通过创设有利于创造性发挥的环境、激发创造动机等开发学生的创造力。学习策略和技能对于学生来说尤为重要，本章阐述了学习策略与技能的界定和类型、典型的学习策略。在迁移部分，阐述了迁移的定义与类型、迁移的现代理论及迁移的影响因素。最后，总结了复杂认知学习过程的多样性和共同性。

## ☞ 案 例

在一堂“认识一个整体的几分之一”的课上，有如下一段教学过程：

1. 出示图：猴妈妈端出了一盘桃子（共 4 个），平均分给 4 只小猴，要平均分成几份？每只小猴分得其中的几份？用哪一个分数表示？

学生：1/4，因为每只小猴分得了 1 个桃子。

老师小结并出示：每只小猴分得这盘桃子的 1/4。

2. 继续分桃：一盘桃子（共 4 个）平均分给 2 只小猴，每只小猴分得桃子的几分之几？先在脑子里想一想，同桌说一说，然后交流。

学生：2/4。

老师：分母是什么意思？题中要平均分成几份？老师以课件演示“分一分”。

3. 教师出示 1/4 和 1/2 以及相应的直观图，引导学生比较：为什么同样是分 4 个桃子，得到的分数却不同？学生回答后教师总结归纳并贴出：把一个整体平均分成几份，每份就是这个整体的几分之一。

至此，讲授过程结束，转入巩固练习。可是在练习中，仍有不少学生出现了类似 2/4 这样的错误。错误是怎么产生的呢？怎样避免此类错误呢？本章将要从认知方面对此问题进行分析。

# 第一节　概念的学与教

## 一、概念的结构与类型

### （一）概念的定义与结构

概念（concept）是对某类事物的概括。概念使人类的思维更抽象，它是思维的最基本单位。概念与语词关系密切，但是概念和语词并不完全等同。一个语词（多义词）可以代表不同的概念，如“杜鹃”既可以表示一种植物的概念，也可以表示一种鸟的概念。相同的概念也可以用不同的语词来表示，如“目”“眼睛”所表示的是同一个概念。实词能表达概念，虚词则不能表达概念。

关于概念的结构，目前心理学家中主要有两种理论：特征表说和原型说。

特征表说认为，概念是由定义特征和概念规则两个因素构成的。概念的定义特征和特异特征共同构成概念的语义特征，但只有定义特征才代表一个概念必须具有的那些本质特征。概念规则是指具体整合这些定义特征的规则，包括肯定、否定、关系、合取、析取等。该理论适合解释具有明确定义特征的概念，如物理学中力的概念。

原型说则认为，概念是由原型和范畴成员的代表性程度构成的。原型（prototype）是指最能说明概念的典型实例。如说到“鸟”的概念时，我们往往首先会想到麻雀，而不容易想到鸵鸟和企鹅。这说明麻雀的代表性程度是最高的，它就是“鸟”概念的原型。范畴成员的代表性程度是指属于同一概念的同类个体可容许的变异性，即其他实例偏离原型的容许距离。如鸵鸟、企鹅与麻雀尽管都属于鸟类，但它们并不能在同等程度上代表鸟的概念，麻雀的代表性程度要高于鸵鸟和企鹅。概念容许实例在一定范围内发生变异，但原型是核心。原型为这些各具特点的众多实例组成一个整体提供了基础。

表面上看，特征表说和原型说是矛盾的，但可能分别有利于说明不同的概念:特征表说对于说明科学概念可能是合理的,但原型说对于说明日常概念或前科学概念显然更加合理。

（二）概念的类型

1. 难下定义的概念和易下定义的概念

易下定义的概念是关键特征明显,容易用某种规则揭示出来的概念,如三角形。难下定义的概念是关键特征不明显,不易用某些规则揭示出来的概念,如书、家具、游戏、智力等。

2. 具体概念和抽象概念

按事物的指认属性形成的概念称为具体概念(concrete concept),如蛇、电流表等。按事物的内在、本质属性形成的概念称为抽象概念,如水果、用品等。

## 二、概念的获得

概念不是与生俱来的,它必须经过后天学习而获得。儿童获得概念的两种基本形式是概念形成(concept formation)和概念同化(concept assimilation)。

（一）概念获得

1. 概念的形成

概念的形成是从外部的、比较具体的非本质特征到内部的、比较抽象的本质特征的不断深化的过程。到逻辑定义阶段,概念才最终形成。在概念形成过程中,人们以感觉、知觉和表象为基础,通过分析综合、抽象概括等思维活动,从个别到一般,从具体到抽象,逐步把握一类事物的本质。这个过程实质上是一个学习过程,也是一种重要的思维活动。

对于学生来说,概念的形成是概念获得的典型方式。学生在校外获得的许多概念都是通过观察学得的。例如,儿童学习“汽车”这一概念,是听别人指着某一东西说“小汽车”开始。儿童可能将卡车、摩托车等都纳入“小汽车”的概念之中;但随着时间的推移,这一概念逐步分化,直到他能明确区分“小汽车”和“非小汽车”。同样,儿童也是通过观察和经验学习较难的概念的,如“淘气”“清洁”“乐趣”等。

儿童,尤其是学龄前儿童之所以通过概念形成的方式来获得概念,主要是由于他们已有的知识都比较具体而贫乏,理解能力有限。例如,儿童在学习“叔叔”和“姑姑”这样的术语时,是非常困难的。由于幼儿认知结构中的“父亲”“弟弟”“任何人”这些词并不代表概念,只代表个别的人,同时他们也不知道这些词在“叔叔”定义中的句法功能,因此幼儿不能用下定义的方式学习“叔叔”这个概念。他们只能从大量的例子出发,从他们实际经验的概念的肯定例证中,以归纳的方式抽取出一类事物的共同属性,从而获得某些初级概念。

2. 概念的同化

同化(assimilation)指学习者头脑中储存了某种认知结构,它可以吸收新的信息,而新的信息被吸收后,原有结构发生某种变化。学生在教学条件下学习概念,完全不同于人们在自然条件下形成概念或科学家发明与创造概念,也不同于在人工条件下形成概念,他们要接受系统的教学。因此,他们获得概念的主要形式是概念同化。所谓概念的同化,就是利用学习者认知结构中原有的概念,以下定义的方式直接向学习者提示概念的关键特征,从而使学习者获得概念的方式。例如,学生学习“平行四边形”这一概念,教师直接告诉他们平行四边形的定义,“两组对边分别平行的四边形”。学生首先要接受新概念(平行四边形),并与自己认知结构中原有的知识(四边形)联系起来,把新概念纳入原有概念(四边形)中;其次,他们必须精确分化新概念和原有的有关概念(如梯形、四边形等);最后,他们还需要使一般四边形、平行四边形、梯形等有关概念融合贯通成一个整体结构,以便于记忆和运用。从上述同化过程中可以看出,在以下定义的方式进行的概念同化中,学生必须积极地进行认知活动,而不是被动地接受知识。

(二) 概念获得教学的内容

老师在帮助他的学生掌握一个熟悉概念的过程中,还需要练习思维技能。不管教师采用什么策略进行概念教学,在任何一堂课上,都需要完成四个方面的内容:样例和非样例;有关属性与无关属性;概念的名称,概念的定义。另外,像照片、图表或图形这样的视觉辅助手段也可以促进概念的学习。

1. 样例

在教授复杂概念或学生年龄较小(或其知识有限)时,教师需要提供更多的样例。样例和非样例(正例和反例)对清晰确定类别的范围是必需的。例如关于为什么蝙蝠(非样例)不是鸟的讨论可以帮助学生界定鸟的概念范围。

2. 有关属性和无关属性

正如我们看到的,将某一动物归为鸟类时,飞行能力不是唯一属性。虽然很多鸟会飞,但还是有某些鸟(如鸵鸟、企鹅)不会,而某些非鸟类(如蝙蝠、鼯鼠)却会飞。在鸟的概念中应该包含飞行能力,但学生需要知道的是只凭借会飞一个特征不能将该动物定义为鸟。

3. 名称

对概念名称的简单学习并不意味着就理解了概念,尽管概念名称对理解是必需的。例如学生们可能已经使用了“果实”这个名称,但可能还不理解番茄、南瓜和梨就是果实。

4. 定义

对于某概念来说,一个好的定义一般有两个成分:提及这个概念所属的更一般的类别以及陈述新概念的定义属性。例如,等边三角形是三个边和三个角都相等的(定义属性)、平面的、简单的闭合图形(一般类别)。这种定义有助于学生把概念放进相关知识的图式中。

**表 8-1　概念获得举例**

| 概念的名称 | 概念的定义 | 概念的例证 | | 概念的属性 |
|---|---|---|---|---|
| | | 正例 | 反例 | |
| 岛屿 | 一种被水包围的陆地,不像大洲那样大 | 美国夏威夷州<br>中国台湾<br>古巴 | 中国<br>美国佛罗里达州<br>澳大利亚 | 陆地(非大洲)<br>水<br>水包围着陆地 |
| 湖 | 一种被陆地包围的水域,主体部分在内陆中 | 密歇根湖<br>太湖<br>青海湖 | 尼罗河<br>黄河<br>池塘 | 主体是水<br>有陆地<br>水被陆地包围 |

[摘自:陈琦,刘儒德主编.当代教育心理学(第3版).北京:北京师范大学出版社,2019,217.]

## 三、概念的教授

### (一) 通过发现教授概念

布鲁纳有关思维的早期研究激发了他对通过发现促进学生概念学习和思维发展的兴趣。

1. 学科结构和发现

学科结构是指该学科领域中基本的观点、关系或模式。由于结构不包括具体事实或细节,因此一个观点的本质结构就可以被简单地表征为图像、规则系统或公式。根据布鲁纳的观点,对学生而言,如果他们能够关注对所有学科结构的理解,学习就会变得更有意思、更有用、更容易记忆。

为了掌握信息的结构,布鲁纳认为,学生必须是主动的——他们必须自己确认关键原则,而不是简单接受老师的解释。这个过程被称为发现学习。在发现学习中,教师呈现样例,学生研究这些样例直到发现样例之间的相关关系——学科结构。因此,布鲁纳认为课堂学习应该通过归纳推理进行,也就是说,通过使用具体的例子来形成一般的规则。

2. 在行动中发现

归纳的方法要求学生有直觉思维,布鲁纳提出,教师可以通过鼓励学生基于尚不充分的证据进行猜测来培养这种直觉思维，然后再系统地证实或拒绝这些猜测。

纯粹的发现学习和有指导的发现之间通常是有区别的。纯粹的发现学习中学生自己研究的范围很广，而有指导性的发现学习中，教师则会为学生提供某个方向。纯粹的发现可能更适合学龄前儿童，但在典型的中小学课堂里，非指导的活动通常被证明是无法控制和低效的。在这些环境中，有指导的发现更为可取。在有指导的发现中，教师给学生呈现的问题是能激发学生好奇心的问题、令学生感到有难度的问题或学生感兴趣的问题：当我们用一个罐子盖住火焰时为什么它会熄灭？为什么当你把铅笔放进水里时它似乎弯曲了？把这些词归为一组的规则是什么？教师不是给学生解释怎样解决这个问题，而是要给学生提供合适的材料，鼓励学生观察、形成假设和检验解决方案。

**教学实例**

一位小学三年级的教师希望通过一节课使学生学习“水果”这一概念，并培养学生的思维技能。首先，她向学生介绍说她头脑中有一个观念，希望同学们“指出它是什么”。然后，她在黑板上写下“正例”与“反例”，她将一个苹果放在“正例”这边，将一块石头放在“反例”一边，她问道：“我头脑中的观念是什么呢？”第一个学生回答：“是我们吃的东西。”教师在黑板上写下“假设”这个词，在和学生简单探讨“假设”的含义之后，教师在黑板上部写下“我们吃的东西”。随后，她提出另外两个假设——“活着的东西”和“长在植物上的东西”。在和学生对这两个概念进行简短讨论后，她将一个西红柿放在“正例”一边，将一个萝卜放在“反例”一边。学生们开始进行活泼生动的假设，甚至有学生将“红色”也作为假设提了出来。在进行更多的正例（如桃子、梨子、橘子）以及反例（如白菜、土豆、莴苣）的讨论之后，学生将他们的假设缩小至“在其可食部分含籽（核）的食物”。这样学生便建构起水果的概念，并锻炼了思维技能。

［摘自：胡谊编著．教学设计——心理学的原理与技术．上海：华东师范大学出版社，2010，119～120.］

（二）通过讲授教授概念

与布鲁纳相反，奥苏伯尔认为，人们获得知识主要是通过接受而不是发现的方法。呈现概念、原理和观点，使用演绎推理来理解——从一般观点到具体例子，而不是从具体例子到发现一般观点。奥苏伯尔的讲授教学模型强调有意义的言语学习——言语信息、观点和观点之间的关系。

1. 先行组织者（advanced organizer）

先行组织者是一个引导性陈述，它的目的有三个：把学生的注意引导到即将输入信息中的重要内容上；使要呈现的观点之间的关系成为焦点；使学生回忆起所学过的相关信息。例如，教师将一元二次方程的解法与一元二次不等式的解法进行比较。又如，一位地理课教师在讲授秦岭—淮河一线是我国一条重要的地理分界线时，就引用了“晏子使楚”的故事，通过“橘生淮南为橘，生于淮北为枳”这一历史典故将具体地理事物的区域变化与地理区域环境的整体特征这两个概念联结在一起，从而为接下来讲清楚有关秦岭—淮河地理界限的问题提供了一个组织者。

先行组织者的确对学生的学习有帮助，不过它对学生的学习发生作用需要满足两个条件。首先，先行组织者本身必须能够被学生们理解。丹尼尔和弗洛佛（Dinnel，Glover，1985）的研究很好地说明了这一点。他们发现，引导学生解释先行组织者——当然，这要求他们理解组织者的意思——增加了先行组织者的有效性。其次，这个组织者必须真正是一个组织者：它必须标明被使用的基础概念和术语之间的关系。清晰的模型、图表或类比似乎是特别有效的组织者。

2. 讲授课的步骤

奥苏伯尔提出先行组织者策略，详细阐述了讲授课的教学步骤。首先是呈现先行组织者。例如，在社会课上，介绍地理位置在一定程度上决定发展中国家或地区的经济，这一理念可作为先行组织者在呈现先行组织者之后，下一步使用具体的样例根据相同点和不同点呈现内容，这一步骤也可以由学生自己操作。教师在上一堂关于人物心理描写的文学课时，使用的材料是《茶花女》和《简·爱》两本书。当学生阅读时，他首先让学生把主要人物的成长、心理状况、社会地位和其他小说、戏剧与电影中的人物相比较。然后再将两个作者进行比较，通过这一比较性的组织者可以使学生清晰地了解这节课的目标。了解相似之处和不同之处的最好方法是比较，学生们必须清楚茶花女和简·爱的处境才能有效进行比较。最后，再让学生们讨论怎样用这些例子来扩展最初的先行组织者。讲授教学法一般更适合于小学高年级之后的学生。

## 第二节　问题解决与创造性

### 一、问题解决

#### （一）问题的定义与类型

关于问题，最经典的定义是西蒙和纽厄尔（Simon，Newell，1972）的观点，他们认为：“问题是这样一种情境，个体想做某件事，但不能马上知道对这件事所要采取的一系列行动，就构成了问题（problem）。”问题情境是个体不能用已有的知识经验直接加以处理并因此而感到疑难的情境。虽然对于问题的陈述及理解有许多不一致的观点，但总体来说问题的成分不外乎三种，即问题初始状态、要求达到的目标以及需要获得的两者之间的通路（图 8-1）。

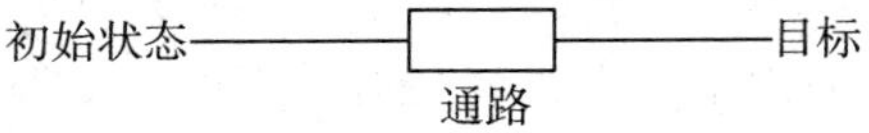


**图 8-1　问题结构示意图**

为了便于人们认识不同问题的不同性质，进而采用不同的措施予以解决，根据不同的标准可以将问题划分为不同类型。

1. 结构（定义）良好问题与结构不良（定义不明）问题

依据问题结构的清晰程度即问题结构的完整性进行划分。结构良好的问题是指问题的给定状态、目标状态以及用于转换状态的方法均已清晰规定的问题。结构不良问题则指问题的给定状态、目标状态以及转换状态的方法中的一项或几项缺乏明确的界定。后者往往比前者更难解决。通常学科教学中的许多问题都是结构良好的问题，而日常生活中的大部分问题基本上都是结构不良的问题。

2. 常规问题与非常规问题

依据问题解决者对问题的熟悉程度进行划分。常规问题是与问题解决者已经解决的问题相同或非常类似的问题，使用常规手段即可使问题得到解决。解决这类问题只需要再现性思维，即再现以前已经产生的反应。非常规问题则需要给出一个新的解决方案。解决常规问题虽然不能直接创造价值，但它可以积累经验，对于建构合理的认知结构是不可或缺的。人们处理不好常规问题就不可能很好地解决和把握非常规问题，两者的区分是相对的。

3. 一般领域的问题与专门领域的问题

依据问题解决所需的算子（即个体把一种问题状态转变成另一种问题状态的操作）质量来进行的区分。一般领域的问题是指解决问题所需要的特定领域的专业知识相对较少，又称为知识贫乏领域的问题。专门领域的问题则包含了大量特定学科领域的专业知识，因此又称知识丰富领域的问题。个体要解决这类问题所受到的限制很多，但如果是知识丰富、训练有素的人，则有更为有效的算子可以利用。因此这两类问题也是相对而言的，是可以转化的。

### （二）问题解决的实质与特征

一般来说，问题解决（problem solving）是指个体将原有的概念和知识加以综合，在新的情境中运用并得到新的认知成果的过程。问题解决有以下四个一般特征：

（1）问题解决具有目的指向性；

(2) 问题解决具有认知性;

(3) 问题解决包括一系列心理运算;

(4) 问题解决具有个人性。

(三) 问题解决的过程

问题解决包含着一系列相互联系的阶段,通常可以划分为发现问题、分析问题、提出假设和检验假设四个阶段(图 8-2)。

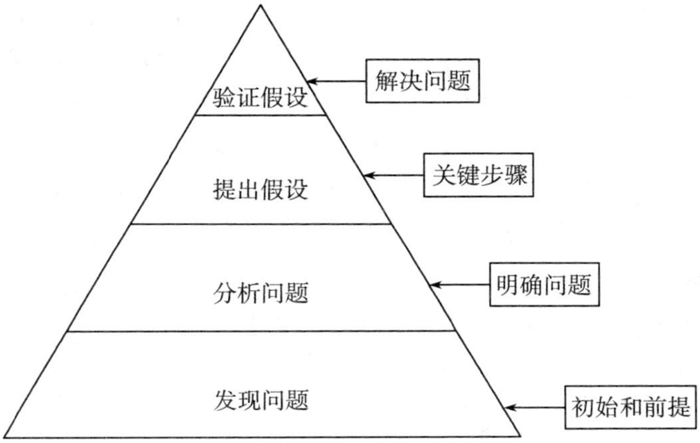


**图 8-2　问题解决过程示意图**

1. 发现问题

指认识到问题存在,并产生解决问题的动机。发现问题是问题解决的初始阶段和最关键阶段。

2. 分析问题

指明确问题的条件和要求以及它们之间的关系。通过分析问题,人们可以明确问题的关键,决定问题解决的方向。

3. 提出假设

指在分析问题的基础上提出问题解决的方案,包括问题解决的方法和途径。提出假设是问题解决的关键步骤,它是具有创造性的阶段,需要对已有的知识经验进行重新组织,以适应问题的解决。

4. 检验假设

指通过一定的方法,确定所提出的假设是否可以有效地解决问题。检验假设的方法有两种:一种是直接检验,即通过实际操作来检验假设解决问题的实际效果;另一种是间接检验,即通过思维活动来检验,例如对医疗方案、作战部署等一般采用间接检验。但是,最终的检验还是要通过实践的直接检验。

（四）问题解决的策略

在问题解决过程中，问题解决者会使用各种策略。问题解决策略（problem-solving strategy）是指人们在解决问题过程中所运用的方案、计划和方法，它决定着问题解决的具体步骤。问题解决中有两类通用的问题解决策略：算法式策略（algorithm strategy）和启发式策略（heuristics strategy）。

1. 算法式

算法式策略就是在问题空间中随机搜索所有可能的解决问题的方法，直至选择一种有效的方法解决。它通常与某一个特定的领域相联系，是一定能得出正确答案的特定程序，同时最大缺点是费时费力。例如，解一个 6 个字母的字谜（如 source），假如确实有这样的一个词存在，你只要系统地改变这 6 个字母的次序，每次到词典中去查字母构成的排列，最终就能找到一个匹配的词（如 course 或者 source）。但是，运用这种策略，问题解决者可能需要最多尝试 720 种排列。

2. 启发式

启发式策略是人们根据一定的经验，只根据目标的指引，试图不断地将问题状态转换成与目标状态相近的状态，从而只试探对成功趋向目标状态有价值的算子。启发式不能完全保证能成功地解决问题，但是它解决问题时较为省时省力。

（1）手段—目的分析。手段—目的分析（means-ends analysis）是指问题解决者不断地将当前状态和目标状态进行比较，然后采取措施尽可能地缩小这两个状态之间的差异。当问题可分成若干个各自具有目标的更小问题时，人们常常采用手段—目的分析启发式。例如河内塔问题，就是把一个问题分成若干个比较小的问题，每个小问题都有自己的目标，通过子目标的实现使问题的当前状态达到最后的目标状态。

（2）逆向搜索。逆向搜索也称逆向推理（backward search），就是从问题的目标状态开始搜索，直至找到通往初始状态的通道和方法。逆向搜索更适用于解决从初始状态到目标状态只有较少通道的问题。

（3）爬山法。爬山法（hill climbing method）是类似于手段—目的分析的一种策略。它是采用一定方法逐步降低初始状态和目标状态间的距离，以达到问题解决。

（4）目标递归策略（target recursive strategy）。所谓目标递归，是指从问题的目标状态出发，按照子目标组成的逻辑顺序逐级向当前状态递归的问题解决策略。其主要特点是将问题解决的目标分解成若干子目标，直至使子目标按逆推途径与给定的条件建立直接联系或等同起来，即目标——子目标——子目标——现有条件。

（五）影响问题解决的心理因素

问题解决的思维过程受多种因素的影响，其中既有心理因素也有环境因素。下面主要讨论其中的几种心理因素。

1. 问题表征

问题表征(problem representation)是在头脑中对问题进行信息记载、理解和表达的方式。要解决一个问题，不仅有赖于我们分解该问题的策略，也有赖于我们对该问题如何进行表征。

2. 思维定势与功能固着

思维定势(thinking set)是个体先前的思维活动所形成的心理准备状态对后继同类思维活动的决定趋势。它常常是意识不到的，有时有助于问题的解决，有时会妨碍问题的解决。最初研究定势在解决问题中的作用的是梅尔(Maier, 1930)。在他的实验中，对部分被试利用指导语给予指向性暗示，对另一些被试不给予指向性暗示。结果，前者绝大多数被试能解决问题，而后者则几乎没有一个能解决问题。

功能固着(functional fixedness)指一个人看到某个物品有一种惯常的用途后，就很难看出它的其他新用途。初次看到的物品的用途越重要，也就越难看出其他用途。这是一种特殊类型的定势。这个概念是德国心理学家邓克尔(Duncker,1945)首先提出的。他在一个实验中，让学生们想办法在一块垂直的木板上放置蜡烛，并要使蜡烛能够正常地燃烧。邓克尔给每个学生三支蜡烛，以及火柴、纸盒、图钉和其他东西。被试中有一半人分到的是放在纸盒里的材料，另一半人分到的东西都散放在桌面上。邓克尔发现，把东西放在盒子里提供给被试，会使问题解决变得更困难，因为此时盒子被看作是容器，而不是能够参与解决问题的物体。在这个实验中，解决问题的方法是要先将盒子钉在木板上，把它当烛台用。

功能固着也是思维活动刻板化的一种表现。在日常生活中会经常碰到，如硬币好像只有一种用途，很少想到它还能用于导电。这类现象使我们趋向于以习惯的方式运用物品，从而妨碍以新的方式去解决问题。

3. 酝酿效应

当反复探索一个问题的解决而毫无结果时，把问题暂时搁置一段时间，几小时、几天或几个星期，然后再回过头来解决，反而可能很快找到解决办法。这种现象称为酝酿效应(incubation effect)。在酝酿期间，个体虽在意识中终止了解决问题的思维过程，但其思维过程并没有完全终止，而仍然在潜意识中断断续续地进行着。通过酝酿，最近的记忆和已有的记忆被整合在一起，弱化了心理定势的效应，并容易激活比较遥远的思维线索，因而容易重构出新的事物，产生对问题的新看法，使问题得以顺利解决。

4. 知识经验

解决问题的知识经验越丰富，越有利于问题的解决。善于解决问题的专家与新手的区别在于，前者具备有关问题的知识经验并善于实际运用这些知识来解决问题。例如，一位老医生与一名刚参加工作的年轻医生，在面对一名具有很多症状的患者时就往往采取不同的处理方式。年轻医生不确定病人患了什么病，于是便为病人开出了各种各样的医学检查单，在有了一套几乎完整的症状信息之后，才可能做出正确的诊断。但有经验的老医生很可能会立即认定这些症状符合某种或少数几种疾病的诊断模式，仅仅对病人作了有限的检查后便很快做出了相当准确的最后诊断。

5. 动机

动机是促使问题解决的动力因素，对问题解决的思维活动有重要影响。心理学研究表明，适中的动机水平有利于问题的解决，过强或过弱的动机水平都不利于问题的解决。因为太强的动机水平，会使人处于高度的紧张状态，因而容易忽视解决问题的重要线索，而动机太弱，个体又容易被无关因素所吸引。

总之，影响问题解决的心理因素是多方面的。它们不是孤立地起作用，而是互相联系、互相影响，综合影响着问题解决者的思维过程。

(六) 促进问题解决的教学策略

问题解决水平是可以通过学习提高的，教师通过适当的教学策略可以帮助学生有效地提高解决问题的水平。一般说来，以下措施可以有效提高学生的问题解决水平：

1. 促进学生形成合理的知识结构

知识的质量主要体现在知识的合理性程度上。现代心理学家认为，合理的知识结构有利于同化旧的知识或概念，形成新的观念和概念。由此可见，知识结构越合理，知识质量越高，解决问题的能力就越强，创造力也就越高。因此，在教学中，教师应当通过不断改进教学来促进学生形成合理的知识结构。

2. 帮助学生掌握和运用思维策略

要提高学生解决问题的水平，帮助学生掌握和运用思维策略是不可或缺的教学策略。问题解决能力的提高直接依赖于对问题解决策略的训练。心理学家已提出了帮助学生提高解决问题能力的几个基本步骤：第一步，建立接纳意见的气氛；第二步，鼓励学生仔细界定问题；第三步，教给学生分析问题的方法；第四步，鼓励学生多角度提出假设；第五步，评价每个假设的优缺点；第六步，考虑影响问题解决的因素；第七步，提供问题解决的机会并给予反馈。

3. 使学生养成迁移与运用知识的习惯

通过教学活动养成学生迁移与运用知识的习惯，对于培养他们问题解决的能力是非常有帮助的。迁移与运用知识的过程不仅可以帮助学生不断改组知识、重新表征知识，而且它本身就是解决问题的过程，甚至是一种创造过程。

**教学实例：探索平行四边形面积公式**

数学猜想能力是数学归纳推理能力的主要组成要素之一。在“平行四边形面积公式”一课中，教师可以让学生从观察一个长方形逐渐变形到不同平行四边形的活动开始，在观察中大胆质疑和猜想：平行四边形的面积到底和什么有关系，又有着怎样的关系？

师：这是一个长 4 厘米宽 3 厘米的长方形，它的面积计算方法是：长×宽，也就是 4×3＝12 平方厘米。我现在要把这个长方形压扁，变成平行四边形，请大家认真观察，这个图形什么没有变，而什么发生了变化？

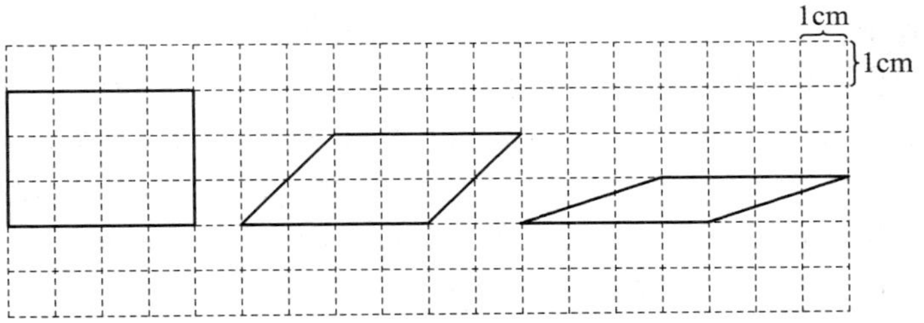


生：这个图形四条边的长短没有发生变化，而它的面积在逐渐变小。

师：再认真想一想，这个图形的什么发生了变化才导致它面积变小了呢？

生：两条邻边之间的夹角变小了，上下两条边之间的距离也变小了，所以这个图形的面积变小了。

师：平行四边形上下两条边之间的距离，叫做它的“高”，平行四边形有无数条高。

师：要想求这个平行四边形的面积，继续用相邻的两条边相乘，还可行吗？

生：不可以。

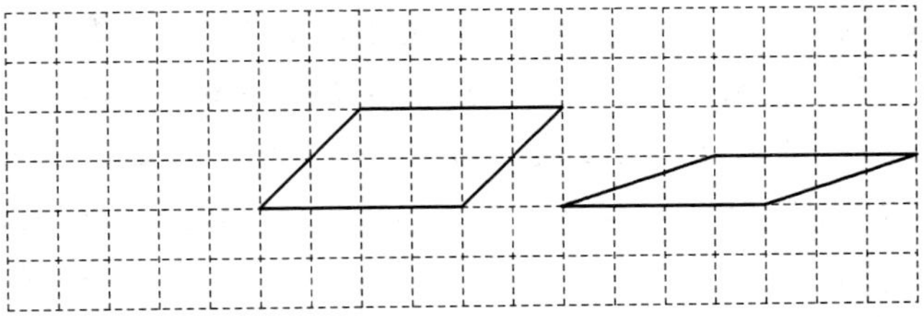

师：请你大胆猜想一下，平行四边形的面积和什么有关系？如何计算平行四边形的面积呢？

生：我猜想平行四边形的面积和它的高有关系，可能是“底乘高”。

师：下面请大家在方格纸上，利用我们学过的知识把平行四边形转化成学过的图形来得到它的面积，进而来验证自己的猜想。

学生利用方格纸将平行四边形转化成长方形，进而得到平行四边形的面积计算公式就是底乘高。

在课堂上，教师可以通过创建课堂学习共同体，实现多种形式的对话。通过“个别学习、小组学习和集体学习”三种教学组织形式帮助学生在与自我对话和与同伴对话的基础上进行集体学习，与全班和教师进行对话，发表学习结果，解决问题。通过对话进行归纳和凝练，实现意义与人际的“关系重建”。

同时，教师的教学立足一类图形，从特殊到一般，经历归纳与建构，实现学习迁移。在有关图形面积的早期教学中，对于每类图形面积的探索，教师都可从一个带有格子图的图形入手，引导学生想办法求出它的面积，并初步总结求这个图形面积的方法。在此基础上，还可进一步启发学生思考：这个图形的面积可以这样求，那么这类的其他图形的面积可不可以都这样求呢？在教师的引导下，学生得出几个具有代表性的同类图形的面积。接下来，教师再次引导学生提出求这类图形面积方法的猜想，从特殊到一般，从一个到多个，从多个到一类，尝试归纳一类图形面积的计算方法。

［摘自：石迎春，于伟.有过程的归纳教学——以《多边形的面积》单元教学为例.基础教育课程，2023(6)，10～12.］

## 二、创造性

### （一）定义

创造性或创造力是指根据一定的目的和任务，运用一切已知信息，进行主动的思维活动，产生出某种新颖、独特、具有社会或个人价值的产品的品质。

美国著名心理学家斯腾伯格提出，关于创造性的定义存在两个共同要素，即新颖性和适用性，他将创造性定义为“一种创造既新颖又适用的产品的能力”。这一创造性的定义逐渐得到多数心理学家的认同。需要说明的是，这一界定是根据结果来判定创造性的，判定标准其一是新颖性，指前所未有、推陈出新的，也包括独创的、独特的、预想不到的；其二就是适用性，指在特定的情境中，不超出现有条件的限制，并且产品是有用的，或者有社会价值，或者有个人价值。而我国学者则提出：“创造性是人类所特有的，利用一定条件产生新颖独特、可行适用的产品的心理素质。创造性这种素质是与动物相区别的、人类所特有的，同时也是所有人都具有的一种心理素质。”①因此，创造性不是少数天才的特权，而是人类普遍存在的一种潜能。

（二）影响创造性思维的因素

影响创造性思维的因素多种多样，同一种因素可能促进也可能阻碍创造性的思维，这取决于该因素的性质和程度。

1. 智力

一般来说，创造性似乎需要中等以上的智力，但创造性与智力不成比例。智力是大脑的功能，是人们认识和改造客观事物的各种能力的有机综合，主要包括观察力、注意力、记忆力、思维力、想象力等方面。其核心是思维能力，它保证人们能有效地进行认识活动。

2. 人格因素

心理学家普遍发现，创造人格对创造性思维及创造力有巨大影响，一般认为创造力比智力在更大程度上依赖于人格因素。在教学和教育中可以通过培养创造性思维和创造力培养学生的人格，甚至可以说培养创造力、创造性思维的过程就是良好人格的培养过程。大量研究表明，在人格的各种特质中，责任心、自信心、独立性、宽容性、坚韧性和合作精神等对创造性是最为重要的。

3. 环境因素

环境因素对个体创造性的影响来自家庭、学校和社会三个方面。

（1）家庭因素。家庭对个体创造性的发展具有重大影响，它可以促进或抑制个体创造潜能的发挥。心理学家在对具有特殊天赋和高创造力的孩子进行长时间的跟踪研究后发现，父母对孩子的期望与孩子的创造力之间有一定的关联。研究显示，在特殊方面取得一定成绩的儿童，早年时其家庭就开始为他们在特殊领域的探索提供物质和情感的支持。许多有关杰出成就人物童年家庭环境的研究都为此提供了有力证据。

（2）学校环境。作为一种有目的、有组织的教育活动，学校教育在影响学生创造性的发展、潜能开发方面往往比家庭教育具有更重要的意义。学校环境对青少年创造力的影响包括以下四个方面：第一，教师素质影响青少年创造力的发展。民主型教师有助于学生创造力的发展。有一定的人文和哲学知识、具有一定的创造才能、在课堂上实施特殊的创造方法和技能的教师，可以更有效地促进学生创造力的发展。第二，课堂气氛影响青少年创造力的发展。第三，同伴关系影响青少年创造力的发展。第四，不恰当的教育方式和学校中的消极因素会导致创造型学生产生种种心理上的压抑感，从而阻碍其创造力的发展。

---

① 张庆林，曹贵康主编. 创造性心理学. 北京：高等教育出版社，2004，3.

(3) 社会文化。社会文化因素也与个体创造性的发展存在着密切关系。许多跨文化研究发现，在倡导和鼓励独立性、创造精神，主张男女平等的民主型社会文化背景中，个体创造性普遍发展较好，而且男女差别较小；而在强调专制、服从，男女地位悬殊的封闭型社会文化背景中，个体创造性水平普遍较低，而且男女差别也较大。来自独裁文化环境的个体，往往表现得退缩、服从、逃避现实、缺乏创造精神；而有利于创造的社会风气、丰富的环境刺激及多方面的文化交流，则会促使人产生求知的欲望，刺激联想、发散等创造性活动的进行。

(三) 培养创造性思维

创造性人才培养的一个重要方面是对学生创造性思维的培养。创造性思维是创造力的核心，是人们完成创造活动的基础，所以培养学生的创造性思维是一项极其重要的教育任务，需要从以下几个方面努力。

1. 培养创造性思维的品质

(1) 独立性思维品质。培养独立性思维品质，应在教学过程中注意强化学生三个方面的心理意识：

第一，大胆而合理地怀疑。

第二，增强其不盲从于大多数的抗压心理。独立思维往往会有别于众人，有异于常规，因而会产生无形的心理压力，培养不随波逐流的抗压心理是非常重要的。

(2) 发散性思维品质。在创造心理诸品质中，发散性思维是至关重要的方面。它是一种从不同途径、不同角度去探索多种可能性，探求答案的思维过程。

学生发散性思维品质的培养应循序渐进，着力于三个层次：

第一，流畅性。即培养学生的思维速度，使其在短时间内表达较多的概念，枚举较多的问题解决方案，探索较多的可能性。

第二，变通性。变通性是较多层次的发散特征，即培养学生从不同的角度灵活考虑问题的良好品质。

第三，新颖性。这是求异的本质所在，即培养学生大胆突破常规、敢于创新的创造精神。

(3) 想象力。"创造"一般是运用自己的知识和经验，通过有意识的想象产生出以前尚不存在的事物，因而想象是创造心理活动的起点和必经过程。事实上，大多数创造都是经过"想象——假设——实践"这样的三段式递进实现的。想象力的培养则应落实在两个方面：

第一，保持和发展好奇心。

第二，拓宽知识面。想象力是多种知识相互启发而生的。为此，要引导学生涉猎多领域的知识，努力形成合理的知识结构。

2. 优化教学过程

目前经常用于创造性培养的课堂教学措施有：

(1)改进教学方法。我们在发扬自己优秀传统文化的同时，要注重吸收和借鉴外国教学方法的优点，取长补短。采取双向教学法，提倡课堂讨论，开设研究型实验，采用案例教学法、发现教学法、学导式教学法、创造性教学法等行之有效的新教学法。

(2)转变传统教育中的考试观念。教育需要评估，没有评估的教育是盲目的教育，切不可因应试教育向素质教育的转向而废弃考试。但教育的功能和目标，是要提高学生迎接挑战的生存能力和自我发展的能力，因此考试的内容需与之相适应，从考核知识的记忆、定向理解、运用，转变为考核捕获、处理的能力和创新的能力，这会促使原有考试方式的转变，逐步建立和完善与素质教育相协调，有利于人才全面成长和发展的现代化的评价体系。

(3)在教学内容方面以学习方法、研究方法和思维方法等方法的培养训练为主，多种具体知识的传授为辅。压缩课本，使它由“厚而精”变为“少而精”。读书的最佳境界，需要发散性思维的参与，从各个角度观察问题、深化问题。

(4)加强课堂讨论。从课堂讨论入手，强化学生的竞争意识和创造意识，培养学生提出问题和解决问题的能力。当代学生都有一定的竞争欲和表现欲，在课堂讨论中，对不同观念和见解的争论，正是引导他们展现健康的竞争欲和表现欲的极好机会。

(5)引导学生积极参加多种社会实践活动，不断丰富实际创造经验和体验。目前，在教育中存在的一个现实问题是不能很好地组织和实现实践性教学环节。加强教学实践环节，着重培养形象思维能力十分重要。要在教学观念上进行变革，在让学生学好抽象理论的同时，加强实践环节训练，建立创新基地，为学生提供创新的机会。鼓励学生参加课外科技制作活动。

(6)建立宽松的目标管理机制。从管理角度而言，宽松的环境应建立在目标管理基础之上。现在所实行的过程管理，对学生往往限制得过死，并不利于创造性人才的培养。应注重建立科学的评价体系，实施目标管理，形成强有力的激励机制，调动广大学生内在的积极性、主动性，激发创新意识，提高创新能力。教育学生创新，教育者本身应有创新的素质和创新的教学内容。要做到这一点，教师就要积极参与科研，将科研与教学相结合。

## 第三节　学习策略与学习技能

中国有句古话叫“授之以鱼，不如授之以渔”，说的是传授给人既有知识，不如传授给人学习知识的方法。大多数老师希望教会学生“怎样学习”，实际上就是这里所要讲的学习策略和学习技能。

## 一、学习策略

### （一）学习策略概述

美国心理学家布鲁纳(1956)在其人工概念研究过程中，首次提出“认知策略”(cognitive strategy)的概念。心理学家纽厄尔，肖和西蒙(Newell, Shaw, Simon, 1958)随之利用计算机有效地模仿了问题解决策略，从而形成“学习策略”(learning strategy)概念。

对于什么是学习策略，学者们从不同的研究角度和方法，提出了各自的看法：有的指具体的学习技能，诸如复述、想象和列提纲等；有的指较为一般的自我管理活动，诸如计划和领会监控等；有的指组合几种具体技术的复杂计划，甚至有的与元认知、认知策略、自我调节的学习等术语的含义相互重叠。概括起来，大致可以分为三种：(1)把学习策略视为学习活动或步骤；(2)把学习策略视为学习的规则；(3)把学习策略视作学习计划。

综合这些不同的看法，可以认为所谓学习策略，就是学习者为了提高学习的效果和效率，有目的、有意识地制订的有关学习过程的复杂的方案。

### （二）典型的学习策略

1. 认知策略

认知策略是优化信息加工效果、提高加工效率的一种认知技能，它是认知领域中学习策略的最主要的成分。

(1) 复述策略。复述策略(rehearsal strategy)是为了准确、牢固地记住目标信息而在大脑中重现学习材料或刺激，以便将注意力集中在学习材料或刺激上的方法。复述策略主要有以下几种：

① 及时复习。由于识记了的信息随着时间的推移，总是要不断遗忘，所以复习最好要及时进行。

② 排除相互干扰。在安排复习时，要尽量预防前摄抑制和倒摄抑制的影响，尽量错开学习中两种容易混淆的内容。例如，学完一系列词汇后马上进行测验，开始和结尾的几个词一般要比中间的词记得牢，这就是所谓的首因效应和近因效应。因此，要把最重要的新概念放在复习的开头，在最后对它们进行总结。

③ 整体识记和分段识记。对于篇幅短小或者内在联系密切的材料，适于采用整体识记，即整篇阅读，直到记牢为止。对于篇幅较长，或者较难，或者内在联系不强的材料，适于采用分段识记，即将整篇材料分成若干段，先一段一段地记牢，然后合成整篇识记。

④ 集中复习和分散复习。集中复习就是集中一段时间一下子重复学习许多次，分散复习就是每隔一段时间重复学习一次或几次。对于大多数学习，分散复习更有益于保持，对于事实的学习尤其如此。

⑤ 多种感官参与。在进行识记时，要学会同时运用多种感官，多种感官的参与能有效地增强记忆。

⑥ 复习形式多样化。采用多种形式进行复习有利于理解和记忆。在实践中应用所学知识是对知识的最好复习。

⑦ 自问自答或尝试背诵。在学习一篇材料时，一面阅读，一面自问自答，或自己背诵。这样做的好处是，根据自己回答或背诵的情况，检查自己的错误和薄弱环节，从而重新分配精力。

（2）精细加工策略。精细加工策略（elaboration strategy）也叫精加工策略，是一种促进陈述性知识学习的策略，指对记忆的材料补充细节、举出例子、做出推论，或使之与其他观念形成联想，以达到长期保持的目的。具体包括以下几种：

① 位置记忆法。就是学习者在头脑中创建一幅熟悉的场景，在这个场景中确定一条明确的路线，在这条路线上确定一些特定的点，然后将所要记的项目全都视觉化，并按顺序与路线上的各个点联系起来。回忆时，按路线上的各个点提取所记的项目。

② 首字联词法。即利用每个词的第一个字形成一个相对容易记忆的缩写。比如计算机 BASIC 程序语言就是 Beginner’s All－Purpose Symbolic Instruction Code（初学者通用符号指令代码）各词首字母的联词。

③ 限定词法。学习一种新材料时运用联想，假借意义，对记忆也很有帮助。

④ 勾画圈点法。对于本身意义性强的书面化的信息材料，勾画、圈点其中的重要部分，有助于促进对信息的加工，提高记忆效果。

⑤ 摘录提要。对于本身意义性强的信息材料，通过摘录要点、归纳（以材料中的原句摘抄为主，辅以必要的连接、概括），有助于更好地促进对信息的加工。

⑥ 笔记。对于本身意义性强的信息材料，通过笔记形式，区别主次，以自己的话概括材料的主要内容，有助于促进更深层次的信息加工。

（3）组织策略。所谓组织策略（organizing strategy）是指梳理所学的新信息，建构其内在的联系，以增进记忆效果的一种策略。具体有以下几种：

① 归类整理法。将所学的新信息进行归类整理，形成内在的结构组织，以便于记忆。由于归类有多种不同的维度，其运用也就多种多样，有相似归类、对比归类、从属归类、递进归类等。

② 提纲挈领法。运用简要的语句来把握新信息的内在层次结构，并常辅之

以数码标记，以显现内隐的结构组织，促进理解和记忆。对于量大而复杂的信息材料，此举更具优越性。

③ 图解纲要法。运用图解方式来说明新信息的内在联系，并多辅之以连线或箭头标记，以形象地显现内隐的结构组织，促进整体把握和记忆。其中重要的形式为概念图(concept map)，能够图解各种概念是如何相互联系的。绘制概念图的大致程序是：先列出某个主题领域内的重要概念，根据抽象概括程度的不同，有结构、有层次地将其相互之间的本质联系用连线和相关词语表示出来，经过反复修改和讨论，达到对该主题知识的融会贯通(伍新春，张爱芹，2006)。

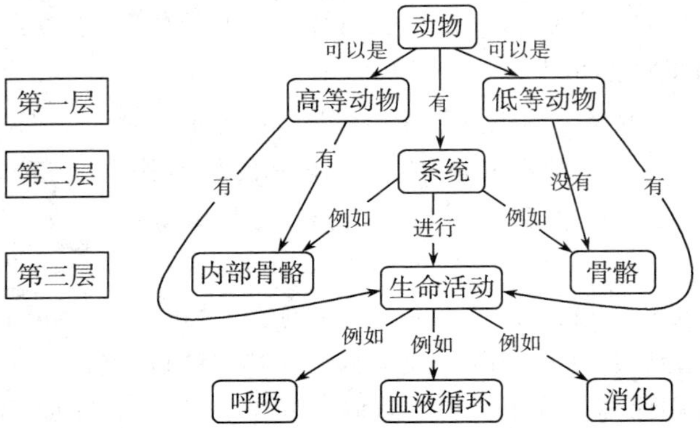


**图 8-3 概念图举例**

[摘自：伍新春，张爱芹．试论概念图及其对科学教育的启示．心理发展与教育，2006(3)，116.]

④ 网络法。是指以树状式连线方式表示材料种属逻辑关系的组织方法。将明显种属关系的材料运用网络法提取要点，使逻辑关系特别清晰，便于理解与记忆。

2. 元认知策略

在学习时，学习者用来评估自己的理解、预计学习时间、选择有效的计划来学习解决问题的一系列策略，就是元认知策略(metacognitive strategy)。元认知策略大致可分为以下三种：

(1) 计划策略。包括设置学习目标、浏览学习材料、产生待回答的问题以及分析如何完成学习任务。为学习制订计划就好比是足球教练在比赛前针对对方球队的特点与出场情况提出对策。

(2) 监控策略。使学习者警觉自己在注意和理解方面可能出现的问题，以便找出来并加以修改的一系列策略。包括学习时对注意加以跟踪、对材料进行自我提问、考试时监视自己的答题速度和时间。例如为加强学生对阅读材料的理解和记忆，可使用 PQ4R 方法帮助学生集中注意、组织信息，综合使用多种策略提高阅读的效果。

**表 8-2　PQ4R 方法**

| | |
|---|---|
| Preview 预习 | 快速浏览材料。对基本框架和各种标题有所了解。确定要阅读和学习的内容。 |
| Question 提问 | 先进行自我提问。根据标题设问：何人（who）、何事（what）、为何（why）、何处（where）。 |
| Read 阅读 | 阅读材料，尝试回答之前提出的问题。 |
| Reflect 反思 | (1)与知识背景相联系；(2)将文中各分主题与基本概念或原理相联系；(3)尝试解决所呈现信息中的矛盾；(4)运用材料本身解决问题。 |
| Recite 复述 | 陈述主要观点、提问并回答问题以记忆信息。可以根据标题、关键词及主要观点的笔记提出问题。 |
| Review 复习 | 积极复习、集中精力自我提问；在不确定答案时，重新阅读材料。 |

［摘自：罗伯特・斯莱文著，吕红梅，姚梅林等译．教育心理学——理论与实践（第 10 版）．北京：人民邮电出版社，2016，163～164.］

（3）调节策略。与监控策略有关，是学习者为了完成学习目标而对学习行为的合理矫正。例如，当学习者意识到他不理解课文的某一部分时，就会退回去读困难的段落；在阅读较难的或不熟悉的材料时放慢速度；测验时跳过某个难题，先做简单的题目等。

## 二、学习技能

### （一）学习技能的含义

学习技能（learning skill），也就是我国教育界长期以来使用的学习方法（learning method）一词，指的是个体通过反复练习而形成的促进信息编码及任务完成的认知活动方式。斯腾伯格（Sternberg，1983）在其智力模型中区分了两种不同层次的智力技能：(1)执行的技能（executive skills），它是指学习者用来对指向一定学习任务的学习方法进行规划、监控和修正的高级的技能，即对学习的调节与控制；(2)非执行的技能（non-executive skills），它是指用于对学习任务进行实际操作的技能，即学习方法，也就是这里所讲的学习技能。

学习技能与前面所讲的学习策略既有区别又有联系。二者的区别在于：第一，具体的学习技能通常与具体的某次学习任务相联系，有较强的情境性；学习策略既与具体任务相联系，又与一般学习过程相联系。第二，学习技能经过学习者反复运用、熟练掌握之后，在具体情境中往往凭习惯加以运用；而学习策略是学习者经过对学习任务和自身特点等多方面因素进行分析，反复思考之后才形成的方案。第三，具体的学习技能可以用来达到一定的学习目的，完成学习任务，但一般不考虑最佳效益；而学习策略则追求最佳效益。学习技能与学习策略虽有区别，但又不能截然分开。因为学习策略不能脱离具体的学习技能，学习策略的规划最终要落实到具体的学习技能上，并借助学习技能表现出来。总之，学习技能是作用于具体学习任务和材料的操作和方法，而前面所讲的学习策略则是控制与调节学习技能的选用的执行技能或上位技能。

（二）学习技能的分类

（1）根据学习进程的特点，可分为观察法、思维法、记忆法等。

（2）根据课堂学习进程的特点，通常分为预习法、听讲法、复习法、作业法等。

（3）根据各科学习的特点，可分为语文学习技能、数学学习技能、外语学习技能等。

（4）根据学习类型特点，可分为模仿性学习技能、抽象概括学习技能、解决问题学习技能、逻辑推理学习技能、总结提高学习技能等。

（5）根据学习目标指向，可分为语言符号的学习技能、操作技能的学习技能、态度情感的学习技能、学习策略的学习技能等。

（6）根据学生学习活动的独立性，可分为有指导的学习技能和自学技能。

（7）根据学习活动的创造性，可分为再现性技能和创造性技能。

## 三、学习策略和学习技能的训练措施及原则

无论是学习策略还是学习技能，都是学生学习中极为重要的机制，直接影响学习效率，甚至会影响学生的学习行为和态度。教育的目标之一就是要帮助学生学会使用有效的学习策略和技能，因为学习策略和技能的价值依赖于其具体情况和使用，所谓“学而有法，学无定法”正是这个道理。因此，教师的任务不仅是教会学生具体的学习策略和学习技能，而且要教学生积极、适时地选用有效的策略和技能。在进行训练时，可以采取一些有效的措施，并遵循一定的原则。

（一）学习策略和学习技能的训练措施

1. 使教学方法多样化

丹瑟洛（D. Dansereau）认为，在教学过程中应该首先激发学生形成学习策略和学习技能的动机，再确定适合于所学材料的学习策略和技能，这些策略和技能应该具有有效性和可操作性；然后指导学生在不同的学习情境下进行训练，并及时对学习结果进行评价与反馈。从激发动机、讲解策略和技能的使用、练习及训练、反馈评价到迁移的教学步骤，与通常使用的传授知识的步骤是一致的，比较容易为学生所接受。

2. 结合学科知识的教学进行训练

在教学过程中应该结合各科教学内容特点来对学习策略和学习技能进行训练，脱离知识内容的单纯训练容易导致形式化倾向，难以保证学生学习策略和技能运用水平的提高。例如在英语词汇学习中训练同化策略。所谓同化策略是指促进学生充分利用原有知识，以有效地学习新知识，即产生同化效应。在英语词汇学习中进行训练，可以在学生遇到生词时，指导学生充分利用原先掌握的与该词有音、意或形联系的词进行同化。此外，还有在数学应用题教学中训练结构分析策略，在阅读教学中进行文章结构分析策略等。总之，将策略和技能的训练与具体的教学内容联系起来，会取得良好效果。

3. 注重元认知策略的训练，使学习策略和技能的使用更加灵活

一般来说，学习能力比较强的学生，其元认知的发展水平较高，具有较多有关学习策略和学习技能方面的知识，善于对自己的学习过程进行监控，在学习策略和技能的运用中也能够做到有效而灵活。因此，元认知策略对于学习策略和学习技能的掌握和使用具有非常重要的促进作用。布朗（Brown，1983）提出三种元认知策略的训练方法：盲目训练法，即只教给学生运用策略，但不告诉为何、何时运用何种策略；感受训练法，帮助学生理解为何、何时运用不同策略；感受自控训练法，在感受的基础上使学生练习使用不同策略，提供掌握不同策略的机会。研究表明，第一种方法通常难以使学生真正掌握学习策略，而后两种不仅可以促进学生对策略的掌握，还明显影响学生所学知识的性质与结构。因此，教会学生形成反思习惯，使其对学习策略和学习技能做出清晰的辨别，增强体验与调控，能够有效促进学习策略和学习技能的掌握和运用。

### （二）学习策略和学习技能的训练原则

除了上述训练学习策略和学习技能的常见措施之外，在实际教学中，教师还应注意遵循以下原则：

1. 主体性原则

主体性原则既是学习策略和学习技能训练的目的，又是必要的方法和途径，任何学习策略和技能的使用都必须依赖于学习者主动性和能动性的发挥。在训练中，要向学生阐明策略教学的目的和原理，并给学生提供使用学习策略和技能的练习机会，指导其分析运用的过程与效果，以帮助其进行有效地监控。

2. 内化性原则

内化性原则是让学生不断对各种学习策略和学习技能进行实践，逐步将其内化成自己的学习能力，并能在不同的问题情境中灵活有效地应用。内化过程需要学生将所学的新策略和新技能与头脑中已有的相关知识和策略整合在一起，形成新的认识和能力。

3. 特定性原则

特定性原则指的是学习策略和学习技能要适合不同的学习目标和学生类型。这意味着教师要针对学习者的不同发展水平，考虑学习策略和技能的不同层次，教给学生各种各样的策略，不仅有一般策略，而且还要有非常具体的学习策略和学习技能。

4. 生成性原则

使学习策略和学习技能有效的最重要的原则之一，就是学习者要利用学习策略和技能对学习材料进行重新加工，从而生成某种新的东西，这需要高度的心理加工。

5. 有效的监控

教师应该教给学生该在什么情境下如何使用某种策略或技能，这样学生就更有可能记住并使用它。学生不仅应该知道应当在何时如何应用他们贮存的学习策略和学习技能，而且应该能够在使用时将它描述出来。

6. 个人效能感

教师应该给学生提供一些机会使他们感觉到学习策略和学习技能的有效性，因此有些训练课程必须包括动机训练。教师在学生学习某材料时，要不断向学生提问和测查，并且根据这些评价给学生确定成绩，如此才能促进学生使用学习策略和技能，使学生感到使用学习策略和学习技能会使学习有所收获。

## 第四节　为迁移而教

学习迁移一直是学习的一个重要理论问题，对迁移进行研究，有助于探讨人类学习的实质和规律，揭示能力和品德形成的内在机制，同时也为教学过程提供理论指导。“为迁移而教”已成为当今教育的流行口号。

### 一、迁移及其种类

#### （一）迁移的概念

迁移(transfer)是一种学习对另一种学习的影响，或已有的经验对完成其他活动的影响，广泛地存在于知识、技能、态度和行为规范等各种内容的学习中。

#### （二）迁移的分类

对于学习的迁移现象，可以根据多种标准来分类。

1. 根据迁移的性质，可以分为正迁移和负迁移

正迁移(positive transfer)是指一种学习对另一种学习起促进作用，常常发

生在学习内容相似、过程相同或者使用同一原理的时候，如数学的学习可以促进理化学习。

负迁移(negative transfer)是指一种学习对另一种学习起干扰或抑制作用，常产生在看似相似但实际上并不相似的情境下，由于认知混淆而产生，比如学习汉语拼音对学习英语音标的干扰现象。

2. 根据迁移的内容，可分为认知迁移、态度迁移和技能迁移

认知迁移(cognitive transfer)是指在人脑知识结构中发生的迁移。当个体原有的认知结构与新的情境发生作用时，有时原有认知结构会影响新问题的解决。如系统掌握平面几何知识的学生，与知识相对薄弱的学生相比，在学习立体几何的时候成绩会更好一些。

态度迁移(attitude transfer)是指一种态度对另一种态度的影响，如一个不喜欢某位老师的学生，可能因此在学习过程中对这位老师所教的学科也产生反感，进而影响对这门学科的学习。

技能迁移(skill transfer)可分为认知技能的迁移和动作技能的迁移。认知技能是认知性的内隐操作过程，动作技能则是肌肉性的外显操作过程。如一个掌握数学中因式分解技巧的学生，解任何因式分解题都显得游刃有余，属于认知技能的迁移；而棒球选手打高尔夫球也会打出高水平，则属于动作技能的迁移。

3. 按照迁移的顺序，可分为顺向迁移和逆向迁移

先前学习对后继学习的影响，称为顺向迁移(forward transfer)，例如先学会骑自行车，之后更容易学会骑摩托车。

后继学习对先前学习的影响，称为逆向迁移(backward transfer)，如学生掌握英语语法之后，又可能反过来对掌握汉语语法起干扰作用。

无论是顺向迁移还是逆向迁移，其影响程度都有大小之分，影响效果都有积极和消极之别。

4. 从迁移发生的方式上看，又可分为特殊迁移和非特殊迁移

特殊迁移(special transfer)是某领域的学习直接对另一领域的学习产生的影响。

非特殊迁移(non-special transfer)则是指迁移产生的原因不明确，既可能是原理的迁移也可能是态度的迁移，这样产生的迁移可能是由动机、注意等因素引起的，也可能是由学习的其他准备活动或学习方法、策略引起的。布鲁纳认为，一般的技巧、策略和方法其有广泛迁移的可能性，因此十分重视非特殊迁移。

## 二、迁移的理论

学习迁移问题包括学习者、旧的学习情境和新的学习情境三者之间复杂的

相互作用。早期的迁移研究主要局限在动物和人类机械学习的领域，但是不同类型的学习迁移往往需要不同的理论加以解释，所以用机械迁移的规律来解释其它的学习迁移难免会犯片面性的错误。二十世纪六七十年代以来，随着认知科学与信息加工理论的产生和发展，现代认知心理学研究兴起并向心理学各个领域渗透，研究者能够比较客观地对人的心理过程进行研究，在此基础上出现了许多新的迁移理论。

（一）认知结构迁移理论

认知结构迁移理论是奥苏伯尔根据他的有意义言语学习理论（即同化理论）发展而来的。在奥苏伯尔看来，一切新的有意义学习都是在原有的学习基础上产生的，即一切有意义的学习必然包括迁移，不受原有认知结构影响的有意义学习是不存在的，而学习者原有认知结构的特征则是影响新的学习的关键。

1. 认知结构与认知结构变量

认知结构，简单来说就是学生头脑中的知识结构。奥苏伯尔认为，对当前学习产生影响的不仅仅是之前的某次学习，还包括个体已有的经验和按照一定层次组织的与当前学习任务有关的知识体系，而不是指前、后两个学习课题在刺激和反应方面的相似程度。在他看来，学习者原有的认知结构是实现学习迁移的关键因素。

奥苏伯尔提出了影响有意义学习和迁移的认知结构变量，即可利用性、可辨别性和稳定性。

（1）可利用性。在认知结构中是否有适当的起固定作用的观念可以利用，这是影响迁移的第一个重要的认知结构变量。较高抽象概括水平的起固定作用的观念，对于新的学习能够提供最佳联系。如果缺少这样的观念，个体往往只能进行机械学习，造成新知识不能有效地被固定在认知结构中，无法表现出积极的迁移现象。

（2）可辨别性。指新的学习任务与原有认知结构之间可以辨别的程度，这是影响迁移的又一个认知结构变量。如果新的学习任务不能与认知结构中原有的观念清晰分辨，那么新的概念很可能被原有的概念所代替，从而表现出遗忘。

（3）稳定性。即原有的起固定作用的观念的清晰性和稳定性，这是影响有意义学习的第三个重要的认知结构变量。如果原有观念不稳定而且模糊不清，那么将不能为新的学习提供适当的联系和固定点。

总之，奥苏伯尔认为个体在某次学习中所得到的最新知识或经验，不是直接同先前学习的刺激——反应成分发生相互作用，而只是由于它影响原有的认知结构的有关特征，从而间接影响新的学习或迁移。

2. 设计“组织者”——促进认知迁移的方法

所谓“组织者”(organizer),是先于学习任务本身呈现的一种引导性材料,它要比学习材料更一般、更概括,并且能清晰地将新的学习材料与认知结构中原有的观念相关联。设计“组织者”的目的是为新的学习任务提供观念上的固定点,增加新旧知识之间的可辨别性,以促进类属性的学习。也就是说,通过呈现“组织者”,在学习者已知的东西与需要知道的东西之间架设一道“知识的桥梁”,使其更有效地学习新材料,从而促进学习迁移的实现。

(二) 认知迁移理论

认知迁移理论是由美国学者罗耶(I. Royer)提出的。他根据学习和记忆的信息加工理论,提出认知迁移理论具有两个基本假设:

第一,人类的记忆是一种高度结构的储存系统,人类是以一种系统方式储存和提取信息的;

第二,知识结构的“丰富性”并非始终一致。所谓丰富性(richness),是指知识结构内各单元(如节点、命题等)之间交互联结的数量。知识结构的某些部分可能是与单元之间大量的交互联结联系在一起,而某些部分则可能只与少量的交互联结有联系。

此外,认知迁移理论还具有一个前提,即领会(comprehension)。在没有领会的条件下虽然也可以习得信息,如机械记忆,但是回忆或使用未被领会的信息的条件是极为有限的。因此,如果要形成学习迁移,领会是必不可少的。

据此,认知迁移理论认为,迁移发生的可能性是由在记忆搜寻过程中遇到相关信息或技能的可能性决定的。这样,教育的问题就成了如何增加学生在面临现实生活问题时提取在课堂中习得的相关材料的可能性的问题。由于提取的可能性与交互联结的数量有关,因此任何增加交互联结网络的丰富性的教育方法,都将有助于迁移的发生。

因此,在帮助学生建立抽象的知识结构和认知图式时,应给学生呈现最大范围的事例和这些知识的应用情境,以使学生了解课堂中习得的知识是如何应用的。而且,这些例子最好与真实的生活背景相联系,因为最终说来,几乎在校学到的每一知识的价值都要以在校外世界中的应用价值这一标准来衡量。

(三) 迁移的产生式理论

迁移的产生式理论是由辛格莱和安德森(Singley, Anderson)提出的。该理论认为学习和问题解决的迁移之所以产生,是由于两种技能学习所需要的产生式规则有一定的重叠。当两种学习之间存在共同的产生式,或者说两种学习的产生式有交叉重叠,迁移就会发生;重叠越多,迁移的程度越大。

在迁移的过程中,有两个关键条件制约着迁移的发生。一个是学习者能否在先前学习中概括出产生式。需要注意的是这里的产生式并不是简单的“条件－动作”，而是从许多这样的“条件－动作”产生式中概括出的一般的“C—A”规则。在这里，C代表行为产生的条件，A代表行为或动作，不仅是外部可观察到的反应，同时也包括学习者头脑内部的心理运算过程。另一个条件是学习者将所形成的一般性产生式“规则化”“系统化”。只有学习者对所形成的产生式规则熟练掌握并能够熟练操作，才会出现有效的迁移。

产生式迁移理论对教学活动的启示是，既然两项任务共有的产生式数量决定迁移的程度，那么要想实现“为迁移而教”，在教材选编时就应考虑循序渐进的原则，以及教学内容的前后两个单元要有适度的重叠。同时，应注重概念和原理的教学，因为共同的产生式就是共同的规则，也就是共同的概念或原理。

（四）元认知迁移理论

根据元认知迁移理论，认知策略的成功迁移是指问题解决者能够确定新问题的要求，选择已获得的适用于新问题的一般或特殊技能，并能在解决新问题时监控它们的应用（龚少英，2001）。

加勒泰等人认为，具有较高元认知水平的学习者能够在面对新的问题情景时主动对特定任务和目标进行分析，结合自身原有知识，选择出最有效的认知策略，并且在执行策略的过程中不断进行监视和反馈，及时修正和调节策略，以达到认知活动的目标。可以说，利用元认知解决问题的过程本身就是一种认知策略的迁移过程。因为元认知与一般智力技能是有所不同的，元认知的价值存在于改善个体的认知加工过程之中，通过加工处理陈述性知识和程序性知识得以实现。元认知迁移理论认为，认知策略要达到可以在多种情境中迁移的程度，一个重要条件是学习者的元认知水平。元认知水平决定着学习者对策略的使用和对学习的监控、调节，从而影响认知策略的迁移。由于元认知迁移理论的最大特点在于强调认知策略和元认知在学习中的重要作用，因此元认知迁移理论也称为认知策略迁移理论。

元认知迁移理论对教学的启示是，要想让学习者“学会学习”，除了要重视陈述性知识和基本的技能迁移之外，更应重视策略的学习。为此，教材的选编应当适当反映策略性知识的要求，同时应以策略教学实验中积累的可靠经验来训练学生，以达到策略性教学的迁移目的。

## 三、影响迁移的因素

影响迁移的因素，从总体上看有学习者的个人因素和客观因素两大方面。

### （一）个人因素

1. 智力

智力对迁移的质和量都有重要的作用，因为广义的智力包括一个人的概括能力、分析能力和推理能力等。智力较高的人能较容易地发现两种学习情境之间的相同要素及其关系，易于总结学习内容的原理原则，能较好地将以前习得的学习策略和方法运用到后来的学习中。

2. 年龄

不同年龄的个体由于处于不同的思维发展阶段，学习间迁移产生的条件和机制有所不同。例如，具体运算阶段的学生，其学习迁移的发生有赖于具体事物的支持和协助，学习的迁移更多地表现在先后学习内容间较为具体的相同要素之间的相互影响。形式运算阶段的学习，由于个体已经具备抽象思维能力，不必依赖两种学习情境间的相同要素的支持，就能概括出共同的原理、原则，产生学习的正迁移。

3. 认知结构

在学习中，认知结构一般是指个人在以前学习和感知客观世界的基础上形成的，由知识经验组成的心理结构。其质量，如知识经验的准确性、知识经验间联系的丰富性和组织性，都影响学生在学习新知识、解决新问题时提取已有知识经验的速度和准确性，从而影响迁移的发生。

4. 学生对学习和学校的态度

一方面，学生学习时的态度会影响他们把知识应用到实践中去，如果学习知识时能认识到所学知识对以后生活和学习的重要意义，并能联想到当前知识可能有用的情境，会有助于他们在以后的具体情境中运用已有知识来学习或解决问题。另一方面，学生对学校教师及其他学生的态度影响其学习和学习迁移。如果学生认为学校是一个令人愉快的、能获得有益知识的地方，而且与教师和同学建立了融洽的关系，将对他们的在校学习及其迁移有良好的影响；反之，如果学生形成一种害怕或厌恶学校和教师的态度，则对其学习及其迁移都是有害的。

5. 学习心向

心向是一种心理准备状态。具有利用已有知识去学习新知识的心理准备状态，比没有这种准备状态更有利于已有知识对新的学习的迁移。

### （二）客观因素

1. 学习材料的特性

包括所学知识、技能之间有无共同的要素或成分，学习材料或新知识的组织结构和逻辑层次以及知识的实用价值等。那些包含了正确的原理、原则，具有良好组织结构的知识以及能引导学生概括总结的学习材料更有利于学习者在学习新知识或解决新问题时产生积极迁移。

2. 教师的指导

教师有意识的指导有利于积极迁移的发生。教师在教学时有意识地引导学生发现不同知识之间的共同点，启发学生去概括总结，指导学生监控自己的学习或教会学生如何学习，都会对学生的学习和迁移产生良好的影响。

3. 学习情境的相似性

简单地说，学习的情境如学习时的场所、环境的布置、教学或测验的人员等越相似，学生就越能利用有关的线索，促进学习或问题解决中迁移的出现。

4. 迁移的媒体

有时，两个学习情境并不能直接发生联系或产生迁移，需要借助一定的媒体才能使两种学习间产生迁移。此时，能否选择能引起正迁移的媒体会对迁移的发生和性质产生影响。

## 四、学习迁移与教学

在学校教育中，教师应该怎样教学才能使学生将习得的知识灵活地运用到各种不同情境中呢？

### （一）确定明确而具体的教学目标

明确而具体的教学目标，可以使学习者对与学习目标有关的已有知识形成联想，即发挥先行组织者的作用，有利于迁移的发生。在确定学习目标的同时，应该明确未来学习迁移的方向。例如，在学习数学方面的知识时，不仅要学习当前教材中的计算问题，更重要的是要设计出学习者在以后的学习中会学到的新的相关的数学知识或是相关学科中的计算问题（比如物理中的计算问题：数学的三角方程与物理学习中斜面的下滑物的加速度的计算），或者在现实生活中可能会遇到的实际计算问题。因此，在实际教学过程中，在每个新的单元教学之前确立具体的教学目标，使学生明确学习目的，是促进学习迁移的重要前提。

### （二）考虑和了解学习者的认知结构，在此基础上进行教学

美国心理学家奥苏伯尔非常强调学生的认知结构对新的学习的影响，他认为先前的学习经验是学习新知识的一个关键因素，可见认知结构对于教学和学习的极端重要性。认知结构不仅可以贮存知识，而且具有同化新知识和帮助解决新问题的能力。所以在进行教学设计时考虑和了解学习者的认知结构，会对

学习者当前的学习以及今后解决新的问题时恰当运用迁移产生促进作用。

（三）恰当运用变式，创造与应用情境相类似的学习情境

在讲解知识时，要列举最大范围的例子，枚举各种变式，使学生正确把握其内涵和外延；同时应结合所教知识的具体运用情境进行讲解和学习，使学生能脱离所学知识的背景把握其实质，并能在遇到适用情境时，准确地运用已有知识去学习新知识或解决新问题，即达到对所学知识的去背景化（decontextualization），以防止学生对所学知识的理解和运用局限于具体学习情境的情况。如果条件允许，应尽量让学生在真实情境中观察和实践知识的应用，如亲自动手操作的教学实验、实习、见习等；条件不允许或无法亲自观察实践的，教师也应利用直观教具或生动的教学语言、计算机模拟等手段，让学生尽可能地增加感性认识。

（四）以最佳结构和顺序呈现学习内容，使其贯穿始终

按照信息加工的观点，知识分为陈述性知识和程序性知识两大类。但无论哪一类知识都需按照某种合理而有序的结构结合在一起，显示出知识点之间的关系和顺序。因此，学习内容的结构和顺序是影响学习迁移的客观因素。在教学设计中，教师应该注意同一学科的前后内容之间的结合以及不同学科之间的关联，使学习者能掌握学习内容的整体结构，把握事物的整体关系，并且易于学习新知识和解决新问题。而且应注意相同原理或类似问题的设计，让学习内容始终贯穿在一起，即前面的学习为后面的学习提供基础，后面的学习对前面的学习起到巩固和加深的作用。

（五）运用多种手段引导学生形成对学习的积极态度

除了结合学生年龄特点，创设和改造学校的环境和气氛，增加学校对学生的吸引力外，教师还可以通过反馈和归因控制等方式使学生形成关于学习和学校的积极态度。在每次学习前，也应注意帮助学生形成良好的心理准备状态，避免因不良情绪、反应定势等消极心态的产生而造成的消极迁移。

这些教学原则仅仅提供了一种“为迁移而教”的思路，以期帮助教师树立在教学和日常生活中注意促进学生积极迁移的观念。教师必须结合具体学科领域的特点和具体教学对象的特点，灵活创设和利用教育契机去促进积极迁移的发生。

## 第五节 复杂认知过程的多样性与共同性

### 一、多样性

学习者是以他们已知的和先前的知识为基础来学习新知识的，而且在与其他学习者或教师的交互活动中，他们的学习才会最有效。因此教师在帮助学生接受新信息与掌握技能时，必须充分考虑到他们走进学校时已具备的不同背景。在评定学生的学习效果或根据评价结果做出相应教学安排时，教师也应考虑到学生学习背景的多样性。依据现有研究，这些影响个体复杂认知学习的多样性集中表现在文化与社会背景、原有知识基础、认知技能和元认知技能的掌握和信念系统等多个方面。

#### （一）学生的文化与社会背景

首先，学生所拥有的不同文化知识可能会影响其对学习任务的认识和解决。文化的内涵非常广泛，它包括价值观、语言、习俗、宗教信仰、身体特征与遗传特征、态度和信仰等各种内容。它们都反映学生的社会群体特征。例如美国学者陈及其同事（Chen, Honomichl，2004）曾经考察了中美两种不同文化下的大学生是否会利用其熟悉的民间故事（这被认为是文化知识的一部分）来类比解决问题。结果发现，由于雕像称重问题与中国学生已掌握的关于如何称大象的民间故事非常类似（都是通过排水量来解决），这些被试较好地解决了雕像称重问题；而美国学生也通过使用 Hansel 与 Gretel 的类比（这是一个普通的美国民间故事），较好地解决了如何寻找山洞外面的路的问题（都是通过留下一个痕迹来解决）。在另外一项关于中美两国儿童数学运算结构对认知影响的研究（Miller et al.，1995）中，研究者要求 3～5 岁的儿童进行数数，当数 1～10 时，两种文化下的儿童都一样靠熟练的记忆完成；当进入十几开头的数字后，中国儿童开始占据优势。研究者认为这源自于汉语中对十以后的数字的词汇命名方式与十进制原则更类似，而英语中则明显不同，这样使得中国儿童在位值制基础上数学运算的正确率更高、速度更快、效果更好。因此教师在课堂教学中必须创设考虑到上述文化差异的综合性课堂，把所有学习者都吸引到学习与教学过程中来。

其次，家庭所拥有的不同社会经济地位也是制约学生学习表现的社会因素之一。社会经济地位（SES）是指家庭收入、职业和父母接受的正式教育之间的关系。一直以来，大量研究（如 McLoyd，1998；Macionis，1997；Miller，1995）显示 SES 与学生的在校表现直接相关，它可以预测学生智力（由智力测验测出）、学生成绩测验分数和出勤率（包括辍学和停学）。贫困家庭的成员往往健康状况不佳、营养不足。贫困家庭的儿童更容易在出生前就遭受酒精的毒害，更易发生铅中毒。这些因素均可能造成这些儿童较差的在校表现。但教师必须明确的是，每一种社会经济地位群体中都既有成绩超群者，也有成绩落后者；在看待任何学生个体的成绩时，不能单纯凭借这个学生的社会经济地位来预测他的成绩。教师应注意让来自社会经济地位较低家庭的学生，知道自己对他们怀着和其他学生同样的期望，并利用合适的社会支持机制帮助他们获得成功。

（二）学生的原有知识基础

学生各种复杂认知学习（包括前面已涉及的概念理解、问题解决、学习策略与技能等）的完成都依赖于对已掌握的知识基础的利用。但实际上，不少研究（如 Cothern et al.，1990；Grant&Gomez，2001；Reynolds et al.，1982）已证实，学生的原有知识基础各不相同，他们对教师所呈现的复杂学习任务将进行不同的意义重组。他们在完成不同记忆任务时会有不同体验。例如，人们发现，北美的学生在学习系列化的知识时更有经验，而非洲国家的学生识记故事情节时用时很少，澳大利亚的学生则擅长识记物体所在的位置（Flavell et al.，1993）。学生的知识基础在信息数量与内容上都有区别。一般来说，学习者的知识基础的数量同其年龄有关（Kail，Bisanz，1995）。年龄大的学生会经历得更多，因此知道得也多，这就促使学生能够利用语境来发现各种文本、对话中的意义；在经历了更多学习情境后，就会更留意学习策略，并在使用这些策略时变得更为老练。

研究表明，如果学生对某个问题有彻底的总体了解——他们储存了与问题相关的大量信息，而且这些信息在长时记忆中是以适当方式组织起来并相互关联——那么他们就能更容易地运用知识去解决这个问题。例如，如果学生能在意义水平上学习毕达哥拉斯定理，并且把它与“对角线”和“测量”等概念联系起来，他们就能更好地运用这条定理去计算一座房子屋顶的对角长度。相反，如果学生对某个问题的知识有限，特别是他们对这个问题没有一个总体的了解，那么他们就只能在问题的表面特征的基础上对问题进行编码（Chi et al.，1981；Schoenfeld & Hermann，1982）。在物理学科的教学实践中发现，学生解决物理综合题时常遇到困难：如不能熟练应用单个概念、无法识别出概念及其之间的相关性、抽象概括能力弱等（Ding et al.，2010；White et al.，2015）。为解决上述问题，研究者使用类比比较样例促进物理综合题的学习，结果发现综合概念的类比比较样例效果最佳；开放式提示和支架式提示均能较好地促进类比比较样例的学习（于雅迪 等，2022）。

### (三) 学生的认知技能和元认知技能的水平

学生以前的经历往往会影响到他们对特定认知技能的掌握。例如,有研究表明,由于情境认知现象的存在,有些学生可以在自己家与邻居环境的情境中形成有效的问题解决策略(例如,可以在街上买口香糖和点心时很容易完成复杂的数学运算),但却不能把他们所形成的技能迁移到更多的常规课堂任务中去(Carraher et al.,1985;Gay & Cole,1967)。此外,研究者还发现,如果学生阅读的课文材料与自己的文化体验相一致的话,他们就能使用更有效的学习策略(Pritchard,1990)。有不少跨文化比较研究显示,在亚洲国家学校内,由于学生的以往教育经历集中在训练机械记忆上,他们往往很少能够意识到诸如意义学习和理解后重组这样的学习策略的价值所在(如 Ho,1994;Purdie, Hattie,1996)。近几年,对我国初中生阅读能力的训练研究发现(刘电芝,2020),图式作为一种知识的表征系统,可以通过系统的训练帮助学生提高阅读能力和理解水平。说明文图式阅读训练能提高优秀生、中等生的阅读理解水平和阅读速度,能提高后进生的阅读理解水平。说明文图式阅读策略的专门训练与渗透训练(策略教学随知识教学进行)相结合能产生一定的迁移效果,能够提高初中生对记叙文、议论文的阅读理解水平。在高中生英语学习的研究中,组块构建记忆策略可以提高学生词汇学习的质量,优秀生、中等生和后进生的受益程度不同(刘电芝,2020)。

不同于认知技能,元认知是主体对自己认知活动及过程的认识、调节和监控,是更高一级的认知活动,也是保证主体学会如何学习、如何思维、如何更主动地发展自己的重要能力。个体元认知能力的水平受到年龄因素的影响,也与特定的知识经验有关(陈英和,韩瑽瑽,2012)。通过对智力(Veenman et al.,2004)、数学(Desoete et al.,2001)、英语学习(Vandergrift,2007)等认知活动的研究发现,元认知能力对学习和思考具有促进作用,但作用的大小受个体差异的制约(如不同的认知风格);关于元认知的干预研究,Desoete 等人的一系列研究表明儿童的元认知监控能够预测其数学问题的解决且具有良好的可塑性(Desoete et al.,2003)。

### (四) 学生的信念系统

现代学者认为学生所拥有的不同信念系统会影响复杂学习任务的完成。在特定情境中,学生对学业成功的期望会受到他们有关自我、情境或任务本质信念的影响,后者主要与学生在类似任务上的先前成败经验有关,而且学生的期望会随学科领域的不同而有所变化。因为这要看学生对自己持有怎样的信念,对特定学科领域及所面临的学业任务持有怎样的信念(Eccles et al.,1983)。其中首先就是学生对自己个人能力的信念,相信能力一成不变往往更可能是学习困难学生的明显特征之一,而相信通过努力能力可以得以提高的学生在面对复杂学习任务时往往更可能会付出更多的学业努力。从社会认知角度看,个体的自我效能是一种极为重要的特殊能力信念,它与学生对各种学习策略的掌握与使用意愿有着密切联系。研究已发现,自我效能会影响学生倾向于使用一些有效的学习策略,而放弃一些无用的或有缺陷的策略(Zimmerman, Martinez-Pons, 1990)。同时自我效能还会影响学生对成败的归因(Bandura,1993)。当学生对自己在某个特定领域的自我效能感严重不足时,便会倾向于在获得成功时,将成功归于他人或某些外在因素,而在经历失败时又会归因于能力的缺乏。长此以往就会导致学生选择放弃学业,从而对其学业成就造成非常消极的影响,最终表现为习得性无助。

已有研究发现,早期生活的频繁失败经历可能会导致学生对能力的低评价,从而可能阻碍他们潜能的正常发挥(Licht,1991)。而对不同文化背景的高成就学生的定性访谈结果也显示,这些学生对获取自己目标的能力都有着很强的信念,而且他们这种高能力信念主要是通过与同伴和成人的互动发展起来的(Hebert, Reis,1999)。因此,教师可以通过帮助有学习问题的学生进行恰当的归因,来降低其消极自我评价的可能性,最理想的方法便是帮助学生认识到自己的努力、策略选择、行为以及所经历的结果之间的关系。由于教师对学生成败的反应也可能影响到学生的归因类型,因此教师需避免过多地对学生的能力进行评论。

## 二、共同性

### (一)促使学生形成有组织的知识结构

教师要使学生形成相互联系的、组织化的知识结构,首先就要丰富学生的概念性知识,因为这类知识可以制约学生在问题解决中对问题的表征以及解决方案的搜索。教师需要以有关文件(如课程标准)为参照,引导学生对特定学科的基本概念、原理进行归纳整理。例如,可在历史学科内归纳出一些重要的年代、历史事件或举措,在数学、物理等学科内归纳出一些基本概念、定理或公式。如有可能,可进一步要求学生将这些内容以网络的形式串联起来,必要时可配以图片说明,并与教师所提供的归纳结果做出比较。必须注意的是,学生对概念的阐述必须清晰明了。因为许多研究已证实,对概念缺乏真正的理解是新手表征问题相对肤浅的根源之一。有经验的教师在复杂知识教学中,总是对所涉及的事实性知识和概念性知识了如指掌,同时会花费相当多时间来澄清有关概念。

诺瓦克(Novak)等研究者发现,概念图可以帮助学生组织和理解新知识,促进学生学会有意义的学习,也能帮助教师更有效地组织教学。概念图是一种知识的客观化视觉表征，能够使学生清楚地看到自己学习中存在的问题和错误，从而有针对性地进行知识的补充和修正，以及学习策略的调整（伍新春，张爱芹，2006）。为了将跨学科知识整合的概念操作化，有研究者提出了跨学科概念图的概念，并建构了一个基于跨学科概念图的跨学科知识整合模型（陈英和，张淳俊，2010）；该模型认为跨学科概念图作为跨学科知识整合的智力适应工具，能够有效提高学习者的跨学科学业成就（张淳俊，陈英和，2010）。研究表明，跨学科概念图创作任务与科学创造力测验考察了学习者相似的心理能力；跨学科概念图的创作不仅可以用于促进跨学科信息整合和知识建构，还可以作为理解学习者创造性思维能力的有效工具（胡卫平，张淳俊，2007）。

（二）以直接讲授、示范与练习的多样组合促使学生有效获得学习策略与技能

为提高策略与技能的练习效果，教师所设置的练习应该数量适当、难度适当、安排合理。在学习之初，练习的速度要慢，问题要精并且具有典型性，一次练习的时间不宜过长，采用短时间间隔分散练习比较合适。在一种新的步骤完全实现程序化后，再采用较大量的练习来加深、巩固和提高。这时对策略和技能的练习要变换多种题型，逐步加大力度以增进策略运用的灵活性和熟练性。教师在策略与技能教学中，应该重视向学生演示各种策略操作的完整的、精细的过程，以帮助学生明确其工作程序和具体步骤。同时教师还应注重提醒学生建立策略与技能的“触发条件”，以保证他们对所学的策略或技能在需要时能迅速、准确地提取并执行。另外，可以考虑采用一些别样的学习办法。例如，可运用出声思维法来帮助学生在理解问题时自觉整理个人思路。当问题比较抽象时，让学生报告出正在思考的东西，或将问题以自己理解的方式表达出来，这些过程都有助于学生加深对有关内容的理解。通过儿童的口语报告及对其解题过程的观察，考查数学学习困难儿童在数学问题解决情境中的具体表现，可以更加深入地探讨数学困难儿童与数学学优儿童的元认知特点与差异（郝嘉佳 等，2011）。再如，教师向学生示范解决包含无关信息的问题，能使他们意识到在解决问题中理解有关信息的必要性和有效性。此外，安排学生以合作学习的方式来共同解决问题，也能使学生从其他成员那里了解到解决问题所需要的信息，同时也有利于增强学生参与有关学习活动的动机。

（三）创设富有变化的真实或似真情境是学生所掌握的概念、原理、策略得以有效迁移的保障

学生在课堂中所掌握的各种概念、原理或策略能否在现实中得到恰当应用，关键取决于教师能否给学生提供多样化的、贴近真实的学习情境。二十世纪六七十年代，美国学者罗耶提出的认知迁移理论，从信息加工的角度认为迁移的可能性取决于在记忆搜寻过程中遇到相关信息或技能的可能性。因此，教师在教

学中要帮助学生建立抽象的知识结构和认知图式，还需要给学生呈现最大范围的实例以及这些知识的现实应用情境，这样才能使学生了解到课堂中获得的概念、原理、策略等各种复杂知识是如何应用的。这些例子最好能与真实的生活背景相联系(斯莱文，2004)。教师可以让学生自主证明所呈现的各种正反实例的正误，不过需要通过让学生说明这些例子是如何体现出学习内容的本质特征的，来及时考察他们对有关概念、原理或策略的理解程度。因为学生在新环境中应用复杂知识的能力部分地依赖于它们获得时环境的多样性。最新研究提示教师在采用正误样例组合进行教学时，应尽可能采用相似程度高的正误样例进行对比分析，这样有利于学生更好地澄清错误的原因并改正错误，从而提高教学效果(蔡晨 等，2016)。

## ☞ 回到案例

现在我们回过头来看本章开始的案例。很明显，该堂课的教学目的是教给学生“整体的几分之一”的概念。儿童获得概念的主要方式是概念形成，因为他们已有的知识比较具体而贫乏，理解能力有限，因此他们不能用下定义的方式学习“整体的几分之一”这个概念。他们只能从大量的例子出发，从实际经验的概念的肯定例证中，以归纳的方式抽取出一类事物的共同属性，从而获得概念。从这个角度来看，老师从具体到抽象，使学生逐步把握某类事物的本质的教学思路是正确的。

但是在巩固练习中，为什么仍有学生出现类似“2/4”的错误呢？首先应该明确，这种现象说明有的学生并没有掌握“整体的几分之一”这个概念，而在课堂上已经掌握的学生则还不能做到将所学知识有效地迁移到多种应用情境中去。造成这种结果的原因以及改进教学的建议如下：

首先，根据奥苏伯尔的观点，学生已有的知识和经验以及与当前学习有关的知识体系会影响学习效果。在教给学生“整体的几分之一”这个概念时，教师应该保证学生已经具备关于分数、平均分配、分子和分母等知识。在实行教学之前，应该设计合适的“先行组织者”，在学生的已有知识和需要学习的知识之间架设一座“知识的桥梁”，如组织学生简单复习以上概念。而考虑到学生已有知识经验的差异，教师最好对知识水平较薄弱的学生给予额外的细致讲解或辅导。

其次，为了实现知识的有效迁移，在讲解过程中要列举大量的例子，枚举各种变式，同时结合具体运用情境，使学生能够达到对所学知识的去背景化。在本例中，教师运用“小猴分桃”这一生动情境是可取的，但是不能仅仅局限于这一种情境。如果条件允许，最好为学生提供真实情境，比如亲自动手平均分配物体，增加感性认识，将学习情境和应用情境联系起来。

此外,课后的及时复习和教师对练习情况的及时评价也能促进学生对所学知识的掌握和运用。而在教学过程中随着学生年龄的逐渐增长和知识经验的积累,可以循序渐进地教给学生一些学习策略和学习技能,并有意识地进行使用训练,这样可以增进学习的效果。

### 学术争鸣

| 学习策略是否可教? | |
|---|---|
| **正方观点:学习策略是可以进行教学的。**<br>首先,尽管学习的自我调控作为学习策略的组成要素是一种内部意向活动,但伴随个体外部的学习方法的执行过程是外显的、有形的,这可以转化为语言描述的知识体系;其次,学习中的调控不仅包括有关学习情境的知识,而且包括如何使用某种学习方法、规则的知识,包括如何激发、调整学习者自身情意系统的具体操作的知识,而这是可以教学的;第三,尽管学习策略具有内隐性的特点,但不同的个体在学习过程中表现出来的学习策略也体现了一定的共性和规律性,这就使得我们可以采用恰当的方式进行学习策略的直接教学。 | **反方观点:学习策略从一般意义上是不可教的。**<br>用于构成学习策略的各种态度、概念和具体的学习方法是完全可教的,但属能力范畴的学习策略本身是难以进行传授的。策略性学习的能力是个体在长期的学习实践中自然形成的。另一方面,元认知的发展与个体的成熟有很大的关系,即策略性学习能力是随着个体年龄的增长而发展的。事实上,即使是非常年幼的儿童,也已经有了一定数量的关于他自己的认知过程或关于学习任务及其方法的元认知知识。随着个体年龄的增长,他们的元认知水平也不断发展和成熟起来;同时,他们利用新的学习策略的能力也随之得到了发展。因此,学习策略是不可教的。 |

## 小　结

1．概念

概念是指某类事物的概括,是思维的最基本单位。根据不同标准可将概念分为难下定义的概念和易下定义的概念、具体概念和抽象概念。概念的获得主要有概念形成和概念同化两种方式。

2．问题解决

问题解决是指个体将原有的概念和知识加以综合,在新的情境中运用并得到新的认知成果的过程,包括发现问题、分析问题、提出假设和检验假设四个阶段。问题解决策略是指使问题发生某些变化并由此提供一定信息的处理、试验或探索，主要有算法式和启发式两类。人类常用的启发式策略有手段—目的分析、逆向搜索等。影响问题解决的因素主要有问题表征、思维定势、功能固着、酝酿效应、知识经验、动机与情绪状态、个性特征等。

3．创造性

创造性是指根据一定的目的和任务，运用一切已知信息，进行主动的思维活动，产生出某种新颖、独特、具有社会或个人价值的产品的品质。影响创造力的因素有智力、人格因素和环境因素等。在教学过程中培养学生的创造性思维，要从培养创造性思维的品质、优化教学过程等方面入手。

4．学习策略与学习技能

学习策略是指学习者为了提高学习的效果和效率，有目的、有意识地制订的有关学习过程的复杂方案，分为认知策略和元认知策略两大类。认知策略是优化信息加工效果、提高加工效率的一类认知技能，包括复述策略、精细加工策略和组织策略等。元认知策略指学习者用来评估自己的理解、预计学习时间、选择有效的计划进行学习的一系列策略，包括计划策略、监控策略和调节策略等。学习技能指的是个体通过反复练习而形成的促进信息编码及任务完成的认知活动方式。学习技能的种类多种多样。在学习策略和学习技能的训练中可以采取教学方法多样化、与学科知识相结合、注重元认知策略的培养等措施，而且应遵循一定的原则。

5．迁移

迁移是一种学习对另一种学习的影响，或已有经验对完成其它活动的影响。比较有代表性的现代迁移理论主要有认知结构迁移理论、认知迁移理论、迁移的产生式理论和元认知迁移理论。影响迁移的因素主要有个人因素和客观因素两大方面。在实际教学中应以“为迁移而教”为目的。

6．复杂认知学习的多样性与共同性

影响个体复杂认知学习的多样性主要表现在社会文化背景、原有知识、认知技能掌握和信念系统等方面，而共同性则表现在促使学生形成有组织的知识结构，以多种方式促使学生获得学习策略和技能，创设真实情境以保证有效迁移等。

## 思考题

1．概念的界定及其结构。

2．简述概念的获得方式。

3．如何通过发现更好地教授概念？如何通过讲授更好地教授概念？

4．什么是问题？什么是问题解决？问题解决过程的特点有哪些？

5. 怎样培养问题解决能力?

6. 如何界定创造力? 有哪些心理因素影响创造力?

7. 如何培养学生的创造力?

8. 典型的学习策略有哪些?

9. 如何训练和实施学习策略和学习技能?

10. 什么是迁移? 迁移的种类有哪些? 影响迁移的因素有哪些?

11. 如何在教学中更好地利用迁移?

12. 简述复杂认知过程的多样性和共同性。

## ∠ 进一步阅读文献

1. 陈琦,刘儒德主编. 当代教育心理学(第 3 版). 北京:北京师范大学出版社,2019.

2. 刘电芝等著,中小学生学科学习策略的诊断与培育. 北京:人民教育出版社,2020.

3. 于雅迪,杨立娜,曲可佳. 类比比较样例对物理综合题学习迁移效果的影响. 心理发展与教育,2022(5),675-682.

4. 陈英和,韩瑽瑽. 儿童青少年元认知的发展特点及作用的心理机制. 心理科学,2012(3),537-543.

# 第九章
# 学习的社会认知观和社会建构观

## ☞ 章节说明

本章主要介绍了社会认知观和社会建构观。社会认知理论认为个体的学习发生在社会环境中。在学习过程中，个体因素、环境因素以及行为因素相互作用、相互影响，这就是交互决定论。社会认知理论还指出，通过观察榜样，个体能获得知识和规则、学习到技能和策略并形成一定的态度和信念。此外，班杜拉还提出了自我效能感的概念、来源以及对个体行为的影响。另外，社会认知理论还提出了自我调节学习的概念，并指出了影响因素以及自我调节学习过程。建构主义是继行为主义、认知主义之后一种新兴的学习理论，是认知主义的进一步发展。它强调学生的主动性，强调学习者原有经验背景对理解新知识的重要性，认为社会环境在个体学习中具有重要的作用。建构主义对知识、学习、教学都提出了不同于传统教学理论的新观点。建构主义理论也形成了一系列行之有效的教学模式，主要有探究学习、认知学徒式教学、抛锚式教学、合作学习及支架式教学。本章最后介绍了学习理论的多样性与共同性。由于对学习活动的各种要素以及要素之间的关系有不同的理解，产生了不同的学习理论派别。尽管各种理论的视角不同，但仍然有一些存在于各种理论间的共同前提，并且不同学习理论对学习与教学问题的处理具有互补性。

## ☞ 案　例

已上小学六年级的萱萱经常在张老师的数学课上迟到，而且她通常对当天的学习活动准备不足。在课堂上，她会花更多的时间与同学交流（如窃窃私语、传纸条等），而不是参与老师分配的学习任务。大多数情况下，萱萱在数学测验和作业上的表现都不是很令人满意，她的学习已经完全落后了。

为此张老师找萱萱谈话，表达了对她学习不够努力的担忧。他建议如果萱萱能够把注意力多放一点在学习上，一定能够做得更好。他也会每周固定时间在课后指导萱萱，以帮助她理解课堂学习的内容。萱萱却说“我不聪明，学不会这些内容”。在和张老师谈话后的一周左右，萱萱似乎有些改变，也努力了些，但她从不会留下来接受课后指导。不久后，萱萱又恢复了老样子，张老师最终认定萱萱已没有学习动力，并决定把自己的时间和精力用来帮助那些更有动力的学生。

萱萱为什么会出现这种情况呢？为什么她上课前不提前准备，上课时也不认真听讲？为什么她不能在数学学习中投入更多的努力，接受张老师的课后辅导？怎么改变这种现状呢？我们将通过本章的学习对上述问题尝试做出解释。

# 第一节　社会认知理论及其应用

社会认知理论认为，个体的学习过程发生在社会环境中。通过观察他人的活动，个体能获得知识和规则、学习到技能和策略并形成一定的信念和态度。此外，社会认知理论还详细论述了自我效能感和自我调节学习。

## 一、交互决定论

社会认知理论指出，内部因素和外部环境同样重要，个体的行为同时受内部因素和外部环境的影响。在学习过程中，个体因素、环境因素以及行为因素相互作用、相互影响，这就是交互决定论。

个体因素包括个体的信念、个体的期望、个体的态度以及个体的知识面等。在环境因素里又包括物理环境和社会环境，社会环境涉及行为结果、其他人、物理设置等方面。行为因素包括个体行为、选择、口语状态等几个方面。

当个体因素、行为因素和环境因素在一种和谐、协调状态下相互作用时，个体行为就进入了良性循环；反之，当三者不能处于相互协调的状态下，个体行为就进入了恶性循环（图 9-1）。

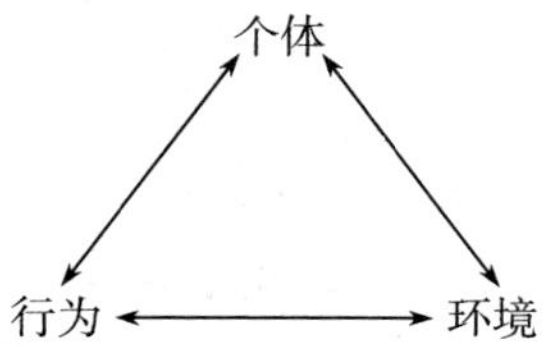


**图 9-1　个体、环境与行为的交互作用**

下面我们看一下交互决定论在教学中的体现。假设，一名学习成绩不好的学生在一次考试中成绩不理想（环境因素），他自己感觉非常痛苦和难过（个体因素）。老师注意到这个学生的情况后，采取一种积极的态度，给予这个学生更多的关心和鼓励（环境因素）。学生感知到了老师的关心，也同样以积极的态度回应老师，下定决心努力学习（个体因素）并采取了相应的行为（行为因素），如上课更加认真听讲、多提问题等。老师看到学生努力认真地学习，在他身上投入更多的心血和关注，这样教学行为进入了良性循环。反之，如果老师注意到学生的情况后，不采取积极的态度对待这个学生，而是忽视或者以一种不友好的态度对待他，那么这个学生就会感到自己受到了伤害，并且会以同样的方式回应老师的行为。老师以后会对这个学生更加不关注，而学生也会放弃努力，教师会更加失望，于是教学行为进入了恶性循环。

## 二、自我效能理论

### （一）自我效能感

班杜拉（A. Bandura）于 1977 年提出了自我效能（self-efficacy）的概念。自我效能指的是个体对自己能否成功地完成某项任务的主观判断、评价和信念。因此，当面对一项任务时，如果个体相信自己有能力做到，我们就说他具有较高的自我效能感；反之，当个体不相信自己能完成这项任务或者质疑自己的能力时，可以说他的自我效能感较低。

一般而言，自我效能感是体现在具体的领域（如学业、社会交往、情绪管理等）中的。所以，当谈到自我效能感的时候，联系到具体的领域才具有意义。例如，某个学生数学学得不好，当谈到数学问题的时候可能自我效能感较低；但是他擅长体育运动，当谈论到和体育运动项目有关的话题时，他的自我效能感会很高。

### （二）自我效能感的来源

班杜拉给出了自我效能感的几个主要来源：主体经验、生理与情绪的唤醒状态、替代性经验、社会性劝说。

主体经验指的是自己的直接经验，它是能提供自我效能感信息的最有效来源。一般来说，当个体体验到成功的时候会提高自我效能感，而反复失败的经验会降低自我效能感。不断获得成功经验会使得个体建立起稳定的自我效能感，而且这种自我效能感还会泛化到相似的情境中去。

一些生理指标（如心率加快、流汗）和情绪状态（紧张或者兴奋）也帮助我们了解自我效能感。也就是说，当我们面临一项任务时，通过观察自己的生理与情绪的唤醒水平，可获得自我效能感的信息。例如，当面临一项任务时，如果个体感觉到自己比较紧张,他可能会感到自己没有能力去完成这项任务。

通过观察他人成功的榜样而获得的经验叫替代性经验。个体可以通过了解别人的表现而了解自己的能力。当个体看到与自己相似的榜样能成功地完成一项任务时,个体的自我效能感会提高,因为他相信,别人能成功,自己也会成功。而当个体看到与自己相似的榜样面临一项任务失败时,个体的自我效能感会降低。例如,当个体看到和自己能力差不多的同学失败时,个体可能会认为自己也缺乏能力。

社会性劝说可以是一些具有激励性的言辞或话语。激励性的话语可以提高个体的自我效能感,因为它可以推动个体去不断努力,去作各种尝试,使个体朝着成功的方向尽最大的努力。例如,教师会经常鼓励自己的学生要相信自己,因为这些积极反馈可以提高学生的自我效能感。此外,来自家庭的支持对于青少年(尤其是女生)自我效能感的提高也非常重要(楚啸原,理原,王兴超,王鹏程,雷雳,2019)。

### (三)自我效能感对个体的影响

自我效能感会对个体的行为产生一定的影响,主要表现在活动选择、努力和毅力以及学习和成就方面。

1. 活动选择

每个人每天都会面对很多选择,也要做出选择。当对活动进行选择的时候,自我效能感便会产生一定的影响。比如,进入大学后,要选择选修课,你是选择对自己来说具有挑战性的课程呢,还是选择对你来说比较容易取得优秀成绩的科目呢?一般来说,个体会选择他认为可以成功的事情去做,而避免去做那些他认为会失败的事情。也就是说,个体更倾向于涉足那些自我效能感高的领域活动。很明显,认为自己英语学得好的个体比那些认为自己缺乏语言天赋的个体更倾向于去参加英语演讲竞赛。在体育运动上具有较高自我效能感的个体比具有低自我效能感的个体更乐意参加学校的运动会。

2. 努力和毅力

一旦个体选择了某种活动,就需要在这种活动上付出一定的努力,而且在遇到挫折和困难时还需要一定的毅力坚持下去。

一般而言,自我效能感高的个体会努力地去完成自己选择的活动,而且一旦遇到困难或者遭遇挫折也会坚持下去并克服困难。而自我效能感低的个体却不是这样,他们一般不会投入太多的努力,而且在遇到困难时也不会坚持下去。国内外研究均发现,个体学业自我效能感越高,学习投入水平也越高(Zhenet al.,2019),面对学业挑战时更加坚持不懈(Martin, Rimm-Kaufman,2015)。

3. 学习和成就

在学习过程中，具有高自我效能感的个体比自我效能感低的个体学到的东西更多，取得的成就更大。在学校中，具有高自我效能感的学生比自我效能感低的学生成功的几率要大。近年来的纵向研究证据显示，自我效能感越高的中小学生，在一年以后他们的学习成绩和能力水平也越高（Olivieret al.，2019；Usher et al.，2019）。

此外，自我效能感还会对个体的社会心理功能产生重要影响。研究发现，情绪自我效能感越低，个体越有可能表现出孤独感（李彩娜，党健宁，何姗姗，李红梅，2013）、抑郁和低生活满意度（海曼，秦屹，熊俊梅，吴慧玲，2019）；地震后青少年的自我效能感越高，创伤后成长水平越高（安媛媛，苑广哲，伍新春，王文超，2018；周宵，伍新春，王文超，田雨馨，2019）。因此教师要尽最大可能帮助学生提高自我效能感。

（四）与自我效能感有关的概念

1. 自我效能感与自我概念和自尊

自我效能感指的是个体对自己能否成功地完成某项任务的主观判断、评价和信念。自我效能感是针对具体的领域而言的。比如小明在学习数学时有较强的自我效能感，而在学习英语的时候自我效能感稍低。自我概念的含义很广泛，它指的是对自我综合的、一般化的感知和评价，包括自我效能感。

自尊是对自我价值的判断。个体在某个领域内有较高的自我效能感，却不一定有较高的自尊；在某个领域内的自我效能感低，也不一定有较低的自尊。例如，小明在跳舞方面有较低的自我效能感，却并不影响他的自尊。研究发现，小学生的自尊水平越高，学业自我效能感越高（李文辉，姜枫，2023）。

2. 自我效能感与结果期待

自我效能感是个体相信自己具备完成某项任务的能力，而结果期待是个体相信某些行为会产生某些结果。两者之间没有必然的联系。比如，个体相信提前完成任务会受到表扬（积极的结果期待），但同时又认为自己没有能力提前完成任务（低自我效能感）。

3. 自我效能感与动机

自我效能感与动机有着密切的关系。当个体面临一项任务并遇到挫折时，如果有较高的自我效能感，那么个体就会更愿意做出努力和坚持。即使个体在进行任务的过程中被打断，也会重新回到任务中。另外，自我效能感也会通过目标设置影响动机。如果个体在某个领域有很高的自我效能感，那么在进行与这个领域有关的任务时，个体就会设置更高的目标，更勇敢地面对任务中的困难。而如果自我效能感低，在遇到困难的时候就会很容易放弃。

## 三、自我调节的观点

生活在一个知识更新换代很快的社会中，我们需要时刻学习，为了更好地适应社会的发展，我们必须学会独立地学习，这就涉及自我调节学习。

### （一）自我调节的概念

齐默尔曼（Zimmerman，2002）给出了自我调节的定义。他指出，自我调节是个体用来激活并保持其思维、行为和情绪以达到目标的一个过程。当个体的目标指向学习时，就是自我调节学习。

### （二）影响自我调节学习的因素

影响自我调节学习的因素主要有以下几个：知识、动机和自我约束力或意志力。

要想很好地进行自我调节学习，个体需要对自己有很好的了解，了解所要学习的学科以及将要学习的任务。自我调节学习者往往有自知之明，知道如何才能学得更好。例如，他们知道自己的兴趣爱好、优势与不足以及如何扬长避短。他们还非常了解所学的科目，知道不同的学习任务用不同的学习方法。总之，一个良好的自我调节学习者需要有足够多的知识。

另外，自我调节学习者都具有学习动机。自主学习者都很看重学习，并且重视有计划地学习，他们知道自己为什么学习，他们的学习行为是不受他人控制的，而是自主选择的。研究发现，不同的动机类型对自我调节学习的影响也存在差异，无动机对网络学习投入有显著的负向预测作用，控制性动机对网络学习投入的预测作用不显著，自主性动机对网络学习投入有显著的正向预测作用（周琰，2018）。

除了具有足够多的知识和学习动机外，自我调节者还需要自我约束力或者意志力。当个体进行自主学习时，会面临外界各种各样的诱惑。因此，自我调节学习者还需要意志力对自我进行约束，以便从容地应对外界的诱惑，更成功地进行自主学习。

此外，除了个体自身因素外，反馈信息，包括反馈内容、反馈的时机、反馈信息的来源等对自我调节学习的过程和结果都有着重要影响（张俊，刘儒德，贾玲，2012）。

### （三）自我调节学习过程

社会认知理论认为，自我调节学习包括以下几个过程：

1. 目标设置

社会认知理论认为，个体在进行自我调节学习之前，首先要确定需要达到的目标。目标不仅规定了成功的标准是什么,而且还可以使个体监控自己在达到目标过程中的进展情况,并根据实际情况调整自身的努力以更好地接近目标,因此目标设置在自我调节学习中是很重要的。那么设置目标时需要遵循什么原则呢?或者说,什么样的目标对自我调节学习者更有效?

首先,目标应该是具体的。和模糊的目标相比,具体的目标可以更好地监控和评价。比如,一个学生为自己设定的目标是期末考试时英语成绩有一定的进步,这个目标就是模糊而不是具体的,不容易对其进行监控和评价。可以设定一个这样的目标:为了提高英语的学习成绩,每天预习第二天上课老师所要讲的内容。

其次,目标需要有合理的挑战性。如果个体将目标设置得太高,而自己又没有能力实现,会导致失败;当将目标设置得太低时,个体只要稍微努力就可以实现;而当目标具有合理的挑战性时,会增加个体行动的动机。

再次,目标应该是比较邻近的。每个人都应该有长期目标和短期目标,学习者需要考虑能实现长期目标的短期目标。例如,一个学生为自己设定的目标是一年后成绩进入全班前十名,而为了实现这个目标,需要设定短期目标,例如可以制订每周的学习计划。

2. 选择有效的策略

在学习过程中,学习者需要具备一定的学习策略并在适当的时候使用这些策略才能获得成功。因此在教学过程中,不仅要教给学习者如何钻研学习内容、如何学习,还要教会他们选择有效的策略,并把这些策略应用到具体的学习过程中。

3. 自我调节行为

以班杜拉为代表的社会认知理论家提出,自我调节的行为包括自我观察、自我判断以及自我反应。如果学生能自主地观察行为的某一方面,根据标准进行自我判断,并做出积极或者消极的反应时,他便是在进行自我调节学习。

(1) 自我观察。自我观察即自我监控,指的是个体对自己所进行的过程进行观察和监控,并对观察到的行为进行一些必要的记录。通过自我观察这个过程,个体可以对自己所进行的活动进一步了解,并对自己活动的状况进行评价,以便于对自己的活动进行进一步调整。例如,在考试来临之前,小明给自己制订了一个复习英语的计划。在复习的过程中,小明会不时地对自己执行复习计划的情况进行回顾:能不能完成计划中规定的任务?能不能坚持执行计划?通过对自己计划执行情况的观察,可以找到计划中不合理或者不适合自己的地方,然后调整计划,使得此计划更适合当前的复习。

(2) 自我判断。自我判断指的是个体把自己的目标或者标准,与当前所从事的活动结果进行比较。在自我判断过程中，个体可能会采用不同的参照标准，确定不一样的目标或者产生不同的归因，这些因素会影响自我判断的过程及其效果。

（3）自我反应。自我反应指的是个体通过自我观察、自我判断，对自己的活动产生了一定的认知和情感等方面的反应后所采取的相应行为。经过自我观察和自我判断之后，个体会对自己所从事的活动产生一定的认知和情感。例如，通过对英语复习计划的执行情况的自我观察和自我判断后，小明发现自己能及时完成计划中的任务并且能够坚持执行自己所制订的计划，这样的积极反馈会产生积极的认知，即认为自己正在接近制订的目标，而且会产生积极的情绪，使得个体能够坚持当前的活动。反之，当小明发现自己不能及时完成任务或不能坚持自己的计划时，则会产生消极的认知和情绪，从而不利于活动的进行。

## 四、社会认知学习理论的教育应用

### （一）效能感理论在教育中的应用

1. 学生自我效能感

同伴榜样能帮助学生建立起自我效能感。在学习过程中，当个体观察到与自己相似的同伴能成功地完成某项任务时，就能提高自我效能感。例如，物理课上，老师可能会找几个同学到黑板上演示如何解物理题，当同伴演示成功了，会提高观察的学生的自我效能感。但是，在挑选榜样时，教师应该挑选不同水平的学生作为同伴榜样，这样不同水平的观察者都可以找到和自己水平相似的榜样。

2. 教学效能感

教学效能感指的是教师对于自己有能力帮助学生学习的信念。教学效能感可能会影响教师活动的选择、在教学活动中所付出的努力以及教学活动的坚持性。教学效能感低的教师会尽量选择自己能胜任的活动，在教学活动中可能不会努力去寻找教学材料、组织教材，在帮助困难学生时可能不会坚持下来。高效能感的教师则可能选择对自己有一定挑战性的教学活动，并努力地进行教学方法的创新、多方面地搜集教学材料、创造性地组织教学活动，而且对困难学生的教学和帮助也更有坚持性。

由上面可以看出，教学效能感在教学中有着很重要的作用。因此，应该帮助教师建立适当的教学效能感。作为教师，可以通过如下措施来提高自我效能感。

- **观察其他教师的具体教学行为** 当一位新教师上岗时，应该多观摩有经验的教师如何组织教学活动、如何有效利用教材。通过观察有经验的教师的做法，新教师就会学会有关的教学技能，从而尽早建立起教学效能感。
- **与其他教师合作** 当许多教师一起工作时，可以创造有凝聚力的环境，并巩固彼此在课堂上教授的材料。这既增强了对自己教学技能的信心，也增强了对共同成就的信念。

- **寻求建设性的反馈** 作为教师，我们有时每年只能从管理者那里获得一两次关于教学的反馈；实际上，我们可以更频繁地获得反馈。当我们定期收到反馈，并相应地改变自己教学实践时，学生会注意到这些变化，进而改善自己的态度，改进自己的学习。我们可以请其他老师来观察自己的教学活动并给予反馈。也可以向学生寻求反馈，如寻求匿名调查，学生可以通过纸笔或者在线课堂完成调查。
- **练习** 一位教师如果对自己要教授的内容多练习几遍，就对这部分内容非常熟悉，对教好这部分内容也有了更大的把握，这样他的教学效能感也会相应提高。
- **丰富学科知识** 对某个学科的有关内容了解得越多，那么教授这个学科的这部分内容时自我效能感就会越高。因此，教师在教授某些知识时，应尽量丰富自己这个方面的知识，从而提高教学效能感。

#### （二）自我调节学习观点在教育中的应用

要想成为独立的学习者，个体必须进行自我调节学习。自我调节学习能够显著预测学生的学业拖延行为，自我调节水平越高，拖延行为越低（李红霞，张佳佳，赵霞，司继伟，黄碧娟，2018）。因此，在教学活动中，应帮助学生形成自我调节的能力，成为自我调节学习者。社会认知理论认为，通过目标设置、选择有效的策略以及自我调节过程可以让个体进行自我调节学习。因此，在教学活动中，教师要引导学生设置具体、合理的目标，从而使学生成为有效的目标设置者。另外，要帮助学生形成恰当的学习策略，并指导学生进行自我监控、自我强化以及自我指导。

## 第二节　建构主义及其教育应用

建构主义是一个宽泛的概念，哲学家、教育学家、课程设计专家以及心理学家等都会使用这一术语。20 世纪 90 年代以来兴起的建构主义学习理论强调学生的主动性，强调社会环境对个体学习的作用。建构主义学习理论的产生是心理学家对人类认知规律研究不断深入的结果，也是世界各国教育越来越重视创新学习、彰显学生的主体性思潮的结果。

## 一、建构主义理论的基本观点

建构主义(constructivism)也译为结构主义,在心理学界,对建构主义理论具有重要影响的是皮亚杰和维果斯基的思想。皮亚杰强调,儿童对外部世界知识的建构,是在与周围环境相互作用的过程中逐渐建立起来的,此过程使其自身认知结构也得到不断发展。儿童与环境的相互作用涉及两个基本过程:同化与顺应。同化(assimilation)是指以现有的图式来理解环境事件的行为。例如一位没有学习分数乘法运算的小学生在计算(1/3)×(3/4)时,得到结果为13/12。这位学生用自己已有的知识,即异分母分数加法运算规则解题。顺应(accommodation)是改变原有图式,根据新情境建立新的图式。例如在先前描述的情形中,教师想让学生明白,异分母分数乘法运算不同于加法运算。在这种情况下,顺应可能涉及修正原有关于分数运算这一图式的内容。儿童的认知结构就是通过同化与顺应过程逐步建构起来,并在"平衡—不平衡—新的平衡"的循环中得到不断的丰富、提高和发展。但相对而言,此种认知学习观主要在于解释如何使客观的知识结构通过个体与之相互作用而内化为自身内部的认知结构。维果斯基创立的"文化—历史发展理论"则强调认知过程中学习者所处的社会文化历史背景的作用,认为人类的行为是发生在文化的脉络中的,因此学习和发展是在社会与文化的脉络中得以发生。他认为,高级的心理机能来源于外部动作的内化,这种内化不仅通过教学,也可通过日常生活来实现。维果斯基还提出"最近发展区"的概念,指出学习者目前水平和可能达到水平之间的区域为"最近发展区",学习者的任务就是要在成人或比他成熟的个体的帮助下从目前水平发展到可达到的水平。所有这些观点都对当今的建构主义思想有很大的影响。

作为一种新兴庞杂的学习理论,建构主义的思想理论来源驳杂,流派纷呈。每个流派都有自己的观点,但它们之间亦存在许多共同之处。总结起来其核心思想即为:学习者以自己的经验为基础来建构知识,理解现实。但由于每个人的经验以及对经验的解释不同,于是对世界的观点也就不一样,所以原有经验、心理结构和信念便成为建构主义理论的基础。在此过程中学习者处于中心地位,对知识进行主动探索,并通过协商合作或在别人的帮助下建构、创造知识,而教师是意义建构的帮助者与促进者。建构主义可以比较好地说明人类学习过程的认知规律,比如能较好地说明学习如何发生、意义如何建构、概念如何形成以及理想的学习环境应包含哪些主要因素等。

我国学者陈琦、张建伟(1998)归纳出六种不同倾向的建构主义学习观。激进建构主义(radical constructivism):知识是由认知主体主动地建构起来的,学习的目的是帮助学习者组织自己的世界,而不是去发现现实。社会性建构主义

(social constructivism):知识是客观存在的,是共通的;知识的学习在一定的社会环境中进行,不断地被改造,以尽可能与世界的本来面目相一致。信息加工的建构主义(information-processing constructivism):被称为“温和建构主义”,强调知识的获得是外部信息与已有知识经验之间双向、反复相互作用的结果。它完全接受了“知识是由个体建构而成”的观点,但并不接受“知识仅是对经验世界适应”的原则。社会文化认知(social-cultural cognition):此种观点除了认为知识的学习受社会环境的影响外,更强调文化、历史和风俗习惯背景等在学习过程中起的作用。除此之外,还有社会建构论(social constructionism)、控制论系统(cybernetic system)等。

由于建构主义主要的心理学基础为皮亚杰的发生认识论和维果斯基的心理发展理论,因此建构主义的思想也大致可分为两大原则:一种为“个人建构其自我理解”,另一种为“所有知识是社会性建构的”。前者涉及激进建构主义及认知建构主义,后者则涉及社会性建构主义或社会文化、社会建构论。个人建构主义关心个体如何建构自己的认知,共同强调人的内部心理世界。他们对认知世界的个体性绝对肯定,认为个体必然具有不同的经验背景。社会性建构主义则关心社会环境、社会活动、文化背景在知识建构中的作用,虽然也把学习看成个体建构自己的知识和理解的过程,但它更关心这一过程的社会性的一面。

## 二、建构主义理论关于知识、学习、教学的基本观点

### (一)建构主义理论关于知识的观点

建构主义理论认为,知识是不断变化的,并不是对客观事实的准确表征,它只是一种解释、一种假设,并不是问题的最终答案,会随着人类的进步而不断地改变,并随之出现新的假设。它是人在文化和社会的交流中、在共同参与产生新经验的过程中,不断出现的、发展的、非客观的解释和说明。客观世界不能够用任何符号来进行准确无误的表征。知识的运用是有条件的,不可能存在适用任何条件的普遍知识规律,在具体的问题情境中,需要针对具体的情况对原有的经验进行再加工和再创造。知识不可能脱离客体而独立存在,尽管通过语言文字赋予了知识一定的外在形式,并且暂时获得了较为一致的认同,但这并不意味着不同的学习者对同一知识有相同的理解。学习者原有的知识经验背景,会影响到他对当前知识的理解。

建构主义知识观是从个体知识发生的角度对知识产生的一种概括和说明,具有一定的积极意义。它否认绝对真理,虽然认为科学知识包含真理性,但不是绝对正确的最终答案,它只是对现实的一种更可能正确的解释。因此,任何知识都没有绝对的权威性,不能用我们对知识正确性的强调作为让个体接受它的理

由，更不能用专家、教师、课本的权威来压服学生。在知识获得过程中，个体的主观作用就显得尤为重要。建构主义知识观有利于学生对事物保持好奇心，有利于他们进行积极主动的思考和质疑，同时有助于教师真正树立尊重、欣赏、理解、合作等现代的教学观念，并真正能付诸行动。

（二）建构主义理论关于学习的观点

建构主义者认为学习并不是知识的传递，而是学生在已有经验的基础上主动建构内在的心理表征；学生不是被动的信息吸收者，而是主动的意义建构者。这种观点更多强调在具体情境中形成非正式的经验背景的作用，即非结构性的经验背景，将它们看成建构学习的目标和基础。在此基础上，学习者创造知识而不是发现知识。

学习是个体主动建构的过程，而不是行为主义的刺激——反应过程；而且知识也不是简单地由外部信息决定，而是学习者通过新旧知识经验间反复的、双向的相互作用过程而完成的。建构一方面是对新信息的意义的建构，同时又包含对原有经验的改造和重组。整个过程他们重视“情境”“协作”“会话”和“意义建构”的作用。传统的教学认为，通过教师的讲授就可以将观念、概念甚至整个知识体系传递给学习者，学习者所学到的、所理解的知识也都是一样的。但建构主义所描述的学习并非如此，学习者对知识的理解依赖于自己的经验基础，经验不同，对知识的理解就会不一样，而且即使相同的经验不同的学习者也会有不同的理解。因此教学必须增进学习者之间的合作，使他看到那些与他不同的观点，从而全面地建构事物的意义。总之，建构主义者认为学习应该是主动的、情境性的、合作的、意义建构的创造性过程。

（三）建构主义理论关于教学的观点

建构主义教学观主张：以学生为中心，在整个教学过程中教师担当组织者、指导者、帮助者和促进者的角色，而不仅仅是知识的传授者；教师要利用情境、协作、会话等学习环境要素充分发挥学生的主动性、积极性和创造性，最终使学生完成对当前所学知识的意义建构。这就意味着教师要摒弃传统教学的思想，比如强调知识的传授和灌输、强调教学中教师的中心地位、强调学生的统一要求等，而采用全新的教学观念。在这样的教学模式中，知识不是确定不变的，课堂是情境性的，学生、老师的地位是平等的，同学、老师之间协作学习的作用被重视。这些都对传统的教学观念起着巨大的冲击作用。

新的建构主义教学观强调教学应重视学习者已有的知识经验，不能简单强硬地从外部对学习者实施知识的“填灌”，而是应当以学习者原有的知识经验为基础，引导学习者去建构新的知识。教师不单是知识的呈现者，不是知识权威的象征，而是学生学习的指导者、帮助者以及合作者。而且学习要在一定的情境中通过协作、交流来实现，这种情景应与现实情境相类似，不能脱离现实太远。所以，他们主张弱化学科界限，强调学科间的交叉。在这种教学模式中，评价体系也有所变化。对学生的评价不再是统一的标准、统一的测试，而是采用诊断性学习和反思性学习的评价方法。这意味着学生必须进行自我监控、自我测试、自我检查等活动，以诊断和判断学习中所追求的是否是自己设置的目标。

### 三、建构主义理论在教育中的应用

建构主义理论的出现给教育心理学的发展注入了新鲜的血液，对现代教育产生了重大影响，受到各国教育界的普遍重视。在我国不断强调素质教育的今天，这种理论更是适应时代发展的要求，适合于我们的教育改革。我们应重视建构主义理论在实际教育中的应用，不断提高学生的能力，使我们的教育体系更加完善。

在建构主义理论的指导下，教师的教学实践应尽力做到：以学生为中心，强调学生的综合能力而不只是书本知识的理解（如探究学习）；在课堂教学中使用真实的任务和日常的活动或实践来整合多重的内容或技能（如认知学徒制教学、抛锚式教学）；学生的学习应该是合作协商的而不是孤立完成或老师强加的（如合作学习）；学习评估的标准应是灵活的而不是统一的；同时在学习过程中要鼓励学生有不同的观点和想法，让他们进行积极的思维和自我反思评价。在这样的教学原则下，建构主义还形成了一些行之有效的教学设计模式，主要有以下几种：

#### （一）探究学习

探究学习（inquiry learning）是一种由学生自己发现问题并寻求问题解决途径的学习形式。其中，发现问题与寻求问题解决途径是两个相互独立又相互联系的过程。探究学习这种方法主要用于社会科学课程中。雷诺兹（Reynolds，2009）曾提出探究学习的5种递进式加工活动：

- 通过问题提出的方式来建构探究问题的框架。
- 基于问题框架寻找、组织和分析相关的解题思路与依据。对相关的推论与假设进行评价、整合与报告。
- 采取具体行动验证推论与假设。
- 对问题解决过程进行反思，并且重新考虑每个步骤产生的结果是否正确。

因此，在探究学习中，教师所扮演的角色是鼓励学生提出问题，思考解决问题的新方法，并且有效地将自己的思路进行组织。

#### （二）认知学徒式教学

认知学徒式教学被许多研究者视为建构主义教学的一个重要模式，这种模式侧重的是概念知识与认知技能在不断变化的真实情境中的应用，而这些变化的情境既有助于深化对概念或认知技能的理解，又有助于构建反映概念、认知技能与问题解决情境之间重要联系的网络。在此教学活动中，强调学习共同体，学习者通过参与共同体的活动和社会交互，进行某一领域的学习。教师（专家）像“师傅”一样根据每个学生的不同特点给予指导，学生根据不断变化的问题情境进行探索，寻求解决问题的方法，在情境中反复地观察、演练和实践。教师（专家）和学生的关系类似于传统作坊中的“师徒”关系，学习者像手工业中徒弟跟随师傅那样在实际情境中进行学习，因此称为“认知学徒式教学”。认知学徒式教学的重点有：向学习者提供可应用的知识，让学生创造出可以用来整合学习经验的整体框架，反复变化观察的角度等。

（三）抛锚式教学

抛锚式教学也称“情境性教学”“实例式教学”或“基于问题的教学”。这种教学要求以与现实情境相类似的情景为基础，以现实生活中遇到的问题为目标，来完成意义建构。这类真实事件或问题被比喻为“锚”，整个教学内容和教学进程以此为中心。在这种教学设计中，教学情境与真实情景类似，教师呈现真实性任务或问题给学生即“抛锚”，让学生通过亲身体验和感受，主动识别、探索、发现和解决问题。同时，此种教学设计主张弱化学科界限；教师不将提前已准备好的内容教给学生，而是在真实情境中提供解决问题的探索过程，并指导学生进行探索；最后，不需要独立于教学过程的测验，而是实行与学习过程一致的情境化的评估（context-driven evaluation）。比起简化了的课堂环境教学，抛锚式教学更容易培养学生的解决问题能力。它的多样性又可以培养学生的探索精神并且在完成任务中表达自己的知识，具有一定的适用性。抛锚式教学的基本环节包括：创设情境、确定问题、自主学习、协作学习和效果评价。

（四）合作学习

合作学习也是建构主义十分重视的一种学习模式，每种教学设计中也都离不开合作学习。学习活动在小组成员之间展开，学习者自己发现完成总任务所需要完成的各自任务，自己解决所必需的各种知识技能，然后通过合作讨论来完成学习。此种学习模式强调成员之间的交流协作，小组成员间相互依赖、相互沟通，共同完成知识经验的建构，从而达到共同的目标。学习者之间的交流、争议有助于对知识更深层次的理解，有利于学习者更好地认知自己的思维过程，建立完整的经验表征。在建构主义看来，学生要在真正意义上掌握知识，就必须主动建立自己的知识体系，在学习中主动发现问题、讨论和分析有关信息、交流合作、建立起对知识的理解，在合作中自主监控，学会反思，修正学习策略，优化学习过程。

（五）支架式教学

支架式教学设计源于建构主义关于概念框架的观点，利用概念框架作为学习过程中的“脚手架”(scaffolding)。这种教学是通过支架(教师的帮助)的作用把管理调控学习的任务逐渐由教师转移给学生自己，最后撤去支架。这是以维果斯基的“辅助学习”(assisted learning)和“最近发展区”(zone of proximal development)为基础的数字模式。在教学之初教师为学生提供一种概念框架来充当学生学习的支架，利用此种支架学生在教师的引导下不断取得进步，不断进行更高水平的认知活动，同时教师指导的作用越来越小；最后撤掉支架，由学生独自完成对所学知识的意义建构。这种教学不断地把学生的智力从一个水平提升到另一个更高的水平，真正做到使教学走在发展的前面。支架式教学的基本环节包括：搭脚手架、进入情境、独立探索、协作学习和效果评价。

在实际教学中，不一定只采用其中的一种方法，也可以将几种方法结合在一起灵活加以运用。总体来说，建构主义理论指导下教学设计的步骤和内容可以从以下几个方面进行，见表 9-1。

**表 9-1　建构主义理论下的教学设计步骤和内容**

| 教学设计步骤 | 教学设计内容 |
|---|---|
| 1. 教学目标分析 | 对所教内容进行教学目标分析，以确定当前所教知识的“主题” |
| 2. 教学情境设计 | 创设与教学主题相关的、尽可能真实的教学情境 |
| 3. 信息资源设计 | 确定学习所需信息资源的种类和每种资源在学习过程中所起的作用，并让学生主动去获取这些资源 |
| 4. 自主学习设计 | 根据不同的教学设计方法(认知学徒式教学、合作学习、支架式教学、抛锚式教学)对学生的自主学习进行不同的设计 |
| 5. 协作学习设计 | 在自主学习的基础上采用小组讨论、合作、协商等方法，进一步深化对主题的意义建构 |
| 6. 学习效果评价 | 对个体的学习效果进行小组评价和个体自我评价 |
| 7. 强化练习设计 | 设计出可供学习者选择并有一定针对性的补充学习材料和强化练习，从而达到更完善的意义建构 |

## 第三节　学习理论的多样性与共同性

### 一、多样性

#### （一）学习理论构建的不同出发点

通过前面的介绍不难发现，学习理论阵营中的具体理论可谓种类繁多。这种多样性是由个体学习活动自身所具有的复杂性所导致的。人们一般将学习理解为由于个体与外界环境的互动经验而造成的行为表现或心理的持久变化。具体来说，学习是个体与外界的相互作用过程，这种相互作用会通过一定的内部机制导致一定的学习结果，而这种学习结果又会对学习者和外部环境产生一定的反馈作用。其中学习者是学习活动的主体，他们所具有的各种认知因素（如知识经验、智力水平等）和非智力因素（如兴趣、意志、性格等）特征都会对其学习活动产生重要影响。外界输入则是来自外界的各种经验刺激和信息资源，它既包括学习者可能要利用的具体内容资源、学习工具，也包括作为学习活动的一般背景的物理情境和社会文化情境。而学习活动的核心是学习者与外部输入的相互作用过程，其互动方式直接决定着学习的效果，它既体现为学习者所进行的外显活动，如听课、阅读、观察等，也体现为学习者所开展的内在加工活动，如记忆、思维、想象、创造等。作为学习活动的最终表现，学习结果有时可直接反映在行为表现上，有时也体现为内部心理结构（如知识、技能、态度等）的某种变化，这些内在变化可能会在以后的活动中表现出来。

正是由于对学习活动的各种要素以及它们之间的关系的理解并不一致，才产生了种类繁多的学习理论派别。它们为各种学习现象提供了合理解释，构成了教育心理学学科的重要内容，同时也是诸多学科（如教育学、认知科学、哲学认识论等）关注的焦点问题。这些学习理论主要聚焦于以下三个方面的学习问题：(1) 学习的实质到底是什么？即学习的结果到底使学习者形成了怎样的变化？(2) 学习到底是一个怎样的过程？即学习是如何实现的，或者说如何才能达到预期的学习结果。(3) 学习有哪些规律和限制条件？即学习过程到底受到哪些因素的制约，如何才能进行有效的学习。在教学方面，他们则主要聚焦于：(1) 应该如何实施教学？(2) 学习因素与教学因素到底存在怎样的关系？(3) 如何开展复杂学习内容的教学？

#### （二）不同学习理论流派对学习问题探索的演化

从时间维度上来看，百余年来的学习理论研究大致经历了从行为主义到认知主义再到社会认知、建构主义的发展历程;而从内容视角上看,则主要体现出了从关注个体因素向关注社会因素逐步转变的明显趋势。

自从冯特(W. Wundt)于1879年建立了第一个心理学实验室,从而开创了科学心理学之后,人们对学习活动的探讨也随之由长期的哲学思辨时代逐步迈向科学实证时代。冯特的探索主要体现出以下特点:(1) 还原论。他提倡直接研究人类个体的意识经验,试图把意识经验分析为许多最小的基本要素,再进而研究这些要素之间是如何联系的;(2) 内省法。他主张通过内省(即自我分析)来分析个体的意识经验,由被试在感知一个事物的同时详细报告他当时的经验,而不是报告对该事物的解释、从该事物中所学到的东西。可以认为,冯特当时的研究既构成了学习理论的研究源泉,也为随后的学习理论研究者提供了靶子。

首先,行为主义强烈反对冯特提倡的内省法。虽然行为主义派同意研究人类意识经验的元素,但并不同意使用发现这些元素的内省法。例如华生就强调,唯一可以客观观察到并可以用科学方法研究的是个体的外显行为。多数行为主义者同意,学习就是在刺激与反应之间建立联结,即形成各种行为习惯或条件反射,而这一过程是通过反复尝试的方式来实现的。当个体在某种刺激情境前表现出各种反应时,有些反应因导致了好的效果而得到强化,它们就可能会保留下来;相反,有些反应则未收到好的效果,甚至个体还可能因此而受到惩罚,它们就会逐渐消退。从这个角度讲,学习其实就是个体身上各种反应的发生概率的变化。而各种复杂的技能或结构化的知识都可以被转化成大量简单信息的联结,学习者可以通过强化联结而掌握复杂技能。

其次,认知主义的早期派别——格式塔学派也强烈反对冯特的思想,但他们集中批判的是冯特的要素主义,认为它看不到人类经验的真实面目,强调经验的整体性,“整体大于部分之和”。格式塔理论家仍然强调探讨学习者个体的内部过程,考察人的经验,但强调学习在于在头脑内部构建出一种“完形”,即对事物、情境的组成部分及其关系的理解;学习的过程是“顿悟”的过程,即通过对问题情境的观察,理解各部分的组成及相互联系,从而发现通向目标的途径。在与格式塔学者等认知派长期论战的过程中,一些行为主义者开始吸收认知主义的一些思想,从而出现了带有折中倾向的新行为主义学习理论,如早期的托尔曼和当代的班杜拉、梅钦鲍姆的理论等,他们强调包括所观察到的行为和内部过程在内的所有变化,在解释变化时,新行为主义者关注明显的证据以及背后相对不明显的动机。

随着人们对学习活动理解的深入,行为主义所具有的机械论、还原论等弊端日益显露,而认知主义由于对个体内部加工的重视(该派别支持者往往把思维、情绪或特定情境中个体能力反应的变化看作学习的关键)而越来越得到人们的重视。同时也得益于现代计算机科学的快速发展,从二十世纪五六十年代起,现代认知学习理论便逐步进入了强盛时期。这些理论主要包括两种倾向:(1) 认知结构理论。把人类个体的认知看成整体的机构,而学习就是认知结构的变化发展,即认知结构的形成与改变过程。它们与早期的格式塔观点存在紧密联系。(2) 信息加工学习理论。把人类的学习活动类比为计算机,从信息的接受、存储和提取的角度来分析学习的认知加工过程。

与此同期出现的人本主义思潮则反对将人还原和分割成各种要素,强调研究整体的人,认为每个人都有自我发展、自我实现的潜能。他们从追求个体自我实现的角度来分析学习,强调学习者的自我参与、自我激励、自我评价和自我反思。教育者就是为学习者提供释放自我实现潜能的适当条件,如强调将学习内容与学习者的目的联系起来,强调营造宽容、相互理解和尊重的学习氛围,强调学习者主动、全身心投入学习,强调让学生学会学习等。他们主张教师应在教学中充分发挥促进者的角色,提供各种学习资源,营造恰当学习氛围,使学生知道如何学习等。

二十世纪八十年代以来,以班杜拉为代表的社会认知理论研究者开始重视学习过程中的社会因素、认知因素与个人中介因素的相互作用。他们相信,在复杂的社会学习中,学习者不仅要通过注意、保持、重复和动机等基本过程完成对他人行为的观察活动,也需要其他重要成分的参与,如自我观察、自我调控等。随着社会认知理论研究的不断深化与发展,学习者自身某些特性在社会学习中的作用得以揭示。从目前来看,自我效能感与自我调节成为该理论支持者重点关注的问题。在现实教育中,社会认知研究者强调榜样示范行为和大众媒体的选择、学习者自我效能感与自我调节对其社会学习的重要制约作用。

同期出现的建构主义理论则在充分吸收了包括皮亚杰、维果斯基在内的诸多前人思想的基础上发展起来,也表现出了强劲的活力。之前不论是行为主义还是认知主义,基本上都以客观主义为基础,将事物的意义看成存在于个体之外的东西,是由事物本身所决定的,对事物的学习就是单向的刺激或信息的接受过程。而建构主义者认为,个体对事物的理解不是简单地由事物本身决定的,还要依赖于个体原有的知识经验,不同的个体常常会建构起不同的意义。在这里,学习就是一个意义建构的过程,它需要学习者通过新旧经验之间的相互作用来不断丰富和调整自己的经验结构。教师需要引导学生从旧有经验出发,生长出新的经验。与其他心理现象一样,学生的建构水平也存在一个由低级向高级渐进的发展过程。因此教学既要以学生现有建构水平为基础,也要为促进他们建构水平的提高不断创造条件。教师的这种引导作用主要体现在:(1) 引导学生正确认识自己在学习中应承担的责任,使学生能对自己的学习表现做出正确归纳,充分调动学生参与学习的积极性与主动性;(2) 帮助学生建构起所学材料与已有知识经验之间的关系;(3) 教给学生一些具体有效的元认知策略。

## 二、共同性

### (一) 不同学习理论的共同前提

尽管各种理论的视角不同,但仍然有一些存在于各种理论中的共同前提:

1. 个体习得那些对自己有益而非无益的东西

个体要生存,就必须适应环境的变化,与环境保持某种动态的平衡。而学习则属于心理适应范畴,是一种以心理变化适应复杂环境的过程。但是有时人们的心理或行为改变对自己或许没有帮助,人们习得的东西对作为个体或物种的发展也并不总是有益。其中比较典型的例子就是恐惧症的形成。

2. 个体并非经常能意识到自己已经学会的内容

学习并不总是刻意进行的,也许学习者并没有意识自己学会了什么,而是在不知不觉中获得的。人们所掌握的有些内容就是在没有事先打算学习的情形下学会的。

3. 学习的结果并不经常能够很容易看出来

大多数当代学习理论家认同并非所有学习都产生稳定的可观察的变化。例如班杜拉(Bandura,1977,1978)认为即使在学习者身上没有看到明显的行为变化,学习也能够发生。

4. 学习存在着不同的种类与水平

在过去的数十年间,心理学家们已确定了从简单的、机械主义的学习(比如本能或反射),到复杂的、有组织的学习(例如解数学应用题)。

虽然各种学习理论对于什么是学习、学习怎样发生、学习的条件到底有哪些等这些学习中的具体理论问题迄今并未形成统一的认识,但他们基本都认同上述这些理论前提。

### (二) 不同学习理论对学习与教学问题处理的互补性

从历史上看,由于研究者对学习的探讨并不局限于一种角度,因此不难发现以往两种明显竞争的理论可能并非针对同一种学习现象。一种理论没有清楚阐明的学习的某些方面,往往可能由另一种理论来阐明。例如行为主义者认为根据可观察的事件(无论是环境的还是行为的)就可以充分理解学习,他们强调知识单元或技能成分之间联结的增强,倾向于根据技能获得来表述学习。但认知观点的支持者则认为学习受到学习者内部思维加工的调节,着重关注特定内容领域的概念理解和一般认知技能,倾向于根据概念理解的成长和思维推理的一般策略来表述学习。而当代的社会建构主义者则大多认为学习是一项社会性的活动，取决于学习者与其社会文化环境之间的相互作用，倾向于根据在提问和交谈实践中的活动参与来表述学习。很明显，这些理论谈论学习时的侧重点有明显区别，他们所给出的具体理论解释也就表现出了强烈的互补性。

因此，正如威尔逊(Wilson，1998)所指出的，因坚持不同学科假设而导致的知识片段化的不断发展，更多的是人为的而非现实世界的反映，并且提出“通过将不同学科的事实和基于事实的理论加以联系而使知识‘一致’起来，从而形成一个综合的、共同的解释基础”。有学者提出，对不同学习理论采纳一种“学科化的折中主义”的态度，并批判地看待每一种理论对解决重要的教学问题各自的贡献或许是明智的(Shulman，1988)。因为学习理论并不给我们提供关于学习的绝对真理，它们提供的只是一种暂时性的概念框架，使人们所收集到的关于学习的资料有意义。

当代学者大多同意，不同学习理论都有着其最适合解释的学习任务。行为主义学习理论最适合解释常规性技能的活动问题，它有助于人们了解在教育中如何分析教学情境、如何配合教材的不同单元来设计教学进度，从而循序渐进地实现教学目标。认知观点则最适于解释特定领域内原理理解的获得，它有助于人们了解在教育中如何扩展学生的认知结构，从而促进学生主动求知的能力。而社会认知观与社会建构观则适于所有学习任务中对组织社会环境因素的强调。

根据学习理论研究所关注的学习与教学共同主题，学者们曾对行为主义、认知主义、社会认知与社会建构理论中的典型研究者的思想进行了总结(如 Gredler，2007；Drieskens，2007)，在一定程度上具体阐释了不同理论回答对学习与教学问题所具有的互补性(表 9-2)。

**表 9-2　不同学习理论对学习与教学问题的回答**

| | 斯金纳的操作性条件作用理论 | 信息加工理论 | 班杜拉社会认知理论 | 社会建构主义理论 |
|---|---|---|---|---|
| 学习基本假设 | 学习是行为；用反应频率表示的行为变化是环境事件和条件的一种作用 | 人类记忆是将学习转换为新的认知结构的复杂而主动的加工者和组织者 | 学习是环境、个人因素和行为之间的三维交互作用 | 学习是学习者积极寻求意义的构建 |
| 学习基本成分 | 辨别刺激—反应—强化刺激 | 知觉过程；长时记忆中的编码及存储；元认知知识和过程；问题解决过程 | 榜样行为；直接强化、替代强化和自我强化；学习者的认知过程 | 情境、协作、交流和意义建构是学习过程中最重要的四大要素 |

续表

| | 斯金纳的操作性条件作用理论 | 信息加工理论 | 班杜拉社会认知理论 | 社会建构主义理论 |
|---|---|---|---|---|
| 教学设计主要问题 | 刺激控制的转移;强化时机;避免惩罚 | 将新学习的知识与图式相联结，提供理解中的加工帮助，培养元认知技能和问题解决 | 提供榜样、强化和复述;培养学习者的效能感和自我调节 | 学生自治;社会互动;探索 |
| 主要实际贡献 | 学习与教学准备状态的分析;逃避课堂练习等状态的分析;个体化学习材料 | 确定了学习知识的主动过程;提出了学习者定向技能，问题解决模式的发展 | 阐明了在社会情境中来自榜样和大众媒体影响的学习;学习者自我管理系统的发展 | 确定了学生已有知识对学习的影响;重视学生自身的领悟、理解和推理在学习中的作用 |

## ☞ 回到案例

萱萱对数学的学习不感兴趣而且成绩不是很理想。从自我效能感角度来讲，是典型的低自我效能感的表现。低自我效能感往往会有较低的自我概念，如萱萱认为自己不够聪明，学不会数学课堂上的内容。另外，自我效能感对个体的行为有一定的影响，会影响到个体对活动的选择。个体一般会避免去做那些他认为会失败的事情，因此萱萱在数学课上会花时间跟朋友交流而不是认真听讲，也回避张老师提供的课后辅导。另外，自我效能感会对活动中付出的努力和活动的坚持性有影响。萱萱的数学自我效能感低，因此在与张老师谈话后，虽然她有努力，但是不久她又恢复了老样子。因此，要想改变现状，应该帮助萱萱建立起在数学领域中的自我效能感，这样她就会更勇敢地面对学习数学的困难，不会轻易放弃。

萱萱课堂准备活动不够充分，在课堂上总是与朋友交流而不是专注于课堂内容。从自我调节学习角度来看，自我调节的学习者能够为自己的学习设定目标，制订计划，并在执行计划的过程中监控自己的行为，并设法将自己的注意力集中在当前学习任务上，排除头脑中可能干扰学习的想法和情绪。萱萱将注意力放在同学而不是老师身上，属于非自我调节行为。案例中还体现了个体、行为与环境的交互作用。萱萱认为自己不聪明，有较低的自我效能感，因此数学课上不认真听讲，体现了个体影响行为。老师在跟萱萱谈话后，她的学习行为有所改变（环境→行为）。但不久后萱萱又恢复老样子，老师决定将时间用来帮助那些更有学习动力的学生（行为→环境）。

## ☞ 学术争鸣

| 知识意义到底是自我建构还是社会建构？ | |
| --- | --- |
| **正方观点：知识意义主要是由自我建构完成的**<br>以冯·格拉塞斯费尔德（VonGlasersfeld）和斯特菲（Steffe）为代表的激进建构主义者认为，知识是由认知主体主动地建构起来的，学习的目的是帮助学习者组织自己的世界，而不是去发现现实。他们关心个体如何建构自己的认知，共同强调人的内部心理世界，关注个体与其物理环境的相互作用，对认知世界的个体性绝对肯定，认为个体必然具有不同的经验背景。 | **反方观点：知识意义主要是由社会建构完成的**<br>社会建构主义以鲍尔斯费尔德（H. Bauersfeld）和库伯（P. Cobb）为代表，他们认为，知识是客观存在的，是共通的，知识的学习在一定的社会环境中进行，不断地被改造，以尽可能与世界的本来面目相一致；社会文化建构主义者除了认为知识的学习受社会环境的影响外，更强调文化、历史和风俗习惯背景等在学习过程中起的作用；而社会建构论者并不关心个体的学习，他们关心各学科中公共知识的建构，关心常识性概念、日常信念和对世界的共同理解是怎样向社会文化中的新成员传递的。 |

# 小　结

1. 自我效能感

自我效能感指的是个体对自己能否成功地完成某项任务的主观判断、评价和信念。自我效能感主要来源于主体经验、生理与情绪的唤醒状态、替代性经验以及社会性劝说。自我效能感对个体的行为的影响主要表现在活动选择、努力和毅力以及学习和成就方面。自我效能感与自我概念、自尊以及结果期待不同，与动机有着密切的关系。

2. 自我调节学习

自我调节是个体用来激活并保持其思维、行为和情绪以达到目标的一个过程。当个体的目标指向学习时,就是自我调节学习。影响自我调节学习的因素有以下几个:知识、动机和自我约束力或意志力。自我调节学习过程包括目标设置、选择有效的策略以及自我调节行为。

3. 建构主义学习理论

建构主义学习理论强调学生的主动性,强调社会环境对个体学习的作用。其核心思想为:学习者以自己的经验为基础来建构知识,理解现实。但由于每个人的经验以及对经验的解释不同,于是对世界的观点也就不一样。学习者通过协商合作或在别人的帮助下建构、创造知识,而教师是意义建构的帮助者与促进者。建构主义知识观认为:知识是不断变化的,并不是对客观事实的准确表征,它只是一种解释、一种假设,并不是问题的最终答案,会随着社会的进步而不断地改变,并随之出现新的假设。建构主义学习观认为:学习并不是知识的传递,而是学生在已有经验的基础上主动建构内在的心理表征;学生不是被动的信息吸收者,而是主动的意义建构者。建构主义教学观主张:以学生为中心,在整个教学过程中教师担当组织者、指导者,而不仅仅是知识的传授者;学习者在已有经验的基础上相互交流、合作,共同完成知识的学习。建构主义的教学设计模式有:探究学习、认知学徒式教学、抛锚式教学、合作学习及支架式教学。

4. 学习理论发展脉络

由于对学习活动各种要素以及要素之间关系的理解不一致,产生了种类繁多的学习理论派别。从时间维度上来看,百余年来的学习理论研究大致经历了从行为主义到认知主义再到社会认知、建构主义的发展历程;从内容视角上看,则主要体现出了从关注个体因素向关注社会因素逐步转变的明显趋势。尽管各种学习理论的视角不同,但仍然有一些存在于各种理论中的共同前提。不同学习理论对学习与教学问题的处理具有互补性。

## 思考题

1. 如何理解交互决定论?
2. 怎样理解自我效能感在教学中的应用?
3. 如何指导学生成为自我调节学习者?
4. 如何理解社会认知理论在教学中的应用?
5. 建构主义理论的基本观点是怎样的?
6. 建构主义理论关于学习、教学的基本观点是什么?
7. 如何在教育中应用建构主义理论?

8. 简述不同学习理论的共同性。

9. 如何理解不同理论在解决学习与教学问题上的互补性？

## ∠ 进一步阅读文献

1. 卡罗尔·汤普森，莉迪娅·斯彭斯利著，郭晓娜译. 学习理论的日常教学应用. 上海：上海教育出版社，2022.

2. 理查德·梅耶帕，特里西娅亚·历山大主编，庞维国，梁平，皮连生等译. 学习与教学(第2版). 上海：华东师范大学出版社，2022.

3. 罗伯特斯·莱文著，吕红梅，姚梅林等译. 教育心理学——理论与实践. 北京：人民邮电出版社，2016.

4. 尚俊杰主编. 学习科学导论. 北京：北京大学出版社，2023.

5. 珍妮·爱丽丝·奥姆罗德，埃里克·M·安德曼，林莉·H·安德曼著，龚少英等译. 教育心理学(第10版). 北京：人民邮电出版社，2023.

# 第十章
# 有效的课堂教学

## ☞ 章节说明

课堂教学是学生学习的主要方式和途径,课堂教学的有效性在很大程度上决定了学生学习的效果和质量。究竟什么样的课堂教学才是有效的教学?围绕这一问题,历来有不同的观点。纵观课堂教学的模式理论,历史上主要有以教师为中心的教学和以学生为中心的教学两种不同的模式。它们各自的教育理念是什么?应如何进行教学设计?各自的优势或有效性体现在什么方面?本章将尝试对上述问题作出回答。这一章主要包括三节内容,第一节主要介绍以教师为中心的教学,内容涉及两个方面:一是从理论上对以教师为中心的教育理论进行了概要梳理;二是具体探讨了以教师为中心教学模式中高效教师的特征以及具体的教学环节和策略。第二节介绍了以学生为中心的教学,同样包括两方面内容:以学生为中心教学的几种理论以及具体的教学模式和教学设计。第三节主要从文化、个体等角度讨论了课堂教学的差异性与多样性问题。尽管课堂教学模式间存在着巨大的差异,但这仅是方式的差异,无论哪种教学,都要以学生的身心发展特点为基础,都要遵循基本的教学规律,都应该最大限度地发挥课堂教学的有效性,以促进学生的最优化发展。

## ☞ 案　例

2011 年 4 月,重庆聚奎中学信息技术教师张渝江在网上看到关于翻转课堂的文章,并被其新鲜的理念和操作方式所吸引。2011 年 9 月,该校利用最新的移动互联网技术和平板电脑设备,正式在高中 2014 级的两个班开展翻转课堂教学试点,成为国内首批开展翻转课堂教学实践的学校之一。聚奎中学一方面借鉴美国翻转课堂教学模式,另一方面结合本校原有的“541”高效课堂模式,探索出了适合该校实际的“课前四步骤”“课中五环节”翻转课堂基本模式(如图 10-1 所示)：

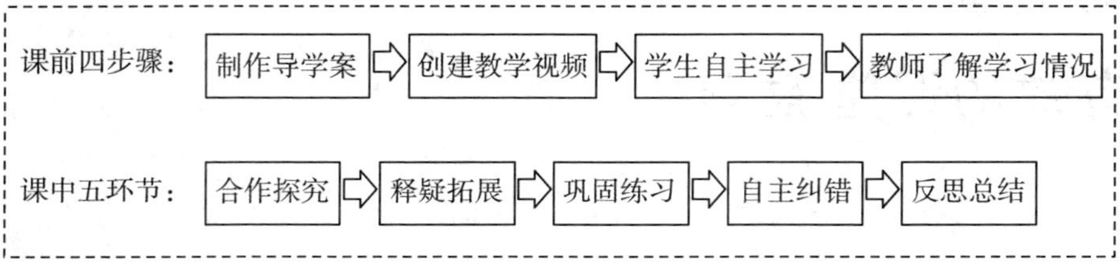


**图 10-1　重庆聚奎中学“四步五环节”模式**

引自：张跃国，李敬川.“三四五六：翻转课堂的操作实务”. 中小学信息技术教育，2012(11)，82—83.

该模式对师生的双边活动进行了设计与归纳。课前包括教师制作导学案、创建教学视频、学生自主学习、教师了解学生的课前学习情况 4 个步骤；课上主要体现在学生的活动，包括合作探究、释疑拓展、巩固练习、自主纠错和反思总结 5 个环节。

重庆聚奎中学的教学改革体现了一种怎样的教学理念？这一教学模式的特色与优势表现在什么方面？是否存在可能的问题？

## 第一节　以教师为中心的教学

### 一、以教师为中心教学结构的几种教学理论

#### (一) 传统理论概述

以教师为中心的教学结构在教学理论方面的基础比较复杂，因为这种教学结构已经存在了几百年。从十七世纪三十年代捷克的夸美纽斯(J. komensky)发表《大教学论》，提出班级授课制度，开创以教师为中心的教学结构以来，经过历代众多教育学家、教育心理学家的努力，这一领域的实践探索不断深入，教学理论研究成果也层出不穷。其中比较突出的有：十九世纪德国赫尔巴特的“五段教学”理论，即：预备、提示、联系、统合、应用五个阶段；二十世纪苏联凯洛夫的教学理论，他运用马克思主义认识论对赫尔巴特(J. Herbart)的五段教学加以改造，提出一种新的五段教学论——激发学习动机、复习旧课、讲授新课、运用巩固、检查效果；赞可夫的“发展观”，他认为教学不仅应当为掌握知识和技能服务，

而且应当促进儿童的一般发展，即儿童心理各个方面的发展；巴班斯基的“最优化”理论，“最优化”是指要从实际情况的具体条件出发，确定效果和时耗的双重质量标准，选定最佳教学方案，按照实施中的反馈信息及时调整教学活动进程，以期达到最大效益，并使每个学生都能得到最合理的教育和发展；美国布鲁纳的“学科结构论”，他认为不应强调增加教材的量，而应按照学科内容自身的体系结构，即围绕学科的基本概念、基本原理和基本方法来进行教学，才能有效地促进儿童的智力发展；布鲁姆的“掌握学习”理论，布鲁姆认为，只要能正确运用“掌握学习”的教学策略，绝大多数甚至90%以上的学生都能很好地达到教学目标的要求；此外，还有加涅的“联结—认知”学习理论和他的“九段教学法”，以及其它的教学理论等等。

综观上述众多以教师为中心的教学理论，尽管其中每一种都对这一领域从不同的角度作出了自己的贡献，但是真正能作为主要理论基础对以教师为中心教学结构给予全面支持的，应该是二十世纪后半叶教育心理学家奥苏伯尔的教学理论。他既研究了认知因素对学习过程的影响，又研究了情感因素（动机）对学习过程的影响，并在上述两方面研究的基础上提出一套可以付诸实施的有效教学策略。奥苏伯尔的教学理论内容很丰富，但最能体现“以教师为中心”教学结构的理论主要是他的“有意义接受学习”理论及“先行组织者”教学策略。

### （二）奥苏伯尔的教学理论

#### 1.“有意义接受学习”理论

美国著名教育心理学家奥苏伯尔在对学习类型做深入研究的基础上，将“学习”按照其效果划分为“有意义学习”与“机械学习”两种类型。所谓有意义学习，其实质是指符号表示的观念，以非任意的方式和在实质上（而不是字面上）同学习者已经知道的内容联系在一起。所谓非任意的和实质上的联系是指这些观念和学习者原有认知结构中的某一方面（如一个表象、一个已经有意义的符号、一个概念或一个命题）有联系。换句话说，要想实现有意义的学习——真正习得知识的意义，即希望通过学习获得对知识所反映事物的性质规律及事物之间关联的认识，关键是要在当前所学的新概念、新知识（即“符号表示的观念”）与学习者原有认知结构中的某个方面（表象、概念或命题）之间建立起非任意的实质性联系。只要能建立起这种联系就是有意义的学习，否则就必然是死记硬背的机械学习。奥苏伯尔认为，能否建立起新旧知识之间的这种联系，是影响学习的唯一的最重要因素，是教育心理学中最基本、最核心的一条原理。正如他的代表性论著《教育心理学——一种认知观点》一书的扉页中用特大号字所表述的：“假如让我把全部教育心理学仅仅归结为一条原理的话，那么，我将一言以蔽之曰：影响学习的唯一最重要因素就是学习者已经知道了什么。要探明这一点，并应据此进行教学。”

奥苏伯尔指出，要想实现有意义学习可以有两种不同的途径或方式：接受学习和发现学习。接受学习的基本特点是所学知识的全部内容都是以确定的方式由教师传递给学习者，学习课题并不涉及学生方面的任何独立的发现，学习者只需要把呈现出来的材料（如无意义音节或配对形容词；一首诗或几何定理）加以内化或组织，以便在将来某个时候可以利用它或把它再现出来。发现学习的基本特点则是要学的主要内容不是由教师传递的，而是由学习者自己去发现。可见，前者主要是依靠教师发挥主导作用，并通过“传递—接受”教学方式（奥苏伯尔简称之为“接受学习”）来实现；后者则主要是依靠学生发挥认知主体作用，并通过“自主发现”学习方式（奥苏伯尔简称之为“发现学习”或“发现教学法”）来实现。奥苏伯尔认为这两种教学方式都可以有效地实现有意义学习，但他指出发现学习费时太多，不太适合获取大量的信息，因此，他主张学校应主要采用意义接受学习，即由教师将确定的知识传递给学生，内化为学生的认知结构。虽然纯粹语言形式的学习会使学生在理解方面带来一些问题，但只要在讲授中提供各种具体的经验，就可以弥补这方面的不足。

2. “先行组织者”教学策略

奥苏伯尔不仅正确地指出通过“发现学习”和“接受学习”均可实现有意义学习，而且还对如何在这两种教学方式下具体实现有意义学习的教学策略进行了研究，特别是对“传递—接受”教学方式下的教学策略作了更为深入的探索，提出了“先行组织者”教学策略，该研究成果可以称得上是教学论领域的一座丰碑。

所谓先行组织者是指先于学习任务本身呈现的一种引导性材料，它要比原学习任务本身有更高的抽象、概括和包容水平，并且能清晰地与认知结构中原有的观念和新的学习任务关联。奥苏伯尔认为，能促进有意义学习的发生和保持的最有效策略，是利用适当的引导性材料对当前所学新内容加以定向与引导。这类引导性材料与当前所学新内容（新概念、新命题、新知识）之间在包容性、概括性和抽象性等方面应符合认知同化理论要求，即便于建立新、旧知识之间的联系，从而能对新学习内容起固定、吸收作用。这种引导性材料就称为“组织者”。由于这种组织者通常是在介绍当前学习内容之前，用语言文字表述或用适当媒体呈现出来，目的是通过它们的先行表述或呈现帮助学习者确立有意义学习的心向，所以又被称为“先行组织者”。提供先行组织者的目的就是在于用先前学过的材料去解释、融合和联系当前学习任务中的材料。由于原有观念和新观念（即当前学习内容）之间可以有“类属关系”（又分“派生类属”和“相关类属”）、“总括关系”和“并列组合关系”等三种不同关系，所以先行组织者也可以分成三类：

(1) 上位组织者——组织者在包容性和抽象概括程度上均高于当前所学的新内容,即组织者为上位观念,新学习内容为下位观念。新学习内容类属于组织者,二者存在类属关系。

(2) 下位组织者——组织者在包容性和抽象概括程度上均低于当前所学新内容,即组织者为下位观念,新学习内容为上位观念。组织者类属于新学习内容,二者存在总括关系。

(3) 并列组织者——组织者在包容性和抽象概括程度上既不高于、也不低于新学习内容,但二者之间具有某种或某些相关的甚至是共同的属性,这时在组织者与新学习内容之间存在的不是类属或总括关系而是并列组合关系。

由于先行组织者教学策略有认知学习理论作基础,又有很强的可操作性,自1978年奥苏伯尔提出以来,其影响日益扩大,目前,它已成为实现"有意义接受学习"的最有代表性、最具影响力、也是最见实际效果的教学策略之一。

## 二、以教师为中心的教学

### (一) 高效教师的特征

在"以教师为中心"的教学模式中,教师的角色就显得尤为重要。学生学习效果的优劣在很大程度上取决于教师的教学。因此,成为"高效教师"是"以教师为中心"的教学中很关键的一个问题。什么样的教师是高效教师?通常高效教师应该具备以下的特征:

1. 教师的知识

"无水无以成江河,无知不可作教师。""给学生一杯水,教师要有一桶水。"这是过去对教师的要求。当今世界已进入信息时代,"一桶水"已经远远不能满足学生的渴求,作为现代教师,其"知识"结构应该包括以下几项基本内容:(1) 教师从事教育教学要有精湛的专业知识,熟记学科的基本结构和各部分知识之间的联系,了解学科的发展方向和最新研究成果。(2) 现代意义上的教师要避免眼界狭窄、知识结构单一的现象,不仅要在所教学科上"深挖洞",而且要在相关科学文化知识上"广积粮";不仅强调知识的纵深发展,而且要注重知识的广度与横向联系,形成具有综合性、渗透性的知识结构。(3) 教育的对象是活生生的人,每个人有着不同的思想行为,而且又处在不同的发展变化中。作为教师,不仅要有扎实的专业基础和广博的知识,还应该具备较高的教育学和心理学知识,了解教育规律和学生身心发展特点,真正促进学生心灵的发展和人格的成长。

总而言之,现代教师的知识结构既非线性也非平面,而应呈现出类似于"长方体”开放的复合型结构，其中“长”指所教学科专业特长，“宽”指相关科学知识面宽，“高”指现代教育学、心理学素养高。这三方面的内容既相互影响又各自独立，共同作用并形成现代教师的知识容量。

2. 教师的教学表达艺术

教师良好的教学表达能力是提高教学质量和效率的重要保证。教师的教学表达具有多讯道特点，按照教学信息载体的不同，可将教学表达分为以下几种主要讯道：(1) 音声讯道。主要指口头语言及副语言表达。口头语言是最基本的教学表达手段，要求准确、精炼、生动有趣、纯洁文雅、启发思维等。而副语言是指语言的音质、音量、声调、语速、节奏等，它们常常用来辅助词语的表达以便准确表达意义所具备的情感，使教学语言更具表现力。(2) 形符讯道。主要指配合教学语言表达的板书、板画、模型、标本、挂图、表格等。他们一般诉诸学生的视觉，可以调剂由纯语言讲授带来的单调感和疲劳感；由于直观性强，可增强语言的说服力，促进学生的观察和思考。(3) 动姿讯道。主要指由人体本身的动作和姿态来传播教学信息，如眼神、表情、手势、摇头、耸肩、站姿、步态等，可称之为“人体语言”。他们以动态的形象诉诸学生的视觉，具有生动灵活、鲜明真实的特征，易于引起学生的注意，从而使他们获得更多的附加信息量和感情的交流。(4) 时空讯道。主要是近年兴起的“时间学”和“距离学”给我们揭示了时空本身所具有的信息意义。因为教学表达的时间跨度和顺序、师生交往时的空间距离等会影响到表达的情意及效果。(5) 综合讯道。主要指现代化教学手段的使用，像录音机、录像机、幻灯机、教学电影、计算机等，有的综合了各种讯道的优点，有的延伸和增强了教学表达手段，扩大了教学表达的内涵。

总之，教师在具备完善的知识结构基础上，应该注意教学的形式，尽量根据教学内容、学生心理特点和个人教学风格对教学进行有效组织，使自己的教学科学化、艺术化、现代化、人文化，使学生在有限的时间获得准确、清晰、系统的知识，实现人格的健康、快乐发展。

3. 教师的态度

教师的态度主要指教师对学生的态度，也包括教师对工作的态度、对生活的态度以及相关的心理品质和人格特性。正所谓“态度决定一切”，教师以什么样的态度面对学生，决定着学生的成长；以什么样的态度对待工作，决定着工作的成败。

美国教育心理学家古诺特博士曾深情地说：“在经历了若干年的教师工作之后，我得到了一个令人惶恐的结论：教育的成功和失败，‘我’是决定性因素。我个人采用的方法和每天的情绪是造成学习气氛和情境的主因。身为老师，我具有极大的力量，能够让孩子们活得愉快或悲惨，我可以是制造痛苦的工具也可以是启发灵感的媒介，我能让人丢脸也能叫人开心，能伤人也能救人。”

教育心理学的一些研究也表明教师的态度有时会对学生的发展造成关键性影响，其中最著名的就是教育心理学家罗森塔尔的“期望效应”研究。1968 年他和雅各布森(A. Jacobson)教授带着一个实验小组走进一所普通的小学，对校长和教师说明要对学生进行“发展潜力”的测验。他们在 6 个年级的 18 个班里随机抽取了部分学生，然后把名单提供给任课老师，并郑重告诉他们，名单中的这些学生是学校中最有发展潜能的学生，并再三嘱托教师在不告诉学生本人的情况下注意长期观察。8 个月后，当他们回到该小学时，惊喜地发现，名单上的学生不但在学习成绩和智力表现上均有明显进步，而且在兴趣、品行、师生关系等方面也都有了很大的变化。学生还是这些学生，教师还是原来的教师，发生转变的是教师对学生的态度，当对学生抱有“期望”时，就是这些教师的较高期望在 8 个月中发挥了神奇的暗示作用。这些学生在接受了教师渗透在教育教学过程中的积极信息之后，会按照教师的期望来重新塑造自我形象，调整自己的角色意识与角色行为，激发自己的潜能，从而产生了神奇的“期望效应”。期望效应说明教师对学生抱有积极态度对学生的发展具有重要意义。

反之，教师对学生的不良态度被认为是对学生的“心灵施暴”或“心理虐待”：施暴和虐待有的是有形的，有的则是无形的。所谓有形的是指教师直接用语言、手势、强烈的脸部表情等，来嘲笑、侮辱学生，使之受到伤害；而无形的则更可怕、更隐蔽。国外有的心理学家称之为“看不见的灾难”。其主要形式有：(1) 支配。教师在教学中不尊重学生的独立人格，随意支配、吆喝学生，从而使学生的自尊心、自信心受到伤害，心理得不到健康的发展，甚至生理发育也会受到阻碍。(2) 冷漠。教师对学生缺乏热情，不为学生的成绩和进步而高兴，也不为学生的失败而难过。学生感到与教师形同路人，这种陌生感大大减低了学生的学习热情和乐趣。(3) 贬低。这是一种糟糕透顶的心灵施暴，它大大地抹煞了学生的存在价值。对于性格外向的学生，这尤其是残酷的打击。

总之，教师应该尊重学生、理解学生、热爱学生、激励学生，努力建构民主、平等、和谐、融洽的新型师生关系，促进学生的健康和谐发展。

## 教师的能力构成

克鲁捷茨基(B. Bruzetsky)用最概括的形式说明了教师的九种能力,他的定义内容如下:

1. 教学能力:把教学材料变得通俗易懂,并且传递给学生的能力。教师所叙述的材料或者问题清楚而明白,能引起学生对课程的兴趣;会激发学生进行积极、独立的思考。

2. 科研能力:与科学研究要求相符的能力。有能力的教师不仅精通所教授的学科课程,而且在更广阔的领域内能对该学科有更深刻的理解;不断关注科学本身的发现;非常自如地掌握教学材料,即使从事非常一般的研究工作,也表现出对科学浓厚的兴趣。

3. 感知能力:深入学生、受教育者内心世界的能力;心理的洞察力。这种能力对学生的个性及其当下的心理状态有敏锐的理解,能根据学生特征采取相应措施。突出的表现,就能觉察到他内心的微妙变化。

4. 言语能力:借助言语,包括肢体语言,清楚和准确地表达自己的思想和感受的能力。

5. 组织能力:这种能力包括,第一,组织学生集体,使学生紧密团结在一起,鼓励他们完成重要任务的能力;第二,正确管理统筹工作的能力。整合工作要求,提出正确的计划并且进行自我检查。

6. 权威能力:使用情绪意志影响学生的能力,同时以此为基础增加自己的威信。

7. 交往能力:具体指与儿童交往的能力。对待学生的正确态度;根据教学的目标、师生相互之间的关系,安排必要而恰当的教育节奏。

8. 教育想象力(或预测力):教师能够预见自己活动的后果;针对学生的个体进行教育设计,这种教育设计与教师对学生未来的期望有关;能预测学生这种或那种品质的发展。

9. 同一时间把注意力分配到几种活动上的能力。具有这种能力的教师会注意留心陈述材料的内容和形式;留心自己(或学生)的思想表达过程,并且注意控制全体学生注意的范围;对学生感到疲劳、不注意、不理解的征兆有敏锐的反应;对一切影响课堂纪律的细节有觉察,并且能注意到自身的行为(姿态、面部表情和体态、步态)对学生的影响等。

综上所述,教师的能力,从内容本身来讲,不仅包括许多个性品质,而且还要通过一定的活动、技能显露出来。即在一定的教师活动(技能)中综合运用各项技能的能力。

引自:【俄】伊·阿·季姆娜娅著.杜岩岩译.教育心理学.教育科学出版社2008年版,第99-100页。

(二) 教师为中心的教学策略

教师为中心的教学往往由以下环节构成：

1. 直接教学

直接教学又称显性教学，是指掌握基本的技能、事实和信息的系统教学。有研究表明直接教学在基本技能领域——结构清晰的知识和核心技能的教学中效果最好，如科学事实、数学计算、阅读词汇和语法规则。这些领域的特点是任务确定而明晰、允许按照既定的步骤来教授、可以采用标准化测验来考察等等。而诸如创造性地写作、复杂问题解决以及情绪情感等内容则不适合采用直接教学的方法。

直接教学的特征是：(1) 教师的课堂管理特别有效，学生很少出现干扰行为；(2) 教师非常关注教学，能有效地利用教学时间开始和推动学生的学习活动；(3) 教师确信如果能够做到以下几点，更多的学生将会取得更大的学习进步：仔细地选择恰当的任务；清晰地陈述学科信息和解决问题策略；持续地诊断每个学生的学习困难，发现学生的进步；在复习巩固中提供有效的帮助。

为了使直接教学更有效，应注意：(1) 认真组织课程，例如：提供课程目标；课程开始时，先在黑板上写一个简短的提纲，或者与学生一起制订一个提纲；如果可能，将讲解分解成清楚的步骤或阶段；进行阶段性的复习。(2) 预期和计划课程的难点部分，例如：课程开始时给学生提供一个清晰的导言，告诉学生他们将要学习什么和怎么学习；做练习并预期学生会出现的问题；为新学期做充分的准备，为概念教学多准备几个相关的例子；准备一些类比材料，使观点更容易理解；按照逻辑顺序组织课，包括口头和书面问题的卡片或学生能听懂解释的问题。(3) 努力解释清楚，例如：避免不清楚的词和模棱两可的短语，如“某些”、“不知何故”“大多数”“我猜”等；用具体的名字代替“它”“它们”和“事情”这样一些词；避免使用“你知道”“像”这样的词；在几种水平上对观点进行解释，使所有的学生，而不仅仅是最聪明的学生能够理解；一次只关注一个观点，避免离题。(4) 使用解释性的连接词，如“因为”“如果……那么”或“因此”等。(5) 使用过渡性的短语或采用过渡性的信号，从一个主题转到另一个主题。一些过渡性的短语，如“下一部分”“现在我们将转到”“第二步是”等；过渡性的信号，如概括主题、列出关键点、在黑板上画概念图或使用多媒体等。(6) 把对学科和这节课的热情传达给学生，例如：告诉学生这节课的重要性(应该有比“这些要考试”更好的理由，要强调学习本身的价值)；保证与学生有目光接触；说话时变化速度和音量，遇到重点的问题稍加停顿以示强调。

有充分的证据表明，直接教学和解释能够使学生积极学习而不是消极学习。对年龄较小以及知识储备较少的学习者而言，完全自己控制学习会因为缺少教师的指导而导致所学的知识缺乏系统性。没有指导，学生建构的理解可能是不完整的或者是有误解的。深层理解和流畅的操作——不论在阅读、舞蹈或数学问题的理解和解决等各个方面——都需要专业示范和有反馈的大量练习支持。研究者指出，有反馈的指导和独立练习是直接教学模型的核心。

2. 课堂作业和家庭作业

除了课堂教学以外，课堂作业和家庭作业应该成为学生学习的必要补充。课堂作业应该是教师授课结束之后布置的，目的是让学生在教师的监控下进行练习，巩固加深课堂所学的知识。课堂作业应该与教学目标相吻合；教师事前应提供一定的示范；课堂作业应该是简单的，学生可以独立完成，而且成功率应该很高；学生在作业期间，教师随时提供帮助与指导，了解学生掌握知识的情况，并根据作业情况及时总结反馈，查漏补缺。

与课堂作业相比，认真按时完成家庭作业的意义更为丰富。教育者对家庭作业的研究持续了75年之久，教育研究家哈里斯·古柏认为，不同年级的家庭作业应有不同的目的及对待家庭作业的态度。低年级学生主要通过家庭作业培养积极的学习态度、良好的学习习惯和品格。高年级学生则要通过家庭作业促进知识的习得和技能的强化。一些创造性的作业还可以发展学生的智力和创造力。孩子一旦能自觉做好家庭作业，对于他今后事业的成功发展远比我们的想象要大。对于家长来说，家长检查作业的同时，也是一个及时了解孩子学习动态的过程，还是亲子交流的过程。对于老师来说，老师检查作业，就可以透过作业反馈教情、学情，对教师调整教学方式、内容和手段起到了重要的作用。

总之，课外作业是对课堂教学的有效延伸，是知识的巩固和深化，是学生课外学习的重要手段。研究小组就如何布置家庭作业提出很多建议，其中包括：(1) 家庭作业一定要有必做部分。对于必做的家庭作业完成有困难的学生应提供补偿教育机会。(2) 家庭作业一定要有选做部分，充分满足不同学生的不同学习需求。(3) 所有家庭作业都必须规范批改，以作为诊断学生学习问题和实施个别化教育的依据。(4) 家庭作业中涉及的内容都应在正式上课之前或之后出现，对课堂教学内容构成有益的补充。(5) 家庭作业不应被用来传授复杂的技能，而应该关注简单的技能或整合已掌握的各种技能。(6) 学校不应过多地向家长强加指导家庭作业的责任，家长要做的是营造能够促进孩子独立学习的氛围和环境。

3. 有效的课堂提问

有效的课堂提问是指从学生的学习兴趣，生活经验和认知水平出发，通过体验、实践、参与、合作与交流的学习方式和任务型教学的途径，发展学生的综合语言运用能力而设置的极富思维力度的“问”。这种“问”，能促进全体学生积极思考，激活课堂，集中学生的注意，培养学生的多种能力，调节学生的情绪，提高学生的智力水平。提问这个模式包括开始（教师问问题）、回答（学生回答）、反应（表扬、纠正、探询或扩展）亦称指引—响应—评价模式。这几个步骤往往是循环进行。

要使课堂提问有效必须处理好以下几个方面：

（1）精心设计问题。

教师设计的问题应包括：① 导入提问。单刀直入，简明扼要。这类问题的目标定位在能激发学生学习兴趣，引导学生预测联想。能够使学生的注意力由课间迅速转移到课堂上来，且问题不难回答，他们都会跃跃欲试。这有利于营造良好的课堂开局。② 应用提问。目标定位在培养学生的交际能力和合作学习能力。教师可以围绕某个话题设计多个应用性提问让学生开展讨论。学生通过讨论后，他们就会获得丰富的知识。然后再进行其它形式的训练，质量就会有很大提高。③ 记忆归纳提问。这类提问，目标应当定位在培养学生的抽象能力和速记能力。设计归纳性的问题，能帮助学生迅速领会记取文章的大意，抽取出文章的关键信息，并用自己的话表达答案。④ 综合提问。这类提问的目标定位在培养学生的语言综合运用能力和书面表达能力。

（2）变换提问方式。

在课堂教学中，教师常用的就是“一问一答”式。这种方式的主要优点是针对性强，但未免单调，学生处于被动应答的地位，不利于他们生动活泼地发展。在实践中，对提问的方式进行一些变革，注意变换提问的角度和方式，主要包括：① 学生提问、学生问答。这样做，能促进全体学生在课堂上积极动脑，发展了学生的思维，有利于展示整体学生的语言个性和思维触角。② 学生提问、教师回答。这样做既能体现师生平等与师生互动，又拉近了师生距离，融洽了师生关系，为接下来的教学作了铺垫。③ 激励式提问。即教师抛出问题，让学生竞赛式抢答。这类问题的优点是能调动学生的学习兴趣与参与热情，使学生注意力高度集中。④ 探究式提问。该类提问的问题想象空间较大，学生不可能马上作答，往往需要经过小组讨论后再回答。探究式提问的优点是发散学生的思维，有利于形成学生之间的交际，培养协作精神。⑤ 紧逼式追问。在探究提问的基础上紧追不放，不断提出阶梯式的问题，由外到内，剥笋式地追问到核心问题。这样的追问可以加深学生对所学内容的思考，培养学生的敏捷思维，课堂气氛完全进入了高潮，等等。当然，提问的方式与教学内容是密切相关的，并与课时阶段小目标紧密相连，教师应根据教学内容灵活地选择提问方式。只有做到因材施“问”，因时施“问”，因文施“问”，才能有效提高课堂效益。

（3）把握提问的策略。

问题的内容要根据学生对教材的认知心理过程，由浅入深、层层深入地设计，尽量符合学生的思维顺序。因此教师在备课过程中，不仅要备教学流程，更要备各环节中的问题设计，尽可能使提问精当、有序、严密。但光有这还不够，在实际施教时，还必须把握提问的时机。

问题提得过早，学生还没有做好准备，就难以引起他们思考；如果提得过晚，对学生来说就失去了思考的价值和兴趣。那么如何把握提问的时机呢？课堂提问的时机应根据学生在学习过程中显示的心理状态来把握，当学生的思维困于一个小天地而无法突围时；当学生受旧知识影响无法顺利实现知识迁移时；当学生似懂非懂，似悟非悟时；当学生有所感悟，跃跃欲试时……这是提问的良机，如果这时抛出精心设计的问题，往往收到意想不到的效果。正如孔子在《论语》中所说："不愤不启，不悱不发"，正是这个道理。有时学生的思维很容易"卡壳"，需要时间思考，组织回答语言也需要时间。这就要留给学生思考的时间，不给时间，学生会放弃思考和发言。所以提问后给予充分的等待，等待后学生回答问题的人数会大增，回答问题的质量也会有相应提高。对学生而言，无论答对也好，答错也罢，教师都要善待每一位答题学生，多给与鼓励性评价。这对答错的学生来说，维护了他们的人格和尊严，不会使他产生自卑感；对答对的学生来说令他们产生一种成功感，再鼓学习动力。

如果说问题是思维的向导的话，那么课堂提问则是交际活动的催化剂。充分利用课堂提问可以有效地促进教学质量的提升。

4. 小组讨论

通过运用小组讨论这一教学策略，能激发学生的内部学习动机，发挥学生的积极性，在课堂中充分体现学生的学习主体性，让学生有效地、自主地学习。

在小组讨论中，教师不占主导地位，学生自己提出问题并回答问题。这使得小组讨论的教学策略有许多优点：（1）允许学生直接参与并有机会参与学习；（2）帮助学生学习清楚地表达自己的观点，评价观点，容忍不同的观点；（3）给学生提供清楚掌握内容的机会，检验他们自己的思维，依照个人兴趣，通过在小组中担任领导角色而承担责任。但同时这也使得小组讨论的教学策略有许多缺点：（1）讨论不可预期并容易跑题；（2）小组成员的参与性参差不齐，若强迫某些成员发表意见，可能就会导致他们变得焦虑。另外，如何确定组中人数也是一个重要的问题。要想让小组讨论发挥最大的作用，就必须优差结合，合理分组。可根据学生的学习成绩、个性特长、已有知识经验等，将学生分为四人或六人一个小组，优、中、差生的比例约为 2∶2∶2，这种由好、中、差三类学生组成的学习小组，有利于同学之间互相交流，相互切磋，相互学习。同时，由于各小组整体实力不相上下，有利于各组之间开展有效的竞争活动，从而最大限度地调动起学生的学习积极性。

## 第二节　以学生为中心的教学

### 一、以学生为中心教学结构的几种教学理论

#### （一）传统的理论

考察西方教育发展史不难发现，除了中世纪和赫尔巴特时代之外，西方教育史基本上是一部“以学生为中心”的历史，“以学生为中心”的教育观贯穿西方教育发展的始终。

古希腊哲学家苏格拉底就认为，真理存在于每个人的心灵中，但并不是所有人都能发现自己身上的真理，教师的任务就是要帮助人们去发现自己内心的真理，具体做法是教师并不直截了当地把现成的知识传授给学生，而是通过诘问、辩论等方法来揭示学生认识中的矛盾，让学生认识到自己回答的荒谬、错误之处，引导学生自己得出正确答案。在这里，教师充当了“精神产婆”，学生是真正的“精神产妇”，这就是历史上著名的“精神产婆术”。

中世纪，宗教统治了整个社会，科学成了宗教的奴婢，教育成了宗教的附庸。当时的教育不顾儿童的天性，强迫儿童记背宗教教义，违反了儿童的天性，干涉和限制儿童的自由发展，是一种反自然的教育。文艺复兴运动打出了“回到古希腊去”的口号，把人们从对神的崇拜重新拉回到对人的重视上来，高扬人的价值和尊严；在教育中，重提教育应该遵循儿童的天性。其中，比较有代表性的是18世纪法国启蒙主义思想家卢梭、瑞士教育家裴斯泰洛齐、德国教育家福禄贝尔等人，他们都崇尚“自然”和“自由”的教育，主张教育应该追随儿童的天性，要按照儿童自然发展的要求和顺序进行教育，以使儿童内在的各种天赋的力量得到发展。至此，“以学生为中心”的教育观已渐显轮廓。

19世纪，赫尔巴特的教学理论统治西方教育界。赫氏理论强调教师的权威，不顾儿童的心理特点，从“上面”或“外面”对儿童施行强迫教育，让他们去学习成人的经验，压制儿童的个性，无视儿童“内在”的本能和倾向，教育成了一种“外来的压力”。20世纪初，美国教育家杜威第一次明确提出“儿童中心主义”，他在《学校与社会》中一针见血地指出了传统教育的缺陷：“学校的重心是在儿童之外，在教师、在教科书以及在其他你所高兴的任何地方，唯独不在儿童自己即时的本能和活动之中。”杜威认为，现代教育应“以儿童为中心”，“现在我们教育

中将引起的改变是重心的转移。这是一种变革,这是一种革命,这是和哥白尼把天文学的中心从地球转到太阳一样的那种革命。在这里,儿童变成了太阳,而教育的一切措施则围绕着他们转动,儿童是中心,教育的措施便围绕他们而组织起来。""以学生为中心"是杜威(J. Dewey)进步主义教育思想的核心内涵。受美国进步主义教育影响,欧洲掀起了一场"新教育"运动。"新教育"突出学生的地位和作用,认为教育应该使儿童得到自由的发展,使"20世纪成为儿童的世纪"。

20世纪中叶,人本主义的心理学家罗杰斯(C. Rogers)继承了杜威的"儿童中心主义"思想,提出了"以学生为中心"的教育思想。他反对教师对学生有任何人为的制约,提倡"非指导性教学",认为教学是一个学生的良好人际关系中的一种体验过程,它没有既定的教学目的,只是通过学生自己产生与解决问题来达到对经验意义的理解,从而有效地影响自己的行为。罗杰斯注重人道性、支持性、建设性的课堂气氛。他坚信,对教学而言,良好的师生关系和课堂气氛比任何方法和技术更重要。他一再强调:"我们不能直接地教授他人;我们只能使他人的学习得以容易地展开。"他建议使用"协作者"或"促进者"这一术语,以强调教师的作用在于创造一种有助于学习的环境条件,而不是控制整个教学。

综上所述,从西方教育发展的历程中可以清晰地发现"以学生为中心"的轮廓和轨迹,随着时代发展,心理学家对人类学习过程和认知规律研究不断深入,尤其近年来,互联网、人工智能,特别是大语言模型(例如,ChatGPT)等技术的迅猛发展,为"以学生为中心"的教学提供了技术支持,给教育心理学带来了革命性的变化。在这种形势下出现了一些新的教学理论,譬如建构主义学习理论,混合学习理论等,下面将这对两种理论做概要阐述。

### (二) 建构主义教学理论

建构主义的教学思想主要体现在:

1. 建构主义知识观

建构主义认为,知识不是对客观现实的"反映"或准确表征,而是主体的经验、解释和假设,即是一种"建构";人们知识的形成是主动建构产生的,而不是被动接受的;知识是个体与他人经由磋商并达成一致的社会建构。建构主义知识观是从个体知识发生的角度对知识生产、发生的一种概括和说明,否认绝对真理观,强调个体在获得知识过程中人的主观作用,这对教学的意义是深刻而重要的,这是教师促进学生思考、尊重学生对问题的个人理解、保护学生好奇心、探索行动的认识前提或者说是知识论基础。从这一方面来说,建构主义知识观是认识论上的一次真正的革命。

2. 建构主义学习观

建构主义认为,学习不是由教师把知识简单地传递给学生,而是由学生自己积极主动建构知识的过程。具体讲，是学习者在一定的情境即社会文化背景下，借助其他人(包括教师和学习伙伴)的帮助，利用必要的学习资料，通过意义建构的方式进行。在这一过程中，学生是信息加工的主体、是意义的主动建构者，而不是外部刺激的被动接受者和被灌输的对象。学生要成为意义的主动建构者，要求学生在学习过程中从以下几个方面发挥主体作用：(1) 要用探索法、发现法去建构知识的意义；(2) 在建构意义过程中要求学生主动去搜集并分析有关的信息和资料，对所学习的问题要提出各种假设并努力加以验证；(3) 要把当前学习内容所反映的事物尽量和自己已经知道的事物相联系，并对这种联系加以认真的思考。学习就是在原有的知识体系中通过不断的积极实践，建构自己的新的知识和经验，是新旧经验之间的双向的相互作用过程。

3. 建构主义教学观

建构主义的知识观与教学观决定了教师在教学过程中必须摒弃以教师为中心、强调知识传授、把学生当作知识灌输对象的传统教学模式，而要采用以学生为中心的全新的教学模式。建构主义的教学观主张"以学生为中心，在整个教学过程中由教师起组织者、指导者、帮助者和促进者的作用，利用情境、协作、会话等学习环境要素充分发挥学生的主动性、积极性和首创精神，最终达到使学生有效地实现对当前所学知识的意义建构的目的"。在这一基本教学观的思想基础之上，建构主义还提出了一些具体的教学模式，如情境教学、抛锚式教学、随机通达教学法、支架式教学等。这些教学模式虽然强调的侧重点或具体的教学方式不同，但都强调学生是认知活动的主体，是意义建构的主体；教师要从知识的传授者与灌输者转变为教学过程的组织者、指导者、意义建构的帮助者、促进者；教材所提供的知识不再是教师传授的内容，而是学生主动建构意义的对象；媒体也不再是帮助教师传授知识的手段、方法，而是用来创设情境、进行协作学习和会话交流，即作为学生主动学习、协作式探索的认知工具。显然，在这种场合，教师、学生、教材和媒体等四要素与传统教学相比，各自有完全不同的作用，彼此之间有完全不同的关系。但是这些作用与关系也是非常清楚、非常明确的，因而成为教学活动进程的另外一种稳定结构形式，即建构主义学习环境下的教学模式。

(三) 混合式学习理论

传统的课堂教学是一种师生面对面的学习 face-to-face learning，随着时代发展，一方面，传统的课堂教学已不能满足现代教育的需求；另一方面，计算机的普及和互联网的大众化大大推动了教育教学的变革，新的教育理念与教育方式不断涌现。20 世纪 90 年代末，E-Learning(网络学习或在线学习)在教育领域迅速发展，与传统课堂相比，E-Learning 能够提供丰富的多媒体资源，且没有时间和空间上的限制，学习方式更加灵活、便捷、高效。但单纯的在线学习缺少教师的近距离指导，对于一些自觉性较低、自主学习能力较差的学生学习效果并不理想。鉴于单一的面授学习与在线学习都具有一定的局限性，一种将传统学习与网络学习优势相结合的新型学习方式——混合式学习应运而生。

2004年北京师范大学何克抗教授首次在国内引入混合式学习（blending learning）的概念，并将之简单概述为“混合式学习就是要把传统学习方式的优势同网络化学习的优势结合起来”。李克东教授（2004）认为“混合学习是人们对网络学习进行反思后，出现在教育领域、尤其是教育技术领域较为流行的一个术语，其主要思想是把面对面教学和在线学习两种学习模式整合，以达到降低成本，提高效益的一种教学方式”。可见，混合式学习简单讲就是将线上的网络学习和线下的传统课堂学习结合起来，由此发挥出各自优点的新型的学习形式：

（1）线下学习：即课堂教学，教师将大量的基础理论知识放到线上供学生自主学习，课堂上将课程中重点和难点加以深入的分析和讲解，师生间展开充分的沟通和互动，从而对知识的掌握进行检验，对知识的应用进行拓展，对能力的获得或提升进行设计。这样的课堂不再是单一的灌输知识，学生会更加积极主动地参与到课堂中来。

（2）线上学习：教师将相关教学内容的课件、电子教案以及动画、音频和视频等发布到网上，供学生在线上学习，教学资源灵活、多样，尤其是动画、视频更为直观，有助于学生对相关知识的理解、掌握以及融会贯通，促进理论与实际相联系，培养学生的自主学习和探究能力，并发展学生的高阶思维能力（林广凤，周秋淑，赵海波，2018）。

早期对混合式学习的理解比较简单，更多从技术层面强调线上与线下的结合，该概念也从混合式学习逐步演化成混合式教学。近年来由于疫情及“互联网＋”时代的到来，出现了MOOC、QQ、微信、腾讯会议等各种丰富便捷的网络平台，混合式教学的研究与实践被广泛推进，形成了诸多混合式教学模式（如翻转课堂），人们对混合式教学的理解进一步深化。这个阶段的学者主张混合式教学不是简单的技术混合，而是教学模式与信息手段的深度融合，通过课前导学、自主学习、课堂重难点强化、线上线下学习讨论、专题探究等方式，为学生创造一种高参与度、个性化的学习体验，突出“以学生为中心”的教学与辅导方式的混合。在这种模式中，无论教师、学生、教学模式、课堂组织方式以及教学内容、考核方式都相应发生转向（图10-2所示），具体表现为：（1）教师由课堂的主导者、授课者转变为引导者、协调者；（2）学生由课堂追随者向课堂主角转变；（3）教学模式由纯线下或纯线上教学向混合教学模式转变；（4）课堂组织方式由单向灌输型教学向双向互动型教学模式转变；（5）教学内容从基础内容教学向探究式内容教学转变；（6）考核方式从强调结果向全过程考核型教学转变。

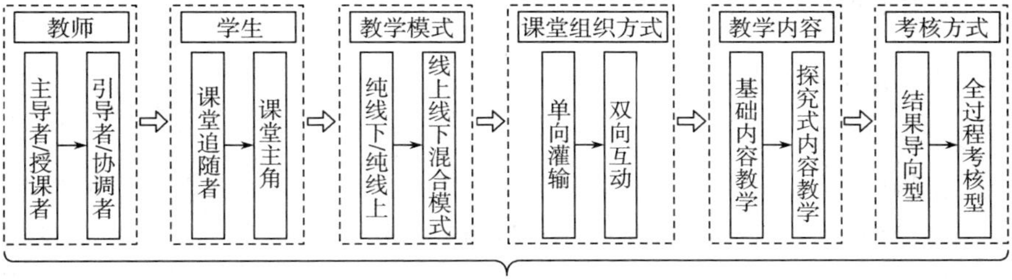


**图 10-2　线上线下混合式教学的基本转向**

引自：黄学锦，廖丹. 混合式教学的挑战和基本转向. 中国技术教育装备，2022(24).

总之，混合式教学结合了传统教学模式和 E－Learning 的优势，既发挥教师在教学过程中的主导性，更凸显了学生作为学习的主体在学习过程中发挥的创造性、主观能动性，最终把学习者的学习由浅到深地引向深度学习。到目前为止，国内外混合式教学经过 20 余年的发展，实施线上线下混合式教学已成为教育界的共识，越来越多国内外专家学者认为混合式学习模式将成为未来教育的必然趋势，将成为课堂教学的“新常态”。

## 教师开展混合式教学需要哪些能力？

到目前为止，专门探讨混合式教学的教师能力模型的研究还不多，国内外学者更多关注在线教学中教师所需要具备的能力模型。然而，很多学者都强调了混合式教学应当有自己独特的教学法，混合式教学的教师不能简单复制传统课堂教学的教学法，而必须具备此类专门的教学法知识和能力，才能成功开展混合式教学。2014 年，iNACOL 发布了一份研究报告，将从事混合式教学的教师具备的能力划分为四个维度，并进一步细化为 12 个具体能力，如表 10-1 所示：

**表 10-1　iNACOL 混合式教学教师能力构架**

| 领域 | 具体能力 |
|---|---|
| 理念 | 对教与学具有前瞻视野、明确教育变革和发展的方向 |
| 素质 | 勇气、透明公开、协作的能力 |
| 适应能力 | 反思、持续改进和创新、沟通能力 |
| 技术能力 | 具备数据思维与实践性能力、教学策略、混合学习经验的管理、应用教学工具的能力 |

引自：冯晓英，王瑞雪，吴怡君. 国内外混合式教学研究现状述评——基于混合式教学的分析框架. 远程教育杂志，2018(036)003.

## 二、以学生为中心的教学

### (一)几种以学生为中心的教学模式

1. 发现学习

发现学习是美国教育心理学家布鲁纳倡导的一种学习方式。布鲁纳认为学习在于形成和发展认知结构,而形成和发展认知结构的过程是一个主动的过程,是在内在动机的推动下,根据已有经验对新知识加以选择、转换、储存和应用。所以,不论是掌握一个概念,还是解决一个问题,都是学习者主动参与的过程。为此,布鲁纳提出了发现学习理论。

布鲁纳指出,发现学习可分为独立发现学习和指导发现学习。独立发现学习性质上与科学家的科学研究相同,在课堂教学中很少见。指导发现学习指学生运用教师提供的、按发现过程编制的教材或材料进行的自我研究、探索。发现学习一般有两个步骤:依据所获得的感性材料,借助推理和直觉引起思维活动,提出试探性的假设;用更多的感性材料对试探性的假设作检验。若试探性假设被证实,假设就被维持。

在发现学习中,布鲁纳认为教师应该注意以下几个方面:(1) 鼓励儿童积极思考和探索,强调学生的内在动机。发现学习以儿童为主体,教师应该鼓励儿童说:"让我运用自己的头脑想想看""让我设身处地试试",培养进行思考的习惯和学习兴趣,运用自己的能力去思考问题并获得成功。(2) 注意新旧知识的相容性。发现学习要求儿童能够认识新知识与旧知识之间的联系,并把新知识纳入自己已有的学科知识结构,使知识成为自己的。(3) 培养学生运用假设、对照的技能。布鲁纳认为,通过假设的对照,儿童可以更有效地解决问题。(4) 将分析思维和直觉思维结合起来。

在发现学习中,教师的作用在于向学生提供学习问题和材料;引发学生学习动机,激发学生学习兴趣;注意处理好基本知识结构的组织;安排好教学顺序;促进知识的内部转化等。学生则在有限的教师指导下独立思考、组织材料,通过大量探索和试误后自行发现知识、掌握相关原理和原则。

布鲁纳认为,通过发现学习,学生的收益是多方面的,主要作用体现在以下几点:(1) 发现学习能发展学生的智慧潜力;(2)能使外来动机向内在动机转移;(3) 利用发现学习,学生将学会发现的方法;(4) 通过发现学习,能有助于对所学材料保持记忆。

2. 支架式教学

基于建构主义教学原理形成了诸多的教学模式，如情境教学、抛锚式教学、随机通达教学、支架式教学等，囿于篇幅，仅选取支架式教学作为代表进行概要介绍。根据欧共体“远距离教育与训练项目”的有关文件，支架式教学被定义为：“支架式教学应当为学习者建构对知识的理解提供一种概念框架。这种框架中的概念是为发展学习者对问题的进一步理解所需要的，为此，事先要把复杂的学习任务加以分解，以便于把学习者的理解逐步引向深入。”这一教学思想是来源于苏联著名心理学家维果斯基的“最近发展区”理论。维果斯基认为，在儿童智力活动中，对于所要解决的问题和原有能力之间可能存在差异，通过教学，儿童在教师帮助下可以消除这种差异，这个差异就是“最近发展区”。换句话说，最近发展区是指儿童独立解决问题时的实际发展水平（第一个发展水平）和教师指导下解决问题时的潜在发展水平（第二个发展水平）之间的距离。教学可以创造最近发展区，因此教学绝不应消极地适应儿童智力发展的已有水平，而应当走在发展的前面，引导儿童的智力发展。建构主义者正是从维果斯基的思想出发，借用建筑行业中使用的“脚手架”作为上述概念框架的形象化比喻，意指利用上述概念框架作为学习过程中的脚手架。由于这种框架中的概念是为发展学生对问题的进一步理解所需要的，因此该框架应按照学生智力的“最近发展区”来建立，如此可通过这种脚手架的支撑作用或支架作用，不断地把学生的智力从一个水平提升到另一个新的更高水平，真正使教学走在发展的前面。

支架式教学由以下几个环节组成：

(1) 搭脚手架——围绕当前学习主题，按“最近发展区”的要求建立概念框架。

(2) 进入情境——将学生引入一定的问题情境（概念框架中的某个节点）。

(3) 独立探索——让学生独立探索。探索内容包括：确定与给定概念有关的各种属性，并将各种属性按其重要性大小顺序排列。探索开始时要先由教师启发引导（例如演示或介绍理解类似概念的过程），然后让学生自己去分析；探索过程中教师要适时提示，帮助学生沿概念框架逐步攀升。起初的引导、帮助可以多一些，以后逐渐减少——愈来愈多地放手让学生自己探索；最后要争取做到无需教师引导，学生自己能在概念框架中继续攀升。

(4) 协作学习——进行小组协商、讨论。讨论的结果有可能使原来确定的、与当前所学概念有关的属性增加或减少，各种属性的排列次序也可能有所调整，并使原来多种意见相互矛盾且态度纷呈的复杂局面逐渐变得明朗一致起来。在共享集体思维成果的基础上达到对当前所学概念比较全面、正确的理解，即最终完成对所学知识的意义建构。

(5) 效果评价——对学习效果的评价包括学生个人的自我评价和学习小组对个人的学习评价，评价内容包括：① 自主学习能力；② 对小组协作学习所作出的贡献；③ 是否完成对所学知识的意义建构。

3. 翻转课堂

翻转课堂(Flipped classroom/Inverted classroom)，亦称颠倒课堂，是基于混合式教学理念的一种具体的、可实施、可评价的教学模式。翻转课堂最早源于美国，伴随着在线教育浪潮的兴起迅速拓展到全世界，成为一项影响课堂教学的重大变革。2011 年引入我国并开展广泛的研究与实践，短短十余年已呈“燎原之势”，产出大量的成果。

所谓翻转课堂是针对传统课堂的翻转，即将传统课堂中的“先教后学”的模式翻转过来，先让学生在课前通过观看教学视频、查阅资料等进行自主的知识学习，然后在课堂上通过师生答疑、自主探索、合作探究等来完成知识的内化与掌握，从而达到深度学习的一种新型教学模式。与传统的课堂教学相比，翻转课堂表现出如下特点：

**表 10-2　翻转课堂与传统课堂的对比分析表**

| 对比项目 | 翻转课堂 | 传统课堂 |
|---|---|---|
| 教师角色 | 学生学习的指导者、促进者 | 知识与课堂的主宰者 |
| 学生角色 | 主动的学习者和研究者 | 知识的被动接受者 |
| 课堂教学形式 | 课前学习＋课中答疑 | 课堂讲解＋课下作业 |
| 课堂时间分配 | 大部分时间用来探究学习 | 大部分时间用来讲授知识 |
| 课堂教学内容 | 问题探究学习 | 知识讲解和传授 |
| 教学手段的应用 | 自主性学习、合作探究学习 | 知识讲解和传授 |
| 教学评价 | 多维度评价 | 纸质测试 |

引自：张金磊.“翻转课堂”教学模式的关键因素探析.中国远程教育，2013(10)：59－64.

关于如何实施翻转，国内外学者进行了大量的探索与实践，提出了诸多的模式。美国富兰克林学院的塔尔伯特(R. Talbert)经过多年的经验积累，总结了翻转课堂实施的基本结构模型(如图 10-3 所示)。该模式将翻转课堂分为课前与课中两个阶段：课前，学生观看视频，理解基础概念并完成具有针对性的课前练习；课中，先用少量时间对学生进行少量测试，以检验和巩固课前知识传递效果；然后，通过解决疑难问题，促进知识的内化；最后，对所学知识内容进行总结与反馈。

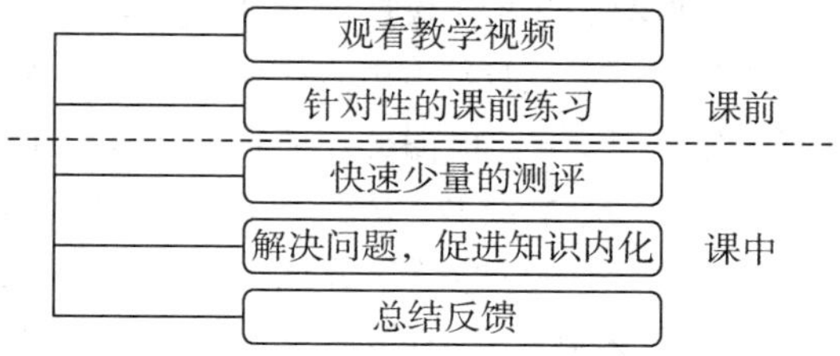


**图 10-3　Robert Talbert 的翻转课堂结构图**

引自：RobertTalbert. Inverting the Linear Algebra Classroom. PRIMUS，2014，24(5)，361-374.

二段论比较简约，后来学者在二段论的基础上又陆续提出三段、四段论等观点，其中三段论相对比较普遍，虽然具体观点略有差异，但基本的框架一致，将教学过程分为课前、课中、课后三个阶段：

（1）课前：从教师的角度，教师需要在课前对教学内容、教学任务、教学目标以及学生的特征等进行分析，并根据分析结果搭建支撑学习的材料资源库，呈现的形式以多媒体课件、文字和视音频材料等为主，或选择合适的网络课程；从学生的角度，需要课前在网络上观看教学视频等资料，完成相应的练习，达到对知识的初步理解，并记录疑问，提出问题。

（2）课中：教师根据学生课前自主学习的情况归纳总结出一些有探究价值的问题，以实际问题为导向，通过问题答疑、设计小组任务，结合实践活动、自主探究、个别辅导、协作学习等多种方式开展教学活动，最终促进学生对知识的内化与深度理解。在这一过程中，学生从传统被动的角色转变为学习的主人，强调学生主动参与的过程体验，真正体现出“学生主体”的教学理念，教师则从说教、传授的角色转变为学生学习的引导者和促进者。

（3）课后：一是要对学生的课堂学习情况进行多维度、多角度的及时点评与反馈，并引导学生对前期学习进行反思与总结，以便查漏补缺；二是提供一定的课后练习，进一步复习巩固所学知识；三是可以提供课外拓展资源，引领有能力的同学进一步迁移、创新与升华，推动学生高效学习的发生。

翻转课堂从根本上打破了“先教后学”“以教师为主体”的传统教育理念，让学生能够在轻松的环境里自由地学习，体现了学生的主体性，有助于培养学生自主学习的意识和能力。

通过对上面“以学生为中心”各种教学思想及教学模式的梳理，大致能够反映出以学生为中心教学的一些基本原则，具体表现为以下几个方面：（1）在教学内容上，以学生为中心的教学方式允许学生在学习内容范围内有多个选择，在选择内容上有较大的自由空间，这样就能激发和调动他们学习的兴趣和自觉性；加深对知识的全面理解；有助于知识之间的联系与迁移。（2）在教师的角色上，以学生为中心的教学方式，把学习的主动权还给学生，教师更多扮演的是学习组织者、促进者、指导者的角色。(3) 在课堂氛围方面，以学生为中心的教学方式中，教室类似一个活跃的工作场所，学生根据分工不同进行着不同活动，充满着学习的喧闹和观点的碰撞，学习是在放松、愉悦、交流与合作的气氛中进行的。(4) 在教学评估方面，以学生为中心的教学方式中，学生在测试前就知道如何测试，能够参与测试标准的制订，在教学中能够不断获得来自教师和同伴的反馈，并有多个机会测试自己的学习成效。(5) 在技术手段上，以学生为中心的教学方式中，尤其混合式教学，可以将线上与线下相结合，在传统教学技术手段的基础上，引入互联网、人工智能等先进的资源、平台与技术，实现了传统教学手段的突破性革命。

(二) 以学生为中心的教学设计

在以学生为中心的教学中，核心是要体现"学生主体、教师主导"关系原则(杨开城，2004)。如何实现这一关系原则呢？需要考虑以下几个问题：

1. 学习者控制的倾向

以学生为中心的教学要求学生能够自主学习，这就要求学生不但要有自主意识，还要有自主学习的能力。但对于自主意识不够、自律能力和学习能力较差的学生，就要发挥教师的主导作用。但需注意的是，主导活动要适可而止。如果发现学生有能力和意识从事自主学习时，就要立即放弃控制，将控制权重新交回到学生的手中。

2. 提供真实或接近真实的学习情境

这里的真实是指要在技能的实际应用环境中去学习技能。这是因为学生的学习过程和学习结果不但要受学生的认知图式、社会文化背景的影响，还会受学习活动所在的学习环境的影响。不同的学习环境会导致学生对知识和技能的不同理解。因此，要想学生学习到能直接应用于实际环境中的知识和技能，就应该在实际应用环境中去学习相应的知识和技能。

3. 提供问题解决类的学习任务

问题解决类的学习任务应既具有挑战性，又会带动一些低级技能的学习。学生会以问题解决为目标，寻找相应的先决技能去学习。当然有时需要教师帮助分析要先学习哪些先决技能。这比常规的先学规则再学问题解决要好得多。因为学生在学习规则时并没有切实感觉到规则的用途，尽管经过学习也能演示规则的使用。

## 如何设计复杂的学习任务？

没有设计合理的综合性的学习任务，学习环境将无法发挥所期望的作用。学生所面对的学习任务应该将多个知识点包含在一起，但不是越难越好。最好能设计一些没有唯一正确答案的问题解决任务。下面的一些问题类型仅供参考：

(1)“假如”的问题，要求学生对一个假设的情境加以思考。可以利用时间、地点、人和物、事件等因素进行假设发问。比如，假设你是北京市长你会怎么办？

(2)“列举”的问题，要求学生列举出符合某一条件或特征的事物或资料，越多越好。比如，你可以利用一枝笔做些什么事情？

(3)“比较”的问题，要求学生找出两个或多个事物或关系间的异同。比如，说说粉笔与铅笔有什么相同点和不同点。

(4)“替代”的问题，要求学生用其他的字词、事物、意义或观念来取代原来的材料中相应的部分。比如，你能为《小兵张嘎》这部电影换个电影名吗？

(5)“除了”的问题，针对原有的资料或答案，鼓励学生突破成规，寻找不同的观念。比如，除了黑板上给出的证明方法外，你还能想出其它的方法吗？

(6)“可能”的问题，要求学生利用联想，推测事物发生或发展的可能性。比如，如果渔民出海捕鱼，可能会遇到哪些危险？

(7)“想象”的问题，要求学生充分运用想象力，描述未来或未发生事物的发生、发展和变化。比如，想想，那个小偷会对警察说些什么？

(8)“组合”的问题，提供学生一些资料(字词、事物、图形等)，要求学生加以排列组合成另外具有意义的材料。当然，提供的资料应该具有相当程序的重组性。比如，请用“天、人、虎”三个字组合成各种不同的句子。

(9)“六 W”的问题，利用 Who(谁)、What(什么)、Why(为什么)、When(什么时候)、Where(哪里)和 How(如何)作为发问的题目。比如，为什么要栽树？最好栽哪种树、在哪栽树最好？

(10)“类推”的问题，利用两项事物、观念或人物的相似之处，类推产生新的观念。比如，飞机不用扇动翅膀就可以飞行，小鸟不扇动翅膀可以飞吗？

引自：杨开城.以学生为中心教学设计的理论、方法与经验浅谈.教育技术通讯，2004，5.

4．提供丰富的学习资源和学习工具

以学生为中心的教学，教师已经不再是主要的广播式信息源。教师的任务已经由广播信息转变为帮助学生接收和理解信息。因此，需要提供给学生其它类型的信息源，比如经特定设计的教科书、视听媒体、计算机软件、基于网络的资源库等。此外，教师应该提供给学生获取信息、保存信息和处理信息的工具。

5．提供足够的支架

支架的功能与脚手架的功能类似，用来帮助学生从较低的认知水平向较高的认知水平发展。具体来说，以学生为中心的学习环境中的支持大致包括：(1) 发展学生达到任务所要求目标的兴趣；(2) 演示所要表现的行为；(3) 通过减少解决问题的步骤以简化任务，使学生能管理某些成分，并认识到什么情况下这些任务能成功地完成；(4) 控制解决问题的沮丧和冒险；(5) 对学生的作业表现和理想解法之间差距的特征作出鉴别以提供反馈；(6) 激发和指引学生的活动，使之足以保证他们对目标继续追求。

6. 开展丰富的人际交流，创设友好民主的教学气氛

人际交流既是教育的一个目标，也是达到认知类目标不可缺少的条件。因此，学习过程中应该加强师生之间、同学之间讨论与协商、沟通与交流，这也有助于创设一种友好民主的教学气氛，提高学生的学习兴趣和创造性水平。

综上所述，以学生为中心的教学设计中，学习动机是前提，学习者控制是关键，资源是后盾，学习任务是核心。

## 第三节　教学的多样性与共同性

### 一、教学的多样性

#### (一) 中西方教学文化的差异

东西方在文化上的差异性，导致两者在教学思维、教学价值、教学行为方面存在着不同的观点：

1. 教学思维文化差异

思维是人脑对客观现实的间接的和概括的反映。它是借助言语实现的、能揭示事物本质特征及内部规律的理性认识过程。心理学研究结果表明，文化对于人们的思维结构有很大的作用。教学思维文化是人们基于一定文化境域思维结构的关于教学的一种认识和反映。

中国传统文化根深蒂固，在教学整体上体现为控制性思维、传递性思维和接受性思维。具体表现为：从教的方面来讲，重视苦教，认为不打不成材，棍棒出孝子，强调教师对学生的控制作用，“教，上所施，下所效”。从学的方面来讲，重视苦学和抽象知识的记忆，学习方式以接受为主，古人所谓“两耳不闻窗外事，一心只读圣贤书”。从评价的方面来讲，古者八股取士，今者应试教育，重视考试的结果，以赢得考试为最终教学目的。于是形成“苦教＋苦学＝考试”的教学思维模式。

西方教学整体上体现为民主性思维、开放性思维、创造性思维和批判性思维。具体表现为：教的方面来讲，重视启发式教学，认为教师的作用在于启发学

生的思维和智慧，引导和帮助学生完成学习任务，提倡师生关系的民主平等；学生的学习以探究学习和活动性学习为主，注重对学生实践操作能力的锻炼和解决问题能力的培养；在评价方面注重学生学习的过程和实践能力的获得及问题解决能力的形成。

东西方教学文化的差异提醒我们，一方面应该对西方教学文化保持开放、借鉴、学习的态度，但另一方面，在引入西方教学理念与教学模式的同时，应该考虑中国的本土文化特色与实际情况，创造出具有本土文化特色、适合中国国情的新型教学理念与教学模式。

### 太极环式翻转课堂模型

受桑新民等(2012)提出的“太极学堂”概念的启发，清华大学信息化技术中心的钟晓流等人(2013)将翻转课堂的理念、中国传统文化中的太极思想与本杰明·布鲁姆(Benjamin Bloom)的认知领域教学目标分类理论相融合，并构建出一个太极环式翻转课堂模型(如图 10-4 所示)。

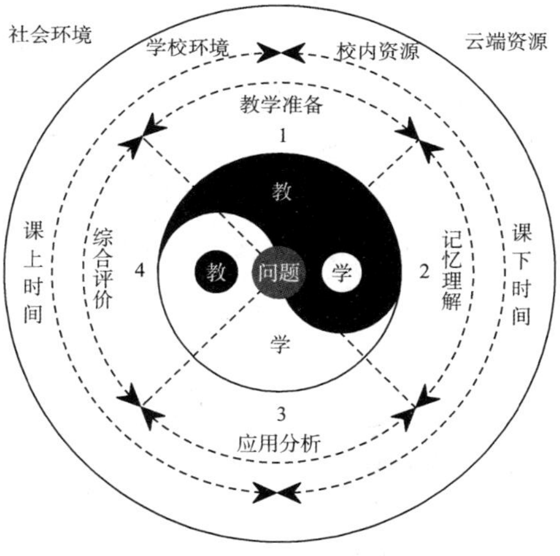


**图 10-4　太极环式翻转课堂模型**

钟晓流认为，在已有的翻转课堂模型中，一般会把学生的学习活动当作主线，把观看教学视频当成起点，这充分体现了以学习者学习为中心的思想和翻转课堂教与学“翻转”的特点，但过分强调“学”而忽略“教”容易从一个极端走入另一个极端。因此，他从中国太极思想中汲取智慧，主张翻转课堂是由教师的“教”和学生的“学”所组成的双边互动过程，该过程由教学准备、记忆理解、应用分析和综合评价等四个阶段组成。此外，模型中还体现了学习环境和学习资源类型的影响作用。

引自：钟晓流，宋述强，焦丽珍. 信息化环境中基于翻转课堂理念的教学设计研究. 开放教育研究，2013(01)，58-64.

2. 教学价值文化差异

教学价值文化就是指一定文化境域的教学所追求的价值取向以及欲实现的教学价值目标。教学不是一种价值中立或价值无涉的纯技术的活动,而是一种价值负载活动。不同群体或主体有不同的价值取向,价值文化是教学文化的核心部分,价值文化对教学的影响表现为通过价值的冲突和调节形成新的权利和利益追求的指向,教学价值不断随同文化的变迁而变迁。中国人学习的目的是为了光宗耀祖;“学而优则仕,仕而优则学。”而西方人认为学习是一种个体生活的体验和需要,是个体完善自己的一种途径,教师的价值在于引导学生进行学习的体验和探究。

3. 教学行为文化差异

教学行为文化是基于一定文化境域的教学主体间所展开的行为互动。教学互动行为的目的是以促进学生的发展为终极目标的,它不同于其他的社会互动行为,这是教学行为文化的最主要特征。不同的文化境域形成了不同的教学行为关系。我国教学行为中表现为教师对于学生行为的控制,参与主体较为单一,学生参与的积极性也不够高,主要以全班互动为主,课堂上具有实质性的师生互动较为缺乏。西方师生关系提倡民主平等,教学行为参与主体多元化、合作化,具体表现为政府、社区、家长、教师、学生的共同参与和合作,在课堂中学生参与积极性高,个体或小组互动频繁,互动实质性较高。行为文化影响着教学的整体形态,是教学实践的文化表现。

(二) 教学的个体差异

个体差异,也称个别差异、个性差异,是指“个人在认识、情感、意志等心理活动过程中表现出来的相对稳定而又不同于他人的心理、生理特点。”它表现在“质”和“量”两个方面,质的差异指心理生理特点的不同及行为方式上的不同,量的差异指发展速度的快慢和发展水平的高低。学生的个体差异具体表现在:(1) 年龄的个体差异;(2) 性别的个体差异;(3) 能力的个体差异;(4) 认知风格的个体差异;(5) 个性方面的差异等几个方面。

今天教学论中所讲的因材施教,就是针对学生的个体差异而言。即要求教师在教学中要从学生实际出发,根据不同对象的具体情况,采取不同的方法,进行不同的教育,使每个学生都能在各自原有的基础上得到充分发展。其基本含义包括三个方面:一是教师要了解和把握学生的个性特点、学习情况和学习能力等方面的差异;二是教师要从学生的实际出发,能针对不同学生的不同情况组织教学;三是教师在教学过程中要面向全体学生,使之得到全面发展,学有所长。

以上可以看出,教学的个体差异的本质和关键在于,教师在教学过程中,要了解、摸清每个学生的个性、需要、优势和弱势及已有的知识基础等,然后从学生的实际出发,采取不同的措施,有的放矢地进行教育、教学。比如,一些研究发现,对有学习障碍的学生和学习差的学生,教师直接的解释、指导和示范(以教师为中心的教学方式)要比鼓励学生自己探索、发现(以学生为中心的教学方式)更加有效;再比如翻转课堂对自主学习能力比较强的学生或者处于中学或大学段的学生积极效应更为明显,但对年龄尚小,知识与能力基础薄弱的小学生或者学习自觉性欠缺的个体,翻转课堂教学则不太适宜。

### 二、教学的共同性

尽管存在批判和争议,但教学还没有一种最好的方法。以教师为中心的教学和以学生为中心的教学各有特色,亦各有利弊。尽管两种课堂教学模式间存在着巨大的差异,但这仅是方式的差异,无论哪种教学,都要以学生的身心发展特点为基础,都要遵循基本的教学规律,都应该最大限度地发挥课堂教学的有效性,以促进学生的最优化发展。在具体的课堂教学中,应该根据不同的目标和学生要求的不同,灵活选用恰当的教学方法。直接的指导有利于学生在成就测验中获得好成绩,而开放的、非常规的方法,如发现学习或调查方法,有利于学生在创造性测验、抽象思维测验和问题解决中取得更好成绩。另外,开放的方法有助于改善学生对学校的态度和好奇心的激发,还有利于学生之间的合作和出勤率。根据这些结论,当教学的目标包括问题解决、创造性培养、理解和掌握学习过程时,直接指导以外的许多方法也是有效的。当学习目标包含情感培养以及问题解决或批判性思维时,教学应该少一些指导。每个学生可能对某些学习目标有时需要直接的、明确的教学,但每个学生也需要体验更开放的、建构主义的、以学生为中心的教学。

## ☞ 回到案例

通过本章内容的学习可以看出,聚奎中学的课堂改革采用的是翻转课堂模式,将线上学习与线下学习相结合,体现了混合式的教学理念,该模式的特色与优势主要体现在:(1) 首先,改变了传统教学中师生的角色地位,把学习的主动权还给学生,让学生从被动接受者转变为学习的主动者、探究者、体验者、合作者,教师则从课堂的绝对权威转变为学生学习的引导者、组织者、协调者。这样一种以学生为中心、教师为主导的教学真正确立了学生的主体地位,可调动学生学习的积极性、主动性与责任感,同时有助于建构教学相长的和谐师生关系。(2) 从教学方式与教学效果方面,改变传统“先教后学”的单一课堂教学模式,将线下与线上教学相结合,从单向灌输型教学向双向互动型教学模式转变,从基础内容教学向探究式内容教学转变,从强调结果向全过程考核型教学转变,不仅传授了知识,更培养了学生的综合能力与素养,大大促进了学生的深度、高效学习以及全面发展。(3) 从教学手段与资源方面,将信息技术纳入课堂教学,一方面使得学习过程可以突破时空的限制,师生之间、生生之间可随时开展互动,学习资料可以反复学习,学习方式更加灵活;另外,通过网络环境可向学生提供形式多样、内容丰富的学习资料,实现优质教育资源的共享,大大丰富学生的学习手段与沉浸体验感,有助于个性化、分层次学习,体现了信息化教学的优势。

但另一方面,翻转课堂存在某些不足或挑战:(1) 教师方面,对教师的综合能力提出了更高的要求。混合式教学或翻转课堂的实施,要求教师不仅具备扎实广博的专业知识,同时还能熟练掌握制作课件、视频等信息技术和网络平台应用技能,以及较高水平的课堂管理能力与课堂组织能力。(2) 从学生的角度,混合式教学对学生的自主学习能力、自觉性、自控力以及信息素养都提出了较高的要求,对于上述能力匮乏的学生,学习的效果可能不增反降。此外,这种学习方式要求学生有更多的时间投入课外学习,如果所有的课程都采用这种方式,会大大增加学生的学习负担,如果不能很好协调,教学效果也会大打折扣。(3) 从硬件设施,无论从学校还是家庭,都要具备基本的信息设备,如网络、计算机硬件与软件等,适用范围有限,对于经济落后地区如偏远农村很难实施,或家庭经济条件受限的学生,会因为硬件设备不足受到较大影响。

## 学术争鸣

<table>
<tr><th colspan="2">在课堂教学中,究竟那一种教学更有效,以教师为中心还是以学生为中心?</th></tr>
<tr><td>**正方观点:支持教师中心**<br>以教师为中心的教学结构的特点是:(1) 教师是知识的传授者,是主动的施教者,并且监控整个教学活动的进程;(2) 学生是知识传授对象,是外部刺激的被动接受者;(3) 教学媒体是辅助教师教的演示工具;(4) 教材是学生的唯一学习内容,是学生知识的主要来源。<br>这种结构的优点是有利于教师主导作用的发挥,便于教师组织、监控整个教学活动进程,便于师生之间的情感交流,因而有利于系统的科学知识的传授,并能充分考虑情感因素在学习过程中的重要作用。</td><td>**反方观点:支持学生中心**<br>以学生为中心的教学结构的特点是:(1) 学生是信息加工的主体,是知识意义的主动建构者;(2) 教师是课堂教学的组织者、指导者,是学生建构意义的帮助者、促进者;(3) 教学媒体是促进学生自主学习的认知工具;(4) 教材不是学生的主要学习内容,通过自主学习学生主要从其它途径(例如:图书馆、资料室及网络等)获取大量知识。<br>这种结构的优点在于强调学生的学习主体作用,让学习成为学生自己的事情,有利于发挥学生的积极性、主动性与创造性,使学生在快乐中学习,在探索中成长,有助于培养学生自信、积极参与、学会合作等良好品格。</td></tr>
</table>

# 小　结

1. 以教师为中心的教学

从十七世纪三十年代捷克的夸美纽斯发表《大教学论》，提出班级授课制度，开创以教师为中心的教学结构以来，经过历代众多教育学家、教育心理学家的努力，使这一领域的研究成果层出不穷。但是真正能作为主要的理论基础对以教师为中心教学结构给以全面支持的应该是二十世纪后半叶教育心理学家奥苏伯尔的教学理论，尤其是他的“有意义接受学习”理论及“先行组织者”教学策略最能体现“以教师为中心”的教学结构。在以教师为中心的教学中，高效的教师是教学质量的保障，一个高效的教师不仅应该具有广博的知识、灵活的教学方式，还要有积极热情的教学态度。以教师为中心的教学通常包括直接教学、课堂作业和家庭作业、有效的课堂提问、小组讨论等环节。

2. 以学生为中心的教学

除了中世纪和赫尔巴特时代之外，西方教育史基本上是一部“以学生为中心”的历史，从古希腊哲学家苏格拉底到近现代的卢梭、裴斯泰洛齐、福禄贝尔、赫尔巴特、罗杰斯等人都从不同方面倡导、支持“以学生为中心”的教学理念。近年来新兴起的建构主义以及混合式学习理论，秉承了西方“以学生为中心”的传统教育理念，在知识观、学习观、教学观等方面提出了许多新颖的观点，并提出了一系列具体的教学模式，如支架式教学、抛锚式教学、翻转课堂教学等，给教育心理学带来了革命性的变化。在以学生为中心的教学设计中应该注意以下问题：学习者控制的倾向、提供真实或接近真实的学习情境、提供问题解决类的学习任务、提供丰富的学习资源和学习工具、提供足够的支架、开展丰富的人际交流、创设友好民主的教学气氛等。

3. 教学的多样性与共同性

东西方文化的差异导致两者在教学思维文化、教学价值文化、教学行为文化等方面存在差异，应该在借鉴西方先进教学理念的基础上构建具有中国特色的教学理论与教学模式。此外，个体差异也是有效教学需要考虑的问题，应该根据学生的具体情况因材施教。以教师为中心的教学和以学生为中心的教学各有特色，亦各有利弊。无论哪种教学，都要以学生的身心发展特点为基础，都要遵循基本的教学规律，都应该最大限度地发挥课堂教学的有效性，以促进学生的最优化发展。

## 思考题

1. 奥苏伯尔的教学理论中哪些思想体现了“教师为中心”的观点？

2. 在教师为中心的教学模式中，高效教师应该具备什么样的特征？

3. 教师为中心的教学主要包括哪些教学环节？每个教学环节应该注意什么问题？

4. 建构主义教学理论是如何体现“学生为中心”的教学理念的？

5. 混合式教学的基本内涵与特点是什么？

6. 介绍几种以学生为中心的具体的教学模式。

7. 设计以学生为中心的教学应该注意哪些问题？

8. 以教师为中心的教学与以学生为中心的教学各有什么特点与优势？如何结合才能最大发挥课堂教学的有效性？

9. 谈谈你对教学的多样性与共同性的理解。

## 进一步阅读文献

1. 郭建鹏. 翻转课堂教学模式：变式与统一. 中国高等教育，2019(6).

2. 何克抗. 从 BlendingLearning 看教育技术理论的新发展. 电化教育研究，2004，25(3).

3. 何克抗. 从“翻转课堂”的本质看“翻转课堂”在我国的未来发展. 理论探讨，2014，(7).

4. 黄学锦，廖丹. 混合式教学的挑战和基本转向. 中国技术教育装备，2022(24).

5. 冯晓英，王瑞雪，吴怡君. 国内外混合式教学研究现状述评——基于混合式教学的分析框架. 远程教育杂志，2018(36)3.

# 第十一章
# 创设有效的学习环境

## ☞ 章节说明

有效的教学离不开良好环境的支持，尤其是课堂环境，对学生学习的影响最大，也最为直接，是有效教学的主要成分，也常常是教师最关心的领域之一。良好课堂环境的创设需要借助于有效的课堂管理，那什么样的课堂才是有效的课堂？课堂管理包括哪些基本环节，应该注意哪些具体问题呢？这是本章第一节要回答的问题。在课堂环境中，有三种具体的学习情境，它们分别是合作、竞争和个人学习，心理学研究表明，其中最佳情境就是合作学习。那什么是合作学习？为什么说它是最佳的学习情境？其优势或意义体现在什么方面？如何实现合作学习呢？这是本章第二节所关注的问题。在讨论完上述两个问题之后，第三节进一步探讨了课堂管理的多样性与共同性问题。文化、种族、年龄、性别等因素使得课堂管理呈现出多样性，但无论哪种课堂管理方式，它们的根本目标应该都是一致的，都是服务于有效的教学，另外在一些管理的具体方法上也是通用的。

## ☞ 案 例

王莹去年刚从大学毕业，被分配到一所初中教初一语文并负责一个班的班主任工作。第一次做老师，没有经验，带的又是一个新班，王莹心里很没底。但对教育的热爱使她满怀激情，对未来充满憧憬。除了认真备课之外，她还精心地装饰了教室，在教室的墙上挂满了青少年喜欢的一些图片。课堂上，她虽然准备了很多材料，讲得也很用心，但发现学生的兴趣似乎并不很高，有的学生上课时明显不在状态，有的时不时瞄一眼教室墙上的装饰画，有的在她讲课的过程中在下面窃窃私语，甚至有几个比较调皮的学生会故意捣乱。为了严肃课堂纪律，她常常停下正在讲解的内容，批评这些不守纪律的同学，但效果并不明显，正常的教学内容经常讲不完，学生也有很多的不满，一个学期下来，王莹有些焦头烂额了。

王莹遇到的问题是许多老师尤其是缺乏教学经验的新教师经常遇到的问题，学习完本章的内容后，你对王莹老师在课堂管理方面有什么好的建议？

## 第一节　课堂管理

### 一、什么是有效的学习环境

学生的学习是在一定的环境里展开的，有效的学习离不开良好的学习环境。学习环境可以从不同的层次与水平上加以理解：从广义上讲，学习环境可以包括课堂环境、班级环境（如班级的规模、班风、班级凝聚力等）、学校环境（如校舍、师资、校风等）、家庭环境（如父母的文化水平、教养方式、家庭关系等），甚至是社会环境。相对其它环境而言，教育心理学更多关注的是微观环境——课堂。因为课堂是执行教学任务、实现教育目标的主要场所，对学生的学习影响更大，也更为直接。因此，本章重点探讨的是如何创设有效的课堂环境，即课堂管理问题。对学生学习而言，什么样的课堂才是有效的课堂呢？或者说，有效的课堂管理应该实现哪些目标呢？

（一）有效利用教学时间

1. 教学时间的划分

课堂管理的一个重要的目标是尽量争取时间用于学习。学生所花的学习时间越多，通常学习成绩越好。当然学习时间资源并不是无限的，因此我们有必要为学生在所规定的教学时间里争取更多的学习时间。教学时间可以分为四个层次：(1) 分配时间，就是教师为某一特定的学科课程设计的时间，这由课表所决定。(2) 教学时间，是在完成常规管理以及管理任务（如记考勤、处理课堂行为问题等）之后所剩的用于教学的时间。(3) 投入时间，也称为专注于功课的时间，属于教学时间。它是学生实际上积极投入学习或专注于学习的时间。(4) 学业学习时间，属于投入时间，指学生以高度的成功率完成学业功课所花的时间。它们之间的关系如下图所示：

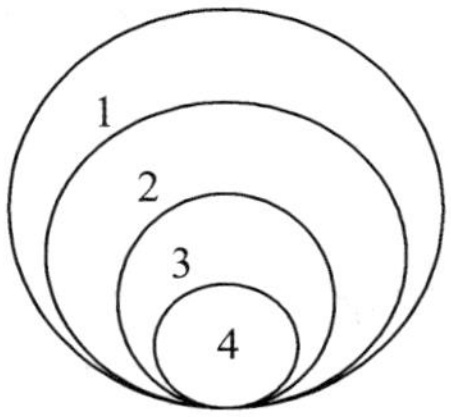


**图 11-1　教学时间之间的关系(1. 分配时间;2. 教学时间;3. 投入时间;4. 学业学习时间)**

对于某些学生来说,学业学习时间大大少于分配时间。许多研究表明,学生课堂学习时间的质量,如投入时间和学业学习时间,与他们的成绩呈明显的正相关。分配给教学的时间并不如学生投入学习的时间以及完成学习的成功率那么关键。因此,如何最大效度利用好分配时间就十分重要。

2. 有效利用分配的时间进行教学

课堂管理的一个很重要的目标就是使分配的时间达到效益最大化,其方法主要有:(1) 避免浪费时间。教学时间损失有时是难免的,如进行标准化考试或遇到恶劣的雨雪天气等,但应该尽量避免教学时间的损失。(2) 避免迟到和早退。由于教师没有按时上课,可观的教学时间就丧失了。按时上课对于营造一种紧凑、目的明确的课堂氛围非常重要。同样,教师如果提前结束教学同样会产生消极作用。(3) 防止干扰。一些意外情况,学生恶作剧、外界的干扰等不仅占用了教学时间,也中断了课堂教学的连续性,分散了学生对手头任务的注意。(4) 合理处理日常事务。一些教师把太多的时间用于处理课堂上出现的琐碎事务,如点名,这样就浪费了大量的教学时间。(5) 减少维持课堂纪律的时间。尽可能不要因为维持课堂纪律而打断正常的教学进程。

3. 有效利用投入时间

和分配时间相比,投入时间对于学生的发展有至关重要的作用。有效地利用投入时间主要有以下策略:(1) 增加参与。增加学生投入时间的最好途径就是教非常有趣、有参与性、与学生的兴趣有关的课程,吸引学生的注意力,增加学生的参与性。(2) 保持动量。动量是指避免打断或放慢,实际上就是我们平时所说的紧凑,上课时保持动量是学生高度参与的关键。(3) 保持教学的流畅性。流畅性是指不断地注意教学意义的连续性。流畅的教学从一个活动转向另一活动时所花的时间极少,并且能给学生一个注意的信号。(4) 管理过渡。过渡是从一个活动向另一活动的变化,是课堂管理的“缝隙”,课堂秩序最容易打乱。因此管理好过渡,增加教学过程的连续性,是有效利用投入时间的一个重要方面。(5) 上课时维持团体的注意焦点。教师可以使用课堂组织策略和提问技术,确保班上所有的学生始终投入课中,即使教师只是叫起一个学生答问时也是如此。

(6) 课堂自习时维持团体的注意力。学生正在课堂自习时，教师要和他们在一起，监督他们。

(二) 争取更多的学生投入学习

课堂管理的有效性不仅强调投入学习的时间，而且强调真正投入课堂学习的人数。但在课堂教学过程中，要想所有学生都参与到课堂学习中并非易事。因此，为了使所有的学生都能顺利投入学习活动中，教师一定要确保每个人都知道如何参与每一项具体的活动，以及活动的规则和期望是什么。同时，教师要想一想这些规则是否适合于每一个学生。

1994 年 6 月 10 日在西班牙萨拉曼卡召开的《世界特殊需要教育大会》上通过了一项宣言，宣言中提出了一种新的教育理念和教育过程——全纳教育。全纳教育的核心精神是要容纳所有学生，反对歧视排斥，促进积极参与，注重集体合作，满足不同需求，是一种没有排斥、没有歧视、没有分类的教育。这种全纳教育反映在课堂教学管理中，主张教师和学生都是教学和学校生活中的主体，都应积极参与和投入到教学过程和学校生活中去。对于有特殊需求的学生，应该提供额外的帮助和支持，根据学生的不同特性，开展多样化的教学，以满足学生的不同需求，最大限度地参与学习。

**表 11-1　全纳教育背景中的学生**

| 针对有特殊需要的学生的计划 | | |
|---|---|---|
| 分类 | 可观察到的特征 | 建议的课堂策略 |
| 有特定认知或学习困难的学生 | 紧跟任务有困难<br>异常活跃、冲动、捣乱等不良行为（在一些学生中）<br>糟糕的时间安排技能或无组织地完成任务的方法 | 学生独立完成任务期间，密切观察学生<br>确保学生理解任务；假如合适，再给他们一些时间完成任务<br>明确所期望的行为，坚持加强课堂规则<br>提示学生留意恰当的行为<br>立即强化（例如表扬）所期望的行为<br>对异常活跃的学生，计划短期活动帮助他们在身体活动（例如，课间、午餐或体育课）之后平静下来<br>对冲动性学生，教他们进行自我教学<br>教学生组织时间和工作的策略（例如，打印日常活动表，将其放在学生的课桌上，给学生提供文件夹便于他们携带任务往返于学校和家庭之间） |

续表

| | | |
|---|---|---|
| 有社交或行为问题的学生 | 频繁出现公开的不良行为,如:闹剧、侵犯、不顺从、破坏或偷窃<br>很难控制冲动<br>环境或日常生活的变化或过多的感官刺激引发不端行为(如自闭症学生)<br>与同学有效地进行相互交流有困难<br>很难紧跟任务<br>易于和教师进行权力斗争(对一些教师而言) | 用具体的语言解释什么行为是被接受的,什么是不被接受的;制订和强化行为规则<br>维护有可预见性的计划表;提前警告学生注意日常生活的变化<br>采用自我调节技术和行为主义方法发展有效的课堂行为<br>教学生社交技能<br>学生独立完成任务期间,密切观察学生<br>使学生对一些课堂有自我决定感;减少强迫手段的使用<br>进一步努力告诉学生你是将他们作为人来关心和看待的 |
| 社交和认知功能发展迟滞的学生 | 偶尔出现破坏课堂的行为<br>依赖他人指导怎样行为<br>当期望明确时,课堂行为就会更恰当 | 制定清楚具体的课堂行为<br>指示学生留意恰当的行为;保持简单的方向<br>采用恰当自我调节技术和行为主义方法发展有效的课堂行为<br>恰当地对学生正在做和还没有做的行为提供具体的反馈信息 |
| 生理或感觉有缺陷的学生 | 不与同学交往(对一些学生来说)<br>像其他学生一样快速完成任务有困难<br>解释口语信息有困难(如果学生有听力障碍) | 在课堂中建立强有力的集体感<br>当合适时,再给学生一些时间完成任务<br>假如有一位或两位学生有听力障碍,那么就将不必要的课堂噪音减少到最小 |
| 认知能力高度发展的学生 | 在容易的任务活动中,一些学生经常由于觉得枯燥而出现偏离任务的行为 | 安排适合于学生认知能力的任务 |

引自:Ormrod,J. E. 著.彭运石等译.教育心理学(下).西安:陕西师范大学出版社,2006 年版,第534 页。

（三）帮助学生实现自我管理

任何班级管理体系的第三个目标都应是帮助学生实现自我管理。如果教师更关注的是学生的服从，那么他们将会占用更多的教学/学习时间来监督和纠正学生。这样会使学生认为学校教学的目的就是为了让他们学会服从，而不是为了让学生获得对知识的深入理解。事实上，比较复杂的学习结构，例如合作学习或基于问题解决的学习，都是以学生的自我管理能力为基础的。仅仅学会服从规则并不能保证这些复杂的学习方式奏效。

目前大多数教育者都认为应该实现从要求学生简单服从规则到帮助学生实现自我管理的转变。通过自我管理，学生形成了责任感——在不侵犯其他人权力和需要的前提下满足自己的需要。学生通过作出选择、处理结果、树立目标及目标等级、管理时间、合作性学习、解决纷争保持和谐状态、与值得信赖的教师和同学建立信任关系等方式，学会自我控制。

如何让学生对自己的课堂行为进行自我管理呢？首先，可以让学生更多地参与课堂规则的制订，提高自主性；其次，引领学生反思制订规则的原因及其不良行为产生的原因，领悟规则对于塑造良好品行的重要意义；再次，给学生机会考虑他们将怎么计划、监视和调节自己的行为，促进规则的内化与自我监控；最后，教师允许学生针对课堂规则提一些必要的修改建议，让规则更加合理完善。

虽然鼓励学生学会自我管理需要投入额外的时间，但毕竟这是一项值得努力的投资。在小学和初中阶段，教师们通常有非常有效的管理体系，但他们常常忽略学生自我管理这样一个重要的教学目标。学生在经历了小学和初中的“良好管理”的班级教育后，通常发现自己在独立工作时会遇到很多困难。

## 二、创设有效学习环境的途径——课堂管理

要想实现有效的课堂环境，离不开教师的课堂管理。所谓课堂管理是指鼓励课堂学习的教师行为和活动。换言之，教师为了有效利用时间、创造愉快的和富有建设性的学习环境以及减少行为问题，而采取某些方法来组织课堂活动、教学、自然环境等诸方面因素，具体可以包括教学管理、时间管理、环境管理、问题行为管理等多方面。

（一）创设良好的物理环境

一开学，教师首先就要遇到课堂的物理环境问题。安排课堂的物理环境是课堂管理的良好开端。师生要在这个课堂环境下学习很长一段时间。“书桌如何安排？”“每个学生的座次如何安排？”“讲台放在何处？”等等，这些问题都需要精心设计，以提供一个最好的环境容许学生有序流动，减少分心并且最佳地利用空间。为此，应注意以下几点：

1. 布置教室

当教师在教室里安装设备，决定各种教学材料和仪器设备放在哪里，思考每一位学生坐在哪里时，教师应该考虑到各种安排可能对学生行为产生的影响。期待的情境是教师能使干扰达到最小，易于与任何学生相互交流，随时全面观察全班。

2. 减少干扰

教师在布置教室时，应尽量考虑把与任务无关的行为出现的可能性减到最小。例如，我们可以建立在互不干扰的情况下允许学生在教室周围走动的交通模式；将激起好奇心的材料放在学生看不见够不着的地方，直到使用它们时再拿出来；安排座位时，将爱闲聊的同学与其他同学保持适当距离，以尽可能减少其闲聊的机会。

3. 使教师和学生之间易于进行互动

理想的是教师应该安置好讲台、桌子和椅子以使教师易于与学生进行互动和交流。坐在教师附近的学生更可能集中注意力、更能与教师相互交流而且很可能会更积极地参与课堂活动。因此，教师应将长期行为不良或注意不集中的学生安排在自己旁边。

4. 观察全班

当教师在进行各种课程和活动的时候，应该要看见全班学生。通过时不时地观察教室内学生困惑、沮丧或烦躁的表情，使教师能在解决重要问题或在问题变得更严重之前发现少数学生的困难和不良行为。

（二）合理地组织教学

教学组织可以说是实现良好课堂管理的核心内容。教学组织得是否合理在很大程度上决定了课堂管理的效果，为此，在教学组织过程中应该注意以下几个问题：

1. 明确教学目标

教学目标是教学的灵魂，支配着教与学的全过程，规定了教与学的方向，它是实施有效教学的核心要求，是课堂教学质量的基本保障。没有目标的教学是盲目的、无序的，也必然是无效的。因此，在精心设计教学活动之前，教师必须要认真钻研大纲，吃透教材，制订出明确的教学目标。在制订教学目标的时候要注意把握教学目标的全面性、层次性、针对性，既要促进学生认知的发展，又要有助于其情感、态度、行为、人格等方面的培养；既要强调知识的识记，还要注重知识的理解与运用；既要考虑面向全体学生，还要针对不同学生的需要。明确了教学目标，教学环节、教学情境的创设就有了依据，才能合理、有序、有效地组织教学，管理课堂，提高效率。

2. 合理组织教学内容

合理地确定和组织教学内容已成为有效教学过程的一个重要问题。虽然教材已经提供了每单元和每节课的基本教学内容，但是教师教学前仍需要深入钻研和领会教材是如何体现教学目标和要求的；合理地确定教学内容的广度和深度；明确教学重点、难点；合理安排教学的顺序以符合学生的认知发展特点，加强知识间的联系，促进知识的系统化和连贯性。

3. 运用恰当的教学方式

在教学中，教师要根据教学内容的需要，选择合适的教学方式，也可以综合运用多种教学方式。但也不能单纯地为了讨论而讨论，为了合作而合作。我们的讨论、合作必须有价值，否则只是流于形式，浪费时间。教学方式的运用非常重要，可以说是一种艺术。运用得当，可以激发学生学习兴趣，提高学习效率，反之则适得其反。

（三）建立课堂规则和程序

在开学之初，与课堂管理有关的第一件事就是确立课堂规则和必要的程序。其中要遵循三条原则：首先，课堂规则和程序的数目不宜过多；其次，课堂规则和程序对学生来说应该是有意义的、公正的；最后，对规则和程序要有清晰的解释，并明确地教给学生。

**有效管理者的六个特征**

1. 有效的管理者有一个清晰、具体的方案来引导学生掌握课堂规则和程序，并且花费必要的时间来执行该方案，直到学生知道如何排队、寻求帮助等等。

2. 有效的管理者最初与全班同学一起活动（即使他们打算以后要对学生分组）。他们始终参与到全班活动中，很少让个别学生处于无事可做或者无监督的状态。例如，有效的管理者很少只与个别学生在一起，除非其他学生都在有效地参与活动（Doyle，1984；Sanford，Evertson，1981）。

3. 有效的管理者在开学之初用更多的时间来介绍程序，讨论课堂规则（经常鼓励学生自己提出规则）。至少在开学初的第一个星期里，这些教师每天会提醒学生注意课堂规则（Weinstein，Mignano，1993）。

4. 有效的管理者教给学生具体的程序。例如，让学生练习快速而安静地排队；让学生学习对一些铃声、闪灯等提醒注意的信号进行反应。

5. 有效的管理者所安排的第一项活动通常是简单却令人愉快的任务。第一堂课的学习材料是精心准备的，清晰呈现而且富有变化。这些教师在开学第一天就能够使学生步入正轨，之后再逐渐地教授他们如何执行具体的学习程序。这些活动不是一天就能完成的，否则会给学生带来过重的负担。

6. 有效的管理者能立刻阻止各种不良行为的发生。

引自：罗伯特·斯莱文著. 吕红梅，姚梅林等译. 教育心理学. 北京：人民邮电出版社，2016 年版，第 274 页.

1. 课堂教学中的规则

规则具体规定了在班级中可以做的和不可以做的事情，它们构成班级生活的可操作系统和不可操作系统。规则通常都是被明确记录并张贴出来的。在制订规则的时候必须考虑清楚的问题是：教师希望形成怎样的班级气氛？学生怎样的行为有利于教学效率的提高？对学生的行为应该有哪些限制以引导他们的行为？

教师制订的规则必须与学校的规则一致，也必须与学习的原则一致。如要求“写的时候不得涂改”的规则会使学生在写作时将注意力集中在不犯错误上，而不是如何更清晰的表达上，这样就是本末倒置，违反了学习原则。另外，囊括了许多具体事项的概括性的规则，好过所有可以做和不可以做的具体条目罗列。但对于某些必须明令禁止的具体行为，如不允许擅自离开校园或禁止在洗手间吸烟等，必须清晰明确地逐条写出来。

**建立课堂规则的指导原则**

规则少优于规则多

课堂规则应该是合理的、可理解的、具有强制性的

提出的规则应该是可观察到的、积极的期望

简明扼要地讲述课堂规则

规则应有灵活性

与学生讨论规则

从一开始就要一贯地强制执行这些规则

考虑让学生参与课堂规则的制订

引自：Fetsco，T. 著. 吴庆麟等译. 教育心理学：课堂决策的整合之路. 上海：上海人民出版社，2008 年版，第 358 页.

制订规则时还要考虑儿童的年龄特征。对于适用于小学的规则，Evertson 和她的同事(2006)列举了四条：(1) 尊重他人，对他人有礼貌。这条规则既适用于学生也适用于成人(包括代课教师)。教师要详细解释“礼貌”的含义，例如有礼貌具体是指按顺序排队、不插队、使用“请”“谢谢”等礼貌用语、不打架、不直呼他人姓名、不辱骂嘲笑他人等。(2) 积极学习并为学习做好准备。这条规则意在引起学生对学习的重视。无论是在开始的时间还是不同科目交替的过程中，学生都应保持积极的学习态度。(3) 他人讲话时要安静的倾听。这条规则适用于大班上课或小组讨论中的所有教师和学生。(4) 遵守学校的所有规则。这条规则意在提醒学生，学校的所有规则同样适用于学生所在的班级，避免了学生在违反了班级规则时以“教师从来没有告知我们这一点”为理由。

对于适用于中学的规则，Evertson 和她的同事(2006)列举了六条：(1) 带齐上课所需的所有物品。教师必须具体说明这些物品可能会包括钢笔、铅笔、纸

张、笔记本、教科书等。(2) 上课铃响后在座位上坐好，准备上课。许多教师将这个规则和课堂开始的标准程序联系在一起。例如在黑板前的热身练习，或要求学生响铃时准备好规定题目的文章。(3) 尊重他人，对他人有礼貌。这条规则包括禁止打架、侮辱他人和制造麻烦。此规则适用于包括教师在内的所有人。(4) 尊重他人的财产所有权。这条规则适用于包括学校、教师和其他学生在内的财产。(5) 当他人说话的时候要安静地坐着倾听。这条规则适用于教师或有其他学生说话的场合。(6) 遵守学校的所有规则。

最后，在制订规则和程序的时候，教师必须考虑到如何处理违反规则的情况。等到规则被破坏的时候才考虑这个问题就太迟了。许多违反规则的结果都是要求学生重新做，直到做正确为止，如不完成作业必须重做，忘记带上课所需材料必须取回，等等。教师需要注意的是无论是奖或惩都应事先制订，让学生明确，这样在他们违反规则时，必须承担相应的后果。

2. 课堂教学中的程序

程序是一个活动的步骤，它描述如何参与课堂活动？如何分发和收集材料和作业？上课铃和下课铃响时学生应当作何反应？怎么确定等级？怎样完成语文、数学等家庭作业、假期作业？以及一些与设备安全等有关的特殊程序。

**建立班级管理程序举例**

确定学生如何进入或离开教室

1. 学生必须知道他们进入教室时该如何做。(如拿出家庭作业并检查等)。

2. 什么条件下可以离开教室？什么时候必须经过允许才能离开教室？

3. 如果迟到了，如何请求教师允许进入教室？

4. 许多教师要求学生坐在座位上并保持安静，直到课堂结束才可以离开教室。下课是以教师的宣布为准，而不是铃声。

教师要确定布置、发放或搜集练习或作业的程序或步骤

1. 有些教师会在黑板上留下特定的一块地方专用于布置作业。有些教师会用彩色粉笔布置作业。要求学生准备好作业记录卡，将“数学练习册、阅读册、科学课工具”等项目用彩色标记会更好。

2. 要让学生了解如何上交作业以及作业交到何处。有的教师设置专用的纸箱来搜集作业；有的教师会在自己介绍下一项活动的同时来指定某一位同学负责搜集作业。

(四) 不良行为的管理

1. 什么是不良行为

不良行为是指任何能潜在地干扰课堂学习和已计划好的课堂活动的行为。一些不良行为相对来说对学生的成绩没有长期的影响。如回头说话、听课时给

同学写字条、在规定的期限过后才交家庭作业等，而有些行为就较严重了，会干扰一些学生的学习和成绩。例如，学生对教师尖叫，打同学或拒绝参与课堂活动，不仅破坏了正常的教学秩序，还可能会威胁到教室里其他学生的身体安全或心理健康。

2. 处理不良行为的策略

作为教师，我们要先想好该怎样应对教室里出现的各种不良行为。处理常规的课堂行为问题时，最重要的原则是：教师应当运用那些能够起作用、但是最简单的干预策略来纠正不适当行为，即最小干预原则。许多研究发现，用在处理学生纪律问题的时间量与学生的学习成绩之间呈负相关。教师处理日常不良行为的主要目标是：有效但不中断正常的教学进程。如果可能的话，在处理任何行为问题时，课堂教学都应该正常进行。下面将列出处理日常不良行为的各种策略，这些策略是从最小中断到最大中断的连续体。

（1）预防。预防是最好的良药。教师要尽量做到以预防为主，以处理为辅。把课堂组织好，不断地密切监视，纪律严明等等都有助于预防问题行为的发生。

（2）非言语线索。许多课堂不良行为，不必中断上课，只用非言语线索就能消除。这些非言语线索包括目光接触、手势、身体靠近和触摸等。和表现不良的学生保持目光接触就能制止其不良行为。例如，有两个同学正交头接耳，教师只需要看看这两个学生或其中的一个就行。走向行为不良的学生也常常能制止其行为。这样做的好处在于不需打断上课，相反，如果口头批评，则会使其他学生停止学习。

（3）表扬与不良行为相反的正确行为。对许多学生来说，表扬是强有力的激励。教师要想减少学生的不良行为，不妨表扬他们所做出的与不良行为相反的正确行为。如果学生常擅自离开座位，教师就要在他们坐在座位上认真学习的时刻表扬他们。

（4）表扬其他学生。表扬别的学生的行为，常会使一个学生做出这一行为。例如，如果张某正在做小动作，这时教师说："我很高兴看到这么多学生都在认真学习，李某做得不错，王某在专心致志……"当张某最后也开始学习后，教师也应当表扬他，不计较他曾走过神，而是一如既往，"我看见赵某，孙某和张某都在全神贯注做功课。"

（5）言语提醒。如果没法使用非言语线索，或者非言语线索不能奏效，那么简单的言语提示，将有助于把学生拉回到学习上来。教师在学生犯规之后要马上给以提示，延缓的提示通常是无效的。

（6）反复提示。在大多数情况下，一个非言语暗示、强化其他学生、给以简单的提示，一般足以消除小小的不良行为。但是，有时学生会有意无视教师的要求或者与教师争吵，或者向教师请求，想以此试一试教师的意志。当一个学生拒绝听从简单的提示，教师就要反复地给以提示，无视任何无关的强求和争吵。

(7) 适当惩罚。当上述所有做法都不能使学生服从明确而合理的要求时，最后一招就是让学生做出选择：要么服从，要么后果自负，教师进行适当的惩罚。如让学生在教室外面站几分钟；剥夺学生的课间休息或某些权利；让学生放学后留下或者请学生家长等。

**奥·勒利等人七条有效且人道的惩罚原则**

1. 有节制的使用惩罚。
2. 让儿童明白为什么要受到惩罚。
3. 给儿童提供一种获得某种积极强化的备选方式。
4. 强化那些与你希望减弱的行为相反的行为(例如，假定你惩罚注意力不集中，那么当学生注意力集中于功课时，也要给予强化)。
5. 绝不使用体罚。
6. 处于愤怒或情绪不佳的状态时，绝不使用惩罚。
7. 惩罚某个行为应该在其出现之初而不是结束之时。

引自：罗伯特·斯莱文著. 吕红梅，姚梅林等译. 教育心理学. 北京：人民邮电出版社，2016 年版，第 282 页.

(五) 混合式教学的课堂管理

计算机的普及与互联网的大众化改变了传统的课堂教学模式，催生了“线上”“线下”相结合的各种混合式教学，如翻转课堂、智慧课堂、电子书包、平板教学等等，虽然名称内涵略有不同，但本质上都是将传统的线下教学与通过网络、信息平台等构建的信息化、智能化、数字化的线上教学的一种结合。这些新型教学模式的出现，让课堂环境变的复杂起来，不仅包括师生面对面的线下课堂环境，还包括线上的学习环境。因此，作为教师，在使用这些新型教学模式的过程中，不仅要进行线下的课堂管理，还要对线上学习环境进行有效管控，从而促进混合教学的资源优化整合，实现高效的教学目标。

**表 11-2 翻转课堂常见问题及解决办法**

| 分类 | 问题特征 | 解决办法 |
| --- | --- | --- |
| 乏味/不投入课堂 | 录像枯燥乏味之外，学生没有老师监督独自在家看录像可能不够专心 | 录像的时间不要过长(不超过 15 分钟)<br>通过多媒体或其它方式制作引起学生兴趣的内容<br>让学生在观看录像时做笔记或回答小问题或是在观看后做一个较短的线上测试也会让其主动投入学习 |

续表

| 分类 | 问题特征 | 解决办法 |
| --- | --- | --- |
| 认为老师是非必需的 | 很多老师认为翻转课堂冲击了其地位并使他们的作用不再那么重要 | 教学不仅仅是知识的传递。翻转的中心是把教学中最难理解最特殊的部分留给师生面对面地进行解决(讨论、提问、演示或其他亲自实践的任务)。录像可以代替老师的讲课方式,但不能代替其互动的丰富性 |
| 学生不观看录像带 | 部分学生可能课前并没有完成这项任务 | 应定期提醒学生为了更好地完成课堂上的任务,做好课前预习是非常重要的 |
| 不是所有的知识都能在线上完成 | 一些复杂的知识和概念不能以同一种方式在录像中进行教授 | 有学者建议不是所有的课程都适合翻转课堂的形式,对一些传统的课堂模式应进行原有的保留。翻转课堂的优势是它可以为特定的课程留出充裕的时间 |
| 这一方法是被动的 | 相对于在课堂上听课,在家看视频更为被动 | 讲课是所有环节中最被动的部分,可通过看视频完成<br>利用课堂时间专注于讨论、提问或者是动手实践可减少学习的被动性,提高学生的学习效率 |
| 资源(科技)的不足 | 如果预算不足,学校可能没有足够的资源区提供教学所需的视频材料 | 翻转课堂不仅仅取决于科技,而且取决于改变教学的有效手段。有很多方式可以在节省预算的同时也能带来很好的效果 |
| 准备教学材料的时间不够充足 | 录视频要花费太多的时间 | 虽然进行翻转课堂确实要花费一定的时间,但是几年之内就可以实现翻转课堂教学模式。此外,对于一些课程,完全可以使用其他教学者录制的视频 |
| 使用他人视频缺乏职业道德精神 | 一些老师认为使用他人的视频和让其他人帮忙工作没什么两样 | 老师都在使用其他人编写的教材和准备的资料。翻转课堂鼓励老师提出建设性的教学方法,鼓励老师与同事或者其他教育机构的老师进行合作 |

引自:刘珏含,薛珊.翻转课堂——创造全纳性学习环境的有效途径.长春理工大学学报(社会科学版),2019(5),40-44.

## 第二节　学习中的合作与协同

课堂管理的目标就是要在有效的时间内，尽可能让所有学生都参与到学习活动中来，并帮助学生实现自我的管理，以实现教学效率的最大化。那什么样的学习情境有助于这一目标的实现呢？心理学研究表明，课堂上有三种学习情境，它们分别是合作、竞争和个人学习，其中最佳情境就是合作学习。合作学习是20个世纪60年代末、70年代初在美国提出的一种新型的课堂教学模式。合作学习的一个重要理论——建构主义心理学认为，理想的学习环境应当包括情境、协作、交流和意义建构四个部分，即在一定的情境中，通过师生之间、学生之间的沟通、交流、协商与合作达到对事物的性质、规律以及事物之间内在联系的较深刻的理解。其中，意义建构是教学的最终目标，创设有利于学习者意义建构的情境是最重要的环节，而交流与协作是实现教学目标的最基本的方式或环节，贯穿于整个学习活动过程中。合作学习的理念一出，极大地推动了教育教学的改革，并获得广泛认可。什么是合作学习？合作学习的优势何在？实现合作学习的途径是什么呢？

### 一、什么是合作学习？

合作学习，又称为协同学习，目前没有一个统一的说法，纵观世界各国合作学习专家对于合作学习概念的认识，合作学习的内涵至少涉及以下几个层面的内容：(1) 合作学习是以小组活动为主体进行的一种教学活动；(2) 合作学习是一种同伴之间的协作互助活动；(3) 合作学习是一种目标导向活动；(4) 合作学习是以各个小组在达成目标过程中的总体成绩为奖励依据的；(5) 合作学习是由教师分配学习任务和控制教学进程的。在此基础上，我们将合作学习表述为以异质小组为基本形式，在教师的指导下，小组成员通过分工协作以达成某一共同目标的教学模式，该模式以小组总体成绩为评价和奖励的依据。

合作学习具有以下特征：(1) 异质分组，建立学习的“多元世界”：小组成员在性别、学业能力、步调和其他品质上必须是不同的、异质的，这样才能够共同发展、接纳他人，使学业困难者获得更好的发展目标。(2) 积极互助：小组成员必须人人参与，相互协助。(3) 分工合作：建立小组成员的行为规则要求，强调个人责任感，各自的义务，对其他成员的鼓励和支持。(4) 资源共享：互相帮助和交流。(5) 奖励体系：集体的荣誉就是每个人的荣誉。

## 二、合作学习的意义

（一）合作与协同本身就是教育的目标之一

国际21世纪教育委员会向联合国教科文组织提交的报告《教育财富蕴藏其中》指出，面向21世纪教育的四大支柱，就是要培养学生学会四种本领，即：学会学习，学会做事，学会合作，学会生存。

当今世界是一个合作性世界。从大的方面看，人们每天都生活在多极化、冲突化和迅速变化的世界中。世界各国在政治、经济、技术、环境等各个方面越来越关系密切，渐渐形成一个统一整体，牵一发而动全身；而环境污染、温室效应、经济发展、恐怖主义、核威胁等现实问题也是单一国家无法解决的，需要世界各国一起协商，共同面对，因此，沟通与交流，协商与对话、合作与互助已经成为全球发展的一种趋势。从小的方面看，人们的工作生活也越来越需要紧密合作。随着社会发展，社会分工更加精细化，任何人不可能脱离他人而生活，也难以独立完成复杂性工作。从科学发展来看，科学技术的发展已完成了由“小科学”到“大科学”的转变，知识经济时代的知识大爆炸，使得科学研究活动已不再可能是少数科学精英“孤军奋战”的自由研究模式，跨学科、跨专业的合作研究成为必然趋势。这些社会发展的趋势都表明，未来社会要求的人才不仅要具有丰富的知识、高水平的技能，更需要的是具有合作意识和合作能力的复合型人才。而合作学习在小组学习中既强调职责分工，又强调组内协作，无疑有助于培养学生的合作意识与合作能力。

（二）合作与协同有助于其它教育目标的实现

1. 合作学习能活跃课堂气氛，帮助学生建立学习的自信心

由于小组合作学习突出了“以人为本”的教学思想，因而从根本上确立了“以学生为中心”的主体地位，摒弃了“教师满堂灌，学生静静听”的陈规陋习。在合作活动中，教师往往会设计一些带有竞争性质的活动，如编对话、作调查、猜谜语、记者采访等等，千方百计地让学生动起来，让课堂活起来，通过学生动脑、动口、动手，使课堂气氛充满激情和自由。这不仅符合教育的宗旨，更能激发学生求真、向善、爱美的潜能，使他们积极主动、合理有效地参与到教学过程中来。在这样的教学观念影响下，课堂上学生同伴群体的资源得到了充分重视。学生在小组合作的具体实践活动中，用心去体验合作的无穷魅力，用心去感悟集体的伟大力量，使他们体验到合作成功的快乐，体验到实现自我价值的自信，唤醒并树立学生的主体意识，使他们认识到“我真行！”“我并不比别人差！”。

2. 合作学习有利于激发学生的求知欲望，调动全体学生学习的积极性

传统课堂教学中教师讲、学生听的教学模式使得学生的学习积极性、主动性

得不到充分发挥，学生惰性较强、懒于开口、过分依赖教师；而合作学习以组内交流、组间交流的形式进行学习，把学习的主动权还给学生，改变了学生的被动地位，创造了非常宽松的环境，更多的学生可以发表自己的观点，提高了学生学习的积极性与参与度。在小组合作学习中，学生在异质学习小组中就教师所设计的问题开展活动，进行互帮互学，这有利于开发课堂中的人际交往资源，有利于建立全面完整的教学交往结构，并将生生互动提到前所未有的高度，使学生有机会相互切磋，共同提高。

3. 合作学习有助于因材施教，真正实现使每一个学生都得到发展的目的

传统的教学往往只照顾到学习比较积极的学生，部分认知水平较差、性格较内向的学生可能不会积极参与班级讨论，也很少与教师交流思想与看法，往往受到忽视，得不到充分发展。而在合作学习模式中，小组成员间有着不断轮换的角色和职能分工，每位学习者都有自己的责任，可以根据每个人的特长分配任务，在小组讨论过程中，每个成员都要参与到讨论中，展示自己的观点，说服其他成员，这就克服了以前教学的覆盖率不高、学生的实践机会不够多、训练不够充分的缺点，学生在知识、能力、兴趣、素质等方面能够相互沟通，相互认同，相互补充，相互影响，相互促进。这种学习方式可以解决个别差异，缩小两极分化，有助于因材施教。

## 三、合作学习的实施

### （一）合作学习的恰当时机

在课堂教学中，什么情况下开展合作学习比较适宜呢？

1. 在探求新知识时。在新知识的学习过程中，可以让学生自己去探索、发现，以提高学生的学习兴趣，加深对知识的理解与记忆。但在探索的过程中，个人的能力、经验毕竟有限，而小组合作可以共同讨论、相互启发，形成对问题比较全面深刻的理解。

2. 个人探索遇到困难时。学生在独立学习或解题遇到困难时，由于对疑难问题感到无从下手，渴望尽快加以解决，或者对自己的想法和思维产生疑问，同时又希望从别人的发言中受到启发，产生一种比较强烈的交流欲望。这时，正是处于“愤”与“悱”的状态，通过开展合作学习和小组讨论，会集思广益、得到启发，取得良好的效果。

3. 操作实验时。在教学中，许多学科的知识需要学生用看、听、问、量、画、剪、拼等操作方式来探究、发现和总结出规律和结论。它有时仅靠个人的力量是不够的，需要师生、生生间的互相合作，依靠集体的智慧去实施和完成。

4. 意见分歧较大时。在分析和解决问题过程中，有时会出现较大的意见分

歧。这时的思维矛盾和认知冲突是学生产生学习动机的源泉,也是学生参与合作学习的极好时机。可以形成极为浓厚的研究氛围和强烈的求知欲望,模糊的地方可以质疑,不同的观点可以辩论。在这种过程中,思想的交锋,智慧的碰撞,思维的积极性、主动性和敏捷性,语言表达的完整性和准确性都将得到相应的提高。

5. 在解答开放性问题时。"开放性"问题其解题策略不唯一,答案不唯一,而一个人的思维能力毕竟有限,很难多角度地去思考,须群策群力才能展示各种策略和结论。通过合作学习,每个同学都从别人那里看到解决问题的另外一些角度,培养了学生全面考虑问题和善于从别人身上取长补短的好习惯,有助于学生的发散思维和创新意识的培养。

6. 教授重点、难点时。实践证明,对于学习的难点,教师直接告诉学生解法,学生可能很快明白,但以后遇到类似的问题,还可能出现同样的思维障碍,而且学生的记忆也不会太深刻。而如果采用合作学习的方式,让学生亲身经历问题的解决过程,能有效地促进学生对知识的真正理解。

(二) 合作学习的要求

合作学习不是一般的小组讨论,或者是一个学生讲,其他成员听。合作学习的小组成员间有着互依、互助、责任分工的关系。要真正开展合作学习,必须具备五大基本要素(袁涛,崔红霞,2003):

1. 积极的相互依靠。包括:(1) 目标依靠:让学生认识到组内全体成员都达到目标时,自己才能达到目标;(2) 资源依靠:每个成员分别获得部分资料信息,整合在一起才能完成整个任务;(3) 角色依靠:组内成员责任分工明确,分别扮演不同的互补、互依的角色;(4) 奖励依靠:小组获得成功时,要给每个成员同样的奖励。

2. 面对面的促进性的相互作用。为了达到小组目标,成员间要互相鼓励,互相帮助,促进彼此的努力。包括互相提供反馈信息,以利于对方今后学习方式的改变;在行动中表现出信任他人和值得他人信任的品质。

3. 人际交往的技能。合作学习是一种社会交往活动,要求学生具备良好的交往能力。包括彼此了解、信任;正确清楚地与其他成员交流;互相接受和支持;建设性地解决冲突。

4. 较强的个人责任心。每个成员都要强烈地意识到自己所承担的任务,并努力去完成它,为小组最后的结果负责。

5. 反思能力。合作学习进行一定阶段后,小组成员要集体反思,讨论前一阶段合作过程中方法是否得当,制订以后改进的措施;小组中哪些成员对小组目标完成贡献最大,哪些贡献较小,并对后者提出新的要求;研究其他小组的工作方法有哪些可借鉴之处。

（三）合作学习的准备

1. 任务的准备

教师在设计小组合作学习任务时，应确保任务对参加小组学习的每位成员确实是有价值的。学习任务对学生有价值至少包含两个方面：一是通过对学习任务的合作学习，能促进学生对知识技能、学习过程方法的掌握与理解；二是通过对学习任务的合作学习，能培养学生合作型人格，这种人格表现为一种兼容并包、宽宏大度的态度，能正确、客观地认识自己（优、缺点）并能接受别人的意见，尊重他人的选择与成果并能为他人着想等等。为此，教师应掌握小组合作学习任务设计的策略，设计合理的学习任务，具体来讲（郭要红，2009）：

（1）根据学生的学情，制订具有挑战性的学习目标

教师可以通过学生作业、考试成绩来分析学生的认知准备水平，也可以通过预考或前测、调查问卷来了解学生的认知水平和学习兴趣，建立学生学习档案，收集关于学生认知水平和学习兴趣的数据与信息，以根据学生的具体情况制订合理的具有挑战性的学习目标。

（2）设计挑战性学习任务，激发学生的内在动机

依据挑战性学习目标，教师应在学生的“最近发展区”内设计合作学习任务，使学习任务对所有学生都具有挑战性。学生只有在适合于他们知识能力水平的、有趣的、具有挑战性的问题中选择学习任务，才具有内在激励作用。

（3）设计开放性学习任务，确保学生共同参与

封闭式任务只要求小组找到一个正确的答案或程序，在学习过程中，有可能一些学生早就知道了正确答案，而另一些学生却不能。这样的话，合作学习中相互依存的预想并不存在，合作只是一种虚设。所以小组合作学习任务不应只有一个答案或一种解决途径，而应该设置多答案、多途径、适当难度的开放性学习任务，既有挑战性，能激发学生的学习动机，又能确保小组成员共同参与。

（4）设计层次性学习任务，促进学生互助协作

一个好的小组合作学习任务，应使得作为一个整体的小组必须一起协同努力才能完成。但由于学生的知识技能水平存在着广泛的差异，这就需要教师必须对任务加以仔细研究，设计不同挑战水平的各种各样的学习任务，确保所预设的目标是真的能让小组成员协同努力、相互依存的。因此，合作学习任务应能分成一系列互相联系、具有层次性的子任务，使得小组每位成员都能按照各自掌握知识技能的实际情况，选择适合自己的子任务，独立地完成并发表见解，做出自己的、不同的贡献。在小组长的主持下，小组全体成员根据每个成员的意见，博采众长，整合形成合作学习任务的最终解决方案。

此外，在任务的设置过程中，师生可以共同预设学习任务；在课堂教学过程中，可根据教学的实际情况，及时、灵活地调整预设的学习任务，使之更适合学生的实际，并动态生成新的学习任务，如此，可进一步增强学生学习的自主性和灵活性，使学习的效果更佳。

2. 小组的分配

（1）分组的原则及规模

在日常的课堂教学中，最常见的合作学习形式是按前后座位自然分成四人一组，这样分组虽然开展合作活动简便易行，但人员搭配不合理，不利于让不同特质、不同层次的学生进行优化组合、优势互补、相互促进。应将不同层次的学生按照“组间同质、组内异质”的原则进行分组，小组一般由 4—6 人组成，分组时不仅注意从学生的年龄特点和思维特点出发，而且在构成上注意小组成员在性别、个性特征、才能倾向、学习水平、家庭背景等方面存在合理差异，让学生在合作过程中做到组内合作、组间竞争。让每个学生在合作中都有展示自我的机会，发挥各自的特长和优势。

（2）角色分配

在“合作学习”的过程中，各成员要有明确的合作学习目标和具体的责任分工。即每一位学生都应担任一种特定的角色，如激励者、检查者、记录者、报告者、操作者等。需要注意的是，合作中的角色分工是相对的，要注意小组的整体性，分工不分家。在合作中，成员间要定期进行角色轮换。与此同时，加强对小组长的管理和培训，结合实际，适时召开小组长交流会，以增强小组长的管理经验，提高小组长的管理水平。如怎样激励、团结组员共同努力，怎样组织小组进行讨论、评价，怎样将小组讨论的结果记录、总结、反馈等。小组形成后要保持一定长的时间，可以让合作小组整个学期、学年，甚至更长时间固定不变，也可以让小组成员关系维持到某一单元或章节结束，再重新编组。一般来讲，小组维持时间长些较好，这样有利于成员间相互了解，形成一定的合作习惯，增强小组凝聚力。无论时间长短，必须遵守以下三个原则：一是尽量让小组关系维持到他们能够成功完成任务为止；二是合作过程中不能运用社交技巧共同解决问题时，即不能进行合作时，就应结束这些小组重新组合；三是尽可能使每个学生有机会与班上其他同学形成合作关系。

**合作学习中小组成员角色分配举例**

小组成员间要进行角色分配，即进行分工，分工类型应根据课型来确定。

比如，概念知识学习课可分工为：

主持者：负责主持合作工作的进行，检查组员任务完成情况；

总结者：负责把合作学习结果进行记录整理；

发言者：负责组间交流时阐述本组的结论；

提问者：组间交流时对其他小组的结论提出异议。

实验探究课，小组角色可分为：

操作者：主要负责动手完成实验过程；

观察者：主要负责观察实验现象；

记录者：主要负责记录实验结果及数据；

总结者：将实验过程和结果进行总结，得出结论并写出实验或探究报告。

（3）制订小组合作的规则。

合作学习充分体现了学生的自主性，但绝不是“放羊式”的。要组织全体学生学习有关合作程序，共同商定小组合作的规则，并在实践中逐步修订，使学生能自觉地遵守活动规则，按程序有效地开展活动。为此，师生可从以下几方面入手制订规则：（1）合作前要认真独立思考，不人云亦云；（2）勇于承担任务，既要积极完成自己的任务，又要相互支持、密切配合，发挥团队精神，有效地完成小组学习任务；（3）遵守课堂纪律，不喧哗，不干扰他人，不讲题外话；（4）积极参与，大胆表达自己的意见，能用自己的语言规范、流利地发表见解。发言要按一定次序进行；（5）尊重他人，认真倾听，别人发言的时候不插话，有不同意见等他人说完再说；（6）有不懂的马上问；（7）整理小组研究活动，准备大组交流。这样，小组学习就能有条不紊地展开。当然，课型不同，教学内容不同，小组合作学习的方式也可适当灵活调整。

（四）合作学习的过程

学习过程一般包括以下几步：

1. 布置课题任务：教师向学生解释课程目标，使学生明确需要解决的任务。也可以指导学生自己提出不同的课题。布置任务时，教师要依据循序渐进的原则，合作学习初期，应选择较为具体的、易完成的任务，随着合作学习的深入、合作能力的增强，布置的任务应不断增强发散性和多元性。

2. 学习过程：学生在教师指导下进行分工合作，查找资料、设计方案、组内交流讨论，并做出书面总结。

3. 组间交流：在教师指导下各小组在班级内互相展示各组的结果，并相互质疑。

4. 再学习：各小组根据组间交流中获得的反馈信息重新整理自己的结果，以使结果更完善、更科学。

5. 再交流：组间重新交流意见，或达成一致，或保留自己的意见。

6. 教师评价小结：教师根据各小组合作情况以及得出结论情况对各小组进行评价，指出各小组的优缺点，提出合理性建议。对表现优秀的小组给以奖赏或鼓励，对表现欠佳的小组给以鼓励性批评并加以分析指导。

7. 小组反思：各小组根据教师和其他小组反馈的信息，针对合作过程中出现的情况、各成员表现出的问题进行分析，找出原因。确定下一步改进措施。

**合作学习的基本方法举隅：学生小组——成就区分(STAD)**

一种有效的学习合作方法叫学生小组——成就区分或 STAD(Slavin，1995)。具体包括一个常规的教学过程、混合能力分组的合作学习以及小测验，对成绩远远超出自己过去记录的小组成员给予认可或其他形式的奖励。

STAD 包括如下的常规教学活动：

教学：呈现课程内容

小组学习：学生在小组中完成作业以掌握所学材料。

测验：学生参加小测验或其它形式的考评(如小论文或实际操作)。

小组认可：根据小组成员的分数来计算小组的总分，并对取得高分的小组给予多种形式的认可，如颁发证书、在班级快报或布告板上给予公示等。

下面则描述了向学生引入 STAD 的步骤：

1. 按每组 4—5 人的方式将学生分成各个小组，每组 4 人是最适宜的，只有当班级人数不能等分为每组 4 人时才扩大到 5 人。为了将学生分组，应该根据对学业成绩(如，过去成绩、测验分数)等方面的测量将学生从高到低排列，并经这个等级排列分成 4 等分，如果不能等分，则居于中间的等分可多分些学生。然后从 4 个等分中选一名组成各个小组，要保证小组在性别、民族、种族等方面尽量平衡。多出来的学生可作为小组的第 5 名成员。

2. 对要讲授的课程设计一个工作表和一份小测验。在小组合作学习期间，(1—2 个课时)，小组成员的任务就是掌握你在课程中呈现的材料，并帮助小组其他成员掌握材料。学生可以应用工作表或其它材料来练习教师教授的技能，评估自己和他人的学习效果。

3. 给班上的学生介绍 STAD 时，要讲明小组任务。

(1) 让小组成员将桌子挪在一起或大家移至小组桌，给同学 10 分钟时间给小组起名。

(2) 分发工作表或其它学习材料(每个小组两份)。

(3) 建议每个小组中的成员两两合作或三人合作，如果任务是要解决某些开放性问题(如在数学中)，则小组中的每个人都应该努力去解决问题，然后与同伴协商。如果有人不会计算某道题，则小组成员有责任向其解释该问题。如果学生要解决的是解答题，则他们可以相互测查，彼此轮流回答问题。

(4) 向学生重申，他们必须保证所有的成员在测验上得满分才能完成学习任务。

(5) 一定让学生明白，工作表是用于学习的，不是用于填空然后交上来的。当学生学习时，给他们提供正确答案的反馈也是非常重要的，这可以使学生检查自己和其他小组成员的学习结果。

(6) 让学生相互解释答案，而不只是根据教师提供的答案来检查彼此的答案是否正确。

(7) 当学生有问题时，要求他们先向同伴提问，然后再问教师。

(8) 当学生以小组方式活动时，教师在班级中走动，表扬那些表现好的小组，旁听每一组的活动，了解他们是怎么做的。

4. 分发测验题或试卷，给学生充分的时间来完成。不允许学生交头接耳或商量，而是让他们独立地证明自己所掌握的内容。如果可能的话，让学生将课桌分开。可以让不同小组的学生互评试卷，或者将试卷收上来，由教师课后评分。

5. 给出个人和小组分数。STAD中的小组分数是根据小组成员的进步程度来确定的。每次测验后，你应尽快地给出每个学生的改善分数和小组分数，并写一篇班级快报(或准备一个班级公告板)来通报各小组的分数。尽可能在测验后以最快的速度来通报小组分数，这可以使学生明确地建立有成效的活动与得到认可之间的关系，进而增强努力做好的动机。计算小组分数的方法是：将小组成员的改善分数加起来，然后用这个分数除以当天参加测验的小组中成员的人数，所得分数即小组分数。

6. 认可小组的成就。一旦算出了每个学生的分数及小组分数，那就应该对那些平均改善了20分以上的小组给予某种形式的认可，比如可以给小组成员发放证书或在公告板上宣布。帮助学生珍视小组的成功是非常重要的，而你自己对小组分数的热情也有助于小组学生学会珍视小组成功。如果一周的测验不止一次，你应该将各次测验分数合成一个周分数。在实施STAD大约5周后，对学生重新分组，这可以使学生与其他同学一起活动，也可以保持学生对该活动方式的新鲜感。

引自：罗伯特·斯莱文著. 吕红梅，姚梅林等译. 教育心理学. 北京：人民邮电出版社，2016年版，第199页.

### (五) 运用合作学习时应注意的问题

1. 教师要明确自己的角色。在合作学习中，教师是学生学习的组织者、引导者和合作者。在学生探究学习过程中，教师是参与者，要参与到其中，了解每个小组学习的情况，同时注意了解每个小组学习有困难学生的掌握情况；教师是引导者，要引导学生攻克探究有困难的学习内容，注意搜集学生们开展合作学习过程中的有关信息，为后面的引导辩论、总结升华打好基础；教师是组织者，合作学习结束以后，教师应组织学生进行全班交流，让学生反馈合作学习的信息，根据学生反馈的信息进行有效指导、总结。

**合作学习中教师的主要任务**

合作学习中教师的主要任务是：(1) 创设问题情境。问题是产生学习和探究动机的根源。为了增强学生合作学习的信心，对合作学习初期或年龄较低的学生，教师最好根据他们的认知能力水平，把知识内容设计成具体问题，便于学生获得成功。随着合作的深入，问题的广度、深度应不断增加。这样可以激发学生的合作兴趣，增强学习的正迁移。(2) 传授社交技能。合作学习过程中，部分学生可能缺乏所需要的社交技巧，小组合作难以完成。此时教师要介入这样的小组，指导他们借鉴优秀小组的经验或建议学生采用更有效的合作方法，帮助他们解决问题。值得注意的是，教师要尽量避免经常介入小组活动，更不能在完全不必要时介入小组活动。教师要有耐心，要相信学生能够找到独特的合作方法。(3) 正确评价。从根本上讲，合作学习不仅利于知识的获得，更利于学生能力、情感、性格的发展。这就要求教师在评价过程中注意：定性评价与定量评价相结合，侧重于定性评价；结果评价与过程评价相结合，侧重于过程评价；对小组评价与对个体评价相结合，侧重与对小组评价。

引自：袁涛、崔红霞．论合作学习策略．济南大学学报(社会科学版)，2003(2)：74－77.

2．小组合作学习的次数要适当。在自主探索、合作交流学习过程中，当学习任务有两个或多个时，该模式中的探究学习阶段(包括三个环节：提出问题、合作学习、交流总结)是可以循环的，但次数要适当，一般1－3次。探究的问题要有一定的思维空间。小组合作学习是一种学习方式，也是一种手段。因此，学习方式与所学内容应互相适应。即合作学习必须追求其教育价值。

3．小组合作学习应在独立学习的基础上进行。合作学习应该以独立学习为前提，如果只有合作学习而缺乏独立学习，长此以往，学生的自主学习能力将丧失，学生走向社会以后就将难以独当一面，就会有负于社会的重托。因此，合作学习必须在独立学习的基础上进行。教学中，当提出一个问题后，首先应给学生充分独立思考的时间，然后组织学生小组合作学习，在组内交流自己的看法，形成“统一”意见后，再到全班进行交流，再次形成“统一”意见，最终使学生形成正确的认识。

4．要防止合作学习流于形式。实施合作学习，需要适宜的“土壤”“温度”和“水分”。合作学习中，有价值的问题或主题是适宜的“土壤”，教师的有效指导是适宜的“温度”，而独立思考是合作学习的适量“水分”。实施过程中要避免以下倾向：(1) 搞形式主义，以为将课桌椅摆成一定的合作学习形式(如马蹄形、丁字形、波浪形等)就是合作学习。(2) 不管什么科目、什么内容都采用小组合作学习，讲究场面的热闹。这些倾向对于发挥合作学习的有效功能、促进学生主动发展将产生不利影响。

5. 加强教学中的沟通与交流

合作学习是在教师的指导下,小组成员通过分工协作来完成某一共同目标,在这一过程中,学生是否真正领悟了教学目标、小组成员之间能否建立良好的合作关系、角色分配是否恰当、职责是否分明、规则是否明确、遇到问题应如何协商处理、如何总结作业成果、不同小组之间的进度如何、各自存在哪些问题、如何针对学生的工作及时有效反馈、小组如何总结经验加以改进等问题均需要师生之间、学生之间进行沟通与交流,这一沟通与交流几乎贯穿在合作学习的整个过程中,是实现教学任务与目标的基本途径。从某种意义上讲,合作学习的过程就是不断沟通与交流的过程,只有时时沟通,全方位、多角度、多功能地交流,才能及时发现问题、解决问题,才能真正贯彻合作学习的精髓理念,才能实现有序、高效的教学效果。如果没有了沟通与交流,所谓的"合作"与"协同"只能是一句空话,这样的教学必定是无序的、盲目的、低效的。

6. 注意正确处理好几个关系

开展合作学习,要注意正确处理好几个关系:(1) 合作与竞争的关系。在合作学习中,教师应提倡组内成员加强非竞争性的合作,组间开展竞争性合作。(2) 合作学习与传统教学方法的关系。合作学习是一种新的教学方法,提倡合作学习并非否定传统的教学方法,而是对教学方法体系的补充。教师在选择教学方法上不能单纯模式化,需要根据教学内容选择最恰当的教学方法。合作学习要与集体教学、个别化教学相结合,穿插进行。(3) 面向全体与发展个性的关系。面向全体学生,促进学生全面发展是合作学习的根本目的。但面向全体学生绝非是要消除差异。对一些潜力巨大的学生,应通过组间交叉、特殊小组等形式给予他们更大发展空间,使各种类型的学生在原有基础上都有所发展。

**表 11-3　合作学习时要考虑的各种问题**

| **要考虑的问题** | 社交技能方面的任务:团队构建、协同技巧 | 结构化任务:复习练习或培养技能 | 非结构化任务:掌握概念、问题解决、思维与推理 |
|---|---|---|---|
| **小组的规模与成员** | 通常为 2—5 人,可以由志同道合者组成,成员混合自由组合亦可 | 2—4 人,各种能力水平混合 | 2—4 人,成员间需互相鼓励 |
| **分配角色的理由** | 监控参与状况,化解矛盾轮流负责 | 相互鼓励,特别是对低成就学生适时肯定并提供有效帮助 | 仅是为了相互鼓励,激励发散思维 |

续表

| | | | |
|---|---|---|---|
| **外在奖励和动机** | 不需要但可能有益 | 可激发动机水平、努力状况和意志 | 不需要 |
| **教师的角色** | 榜样和激励者 | 榜样、导师、教练 | 学习的促进者 |
| **学生必备的技能** | 聆听、轮流、鼓励、解决矛盾 | 质疑、解释、鼓励、相关领域的知识、学习策略 | 质疑、解释、钻研、发散思维、发现逻辑证据、综合分析 |
| **什么支撑着学习？观察与聆听** | 榜样和练习 | 提供多样性的、深入的解释、注意和练习 | 高质量和充分的交流，连结各种知识的来源，不断探究和钻研 |
| **潜在困难** | 既无矛盾也不参与 | 缺乏助人的技巧，不参与或不接纳他人 | 不参与或不接纳他人，认识肤浅，逃避辩论 |
| **解决办法** | 布置简单的任务，直接传授社交技能，团队构建，矛盾化解的方法，讨论小组进展 | 相互交流，赋予每个参与者一定职责，传授如何帮助及解释的策略 | 结构化的变化，扮演"思维角色"提供充裕时间 |
| **应变技巧** | 一两个技巧，如聆听和释义 | 学生成对诘问 | 几个负责人在一起合作 |

引自：[美]Anita Wolfolk 著. 何先友等译. 教育心理学(第十版). 北京：中国轻工业出版社，2008年版.

# 第三节　课堂管理的多样性与共同性

关于如何进行课堂管理，有很多不同的观点。大多数人都认同事实上没有任何一套管理措施是万能的，能够适用于所有文化背景下所有个体的课堂管理。下面我们将讨论影响课堂管理的文化因素和个人因素。

## 一、多样性：文化因素与个体因素对课堂管理的影响

### （一）文化差异

东西方尤其是中国和西方在课堂管理方面的差异是比较明显的。在中国学校的课堂，常见的课堂情景是几乎所有的老师都站在讲台上滔滔不绝，学生们或者腰板挺直、双手背后、规规矩矩，或者是一边听一边埋首做笔记。教师讲课的

时候，学生们鸦雀无声；老师提问的时候，学生们无声地举手并且举手的姿势都是统一规范的，给人的感觉是犹如到了军营一般。而西方学校的课堂，教师多实行松弛管理，学生爱怎么坐就怎么坐。教室里的课桌椅也不提倡排排坐、认真听讲，而是或围成圆圈讲课，或分组讨论，大家都参与。学生的坐相五花八门，各种坐姿都有，有的学生甚至是坐在地上而不是椅子上。老师在前面讲课的时候，学生们在底下七嘴八舌地发言，学生上课从来不会感受到老师的压力，他们敢于提问、敢于质疑，勇于发表自己观点并与老师争辩……

东西方课堂形式的差异反映出教育理念的差异。中国传统价值理念尊崇师道尊严、“没有规矩，不成方圆”、“严”师出高徒，表现在对学生的管理上则以纪律、规则管理为主，强调服从。教学方式往往是“教师一言堂”，学生的地位比较被动，课堂气氛比较沉闷，学生的学习兴趣不高；而西方的教学多以学生为中心，参与合作式教学居多，学生的积极性、主动性得到很好地发挥，课堂气氛也很活跃。

（二）种族差异

在种族聚居较多的美国，与纪律有关的研究表明非洲裔美国生，尤其是男生，比其他学生更容易受到惩罚，并且他们受到的惩罚也更粗暴。这些学生因为被拘留或勒令暂缓上学而丧失了很多学习时间。为什么会出现这样的状况呢？

非洲裔和其他拉丁美洲裔的美国学生由于表现出很多违纪行为而受到更多处罚的观点是缺少研究支持的。事实上，这些学生经常遭受到严苛的责罚，是因为教师们总是将他们言语和行为方面轻微的不适当表现解读得非常严重。师生之间的文化差异可能是造成这种局面的原因之一。“黑人学生（尤其是男生）说话和走路的方式、看别人的眼神及穿着的方式等，都会引起教师和其他管理人员的恐惧、担心和过度反应”。非洲裔美国学生经常会遭到惩罚，无论他们是否真的有意违反纪律或是不礼貌。教师应该帮助学生也应帮助自己应对文化差异，帮助学生认识到他们的本土文化和主流文化之间的差异，并在其中寻求结合点；同时教师也应该了解学生的语言和行为特点，这样教师才不会误解学生，进而要求学生为无心的行为付出代价。

许多非洲裔美国学生在校外习惯于直接的管理和约束方式。他们的父母在管教他们时可能会说“把糖果放下”或者是“去睡觉”，而白人的父母在同样的情况下可能会说“我们在晚餐前吃糖果好吗？”“是不是到了睡觉的时间呢？”正如Richard（2006）所说：“问题的关键不在于某一种方式的对或错，而在于某种方式是否与学生的背景知识和他们认识世界的方式相契合。”

（三）年龄差异

不同年龄的儿童，由于心理和行为发展处于不同的水平，因此，课堂管理的模式应该充分考虑儿童的年龄差异。一般而言，在课堂管理过程中，应该考虑儿童的以下变化：(1) 儿童的需求和对教师的期待随年龄增长而改变；(2) 孩子之间的关系随年龄增长而改变；(3) 随着年龄增长，孩子渴望在全班同学面前赢得地位与特权的需要与日俱增；(4) 孩子们年纪增长的同时也变得更为强大；(5) 通常说来，孩子们的年龄越大，对成年人的行为就越挑剔；(6) 年纪较长的孩子在犯错和失望时往往更乐于归咎于成年人；(7) 随着智慧的提高，孩子们集中注意力的时段以及处理理论工作的能力与日俱增。相应的，对于低年龄的儿童，尤其刚刚进入学校的新生，由于对学校和课堂环境还很陌生，因此，在入学之初进行一定的规则、纪律和程序方面的教育是必须的，使孩子一开始就明确什么是可以做的，什么是不可以做的；在学期过程中应该严格执行这些规则与秩序，并对孩子进行即时的强化或适当的惩罚；但随着年纪的增长，孩子的自主意识和智慧渐渐提高，课堂管理应多考虑学生的自我意识和能力，提供机会促进学生自我管理，并提高管理的技巧、方式与智慧。

（四）能力和性别差异

课堂管理的对象是学生，不同的学生无论在智力、学习态度、学习动机、学习积极性、主动性、个性等方面都存在着很大的差异：有的学生上课认真投入，有的则漫不经心；有的学习积极主动，有的懈怠被动；有的有较强的自律能力，有的需要时时提醒；有的经常触犯纪律，屡屡找事，有的安分守己，易受忽视；有的大胆外向，有的羞涩胆怯；有的善于合作，有的喜欢独处……这些差异的存在需要教师在日常教学管理中仔细观察，了解每个学生的特点与个性，在课堂管理过程中注意处理好一般与个别的差异，针对不同学生的个性特点选取恰当的管理方法，做到因材施教。此外，性别也是一个需要考虑到的差异因素。通常，男生与女生相比，更容易触犯规范与纪律，更富有挑战性与反叛性；但同时创造性和活跃性要优于女生；在处理问题行为时，教师对待男生和女生的方式方法上往往也有所区别，对男生会更加严厉些，对女生会相对宽容些，方式上也会比较柔和。

## 二、共同性：管理目标的一致性与管理方法的通用性

课堂管理虽然表现出某些文化的差异、个体的差异，但课堂管理作为一种有效学习环境的创设，其根本目标应该都是一致的，即如何为学生创设更为有效的教学与学习环境，最大限度地利用有限时间，尽可能让更多的学生更好地参与到课堂学习中来，在这一方面不同的管理模式是可以达成共识的，只不过选择的方式有所不同而已，正所谓“殊途同归”。离开了这一目标，任何课堂管理都是无效的。另外，从一些具体的方法或策略层面也是可以通用的，如良好的教室环境、精心组织教学吸引学生的注意力、制订必要的规则与程序、对学生的不良行为予

以制止和适当的惩罚等，这些无论针对什么文化、什么样的个体都是适用的，只不过在细节上与操作方式上有所差异而已。

有关课堂管理的共同性，西方的一些学者进行了一些实证的研究。埃默和奥赛克(Emmer，Aussiker，1990)对三种普遍接受的管理方法进行了元分析。这三种方法分别是：戈登(Gordon，1981，1991)提出的通过倾听和问题解决来影响学生；格拉瑟(Glasser，1969，1990)提出的通过班级会议和学生讨论而实现的小组管理；坎特(Canter，1992)提出的通过奖惩来实现对学生的控制。到目前为止，研究者们关于这些方法对学生行为的影响仍然没有一致的结论。然而，已有研究表明弗莱伯格(Freiberg，1990)采用奖惩方法实施的一致性管理程序表现出了积极的效果。

澳大利亚的一项研究中，罗曼·路易斯(R. Lewis，2001)发现，识别和奖赏正确的行为、告诉学生他们的行为如何影响他人、让学生参与纪律的制订、提供间接的暗示以及对不适当行为进行描述等措施，有利于学生对自己的学习活动形成更强烈的责任感。有趣的是，这些干预措施刚好代表了埃默和奥赛克所研究的三种被普遍应用的管理方法——影响、小组管理和控制。这说明，课堂管理中的某些要素是可以跨越文化，是可以相通和共享的。

## ☞ 回到案例

根据本章的教学内容，给王莹老师提出建议如下：

1. 教室是学习的环境，尽量布置得整洁、素朴、大方，过多的装饰反而容易分散学生学习的注意力。

2. 对容易出现不良行为的学生座位尽量安排在靠自己比较近的位置，便于观察，及时发现问题进行处理。

3. 在开学之初，就要确立好课堂规则和必要的程序。并对学生解释清楚，尤其明确奖惩制度，使学生的行为有所依据，从而对不良行为起到预防作用。

4. 合理组织教学内容，教学方式要灵活。在教学中，要根据教学内容的需要，选择合适的教学方式，也可以综合运用多种教学方式，提高学生的学习兴趣。讲解是需要的，但也要发挥学生的主动性，适当提供机会让学生进行合作学习，这样容易调动学生的积极性，使更多的学生参与到有效的学习中，提高学习效率。

5. 对轻度的不良行为，尽量不要中断正在进行的授课，可以通过非言语信息的方式，如目光、动作暗示等进行提醒；对于比较严重的不良行为可以借助言语进行提醒，但尽量减少时间；必要时可以适当运用惩罚，但处罚应该具有教育意义；避免单纯体罚；避免占用大家太多时间；另外，惩罚不良行为的同时，及时强化学生的积极行为。

6. 加强和学生的交流与沟通，对学生抱积极的期望，减少学生的被动服从，培养他们自我管理的能力。

除了上述观点，你还有什么好的建议？

## 学术争鸣

随着信息时代的到来，教育部颁布《教育信息化十年发展规划(2011—2020)》，明确指出：建设智能化教学环境，推进信息技术与教育融合"。在国家政策指引下，电子书包、平板教学等新型教学手段、教学模式被引入课堂。所谓电子书包，"从硬件设备角度上讲，是一种个人便携式学习终端；从教育教学功能系统功能架构的角度来说，电子书包是学生的个人学习环境(祝智庭，郁晓华，2011)。这些新型教学手段、教学模式的教学效果如何？目前并没有统一的结论，学者们各执一词，对此问题你是如何看待的？

| 电子书包的利与弊？ | |
|---|---|
| **正方观点：电子书包存在诸多优点** | **反方观点：电子书包存在诸多弊端** |
| (1) 电子书包营造了新型的数字化学习环境，可以超越时空的限制。<br>(2) 让学生成为学习的主人，带来了教学模式和学习方式的变革。<br>(3) 有助于解决学生书包超重的问题。<br>(4) 能够提供丰富且优质的数字化学习资源。<br>(5) 使得课堂更加生动、形象，增加学生的体验感与学习兴趣。<br>(6) 实现个性化学习。<br>(7) 拓展了学生的视野，有助于创新能力与个性的全面发展。<br>(8) …… | (1) 硬件条件方面，受无线网络、电脑设备以及客户端系统的操作便捷性等条件限制。<br>(2) 对自主学习能力低、自控能力差的学生学习效果堪忧，甚至可能沉迷网络游戏。<br>(3) 对教师的信息技术、课堂组织与管理都提出很高要求，加重教师负担。<br>(4) 信息过载会增加学生的学习负担和认知负荷。<br>(5) 长期习惯于使用各种通讯软件进行在线交流，可能导致与人交往能力的降低。<br>(6) 电子辐射和屏幕的明暗等对处于发育期的学生的视力和身体会有一定的影响。<br>(7) …… |

# 小　结

1. 课堂管理

学生的学习是在一定的环境里展开的，有效的学习离不开良好的学习环境。在众多的环境因素中，课堂环境对学生学习的影响最大、也最为直接。有效的课堂应该达成有效利用教学时间、争取更多的学生投入学习以及帮助学生实现自我管理三个目标。要实现这三个目标，必须运用有效的课堂管理。所谓课堂管理是指鼓励课堂学习的教师行为和活动。这其中包括创设良好的物理环境、合理地组织教学、建立相应的课堂规则和程序、对不良行为进行及时有效的管理等环节。

2. 合作学习

在课堂环境中，有三种具体的学习情境，它们分别是合作、竞争和个人学习，心理学研究表明，其中最佳情境就是合作学习。所谓合作学习是指以异质小组为基本形式，在教师的指导下，小组成员通过分工协作以达成某一共同目标的教学模式，该模式以小组总体成绩为评价和奖励依据。合作学习不仅有助于培养学生的合作与协同能力，而且能促进其它教育目标的实现。合作学习在实施的过程中必须符合一定的要求，把握恰当的时机，做好充分的准备。合作学习大致包括布置课题任务、学习过程、组间交流、再学习、再交流、教师评价小结、小组反思几个阶段。为了保证合作学习的质量，需要注意处理好一些问题，如教师角色问题、小组合作学习的次数、合作学习与独立学习的关系等。

3. 课堂管理的多样性与共同性

文化的差异使得东西方的课堂管理模式存在某些差异，不同种族间亦如此。而年龄和性别也是教师在选择管理模式时应该考虑的一个问题。尽管这些因素导致了课堂管理的多样性，但无论哪种课堂管理方式，它们的根本目标应该都是一致的，都是服务于有效的教学，另外在一些具体的管理方法上也是通用的。

## 思考题

1. 有效的课堂管理应该达成哪些目标？
2. 什么是课堂管理？课堂管理包括哪些基本环节？
3. 如何管理课堂上的不良行为？
4. 什么是合作学习？
5. 在课堂教学中，什么情况下开展合作学习比较适宜呢？
6. 合作学习应该符合哪些基本要求？

7. 合作学习前应做好哪些准备?

8. 合作学习的过程包括哪些基本环节?

9. 运用合作学习时应注意哪些问题?

## ∠ 进一步阅读文献

1. 黎刚. 电子书包在课堂教学中存在的问题及对策. 信息与电脑. 2018(11):237-238.

2. 李珍. 如何实施有效的课堂管理. 学校教育研究. 2017(10).

3. 刘珏含,薛珊. 翻转课堂——创造全纳性学习环境的有效途径. 长春理工大学学报(社会科学版). 2019(5):40-44.

4. 张立春,焦建利. 教师对电子书包的理解及态度研究. 电话教育研究. 2015(5):46-52.

# 第十二章
# 课堂教学评估

## 章节说明

本章的主要内容是指导教师如何合理地评估学生的学习结果，掌握进行标准化测验的方法，合理地对学生的测验进行评分以及给出合理的分数报告单，还要让教师理解评分会对学生产生的一些影响，教师要学会与家长的沟通，通过与学生家长的沟通促进学生的学习和健康成长。教师要掌握形成性评价和终结性评价两种评价方式，了解它们的优缺点。除此之外，还要掌握课堂评价的多样性与共同性，以便在实践中可以正确地运用它们。

## 案　例

在一节生物课上，老师向同学们提出问题：枯木逢春是指枯萎的树木到了春天，重新焕发了生命力，请同学们根据生物学的原理，讲下背后的原因是什么？这个问题引起了学生探究的好奇心，同学们纷纷开始议论起来：

学生1：因为植物的光合作用。

学生2：因为树木的细胞代谢活动增强。

老师：这两位同学说的都非常好，一下就说到了重点，提出表扬！那我再追问一下，有没有人知道，为什么是春天，而不是其他季节呢？

一位平常较少发言的同学举起了手。老师点头，示意他回答。

学生3：因为春天比较暖和。

老师：很好，同学们，请为他的勇敢发言鼓掌。（教室里响起热烈的掌声）。

接着老师追问道：那“暖和”换个专业的词汇还可以用什么表达呢？

该学生继续说到：温……温度？

老师：说的非常正确，就是温度。你表达的很好，老师希望你今后可以再自信一点，在课堂上更多地踊跃发言，好吗？请坐。

接下来，老师就刚才的问题和同学们的回答，做了总结和补充。

老师：同学们都肯动脑思考问题啊，而且你们平时的学习都很认真，才知道这么多有关生物的知识。其实不管是人还是植物，每时每刻都在进行着许多化学反应，这些化学反应统称为细胞代谢，所有化学反应都需要酶的参与。酶是催化剂，但酶的催化高效率是需要条件的，如温度要适宜等。枯树之所以到了春天就恢复生命力，是因为春天的温度比较温和，不像夏天那么高，也不像冬天那么低，因此各种酶的活性比较高，细胞代谢旺盛，表现为植物生命力很强。因此就发生了“枯木逢春”的奇妙现象。

老师：好了，故事我们先讲到这里，现在我们班每个人都是一名科学家，请大家六人为一组就“酶的特性”设计一个探究性实验。

（二十分钟后，老师邀请了两组写的比较好的进行交流、展示）。

老师：好了，现在这两组同学已经完整地写下了他们的实验设计，请同学们点评一下，觉得还需要再进一步完善吗？

一学生举手回答到：这两组的实验设计已经很完善了，但有一个问题他们都忽视了，他们都没有考虑控制无关变量。（老师对该同学的回答表示肯定）。

老师：这位同学是一个很细心的人啊。说的很好。这里强调一下，控制无关变量对于设计一个严谨的、可行性高的实验来说尤为重要。那还有没有同学要补充呢？

学生5：第二组的实验设计没有设置对照组。

老师：不错，对照组也是很关键的。

之后，老师对同学们的踊跃发言和发现问题表示肯定和赞许，并鼓励他们再接再厉。

在完成了主要教学内容后，老师和同学们又进行了纸飞机游戏，被传到的同学需要猜出飞机的主人是谁，并对自己和同组成员的课堂表现进行评价。同学们相互鼓励、相互欣赏，课堂氛围其乐融融。有位同学迟迟猜不出飞机的主人，老师听了会心一笑告诉大家，纸飞机的主人是自己！该同学恍然大悟，并对老师评价到：“老师的课堂非常有趣生动，我每次都受益匪浅。嗯，如果非要说提升的地方，希望在条件允许的情况下，老师能带我们做一回实验，亲身体会一下实验的奥妙。”其他同学们也举手附议。

老师点头表示同意，并承诺会安排时间带大家做实验。同学们听后欢呼雀跃。

你遇到过这种课堂情境吗？

这堂课运用了哪种课堂评价模式？运用的效果如何？

## 第一节　评估学生的学习结果

评估学习结果在学生学习中有很重要的作用，评估方法多样、作用不一，采用恰当的评估方法可以调动学生学习的积极性，促进学生长远良好发展。在对学生评估时应用最广泛的是标准化测验，下面让我们先来一起了解一下关于标准化测验的一些知识。

### 一、标准化测验

#### （一）标准化测验的定义

标准化测验是具有规范的标准、各个环节按照系统的科学程序组织，对误差进行严格控制的测验，是一个系统化、科学化、规范化的施测过程。所谓“标准化”包括测验实施过程的标准化，即按照标准确定测验的目的和计划，项目编制的标准化，测验管理的标准化，评分记分的标准化，分数解释的标准化等。

1. 测验内容的标准化是指对所有被试施以同样的测验内容。测验内容在一份试卷（量表）上全部呈现出来，包括同样的被试指导语，同样的答题要求和同样的试题。测验内容的印刷要统一、工整、没有错误和遗漏。

2. 测验实施过程的标准化是指测验实施中一切作用于被试的外界条件都应该相同，包括主试、指导语、测验的时限、外部环境等。

3. 评分标准化指评分时使用完全客观的标准，使不同评分者对同一试题或一个评分者对几个等值的试题的评分得到一致的结果。客观性试题都有唯一的正确答案，即标准答案。无论是人工评分还是计算机评分，评分误差都是很少发生的。

对论文式试题，评分也要尽量做到客观。由于不存在唯一的正确答案，在测试前就应想象出所有被试可能作出的反应，然后将所有答案依其水平和层次的不同划分等级，每一等级内包括所属一定范围的答案。评分时先将答案归入某一等级范围之内，再根据其等级给以相应的评分。

4. 分数解释的标准化是指对测验分数高低优劣的判断要以一定的标准为依据。没有判断标准时，对测验结果的解释往往是主观的和任意的。在常模参照测验中，这一标准即是常模。常模是指被试团体中测验分数的平均水平，通过与常模相比较，就能判断出被试分数在团体中的相对位置。在标准参照测验中，对测验分数解释的依据不是常模，而是事先规定的某种标准，如掌握百分比、合格分数线等。这一标准是一种绝对的标准，与常模不同，它只与题目难度或要求高低有关，而与其他被试的水平无关。

（二）标准化测验的优点

1. 具有测验所需的统一的标准。

2. 内容覆盖全面。

3. 质量可严格操控。

4. 适用范围广。

5. 有独立实施的主体。

（三）标准化测验的缺点

美国国内曾围绕着对中小学生标准化测验的问题进行过热烈的讨论。1997年《纽约时报》(The New York Times)杂志的教育主编爱德华·费斯克(Edward Fiske)指出，标准化测验有以下缺点：

1. 试题答案不仅唯一，而且简单。

2. 测验只衡量学生掌握信息的好坏，却忽视他们综合信息、解决问题和独立思考的能力。

3. 由于时间有限，所以与思考的深度相比，测验更注重思考的迅捷。

4. 大多数标准化测验只注重基本技能，而忽视严密思考和推理能力的训练。

5. 测验只强调独立知识的学习，而不重视在事实和思想的结合中学习。

另外标准化测验对影响学生成绩的复杂因素估计不足。学生在标准化测验中的测验成绩主要受三个因素影响：(1) 学校教了什么。标准化测验中的一些条目是测量学生在学校所学的知识或能力，这是对于一些特定的学科领域而言的。例如：数学，孩子们在学校只是作为一门学科来了解它的，因为很少有家长在家里教孩子们关于几何的原理或如何去证明一个定理。(2) 学生的智力能力。学生的智力能力是多样的，而不是只有一种(Gardner,1994)。一个孩子可能生来就缺少处理数量或语言方面的能力，但却在“人际间”“人们的交互关系”方面的能力比别的孩子强。而标准化测验却只关注学生在认知方面的能力，忽视了智力的多样性。(3) 学生的校外学习。在标准化成就测验中涉及的校外学习的内容比想象得要多，这样测验的公正性就受到了质疑。对此，一位教师举例说：在一次六年级科学测验中，有一道题目是让学生选出一个不是果实的选项，果实是有种子的。所以学生必须通过选择没有种子的选项鉴别“不是果实”。选项有苹果、桔子、甘蓝和火龙果。任何一个见过甘蓝和火龙果的学生都知道甘蓝是一种没有种子的蔬菜，而火龙果是一种有籽的球形植物，但洋桃和榴梿通常都是比较贵的，一些家庭条件不太好的学生可能根本就没见过甘蓝和火龙果。这样，那些见过甘蓝和火龙果的学生就会比那些只知道苹果和桔子的学生回答的好。也就是说，孩子们的社会经济地位会影响他们在标准化成就测验上的成绩。学生家庭的社会经济地位越高，在这样的测验条目中获得成功的几率就会越大。

那种认为学生在标准化测验中的成绩只与学校中的教学有关的看法，忽视了学生智力的多样性和校外学习等更多的因素对成绩的影响。

（四）常模参照测验和标准参照测验的比较

常模参照测验将被试水平与常模相比较，以评价被试在团体中的相对位置为目的。可以把常模看作一个特定团体所表现的典型水平，通过把个体的原始分数与常模作比较，我们可以判断这个分数究竟是高于、低于还是接近这个团体的平均水平。

标准参照测验的分数不是与其他人作比较，而是与一个给定的标准作比较。

**表 12-1　标准参照测验和常模参照测验的比较**

| 标准参照测验适用于 | 常模参照测验适用于 |
| --- | --- |
| (1)测量基本技能的掌握<br>(2)决定学生是否已经具备了学习新知识的前提条件。<br>(3)评估情感目标和动作技能目标。<br>(4)为了更好地指导学生而对学生进行分组。<br>(5)对学生进行分组以便于开展教学。 | (1)测量某些领域的一般能力（优点和不足），如英语、代数或者历史<br>(2)评估一个大的团体的能力范围。<br>(3)当只有几个名额时选择尖子选手。 |

在常模参照测验中，学生的得分要跟其他学生的平均分进行比较。而在标准参照测验中，学生的得分要与预先制订的标准进行比较。常模参照测验可以对一般的目标进行测量，涵盖的范围很广。然而，常模参照测验的结果并不能告诉我们学生是否可以学习更高层次的内容，并且它们不适用于测量情感和动作技能。标准参照测验一般用于测量特定目标的掌握。

## 二、评分和分数报告单

### （一）评分

1. 原始分数

学生在考试之后，根据试卷的记分标准，对应考生所答内容计算出的考试分数就称作原始分数。原始分数反映了学生答对题目的个数或作答正确的程度。但是原始分数一般不能直接反映出学生之间的差异状况，不能刻画出考生相互比较后所处的位置，也不能说明考生在其他等值测验上应获得什么样的分值。为了使原始分数本身具有意义，使不同测验的分数可以相互比较，就必须将原始分数转换为导出分数。

导出分数就是在原始分数转换的基础上，按照一定的规则，经过统计处理后获得的具有一定参考点和单位且可以相互比较的分数。常用的导出分数有百分等级、标准分数等。

2．百分等级分数

百分等级是应用最广的导出分数。一个原始分数的百分等级是指在一个群体的测验分数中，得分低于这个分数的人数的百分比。也就是说如果将某一考生群体分为一百个等级，则每位考生所占的等级数就是百分等级。例如：某一考生在一次考试中得 82 分，经过换算，百分等级分数为 75，就表示参加这次考试的人得分低于 82 分的占全体人数的 75%，并说明超过他的成绩 82 分的人仅有 25%，通常我们用 PR 来表示百分等级。显然百分等级取值越大，说明成绩越优秀。

（1）百分等级分数的计算

求一个原始分数的百分等级，可先将考生团体的全体原始分数由大到小排序，然后采用下列公式计算：

$$P_R = 100 - (100R - 50)/N$$

式中，$P_R$ 为百分等级，R 为排名顺序的序号，N 为考生总人数。

例如，某同学在一次有 50 人参加的考试中得 80 分，排名第 9，则该考生成绩（80 分）的百分等级为：

$$P_R = 100 - (100R - 50)/N = 100 - (100 \times 9 - 50)/50 = 83$$

其百分等级为 83，就是说比 80 分低的原始分数占全体得分的 83%，比其高的只占 17%。

（2）对百分等级分数的评价

百分等级是一种相对位置量数，具有可比性，且具有易于计算、解释方便等优点，对一般教师、学生和家长来说，均能了解百分等级的意义，所以它较适用于不同的对象和性质不同的测验。

3．标准分数

（1）标准分数的意义

标准分数是一种具有相等单位的量数，又称作 Z 分数，它是将原始分数与团体的平均数之差除以标准差所得的商数，是以标准差为单位度量原始分数离开其平均数之上或之下多少个标准差，从而明确该分数在团体中的相对位置。如果一个数小于平均数，其值就为负数；如果一个数大于平均数，其值就为正数；如果一个数等于平均数，其值就为零。可见 Z 分数可以表明原始分数在该组数据分布中的位置，故称为相对位置量数。当把原始分数转换为 Z 分数后，只需要看 Z 分数的数值和正负号，就立即可以明确每一个原始分数的相对位置。Z 分数表示其原始分数在以平均数为中心的相对位置，这比使用平均数和原始分数表达了更多的信息。

（2）标准分数的计算

标准分数的计算公式为：$Z = (X - \bar{x})/S$

式中，Z为标准分数；X为原始分数；$\bar{x}$为团体所有考生的原始分数的平均数；S为原始分数的标准差。

(3) 对Z分数的评估

Z分数是以一批分数的平均分数为参照点，以标准差为单位的等距量表。Z分数不仅具有可比性，而且还具有可加性，它由符号和绝对值两部分构成。正负符号表示原始分数在平均数之上或之下，绝对值表示原始分数与平均数的距离。

从标准分数中，既可知道学生的实际成绩，又可知道每个学生在参加考试的团体中所处的位置。运用标准分数还可以比较同一学生不同阶段的考试成绩，比较同一学生不同学科的考试成绩，比较不同学生的总成绩。

例如，一个学生上、下学期的英语考试分数分别为80分和70分，我们通常认为该生成绩有所退步。但是，假如全班上、下学期英语平均分数分别是85分和65分，则该生上学期的80分仅是一个中下等成绩，而下学期的70分却是一个较好的成绩。再如全班上、下学期成绩的标准差分别为18和11，则可算得该生上学期的标准分数是(80－85)÷18＝－0.28，下学期的标准分数是(70－65)÷11＝0.45。可见该生下学期的英语成绩不但没有退步，而且是进步了。通过这样评价，可使该生对该门学科更充满学习的信心。

又如，我们习惯从学生成绩单上看到物理课成绩是80分，就说他物理课程学得不错，看到化学课成绩是65分，就说他化学课程没学好。经过仔细分析，实则不然。假如全班的物理课成绩平均分是75分，标准差是12，化学课成绩平均分是60分，标准差是10，则可算出该生物理课标准分数为0.42，化学课标准分数为0.50，由此可知该生化学课成绩反而优于物理课成绩。

(二) 分数报告单

下面是李明和王芳两位同学在某次考试中的成绩分数，如果你是两位学生的老师，你将如何评价他们的成绩？他俩谁更优秀一些？

**表12-2 两个学生的学习成绩比较**

| 考试科目 | 原始成绩 | | 全体考生 | | Z分数(标准分数) | |
|---|---|---|---|---|---|---|
| | 李明 | 王芳 | 平均分 | 标准差 | 甲 | 乙 |
| 语文 | 85 | 89 | 70 | 10 | 1.5 | 1.9 |
| 政治 | 70 | 62 | 65 | 5 | 1 | －0.6 |
| 外语 | 68 | 72 | 69 | 8 | －0.125 | 0.375 |
| 数学 | 53 | 40 | 50 | 6 | 0.5 | －1.67 |
| 理化 | 72 | 87 | 75 | 8 | －0.375 | 1.5 |
| 总分 | 348 | 350 | | | 2.5 | 1.505 |

从总分看王芳比李明成绩稍好一些,而从标准分数看李明比王芳成绩更好。这种差别是由于不恰当地计算总和分数造成的,因为各科成绩难易度不同,分散程度也不同,各门学科的成绩不等价,亦即数据是不同质的,这是应用总和分数不够科学,故此出现这类问题,科学的方法应当用Z分数合成。从Z分数可知李明多数成绩是在平均分数以上,即使有两种分数低于平均数,差别也小。总之,李明成绩较稳定且分布在较高处,而王芳则不然。可见应用Z分数更趋合理。

### 三、评分对学生的影响

众所皆知,考试的目的是通过对考试分数的解释为考试使用者提供决策参考。如果使用者对考试的分数做出了不恰当的解释就会对决策产生影响,以致损害考试的效度。所以,没有低效度的考试,只有低效度的分数解释。

(一)我国不恰当的分数解释主要有以下几种:

1. 缺乏分数参照体系。

目前,我国在考试的认知和执行过程中,一般在对测验分数做出常模参照解释的时候,只是孤立地给出分数,而不给出常模的相关信息,这样做的结果是无法对分数做出恰当的解释,从而影响决策。例如:一位考生在一次考试中取得了80分的成绩,严格说来,仅凭这个分数是无法对这一考生的表现做出任何判断的。因为就这一成绩而言,他可能是考得最好的一位,也可能是考得最差的一位。但如果知道了平均分和标准差这些对常模做出描述的参数,那么,就可以对他的成绩做出判断。如:韦氏智商分数就是以100为平均分,15为标准差。如果一个人的智商分数是115,就说明这个人比平均分数高出了一个标准差,即他的智商比84%左右的人要高。这样的信息显然更有利于决策者做出决定。

2. 缺乏对分数必要的描述。

在对测验分数作出标准参照解释的时候,倘若只报告分数,而不对考生所达到的水平作出必要的描述,那么,决策者就无法获取足够的信息。何况在通常情况下,人们对考试作出标准参照解释的时候,平均分和标准差并不重要,因而考试使用者也不怎么关心。重要的是关于其标准或及格线的设定,决策者只有同时知道测验分数和及格线,以及对达到这一标准的被试能力的描述,才能真正理解测验分数的意义。

3. 过分夸大标准化考试的功能。

任何考试的功能都是有限的,所测查的都是考生某一个或者某几个方面的能力。考试只有被用来评价它能够测查的方面时,才能够发挥其作用,否则就是无效的。数学考试只能被用来评价考生的数学能力,如果被用来评价考生的语文能力,不但无效,而且也是荒唐的。如果说一个全省的数学状元一定是个学习好、品德优良的学生，那就过分夸大标准化考试的功能，数学成绩好只能说明这个人数学学得好而已。

(二) 评分对学生的影响

1. 失败的影响

在有些人看来，低分和失败在学校里应该尽量的避免，但情况并不是如此简单。在回顾了往年关于失败的影响的研究之后，克利福德(M. Clifford，1990，1991)得出了一个结论：教育者应将挑战与成功放在一起统筹考虑。我们应该鼓励学生发挥最大的智力潜能，允许他们从错误中学习，要容忍课堂错误，要把学习成功看作是一个渐进的连续过程。

某种水平上的失败对大多数学生是有益的，尤其是在教师帮助学生看到勤奋学习和学业提高的关系时。努力保护失败的学生、保证学生成功似乎是不可能达到的目标，但实际上，你的学生越能干，你就越要帮助他们学会"成功地失败"，这是更具有挑战性也是更重要的。差异教学专家汤姆林森(C. Tomlinson，2005)指出，那些通过较少努力就获得成功经历的学生不会学着去努力，而认为高成绩就是他们的权利。所以作为教师应该引导学生正确看待失败，认识到好的成绩是通过努力获得的，这才是对他们有益的。

2. 反馈的影响

一些关于反馈的研究结果被很好地应用于成功的或建设性的失败中。这些研究得到的普遍结论是，当我们告诉他们为什么会出错时，反馈是很有用的。这样他们就能学习到更适当的策略。学生经常需要别人帮他们指出为什么他们的答案是错误的。没有这样的反馈，他们很可能再犯同样的错误。然而同种类型的反馈是相当少的，在一个研究中，只有大约8%的老师能注意到学生数学运算中一个一致性的错误，并告知学生。这说明针对每一个学生的错误，逐一进行反馈是很有必要的。

给学生们提供个性化和建设性的书面评论也是非常有益的。这意味着老师应对学生所犯错误或错误的方法做明确的评语，但要平衡评价和怎样改进这两者之间的关系，评论应指向对学习有用的方向。什么是有效的书面反馈呢？当老师采用下面四个问题来作为教学的反馈时，对学生的促进是非常显著的——"什么是关键的错误？导致错误的可能原因是什么？我要怎样指导学生以后避免这样的错误呢？哪些是学生能做好且要注意的？"下面是老师写评语时的三个例子。

"天下无难事，只怕有心人。"你相信这句话吗？其实老师很喜欢你，因为你团结同学，乐于助人，尊敬老师。如果你在课堂上多思考，多举手发言，好成绩一定会和你交朋友。相信你能做到，赶快行动吧，老师等着你的好消息。

老师现在还记得你运动会上的精彩表现，扔垒球、跳远、跑步，样样都很棒。你的数学题也做得那么快。如果你的语文也能像数学那样出色就更好了。老师希望你在假期查漏补缺，把语文赶上来。

你虽然话不多，可是对待学习的态度非常认真，每节课你都能做到认真听讲，每次作业你也都能认真完成，可为什么老师很少看到你上课举手发言呢？老师希望你在新的一年里学习和生活上再积极主动一些，上课多举手发言，下课多和同学们交往，让你的学习成绩更好，让你的朋友变得多起来。老师相信那时的你肯定会变得更快乐！

像这样的评语不仅能帮助学生改正错误，而且能使他们认识到什么才是高质量的学习，并取得进步、增长技巧。

3. 评分与动机

不同的归因对学生的学习动机和积极性起不同的作用。学生在学习过程中无论是成功还是失败，都会进行归因。引导学生进行正确归因，对激发动机具有极其重要的作用。有的学生在学习上取得成功，可能把原因归结为个人的努力和能力强，也可能把原因归结为任务简单和偶然的因素。如果把原因归结为个人的努力和能力强，就会增强学生的学习动机，提高学习的积极性；如果把原因归结为任务简单和偶然的因素，则会减弱学生的学习动机，降低学习的积极性。反之，在失败的情况下，可能把原因归结为个人主观努力不够，也可能把原因归结为任务难、能力低。如果把原因归结为个人努力不够，会增强学生的学习动机，提高学习的积极性；如果把失败的原因归结为任务难、能力低，则会减弱学生的学习动机，降低学习的积极性。为了使学生在归因时减少或消除偏差，进行正确的归因，教师应当通过团体训练、强化矫正和观察训练等方式积极引导并帮助学生掌握归因的技能。

教师应该对学生的学习进行及时评定与反馈。对分数有了正确的认识，成绩评定方能起激发动机的作用。教师对学生学习结果的评价必须实事求是，做到客观、公正和及时。评价要考虑到学生的心理发展水平和个性特点。对学生的评价应当以鼓励为主，辅以适当批评和表扬。对于一些成绩虽好，但有骄傲情绪的学生，要指出其不足和努力方向；对那些学习很努力但成绩较差的学生，评价时要积极引导，多加鼓励。在教学中教师应注意创设一种强调掌握目标的课堂气氛，以调动学生的学习积极性，如：让学生感觉到老师注意我是否有进步、注意我的学习方法，使学生认为要注重学习过程，不应过分重视学习结果，成功是指获得进步等。同样，应尽量避免创设强调成绩目标的课堂气氛，如过分重视学生的成绩，对学生的成绩进行比较等等。

总之，教师可结合日常教育教学工作，针对不同学生的归因倾向进行引导、鼓励和强化，以便形成积极有益的归因方式。教师只有引导学生进行正确的学习归因,才能促进他们的有效学习,并使他们不论在学业的成功还是失败面前都能获得进步与发展。

## 四、教师与家长的沟通

每一位家长都希望能够了解孩子在学校的表现,尤其是学习上的表现,而且家长都会很关心孩子的学习成绩,有时会向老师了解孩子某次考试的成绩,并以此来推断前一段时间孩子在学校的表现,这时老师与家长保持一个良好的沟通是很有必要的。

教师与学生家长沟通时,首先要全面了解学生,包括学生的学习、性格、习惯,各种优点、不足等。还要客观地评价学生,既要充分地肯定学生的优点、成绩,也要客观如实地指出学生的缺点、不足,提出帮助孩子克服缺点、改正错误的科学方法。态度要诚恳,感情要真挚。还要让家长知道,孩子在成长中出现些问题有时是难免的,也是正常的,不必大惊小怪,而应客观地面对,冷静地分析,这样才能找到解决问题的科学方法。孩子出现的任何问题都不是孤立的或偶然的,都是有这样或那样主观、客观的原因。只要能准确找到产生问题的原因,采取有效办法消除这些原因的影响,问题自然就会得到很好的解决,同时也要让家长明白,有些问题的解决,并非一日之功,需要循序渐进,持之以恒。只要能把道理讲明白,讲透彻,家长是乐于接受的,也会乐于配合的。

其次,在与家长沟通时,要让家长树立对自己孩子的信心。在交流中切忌随心所欲,不着边际。或者一味地只说好听的,只谈优点,取悦于家长;或者一味地指责学生,只说缺点,埋怨家长;这两种做法都是错误的,不可取的,都不利于与家长的沟通,不利于孩子的学习进步和健康成长。在与家长的交流中让教师最感头痛的是面对"后进生"的家长:面对学生糟糕的成绩,往往无话可说;面对家长的失望,往往无言以对。对待"后进生",我们不能只用成绩这一个标准来评定学生,任何一个学生都有其闪光的地方,老师要尽量多地发现其闪光点,更要让家长看到孩子的长处,看到孩子的进步,看到希望,从而树立对孩子的信心。对孩子的缺点不能不说,但也不要一次说的太多,更不能言过其实,尤其不能说诸如"这孩子很笨"之类的话,在说到孩子的优点时,要热情、有力度;而在说到孩子的缺点时,语气要舒缓婉转。这样家长就会感到老师对孩子充满信心,自己也会对孩子充满信心。只要家长对自己的孩子有了信心,他就会更主动地与老师交流,积极配合老师的工作。

还有,老师提出的建议要科学实用。针对具体的问题,提出具体的、可操作的建议。既要让家长知道怎样做,还要让家长明白为什么这样做。建议不宜过多、过泛、或不着边际,要切实可行,能够解决实际问题。否则,家长一头雾水,不知所云，无所适从，就不可能达到与家长有效沟通解决实际问题的目的，还可能使家长产生失望和不满情绪，对学生的学习进步和健康成长造成消极的影响。

## 第二节　终结性评价和形成性评价

### 一、终结性评价

教师在教学之后评价学生成绩的测验。这种测验发生在教学之后，对学习的成绩给出一个概括，目的是让教师和学生知道目标完成水平。期末考试是一种典型的终结性测验。

运用教师的评价作为外部终结性评价已经提倡很长时间了。当我们想一想有效的终结性评价所应该具备的质量标准，这种方式的价值就非常清晰了。与其他目的的评价相同，终结性评价应该具备以下的一些质量要求：

第一是有效性，评价必须覆盖所有的并且只能包括那些与评价目的相关的学生的成绩。第二是可靠性，评价应该精心设计让使用者对结果的准确和目的的一致性有信心。第三是冲击性，评价不只是衡量表现情况，而且还要对教学和学生的学习动机等起到促进作用。评价通常对课程的开设和教学有着强烈的冲击，因此尽量减少任何的负面影响是非常重要的。第四是可行性，进行终结性评价所需要的资源——教师的时间、专业知识、费用以及学生用于学习时间，应该与其所提供的价值相符。

下面从四个方面对教师终结性评价的优势与不足进行了比较，见表 12-3。

**表 12-3　教师终结性评价的优势和不足**

| | 优势 | 不足 |
|---|---|---|
| 有效性 | 与统一考试相比，教师能够更全面地考查学生的成绩和学习情况。教师的评价所提供的信息既能反映学习过程，也能反映学习的成效 | (1)教师评价的有效性依赖于教学过程中所提供的学习活动和机会。<br>(2)繁琐的模式化的质量保证程序可能会限制教师的终结性评价。因此只能采用“安全的”和日常的一些方式。 |
| 可靠性 | (1)通过适当的培训和规范教师的评价，其可靠程度是肯定的。<br>(2)在一些国家，继续教育和高等教育中有很多教师运用严格的终结性评价对学生进行评估的实例。 | (1)由于所采用的标准各异，教师的评价经常被看作是不可靠的和有偏差的。<br>(2)作为对教师的判断的补充，一些统一的外部考试和考核任务可能始终是需要的。 |

续表

| | 优势 | 不足 |
|---|---|---|
| 影响力 | (1)教师有充分的自由去设立适合他们自己学生的学习目标。<br>(2)教师从学生正在进行的学习过程中收集的信息既可以用作形成性评价去促进学生学习,也可以用作终结性评价。<br>(3)规范化程序给教师提供了很有价值的专业培训内容。<br>(4)学生在分享自我评价的过程中能够形成一种有别于"以成绩为目标"的态度,趋向于"以学习为目标"的方向努力。 | 公众对教育系统的信心可能会降低,因为教师评价一直被看作是不如统一外部考试重要,特别是对11岁以上的学生 |
| 可操作性 | (1)由于减少了购买商业考试试卷的数量,学校的经费变得更宽松,而当国家统一考试被用来去评估一个学校的时候,学校这方面的开销又会急剧增加。<br>(2)教师能够花更多的时间在教学上而不是去准备考试和改卷。<br>(3)通过用日常作业而不是考试去评估进度,学生用于学习的时间每年至少增加了两周。 | (1)承担终结性评价的责任可能会增加学校和教师的工作量。<br>(2)教师可能会发现规范他们对学生学习的判断过程是非常费时间的。<br>(3)如何解释和使用评价的标准需要进行培训。 |

## 二、形成性评价

### (一)形成性评价的定义

一种不给出等级的测验,为了帮助制定教学计划和诊断教学成果而在教学之前或教学之中进行的测验。

### (二)形成性评价的用途

形成性评价是一种过渡性评价,它的核心就在于为教学提供最佳反馈信息,指导教学实践。这种观点是对形成性评价作用的总体的、一般的认识。现在随着我们对形成性评价认识地加深,使用相当广泛,我们把它划分得更加具体。具体来说,它主要有以下几种用途:

1. 改进学生的学习

形成性评价的结果可以表明学生在学习中存在的缺陷、不足和困难。教师一方面根据形成性评价的反馈信息，针对不同学生的问题提出具体的、激励性的改进建议；另一方面，根据形成性评价的反馈信息，教师可以检查自己的教学，自我对照教学目标陈述是否明确，教学内容的编排是否有结构性，教学方法是否能引导学生形成正确的学习思路，关键概念、原理的呈现是否清晰等等，从而考虑如何调整教学内容、方法和形式，达到促进学习的目的。学生根据形成性评价所提供的反馈信息能帮助他们意识到学习目标与他们现有知识、理解或技能的差距，从而引导他们通过必要的行动达到目标。

2. 强化学生的学习

通过形成性评价的结论，学生能够知道自己在学习中存在的缺陷和困难，明确进一步努力的方向，所取得的成就和进步，体验自己的点滴进步，建立自信，促进学生在原有水平上获得全面发展。如果评价能指出学生测验或作业错误的地方并给出具体的改进措施，这种类型的反馈方式能激发学生努力学习，因为它强调学习是通过努力而提高的，成绩差并不是缺少能力。另外，除了学生的自我强化以外，教师提供何种强化策略也是促进学生学习的有效手段之一。教师对学生的评价应该是肯定性和鼓励性的，这样可以促使学生保持自信、积极投入学习。

3. 促进学生学习方式的转变

学生在学习过程中会采用不同的学习方式，而不同的学习方式又会产生不同的学习效果。目前对中小学学生的评价主要是终结性评价，这种评价方式过分重视静态的、可量化的和浅层次的学习效果，而学生在学习过程中所采用的方式是一种动态的表现，因此采用终结性评价很难加以测量和评价，这也是导致学生在学习过程中被动地接受知识的一个重要原因。要对学生的学习方式进行评价，这就需要教师在学习的过程中同时对反映学生学习质量和水平的资料加以评价，也就是要进行形成性评价。新课改要求改变学生被动接受式的学习方式，倡导自主、合作、探究的学习方式，这就需要通过形成性评价及时关注学生学习过程中的学习方式，通过评价，将学生的学习方式引导到自主、合作、探究的学习方式上来。由此可见，形成性评价对于促进学生学习方式的转变，保证新课改的有效实施是非常重要的。

4. 有利于培养学生学习的自主意识和责任意识

形成性评价强调自我评价和自我反思，自我评价本身就是主体性教育的一部分，自我评价改变了学生原来消极被动的被评价地位，使学生成为评价主体中的一员，这一转变会极大地激发学生的主体意识。此外，学生在自我评价的过程中,需要发挥积极性和主动性,以便有利于促使学生形成对自己学习的自主意识和责任意识。

（三）形成性评价的优势和局限

1. 形成性评价的优势

(1) 全面。无论从评价的价值取向,还是从评价的内容方法上看,形成性评价的理念更为全面,也就能更全面地发挥评价的各种功能。形成性评价既注意标准又注意过程,不试图用过于刻板的标准来衡量所有的学生,而是通过学生在学习过程中的表现去判断每位学生的学习质量和水平,符合人的多元智力的实际,有利于激发学生的学习动力和自信心。

(2) 及时。形成性评价是与教学同时进行的共时性评价,评价和教学相互交叉和融合,教师和学生民主互动和协商,能及时地反映学生学习中的情况,有利于及时地肯定学生的成绩,引导学生的学习和发展方向,及时地发现存在的问题和不足,改错纠偏。

(3) 灵活。形成性评价不过分追求目标的标准化和方法的规范化,不过分追求评价的客观性和精确性,不过分追求评价环境和程序的正规和严肃,有利于学生充分展示才能。

(4) 深入。形成性评价采用包括质性评价在内的各种评价方式,从学生本身、从同辈伙伴、从教师家长等不同的角度获得评价信息,不像传统的评价只能测量可量化的、相对来说属于浅层次的学习效果。形成性评价可以深入学习的不同方面和不同层次,可以从不同的视角对学习进行描述和评价,对学习质量的评价层次也更高更深入。

(5) 可持续。形成性评价是贯穿于学习始终的,在学习之前、之中都不间断地进行。随着评价理念的逐步树立和对评价方法的逐步掌握,学生将评价作为学习的一部分,作为自己生命活动的一部分,作为促进自己终身学习和终身发展的重要手段。

2. 形成性评价的局限

(1) 形成性评价的结果难以整合,统一呈现

由于形成性评价更多地采用了开放的、实时的评价方式,特别对情态领域和学习过程的评价,评价所收集的数据和判断的标准可能都会因时而变、因人而异;就是对学习表现和效果而言,如果采用的是质性的方法,其标准也无法做到统一,其评价的过程和程序无法做到规范。

形成性评价关注的是在学习过程中的知情意各个方面,这几个方面有着各自的特征与发展水平,是很难以统一呈现出来的。因此,在一些功利性较大的评价中,是不适合采用形成性评价的结论的。

（2）形成性评价的过程难以做到公平、公正

当社会需要按一定的标准和规范来衡量教学的效益和学习的成果时，评价的公平与公正是非常重要的原则，而形成性评价由于较多地带有参与者（包括评价的主体和客体）的主观性和个别特征，很难证明评价的公平与公正，是否被社会所接受也就成为一个问题。

（3）形成性评价的实施强度难以把握

形成性评价贯穿于学习和教学过程的始终，那么评价的强度应该是多大才恰当，这比较难以把握。如果过于强调评价，或评价的分量过重，很容易导致评价过于频密繁琐，直至学生和教师不堪其烦。教师要在日常教学工作中反复地判断、评价多个学生，这对教师而言，无疑是一项既沉重又费时的负担。在这项单调重复的工作中，教师对评价的责任感往往会逐渐变得迟钝，从而变得更加容易轻易、草率地下结论。结果不但不能揭示被评价学生的个体特征，反而用偏见抹杀了学生的个体特征。我们提倡关注形成性评价的作用，但也不要使教师整天都感到自己是个评价者，分分秒秒都处于紧张状态中。关键是让教师树立起正确的评价观，在与学生的互动交流中养成良好的习惯，这样就能自动地以正确的态度观点对学生进行形成性评价。

（4）形成性评价的工具繁多，容易造成评价形式化

伴随形成性评价方式产生的还有一大批新颖的评价工具，这些评价工具同样有着明显的局限，如消耗的时间过多，评价的视野不稳定等等。如果不注意把握好形成性评价的实质而只是热衷于这些工具的使用，很可能导致评价的形式化。

前两个问题是由于评价方式本身的局限引起的，后两个问题是由于形成性评价相对较难把握，容易造成运用不当带来的。不管怎么说，都是值得注意的问题。

（四）实施形成性评价的建议

根据对形成性评价局限的分析，我们认为在形成性评价中应该注意以下问题：

1. 不要把对学习效果的评价排除在形成性评价之外。例如，用成长记录或学习档案作为评价工具时，学生可以把自己认为是优秀的作品放进其中，这些都是学生在一定阶段的学习效果。当档案袋中收集了一系列的作品时，这些作品也就很具体生动地显示了学生的学习和发展的进程。

2. 不应将形成性评价与某种特定的评价方法甚至评价工具等同起来。适合做形成性评价的工具有很多，学习日记、评价表量表等都可以是评价的工具。许多实时的、口头的评价，如教师或同学的肯定赞扬或否定批评，也是一种形成

性评价。

3. 不要过分夸大形成性评价的功能。正如上面所说,形成性评价有其优势,也有其局限。现在一些人过分地夸大形成性评价的功能,不管什么情况下都要用形成性评价,似乎只要采用了形成性评价的方法,在评价方面存在的一切问题,包括应试教育的问题都迎刃而解了。这样的结果只会把教学和评价引入歧途。

4. 关注学生的个体差异,采用激励性的评价策略。形成性评价更多地把评价活动和过程当作经被评价者提供了一个自我展示的平台和机会,鼓励被评价者展示自己的努力和成绩;同时所配合的恰当的、积极的评比方式和回馈方式,也将成为一种积极、有效的激励手段。

5. 不只是关注评价结果的准确、公正,而是更强调评价结果的回馈以及被评价者对评价结果的认同和对原状态的改进。

6. 评价要多元化,要有启发性、赏识性、开放性、体验性、总结性。教师允许学生的答案及表达方式多元化,注重发挥每个人的创造潜能,倡导用不同的学习方法去学习和表现对知识的理解,让学生看到自己在原有水平上的进步,体验学习的乐趣,明确自己进步的目标。

7. 防止几种常见的误差倾向。第一种是宽松误差,指的是实际的评价高于合理的评价,即使学生的表现、反映没有什么优点,有宽松误差倾向的教师也会说好。第二种是严格误差,与宽松误差恰好相反,指的是教师有低估学生的倾向。即使学生的表现再好,一个持有这种评价偏见的教师也只会认为学生“中等”,甚至“中下”。第三种评价偏见是集中趋势误差,指的是教师在下结论时倾向于给一个中间值,既不高也不低。他们把绝大部分的结论集中在平均值附近,认为这种做法不伤害任何人,因此会不自觉地把学生摆在中间的位置。

以上列出了几点在形成性评价中应该注意的问题。在评价的实践中,这些问题会以不同的形式加以表现。要完全避免上述问题的出现是不现实的,但是通过努力,可以使问题及其影响最小化,充分发挥形成性评价的优势。也正因种种问题的存在,当我们强调形成性评价的作用时,不能从一个极端走向另一个极端,而是要注意各种评价方式的有效配合,实现总体评价效果的最优化。

## 第三节　课堂评价的多样性与共同性

课堂评价是一门艺术,它反映出一个教师的语言艺术、引导艺术、激励艺术,是一个教师教学机智与高超教学艺术的体现。好的课堂评价可以开启学生积极的学习心智，产生愉悦的学习情绪，引发向上的学习动力，使学生建立足够的学习自信，甚至有时会对学生的行为产生终身的影响。苏霍姆林斯基指出：“教育的艺术首先包括谈话的艺术。”恰当运用课堂评价，课堂一定能充满生机。

## 一、课堂评价的多样性

课堂教学评价很重要，在教学中主要针对学生的年龄特点、学科特点、课程内容特点应采取多元的评价方式，切忌为了评价而评价。近年来，课堂评价的主客体呈现出多样性的趋势。从新课程理念出发，教师和学生处于平等的地位，有教师评价学生，也应该有学生评价教师，这样的课堂才算得上是和谐的课堂。要用教师的评价感染学生；通过生生互评、生生自评以补充延伸；通过生评老师，以达到教学相长的目的。

### （一）教师对学生的评价

教师是课堂教学的主导力量和直接责任者，毫无疑问是课堂评价的主体。在评价活动中必须发挥教师的主观能动性，使课堂评价成为教师的一种自发行为。教师对学生的评价，可由教师本人去组织评价者、收集信息、处理信息，并把评价结果直接用于总结教育教学行为。

### （二）学生之间的互相评价

学生互评在课堂教学中运用较多，学生喜欢模仿老师去评价他人，通过互评，使学生能正视自己、尊重他人，同时也提高了鉴别能力、分析和表达能力。不仅如此，学生互评可以使课堂气氛和谐，让学生之间的关系更加融洽，让学生学会宽容、理解，增强学生学习的信心和兴趣。

### （三）学生对教师的评价

传统的课堂，我们通常都是在学生完成某项活动后，由教师对学生进行评价，很少有学生对老师进行评价的机会，但是现代课堂提倡民主课堂，因为平等是增进情感、融洽关系的揉和剂，学生既渴望同学之间的平等，也希望师生之间的平等。老师与学生互换角色，教师处在学生的地位上听学生评价，学生在欣喜、“受宠若惊”之余，更多的是快乐。他们一定会抓住机会，好好地表现一番。在这个过程中，教师通过倾听学生对自己的评价，进行反思，接受合理的意见，从而增加师生感情沟通，改进教学实践。

### （四）学生的自我评价

现代教育提倡评价要发挥学生在评价中的主体地位。自我评价能够培养学生为自己学习负责的能力，鼓励他们自己思考，使他们看到自己取得的成绩以及需要帮助的地方。所以在课堂评价过程中教师也常常要求学生进行自评，如在听录音时,给出一些主要的单词,让学生在听录音的时候注意听这些单词,每听出一个单词,就给自己加一分,用这种方式让他们对自己进行评价。

课堂教学评价的发展现状是多样化的,其发展过程随着教育理念的改变而改变。当人本主义教育思潮被越来越多的人所接受时,课堂教学评价的目的从原先单一的奖惩向更适合于人权论的发展性目的转变。课堂教学评价主体与客体多样化的发展也是为了更全面地促进教师的发展及课堂教学质量的提高,从而激励教与学两方面的积极性,提高学生的素质,培养适应社会的人才。

### 二、课堂评价的共同性

(一)课堂评价首先要对学生起正确的引导作用。马卡连柯曾说:"要尽可能地尊重一个人,也要尽可能多地提出坚定明确和公开的要求。"作为教师,当发现学生的理解上有偏差时,我们要通过明确、有针对性的评价来引导学生,使其学习和情感得到发展。

(二)课堂评价还要把握好度,针对不同层次的学生要采用不同标准的评语,极力反对那种整齐划一的评价,如"棒,棒,你真棒。"针对学生不同的特点,采取不同的方式给予指导。对一些自卑的学生我们要不断给予鼓励,在他们做完事情时,及时给予表扬。而对一些容易自负的学生,我们不能一味地给予表扬,这样才能做到准确有效的评价。

(三)课堂评价要讲究趣味性,机智诙谐的评价语,不仅能促进学生思维的敏捷和灵活,更能使课堂教学妙趣横生,充分调动学生学习的积极性。

(四)课堂评价要避免刻板印象的干扰。许多研究表明,教师对少数民族学生的期望是比较低的,这些偏见影响了教学和评价。有些教师对待城市和乡村的学生的态度的差别也容易造成课堂评价的不客观。偏见是很微妙的东西,在编写测验时,你能将语言和经验整合得和你的学生相似吗?标准化的评论和课堂评价要考虑某个特定的群体能否有可利用的知识,如:运动知识(可能对女性不公平)、旅游(可能对来自低收入家庭的孩子不公平)、自驾游(可能对家里没车的孩子不公平)。

对学生进行正确的评价,不但能够减轻学生的压抑感,而且还能够增强学生的自信心,使学生的积极性倍增。课堂气氛活跃,师生情感和谐,学生才能在轻松愉快的环境中学到更多的知识。

### 三、教师的专业成长

教师的专业成长表现为,教师个体在其整个职业生涯中依托专业组织,通过终身专业训练,习得教育专业知识技能,实施专业自主,表现专业道德,不断增强专业能力的过程与实践。教师职业特点的自主性和创造性决定了影响教师专业成长的关键是自身因素,尤其是教师对自身教育能力和教育效果的判断以及所感受的教育效能感,这直接影响着教师的专业成长。

(一)教师的教育效能感

教师的教育效能感是教师对自己是否有能力对学生的学习产生积极影响的信念,可分为两个维度:一般教育效能感和个人教学效能感。一般教育效能感是指教师对教与学的关系对教育在学生发展中的作用等问题的一般看法和判断。教师在实施教育行为之前,会对教育效果进行主观的推测。如果教师认为教育行为能使学生达到目标,那么他们就会努力去做;相反,他们就不会为此而付出努力。个人教学效能感是指教师对自己的教学效果的认知和评价,即评价自己教学的好坏。个人教学效能感高的教师相信自己有能力教好班上的学生。

教师的教育效能感不仅会影响教师的教学质量、管理水平、科研能力,还会影响学生的学习动机和学习自我效能感。因此,你会发现,教育效能感高的教师往往能够灵活地调整教学情景,与学生保持积极热情、互相理解的师生关系,指导学生有效地学习。在管理班级中,他们往往会采用民主的管理策略,运用说服的方式,鼓励学生自我约束。同时他们还敢于挑战自我,勇于挑起科研重担,热衷于申报各级课题,积极撰写论文,编著学术成果,即使面对学术压力,也能致力于解决各种问题。另外,教师自信的言谈举止及能力水平也给学生提供了一种示范作用,促使学生即使在学习中遇到困难,也能用更大努力去迎接挑战。教师的专业成长要经历一个长期、反复的变化过程,教师成长实践表明,如果只有外力驱动而缺乏自主意识,教师就不可能实现专业的自主发展。而教育效能感的提高为教师实现自主发展提供了内源性动力。教师形成高的教育效能感需要具备以下几个条件:

1. 要有良好的自我意识。这其中包括客观的自我认知、评价、积极的自我体验、良好的自我控制等。教师要在教育实践中、在与人的交往中、在不断的自我内省中更好的认识、发展、完善自我,形成积极的自我意识。

2. 要学会进行积极的自我心理暗示。用积极语言暗示自己有智慧、有办法教育好自己的学生;多学习、感悟、模仿他人成功的教育经验,丰富自己的教育智慧;修炼自己拥有美好的心境,以积极乐观的情绪情感看待教育中遇到的困难和问题;善于控制、转移消极不良的情绪对自己心理的影响,运用活动调适法、交往调整法、适当发泄法、行为强化法、重新评价法、升华法等方法调节不良情绪。

3. 形成正确的自我归因。将成功归因于能力、努力和策略的有效性,就会认为成功是经过自己的努力获得的,并且相信是自己的能力高。将失败归因于努力不够以及教学策略应用不当,教师就会加倍努力,在自己能行的信念的指导下，对教学任务适合度重新认识，从而调整后继的教学任务。这样会对教育效能感的形成起到良性循环的作用。

4. 形成自觉的反思意识。教师是自身发展的主体，应当充分关注和重视培养教师的反思与研究意识，提高对教育过程中各种问题的敏感性，使反思经常化、自觉化、系统化，不断提高自主发展的意识与能力，改进教育实践，增强自信心和教育效能感。

5. 建立和谐的人际环境。成功的教育是教师群体齐心协力、密切合作的结果，更是师生共同努力、真情互动的结晶。拥有和谐的人际关系的教师，善于与他人沟通合作，能获得同行的支持与认可，教师本人也善于主动学习其他教师先进的教育理念、有益的教学经验和科学的教学方法，从而有利于自身教育效能感的提升。

（二）教师的成长感悟

美国教育心理学家波斯纳（G. Posner）提出："教师成长＝经验＋反思。"不同学历、经历、阅历的教师，促进其成长的关键要素会有所不同，但通过研究发现，其关键要素大致可概括如下：一是自身对教育的情怀、热爱、追求；二是自觉对教育教学的研究、反思、改进；三是自身深受影响的读物、人物、事物。此外，教师的工作绝不能仅限于教给学生知识，更重要的是给学生打开一扇窗，打开一扇门，让学生看到外面也许是更大、更美、更复杂的世界。因此，教师的眼界非常重要，教师的眼界有多宽，就有可能给学生创造多大的舞台。最后，教师成长要有方向、有定力、有价值。当一个量有了方向，就成了矢量；当一个人有了方向，就有了远方。做教育和学开车有很多相像之处。面对复杂的路况，唯有握紧方向盘，才能把握好方向不偏航。坚持，是一件看上去特别容易，做起来却很难的事情。面对教育中的热点、焦点、难点话题，面对教学中的困惑点、疑难点、成功点，作为教师应该透过现象看本质，从外部看内核，形成一个核心的研究课题，并据此在岁月的长河中不断研究、不断实践、不断迭代、不断升级，在复杂性中寻找规律性，在易变性中寻找确定性。教师的成长，不仅仅是个人"小我"的成长，更是团队"大我"的进步。教师的价值会在当下的课堂流淌，也会在未来的时光徜徉。

## 回到案例

课堂评价对课堂教学起到了促进的作用。整堂课上，同学们思维活跃，情绪高涨，课堂的趣味性更浓了，同学们你一言我一语，各抒己见，在评价中交流，在交流中学习，在评价中得到提高。

一、教师对学生的评价

每位学生都希望得到老师的表扬与鼓励，适时对学生进行鼓励，使学生积极参与、融入课堂。如：引入新课时，学生激烈讨论用哪种材料做生物膜，老师没有对学生的想法作出评判，而是对学生的积极发言表示赞赏，很好地集中了学生的注意力，使学生全身心地投入课堂中。在教学过程中，当学生遇到困难时，鼓励学生大胆猜测，当学生不自信作答时，老师用“你的推测与科学家相同”的语言对学生进行鼓励，培养了学生的自信心。所以，鼓励学生，不要吝啬你的赞词，教师的一个眼神、一句鼓励的话语，不仅能拉近师生之间的距离，还能使学生自主参与，使学生树立了自信心，敢于表达自己的不同见解，同时也体验到了成功的喜悦，而且还可以让学生参与到教学评价中来。

二、学生之间的互相评价

学生之间的互评不仅有利于互相学习优点，改正不足，也可以锻炼自己的判断是非能力和口语表达能力，不断地发展和完善自己。但在互评的过程中，发现由于不会倾听，导致学生在相互评价的过程中常常出现机械性重复，评价方式也显得很单一。而且在评价环节中出现只盯住别人的缺点，而不去发现他人长处的毛病，不能全方位地评价别人。在这一点上，今后还需要老师耐心的指导，并创造让学生表达与交流的机会，逐步培养学生的是非判断能力，提高其评价水平。

三、学生对教师的评价

平等是增进情感、融洽关系的揉和剂。学生渴望同学之间的平等，也希望师生之间的平等。老师与学生互换角色，教师处在学生的位置上听取学生的评价，这就在学生与老师之间搭起一个心与心交流的平台，民主的课堂能让学生真正成为主人。

四、学生的自我评价

学生的自我评价有利于学生对自己形成一个正确的认识，正所谓当局者迷，旁观者清，这也是最难培养的一种评价能力。而且我们发现在进行学生自评的过程中，习惯于把关注的焦点对准学习的结果。同时暴露出学生不能把自己的想法与大家交流共享，即使勉强能够表达出来，但是在表达的过程中总是显得底气不足，开始的想法很好，在实际操作中觉得漏洞百出，最终造成了不敢想、不敢说的局面。因此平时还要鼓励学生多做自我反思，进行自我比较，找出自己的进步和不足。

## 学术争鸣

| 争鸣:应采用哪种课堂评价方式? | |
|---|---|
| **正方观点:课堂评价应用终结性评价。**<br>终结性评价又称结果评价,是对学生学习结果的评价,它用来对学生的学习做出结论和判断。“是在某一相对完整的教育阶段结束后对整个教学目标(或学习目标)实现的程度做出的评价”(鲁子问,王笃勤,2006)。终结性评价通常是在一个学程结束时进行,它要以预先设定的教育目标为基准,用来确定教学目标或学习目标达成的程度。课堂教学中的终结性评价为课堂目标达成评价,主要是评价通过一系列活动的开展,判断学生是否掌握了应该掌握的知识,是否能够应用所学的知识和技能进行有效的交际活动。由于终结性评价具有明确的评估标准,较少受主观的影响,实施起来方便且相对较公平,因此终结性评价是一种很好的课堂评价方式。相比之下,在实施形成性评价过程中,会出现不少问题,例如,在评价之前,教师如何对学生的活动进行有效的指导?在评价过程中,学生自评往往是难以开展的一个环节,或是只能留到课后进行,在有限的一堂课中,如何把他评和自评有效地结合起来,从而最大限度地促进学生知识、能力和情感的发展?对评价的再评价,往往是通过对他人的访谈和调查来获得,这不免使得一些个人的感情因素渗入其中,影响了评价的准确性。 | **反方观点:课堂评价应用形成性评价。**<br>形成性评价重视对学生学习过程的评估和评判,它通过多种渠道,综合和分析学生日常学习的信息,了解学生的知识、能力、兴趣和需求。它不仅注重对学生认识能力的评价,而且也重视对学生情感及行为能力的评价。形成性评价为学生提供了一个不断自我完善和提高的机会。它强调学生的自我评价与相互评价,让学生在自我评价中不断地反思,并取得学习上的进步。课堂教学中的形成性评价主要指对课堂教学过程中学生学习行为的评价,分析学生是否理解,能否应用,是否在积极参与,影响学生参与和学习效果的原因是什么,然后根据诊断信息调整教学方式。因此,形成性评估比终结性评估更有利于学生知识、能力和情感的发展,有利于学生兴趣的培养。终结性评价有具体确定的评估标准,实施起来简单易行,但这种评价方式没有关注学生在实践中知识、能力、情感的发展,这种评估方式不符合新课改的要求。 |

# 小 结

1. 标准化测验

标准化测验是一个系统化、科学化、规范化的施测过程。标准化测验具有测验所需的统一的标准、内容覆盖全面、质量可严格操控、适用范围广、有独立实施的主体等优点。但同时也具有一些缺点,如:试题答案不仅唯一,而且简单;测验只衡量学生掌握信息的好坏,却忽视他们综合信息、解决问题和独立思考的能力;由于时间有限,所以与思考的深度相比,测验更注重思考的迅捷;大多数标准化测验只注重基本技能,而忽视严密思考和推理能力的训练;测验只强调独立知识的学习,而不是在事实和思想的结合中学习。

2. 标准参照测验和常模参照测验的比较

在常模参照测验中,学生的得分要跟其他学生的平均分进行比较。而在标准参照测验中,学生的得分要与预先制订的标准进行比较。常模参照测验可以对一般的目标进行测量,涵盖的范围很广。然而,常模参照测验的结果并不能告诉我们学生是否可以学习更高层次的内容,并且它们不适用于测量情感和动作技能。标准参照测验一般用于测量对特定目标的掌握。

3. 为学生填写分数报告单

评分可以用原始分数、百分等级分数和标准分数。原始分数一般不能直接反映出学生之间的差异状况,不能刻画出考生相互比较后所处的位置;一个原始分数的百分等级是指在一个群体的测验分数中,得分低于这个分数的人数的百分比,百分等级取值越大,说明成绩越优秀;从标准分数中,既可知道学生的实际成绩,又可知道每个学生在参加考试的团体中所处的位置。运用标准分数还可以比较同一学生不同阶段的考试成绩;比较同一学生不同学科的考试成绩;比较不同学生的总成绩。分数报告单要考虑学生的进步、努力和其他优点。

4. 评分对学生的影响

失败的影响,作为教师应该引导学生正确看待失败,认识到好的成绩是通过努力获得的,这才是对他们有益的;反馈的影响,当我们告诉他们为什么会出错时,反馈是很有用的。这样他们就能学习到更适当的策略。学生经常需要别人帮他们指出为什么他们的各种答案是错误的。没有这样的反馈,他们很可能再犯同样的错误;评分与动机,教师可结合日常教育教学工作,了解学生,包括对不同学生的归因倾向进行引导、鼓励和强化,以便形成积极有益的归因方式。教师只有引导学生进行正确的学习归因,才能促进他们的有效学习,并使他们不论在学业的成功或失败面前都能获得进步与发展。

5. 将评价结果与家庭进行沟通

教师与学生家长沟通时，首先要全面了解学生的学习、性格、习惯，各种优点、不足等；要让家长树立对自己孩子的信心；老师提出的建议要科学实用。针对具体的问题，提出具体的、可操作的建议。

6. 终结性评价与形成性评价

终结性评价是在教学之后评价学生成绩的测验。这种测验发生在教学之后，对学习成绩给出一个概括，目的是让老师和学生知道目标完成的水平。期末考试是一种典型的终结性测验。形成性评价是一种不给出等级的测验，为了帮助计划和诊断教学成果而在教学之前或教学之中进行的测验。

7. 形成性评价的用途、优势与局限

形成性评价的用途包括改进学生的学习，强化学生的学习，促进学生学习方式的转变，培养学生学习的自主性和责任意识。形成性评价的优势是全面、及时、灵活、深入、可持续。形成性评价的局限是结果难以整合、统一呈现；过程难以做到公平、公正；实施强度难以把握；评价的工具繁多，容易造成评价形式化。

8. 形成性评价目的与方法

实施时要实事求是地进行分析，教学评价关注学生在学习上的优势与不足，关注学生学习能力的提高，关注学生的个体差异，采用激励性的评价策略。评价要多元化，要有启发性、赏识性、开放性、体验性、总结性等等。要注意各种评价方式的有效配合，实现总体评价效果的最优化。

9. 对课堂评价主客体的多样性的理解

课堂评价主客体的多样性包括教师对学生的评价，学生之间的互相评价，学生对教师的评价，学生的自我评价。

10. 对课堂评价共同性的理解

课堂评价的共同性包括课堂评价首先要对学生起正确的引导作用；课堂评价要把握好度，针对不同层次的学生要采用不同标准的评价语；课堂评价要讲究趣味性；课堂评价要避免刻板印象的干扰。

11. 对教师成长的评价

教师的专业成长要经历一个长期、反复的变化过程，教师成长实践表明，如果只有外力驱动而缺乏自主意识，教师就不可能实现专业的自主发展。而教育效能感的提高为教师实现自主发展提供了内源性动力。教师形成高的教育效能感需要具备以下几个条件：(1) 要有良好的自我意识；(2) 要学会进行积极的自我心理暗示；(3) 形成正确的自我归因；(4) 形成自觉的反思意识；(5) 建立和谐的人际环境。此外，教师成长要有方向、有定力、有价值。

## ∠ 思考题

1. 在实际教学中教师如何正确运用标准化测验?
2. 在给学生评分时,三种不同的评分各自的意义是什么?
3. 如何对学生的考试分数进行解释,才能促进学生的进步?
4. 教师在与家长沟通时有什么要注意的吗?
5. 形成性评价与终结性评价在实际中可以结合使用吗?
6. 如何在实践中运用课堂评价的多样性与共同性?
7. 试分析下面的课堂教学评价模式

在一节语文课上,老师让同学们阅读《荷花》这篇课文,并把第二段中自己认为最美的句子读给大家听。(学生自由准备,随后交流。)

学生1:我认为"荷叶挨挨挤挤的,像一个个碧绿的大圆盘"这个句子写得很美。

学生2:我也这样认为,一大片荷叶展现在我的面前,的确很美!

学生3:我还从这句话中感受到荷花的颜色、形状也很美。

老师:是吗? 你是怎么感受到的呢?(教师给予学生鼓励的眼神)

学生3:"碧绿"写出了荷叶的颜色,"大圆盘"写出了荷叶的形状。我是从这两个词语中读出来的。

老师:小朋友,你们真会读书,从不同的角度体会到了荷叶的美。(同学们受到老师真诚的赞赏,学生的积极性大大提高)。那谁能用朗读的形式来表现荷叶的美呢?(一学生朗读)

学生1:老师,我也想试一试。

老师:你们俩读得真好,老师仿佛也看到了这些荷叶! 还有谁能和他们比一比呢?(学生们纷纷举手)

老师:那谁能来评一评,他读得怎么样?

学生4:他的朗读很有感情,把句子中的几个重点词语读出不同语气了。

老师:同学们不仅读得好,而且评得也很到位,你们都很了不起!

……

## ∠ 进一步阅读文献

1. 丛利平.家校沟通的有效实施策略.教育观察[J],2020(3),42-43.

2. 陈晓燕.发挥督导中"导"的作用提升教师的教育效能感.高教论坛[J],2011(6),86-88.

3. 杨立新,赵丽静.在促进教师成长关键要素上下功夫,打造高素质教师队伍.吉林教育[J],2023(12),3-5.

4. 李森,郑岚.促进质量提升的课堂教学评价改革.课程.教材.教法[J],2019(12),56-62.

5. 田向远.谈形成性评价在教育教学中的应用.新课程研究[J],2009,5,(151),103-104.

# 第十三章
# 学生心理健康维护

## 章节说明

随着社会的发展，人们逐渐认识到学生的心理健康问题对于他们的成长和发展有重要影响。如何确定学生的心理健康水平，如何处理学生出现的心理问题、维护其心理健康是教师和家长非常关心的问题。其中涉及一些专业知识，首先是学生心理健康的概念及标准，其次是造成学生心理健康问题的成因以及应对策略。研究发现，学生心理健康问题的成因包括与学习有关的问题、与人际关系有关的问题以及与情绪相关的心理问题等。因此，本章中第一节主要介绍学生心理健康的含义及标准，第二节介绍与学习有关的心理问题，第三节介绍与人际关系有关的心理健康问题，第四节介绍学生面临的主要情绪问题。

## 案 例

随着中考临近，学校组织了多次模拟考试，小丽每次都认真准备了，但成绩却一直不理想，这使她情绪非常低落。老师生气地指责她："你怎么考得这么差？最近都在干嘛？"。小丽的父母看到她难过，不仅不安慰她，反而批评她："考前不努力，现在难过有什么用。看你这样，以后我们也不指望你考上好高中了"。其实，小丽最近在学习上投入了很多时间，连上厕所都想着学习的事，拿着书看两眼。但她发现自己在课堂上变得越来越难以集中注意听讲，写作业的时候经常大脑空白，连简单的题目都不会做了。尤其是考试的前几天，她都会莫名其妙地烦躁、紧张和担心，而且在考场上有手足发凉、出汗、心跳加速的感觉。小丽认为是父母和老师给自己的压力太大了，她们都不理解自己为什么考不好，私下里也认为自己是无论如何也考不上高中了。但是心里又有许多不甘，面对总也提不上来的成绩，觉得自己越努力成绩越糟，越想考好考得就越差，对自己再也不抱期望了，因此逐渐丧失了学习的热情。

小丽出现了哪些心理问题？我们应该如何干预和进行辅导？

## 第一节　学生心理健康概念与标准

### 一、学生心理健康的概念

1948年世界卫生组织在成立之初的宪章中，对健康下的定义是："不但没有身体的缺陷和疾病，还要有完整的生理、心理状态和社会适应能力。"可见，心理健康是完整健康概念的重要组成部分。学生是国家的未来，民族的希望。对于学生，我们不仅要关心他们的身体健康，还需要关心他们的心理健康以及他们与社会相融合的程度。对于什么是"心理健康"，世界各国的临床心理学家和精神卫生专家的定义不尽相同。研究者一般认为学生心理健康有如下基本表现：(1) 认知过程正常，智力正常；(2) 情绪稳定，乐观，心情舒畅；(3) 意志坚强，做事有目的、计划、步骤和方法，能克服困难达到目的；(4) 人格健全，性格、能力、价值观均正常；(5) 养成健康的行为习惯，无不良行为；(6) 精力充沛地适应社会，人际关系良好。

### 二、学生心理健康的标准

由于我们面对的学生正处于发展之中，并且成长迅速，因此目前学术界普遍认为，衡量学生心理健康的标准有两个：适应性标准与发展性标准。首先，大多数学者以个人能否适应环境来划分心理健康与心理不健康。若一个人对环境适应良好，则此人的心理是健康的，反之则心理不健康，这便是心理健康的适应性标准。班杜拉等行为主义者强调用"适当的社会行为"来界定心理健康，认为健康行为是个体在适宜的社会化过程中表现出来的与其自身特点相符合的结果。其次，心理学家们都越来越一致认同，适应是个人不断调整身心，在现实环境中维持一种良好的有效的生存状态。

发展则指向更高水平的适应，指向更成熟、更丰富、更健全的心理品质和心理生活。人本主义心理学家认为，真正的心理健康者，应该是内心世界极其丰富，精神生活无比充实，潜能得以充分发挥，人生价值得以完全体现的人。马斯洛等认为自我实现的人是其内在本性发展得最为充分的人，这样的人才代表真正的心理健康，心理健康的标准应根据自我实现者的心理品质来确定，即以自我实现者共同具有的那些心理特点作为心理健康的标准。总的来说，一个完整的心理健康标准的制订，应该综合考查个体的适应状况和发展状况。

学生特别是中小学生正处于身体和心理迅速成熟和发展的阶段，其中既有一些积极的变化，也会出现一些不适应的情况。结合当今积极心理学和发展心理病理学的研究结果，我们认为，一个心理健康的学生应该没有严重的情绪困扰，适应良好，具有与其年龄特征相符的发展特点，具有面对挫折与失败能自我复原的潜能。因此，对其心理健康的评价可以分别从适应、困扰与复原力三个不同层次上进行。

（一）适应良好

适应是指个体能充分发挥自身的主观能动性，通过不断的身心调整，与环境保持和谐状态的过程。这种适应不是静止的，而是一种不断打破平衡再重构平衡，从平衡到不平衡再到平衡的螺旋上升过程。学生的适应包括人际适应、学习适应、行为适应、青春期适应等方面。适应良好是学生心理健康的第一个评价标准。

（二）无心理困扰

困扰是相对于适应而言的心理困扰。学生心理困扰包括内化情绪问题如冲动、焦虑、恐惧、抑郁等，外化问题行为如攻击、退缩、违纪等；学生阶段的心理健康教育应当是发展性取向，而非矫正性取向的。因此，我们并非要诊断出学生的心理困扰然后贴标签，而是关注学生有无心理困扰倾向，及早预防。无心理困扰是学生心理健康的第二个评价标准。

（三）有较强的复原力

复原力是指个人具有或学习到某些特质，这些特质或行为会因个人与环境的互动而保护个人不受压力或挫折情境的影响，使个人重新获得自我控制的能力并发展出健康的应对行为。

学生复原力包括积极认知、自信、社会支持、问题解决、自我调节等方面，与适应、困扰不同，复原力更强调未来维度，它是预测性指标。有较强的复原力是学生心理健康的第三个评价标准。

## 第二节　与学习有关的心理健康问题

随着社会和经济的发展，人们对教育的要求越来越高，学生感受到的学业压力愈发沉重。在学习过程中，经常有学生发出“我不适合学习英语”“我不可能学好数学”这样的感叹，这很可能是经历多次学业失败之后对自我能力的怀疑和无助的表现。此外,网络技术的蓬勃发展和广泛应用预示互联网将成为学生学习的主要且极为重要的工具,更多与学习有关的心理问题随着学习环境的改变显现出来。面对上述情况,教育工作者应该如何进行预防呢?本节将对与之相关的学习压力、习得性无助和网络学习策略等进行相关阐述。

## 一、学习压力

心理学上的压力是指个体在与事件或环境的相互作用过程中,通过个体的认知与评价在心理上产生的一种情绪体验。学生的压力主要是学习压力。学习压力是指学生在学习的过程中,由对与学习活动有关的事件及外界环境因素所提出的要求进行认知和评价而引起的心理负担与紧张。为了减轻学生的作业和培训负担,2021 年相关部门制定“双减”政策,出台了“合理调控作业结构”“分类明确作业总量”“全面规范校外培训行为”等规定,被称为“史上最严减负令”。但是,伴随着激烈的社会竞争和过高的学校、家长的期望,学生的学习负担还是普遍过重。

学生学习压力来源主要有两种:一种是内在因素,是指学生对自己期望过高,学习目标或者结果与期望差距太大,二者之间的差距,形成压力;另一种是外在因素,包括家庭、学校、教师、班级、社会五个方面。

### (一)学习压力的来源

1. 社会方面

学生未来面临的就业形势严峻,职场上对学历的要求愈来愈高。学生们看到社会经济快速发展,教育质量提升,一批又一批人才涌入社会却求职困难,会担心自己将来拿不到好学历,找不到理想的工作或心仪的岗位。

2. 学校方面

如升学压力大、教师强化压力、考试测验多等。一些学校为了提高升学率,不尊重学生的身心发展规律,没有因材施教,给学生布置太多的作业也增加了学生的学习压力。其次,教师的工作经验不足、教学效率低、师生关系紧张等既影响学生的学习成绩,也给学生带来学习压力。

3. 家庭方面

父母期望、情感和信息支持、家庭经济条件等也会给学生带来压力。首先,父母对孩子的期望过高。例如,必须考第一名或者为孩子设立一个对他来说难以达到的名次,或者错误地认为孩子成绩不理想是由于学习不够认真努力等,孩子的学习压力就会增加。其次,许多家长对于孩子的情感和信息支持较少,当孩子遇到烦恼的时候,父母不能扮演倾听者的角色,更没有找到合适的办法帮孩子解决问题,也会增加他们的压力感。最后,良好的家庭条件(如独立的学习空间)

能给学生提供更多的优质资源，更能帮助他们学习，从而减少学习压力；相反，家庭经济条件差的学生不但没有太多的学习资源，还会因为心理负担过重导致压力感增加。

4. 个人方面

学业成绩、人际、认知观念都可能成为压力源。其中，成绩给学生的压力是最大的。一般来说，学业成绩良好的学生通常心理健康状况也较好。学习成绩良好还有助于建立良好的人际关系，从而促进学生的整体身心发展。在学习成绩方面，学生的学习压力主要来源于缺乏有效学习方法、不能科学分配学习时间、同学间竞争激烈、奋斗目标过高难以达成等；在人际方面，主要来源于与周围同学关系紧张、遭受暴力或欺凌、没有知心朋友分享与倾诉；在认知观念方面，主要源于“读书是我唯一的出路”“学习不好就是笨的表现”“只有获得优异的成绩才是学习的收获”等观念。

（二）学习压力的负面影响

虽然适度的学习压力会对学生产生积极影响，但过大的学习压力将对学生产生消极作用。学习压力过大，轻则导致机体过度紧张、焦虑、失眠，思考能力受到干扰和限制，从而影响学习和生活的质量；重则导致抑郁、狂躁等心理疾病，甚至出现危害自身生命安全的行为。研究者发现，中小学生普遍感到学习压力大，这会影响到他们的感觉、思维、意志、情绪等，且会伴随生理上的不良反应，如视力下降、腹痛等。

由此看来，学习压力与学生的学习和身心健康有着密切关系。学生在学习压力下的反应分为两个方面：行为反应和情绪反应。行为反应主要体现在睡眠质量差、逃学、厌学、想离家出走、食欲差、想自杀、沉迷网络等。情绪反应主要体现在担心学习退步、厌倦考试、心情烦躁、紧张焦虑、无助感等。

（三）减少学习压力的策略

1. 科学合理的人才选拔标准

社会方面可以制订科学合理的人才选拔标准，学历固然重要，一个人的其他素质，如创新、勤奋、吃苦耐劳等也应该被重视。合理的人才选择标准有助于形成积极和谐的社会氛围。

2. 合适的教育教学模式

学校教育应该根据学生的身心发展规律科学规划教学内容，以培养学生全面平衡发展为目标。因此，学校可以分段制订人才培养标准，科学设计升学考试招生制度，满足不同阶段、不同特长群体的需求，而不是设立唯一的人才标准，更要改革教学模式以适应不同性质的学校，如，职业学校与高中应有不同的教学模式。

3．父母给予足够的支持

父母的情感支持（安慰、倾听）和信息支持（解疑答惑）对减轻子女的学业压力都有很大帮助。所以，父母每天都要保证有一定时间与孩子进行沟通交流，给予孩子陪伴，让孩子感到自己不是孤军奋战。另外，父母要将自己对孩子的学习期待控制在合理的范围内，不要把自己对未来的焦虑转嫁为子女当下的压力。

4．学生个人有正确应对压力的方式

学生是学习的主体，也是学业压力感受的主体。首先，学生要掌握一些应对压力的有效方式。遇到考试失败产生消极情绪时，可以采取一些积极的应对方式。如，适当的体育锻炼、听听音乐、积极寻求社会支持、进行呼吸放松训练等，要在不伤害自己和他人的原则下适当释放和宣泄；其次，要建立正确的学习信念。学习最重要的收获是学习过程，学习结果不能说明一切，也不必要求自己一下子做到最好，进而给自己过大的压力，应该循序渐进，一步一步积极努力，才能让自己变得越来越好。

## 二、习得性无助的学习表现及干预

习得性无助在学习者身上的表现：由于过去学习过程中的失败和不愉快经历，对学习失去了信心、激情和动力。习得性无助的学习者过分依赖外界因素，把学习不好的原因归结为学校不好、老师不好、父母不好，把失败的结果投射到外在环境上，给自己找了很多不作为的借口。那么，如何对抗和处理这种学习过程中的习得性无助呢？

由于小学生和中学生具有不同的认知特点，对他们的习得性无助的学习表现应该采取不同的干预方法。对于小学生而言，由于他们的自我认识能力较弱，但有较好的角色获取能力，因而可以采用行为疗法中的强化法干预；对于中学生来说，他们的抽象思维能力得到发展，能进行言语和心理操作，具备一定的自我认知能力，因此可以采用认知疗法。

### （一）强化法

习得性无助从其形成过程来看，实质是一种条件反射。要对其进行治疗，就是要打破原有的刺激—反应链，建立新的刺激—反应链。强化法是行为主义常用的方法，通过强化手段可增进某些适应性行为，减弱或消除某些不适应性行为。例如，要矫正习得性无助学生的表现可以采取以下方法：完成简单作业后及时反馈；面对中等难度作业时，坚持的时间增长时给予表扬；若出现失败则注意改变学习方法，努力控制任务难度；将成功归为自己的能力等。通过这样一步步地强化，让学生逐渐恢复自信，学会积极的归因方式，从而矫正其习得性无助。

（二）认知疗法

习得性无助形成的关键不是挫折本身，而是学生看待挫折的方式。认知疗法认为治疗的根本就是改变个体对挫折产生原因的错误因果推断，即提供帮助让学生认识到先前的观念是错误的，通过引导学生对这些错误观念进行驳斥以建立新的认识。认知治疗可分为以下三个步骤：首先，教会学生审视自己的意识；然后，教会学生收集相反的证据；最后，教会学生做不同的归因，进行积极的归因训练。

## 三、网络学习及其策略

随着信息技术的发展，近年来使用网络开展自主学习已经成为一种重要的学习方式。学生不仅可以根据自身的学习特点和需求安排学习时间和学习进度，而且可以克服时空的障碍，借助网络学习平台与老师和同学进行实时和非实时的交流。然而，这种新的学习方式使得很多学生表现出不适应的状况。例如，出现学习注意力不集中、跟不上教学进度，不知道怎样参与师生和生生之间的讨论，学习效果差、成绩退步等。中小学生自我意识不断增强，个性稳定发展，好奇心强，容易接受新事物，但是其自我监控、分析及解决问题的能力有限，很多学生在网络学习过程中感到学习效率低。这些网络学习的负面影响一方面可能来自学生对网络学习价值的认知存在偏差、缺乏学习自主性、没有对网络学习进行科学规划；另一方面可能来自于环境——教师网络教学的效果欠佳、班级的学习氛围在网络环境中相对沉闷、缺少支持网络学习的家庭氛围等。注重学习策略指导是培养学生独立自学能力和主动探究能力的有效方法。因此，教师应该根据学生的特点制订不同的策略。培养学生网络学习策略的主要内容有：

（一）制订网络学习目标

网络资源非常丰富，学生如果在网络学习之前没有明确的学习目标，就会感到十分迷茫，不知道该从何处下手，也不可能有好的学习效果。因此，教师和家长要引导学生在进行网络学习时制订学习目标，将长远目标和具体目标相结合，合理安排时间，提高学习效率。

（二）加强网络学习监控

与传统学习方式相比，网络学习的监控性弱。对于中小学学生而言，他们自我约束的水平普遍较低，极易被网络上的游戏、音乐和视频等吸引而耽误大量的时间。所以，家长和教师在帮助学生制订了学习目标之后，应该利用一定手段监督其在规定时间内完成学习任务,确保达到预期的学习效果。学生也可以通过记笔记等自我监控手段,将自己的注意力尽量维持在学习内容上面。

（三）掌握网络学习技能

网络学习的技能涉及浏览与查询技能,交流与沟通技能,信息发布与网络参与技能等。例如,学生通过网络检索,或者教师提供的学习平台检索和使用相关学习资源。此外,他们还需要学会利用聊天室、电子邮件、讨论组和网络会议等其他网上技术手段与教师和同学进行即时或延时的信息发送与反馈。对网络的利用重点是使之成为一种主动参与的、交互式的学习过程。除了阅读别人的信息资料,学生也可以通过该途径展示自己,为别人提供有用的信息,实现信息共享。

## 第三节　与人际关系有关的心理健康问题

一定的社会交往是个体生存和发展的前提,社会上的每个人都无法脱离社会群体而获得发展。借助良好的人际交往,个人可以在其整个人生历程中不断建构出各种各样具有不同意义的人际关系,进而更好地达成个人意愿,实现人生目标。但是,不良的人际关系往往也是产生心理问题的根源。对于学生而言,亲子关系、师生关系和同伴关系构成了人际交往的主要内容,当他们在交往中遇到问题时,教育者应该怎样去指导他们呢?

### 一、亲子关系特点与辅导

（一）亲子关系的特点

亲子关系是指父母与其亲生子女、养子女或继子女之间的关系。亲子关系具有永久性,是不可选择和不可改变的。

对子女来说,亲子关系是儿童最早建立、也是最亲密的人际关系,这种关系的好坏不仅影响子女的身心发展,而且也将影响子女以后形成的各层次的人际关系。具体来说亲子关系具有以下几个方面的重要意义:第一,父母为子女提供最早、最基本、最具奠基性的教育和训练;第二,父母培养孩子走向外部世界所需要的规范、信念、态度和行为模式;第三,父母对子女无条件的接纳、支持和关爱可以为子女提供情绪上的安全感,可以舒缓和消除子女走向外部世界过程中遇到的紧张和压力。

研究发现,父母教养方式会影响父母和子女之间的关系。亲子关系总的来说包括两个方面的内容:对子女的要求以及对子女的情感反应。心理学家根据父母在这两个维度上表现水平高低,组成四种类型的教养方式:专制型、权威型、放任型、溺爱型。

有一位中学生曾这样评价他的父母:“自从上了初中以后,我发现周围的一切都在发生变化,最令我感到痛苦的是我的父母。小时候,父母是我的偶像,是我向小伙伴们夸耀的资本,父亲是劳模,母亲是优秀教师。可是,长大后我却发现他们原来很俗气,父亲除了工作什么都不懂,像个没有思想的机器;母亲像个小市民,不仅爱议论东家长西家短,还爱查看我的书包、审问来我家的女同学,我活得多累啊!生活在这样的家庭里,简直有度日如年的感觉……”

作为教师,应该如何认识和处理该中学生的这种想法?

(二)亲子关系辅导

研究发现,教师可以在亲子关系的教育与辅导中起重要作用。一方面,教师应该引导父母学会理解和尊重子女。例如,可以借助家长会等途径,帮助父母理解子女对父母的期望。子女希望得到父母的注意、陪伴、倾听、关怀和理解支持,而可能会怨恨经常发号施令,逼迫其做一些事情或者根本无法联络上父母。另外,父母过高的期望值会给子女带来心理上的压力,父母的价值观念也会影响子女。因此,在亲子关系上,父母应重点关注子女的成长,而不是一味地追求学业成功。最后,在子女成长的不同阶段,应该及时更新调整教育方式。在不同发展阶段,子女可能具有不同的心理发展特点,其所在的环境也在发生变化,所以,父母应该与时俱进、因地制宜地更新教育方式。

另一方面,教师也要引导子女理解和尊重父母。在任何家庭里,父母与孩子之间都会出现矛盾或冲突。美好和睦家庭的特点不是没有矛盾和冲突,而是善于解决、处理矛盾或冲突。良好的人际关系的基础是满足交往双方的需要,特别是心理、情感的需要。因此,要处理好亲子关系,子女不但要考虑自己的情感需要,也要考虑父母的情感需要,学会与父母进行有效的沟通。在亲子关系中,子女也要让父母有机会了解自己的想法,看到子女改正缺点的信心和行动,欣赏子女的成长,从而改变父母的态度。

**“我的信息”沟通技术**

在亲子沟通过程中，这一幕很常见：父母正忙于一些事情，孩子却不断来打扰，或者孩子迟迟不归让人担心。对于这样的情境，父母通常会指责孩子：“你真不听话，你一出去就不知道回来。”这是一种用“你的信息”的沟通，这一沟通方式往往无助于问题的解决，还会造成双方的紧张和冲突。此时，可以采取“我的信息”的表达方式。“我的信息”沟通通常的模式是：描述行为（只描述而不评价），指出行为的后果，说出对这个行为后果的感受。上面情境中的沟通就变成：“你出去这么长时间，到了吃饭时间还不回来（行为），我很担心你（后果），怕你在外面遇到危险。”

表达“我的信息”的基本句式是：“当你……，我感到……，因为……。”

下面的两个例子分别用“你的信息”与“我的信息”来表达，体会二者的不同

“你的信息”：我告诉过你多少次了，不要把外套扔到沙发上！

“我的信息”：当我看到你把外套扔到沙发上时，我觉得很不舒服，因为我想保持客厅的整洁。

显而易见，运用我的信息的表达方式，孩子感受到的就不是责备，而是可以体会父母真实的处境和感受，从而自发地产生消除问题的动机。父母告诉子女他们行为带来的困扰，他们也会在互动的过程中，学习设身处地为他人着想。

［摘自：郑日昌，刘视湘主编. 中小学心理健康教育. 武汉大学出版社，2010. 107.］

## 二、师生关系的辅导

### （一）师生关系的特点

师生关系是教育过程中人与人之间关系中最基本、最重要的人际关系，是教师和学生在教育活动中通过交往和互动形成的，对教育效果具有重要影响的特殊人际关系。

小王是刚刚毕业的语文教师，他活泼开朗，教学认真负责，很快就跟学生打成一片，关系非常融洽。他教语文很有特点，喜欢带着学生到处参观，以便练习写作。班上的学生很喜欢他，更喜欢上他的课，学生的语文成绩也提高得很快。

小王与学生的师生关系有什么特点？对学生学习有什么影响？

在小学阶段，学生对教师经常是无条件服从、崇拜和敬畏的。教师话语的权威性有时会强于父母。小学生这种绝对的服从心理有助于他们很快学习、适应学校生活。然而随着学生年级的升高，小学生对教师开始做出评价，会有自己的喜好，这样的评价会影响小学生对教师产生不同的态度和反应。

在初中阶段后期，随着学生批判性和独立性思维的发展，个人知识经验的丰富，师生关系出现了一些新的特点。例如，学生在师生交往中要求有更多的独立

和自尊，把教师看做获得知识和技能的辅助力量，对教师的要求和期望更高、更全面、更深刻。

（二）师生关系辅导

在师生关系的教育与辅导工作中，教师依然起到关键作用。为了营造良好的师生关系，促进学生的心理健康发展，教师可以从以下几个方面开展工作：

（1）尊重学生，注重师生互动

教师要树立注重学生全面发展的教育观念，应以学生为主体，尊重学生的人格和个体差异。在教育的过程中，改变传统以教师为中心的教学模式，在课堂教学中根据需要，不断改变自己的位置，增加和学生交流的频率和强度。同时，要鼓励和引导学生发言和提问，提高学生主动交往的积极性，尤其要注意和学习成绩落后的学生之间的互动和交流。

（2）自我提升，注重师德礼仪

研究发现，教师良好的人格品质可以改善和促进师生交往，有利于建立融洽的师生关系。心理学研究发现，从学生的角度来看，受欢迎的教师具有下列人格特点：具有同情心，和蔼可亲，乐于助人；对学生有耐心，态度怡人，情绪稳定，能自我控制；相信学生能更好，了解学生，公平对待学生；与学生同乐，既是学生的朋友，又是负责的成人。

（3）不断学习，提高管理艺术

教师在教书育人过程中，需要不断地学习提高自身的教学管理水平。可以通过理论学习的方式，也可以参加学校和地区教委举办的各项学习交流活动学习教育教学知识，扩展视野，以此来促进教师的专业发展，提高教师的职业素质。教育研究和实践一再证明，民主型的教育态度教育效果较好，也比较容易受到学生的欢迎。

## 三、同伴关系的教育与辅导

（一）同伴关系的特点

同伴关系是学生人际关系中最基本的关系。良好的同伴关系使学生视对方为朋友，彼此喜欢，互相帮助，相互信赖。

一个17岁的女生这样抱怨：我有一个好朋友娟娟，她和我从小学就是一个班的同学，到现在已经有9年的时间了。她现在是班级的团支部书记，我是班级的学习委员，活动上也经常有来往。我们两个人的关系一直不错。可是自从上了初中，我对她越来越不能忍受了。她总是显出在各个方面都比我强的样子，什么事情都让我听她的，总是让我按照她的想法去做事。最让我无法忍受的就是，娟娟太喜欢夸夸其谈，好像她天生就是领导者一样，她出现在什么地方，什么地方就热闹起来。

这个女生和她的好朋友现在的关系如何？对她的心理健康水平有何影响？

同伴关系是一种平等关系，学生可以根据自己的态度和喜好进行自由选择。他们有更多共同的兴趣、爱好和大致相当的心理发展水平。在同伴关系中，学生可以大胆尝试新的想法和新的行为，还可以了解自己的内心想法和外部表现是否和同龄人一致，进而自觉地进行调整和改变。

在学校里，一个学生的同伴关系对他的心理发展及心理健康的影响非常大。研究显示，学生的同伴关系也有一个发展过程。小学生会倾向于选择与自己的兴趣、习惯、性格和经历相近的人或者成绩和能力比自己强的人做朋友，因此他们对同伴的选择往往建立在相似的外部条件上。与小学生相比，中学生的交往需求更强，他们需要更多的彼此陪伴和心理支持。然而，中学生处于身心迅速发展时期，社会经验不足。他们非常想建立友好关系，但是他们控制情绪的能力不强，处理冲突时冲动有余，灵活性不足，经常为同学之间发生的事情苦恼。他们可能为了一点小事就和同学闹得不欢而散，也可能为了一句话相互猜忌，疑虑重重。

**友谊的功能**

戈特曼和派克(Gottman，Parker)认为友谊有以下六个作用：

1. 陪伴。友谊给个体提供了熟悉的伙伴，他们愿意待在一起，并参加一些相互合作的活动。

2. 刺激。友谊为个人带来了有趣的信息，与同伴一起令人兴奋、快乐。

3. 物理支持。友谊会提供时间、资源及帮助。

4. 人格自我支持。友谊给人提供支持、鼓励和反馈，有助于维持他们对自身能力、魅力及个人价值的肯定。

5. 社会比较。友谊提供关于自己和他人的立场的信息，并通过比较，分析自己所作所为的对错。

6. 亲密。友谊为个体提供一种温情的、密切的、信任的相互关系，这种关系中包含了自我表白。

[摘自：郑日昌，刘视湘主编．中小学心理健康教育．武汉大学出版社，2010．101．]

（二）同伴关系辅导

许多学生虽然有强烈的与同伴交往的心理需要，但在实际交往中却常常因为与同伴的冲突而感到十分苦恼。教师应该成为同伴关系的协调者和推动者。教师对学生进行同伴关系的辅导，可以从以下两个方面入手：

1. 教育方式

(1) 充分利用课堂教学,促进同伴互动

根据社会发展和教育目标的要求,教师应该将培养学生的人际理解能力、合作能力、沟通能力作为教育工作的重点之一。教师可以利用团体动力学理论和技术,在课堂上开展系列活动,增强教师和学生之间以及学生与学生之间的互动交往。在学习科学知识的同时,让学生习得社会交往技能,促进同伴关系。

(2) 建立班级活动规则,重视学生非正式团体

班集体必须建立明确的规则,指导学生在班集体中同伴之间的交往和互动,让学生明确同伴交往的原则。特别是在学生干部的选举中,要民主、公正,班干部在同学中要有一定的威信,而且人人都有机会,有条件的情况下采取轮流制。在学校里,除了班集体、少先队和团组织等正式团体外,还存在着各种非正式团体。教师要充分利用这些非正式团体,尤其是要重视通过引导非正式团体中的核心人物来促进良好的同伴关系。

2. 教育内容

(1) 交友原则

中小学生由于心理发展水平的制约,需要教师及时帮助他们认识人际关系的本质,同时了解人际交往的原则,例如,善交益友,乐交净友,不交损友。

(2) 交友技巧

首先,要学会倾听。同伴交往过程中,学生应学会积极倾听。倾听是一个主动的过程,并不是仅仅坐在那里听同伴讲话,而是要让同伴感受到自己一直在倾听他们,能够理解他们的观点。通过积极认真倾听,可以让同伴觉得他们被尊重和认同,从而有利于良好关系的建立。

其次,要能够换位思考。在人际交往过程中,由于种种原因,难免会遇到冲突和矛盾。有些学生由于不知道如何处理冲突,就尽量避免或逃避冲突情境。然而,只有通过处理冲突才能形成健康的人际关系。其实,应该让学生意识到,在人际交往的过程中,冲突是必然的,如果处理得当会促进人际关系的和谐,甚至使得人际关系达到一个新的层次。在学生遇到冲突情境时,教师可以帮助学生学会换位思考。通过设身处地的思考尝试理解和体谅他人,从而达到处理和解决冲突与矛盾的目的,达到培养学生解决人际冲突能力的目标。

## 四、异性关系辅导

有位初二的女孩说:“我在初一时,看到男孩就厌烦,到了初二忽然变得想和男孩说话了,有时看到男孩过来,就不自觉地迎上去,喜笑颜开地打招呼。在学习活动中有男孩在场才觉得有劲,和男孩一起做事,总是想显示自己,以引起男

孩的注意。这是怎么了？我是不是一个作风不正派的女孩？我很害怕。”

这反应了女孩怎样的心理状态？什么原因导致的？初中生的异性交往有什么特点？

(一) 异性关系的特点

随着年龄的增长,男女生开始对异性同伴产生朦胧的神秘感和渴望。喜欢与异性交往是青春期学生性心理发展的重要特征。中学生正处于性别角色分化和性意识急速发展的时期,这一发展过程一般需要经历以下几个阶段:对性知识和异性的探求和了解;对异性的疏离与排斥;对异性的关注与接近;对异性的追求与爱恋。

由于受各种因素的影响,学生在异性交往方面也会出现一些不良的倾向。比如有的学生因为受传统“男女授受不亲”思想的影响或个人早期生活中不良经验的影响,在与异性交往时表现得过分害怕、紧张,甚至恐惧;有的学生则受西方文化或社会风气的影响,表现为与异性交往时过分随便、没有分寸。这两种情况都不利于学生的心理健康。

**巧妙利用异性效应**

某高中组织夏令营活动并计划在郊外野餐。吃午饭时,男女生分开进餐。结果,男同学狼吞虎咽,互不相让,不一会儿,食物一扫而光。女生们也嬉笑吵闹,毫无顾忌地把食物吃个精光。两个餐桌均是杯盘狼藉。后来,该学校又组织去郊游,这回是男女同学混席用餐,结果与上次大不一样。这次男女同学都变得斯文起来,男同学彬彬有礼,你谦我让,大有绅士风度;女同学则细嚼慢咽,呈现出温文尔雅的淑女形象。这是异性效应的一种体现。

俗语说“男女搭档,干活不累”。男女青少年在交往时,常伴有一种美妙和幸福的体验,这是一种自然现象和健康情感,这种情感能促进青少年学生的学习、认知和个性的发展。为了在异性面前呈现一个完美的形象,大多数学生都奋发向上,勇于进取,最大限度地发挥自己的潜能,不遗余力地发挥自己的表现力和想象力。男生为了获得女生的好感,常常会用社会上公认的男子汉形象来要求自己,举止潇洒,见义勇为等;而女生则用女性的标准来要求自己,温柔善良,美丽大方,细致周到等。教师可以巧妙利用异性效应来促进青少年学生的健康发展。

[摘自:郑日昌,刘视湘主编.中小学心理健康教育.武汉大学出版社,2010.109.]

(二) 异性关系辅导

1. 异性关系辅导的方式

对异性关系的教育首先需要在学生当中进行性别知识的普及教育。教师可以通过专题讲座的形式让学生更多地了解青春期生理和心理的变化,从而帮助学生更好地认识自己，也了解异性。

对异性关系的教育需要在日常生活中进行渗透。例如，当有学生因为班级中的某个男生和女生走得很近，而打“小报告”，或者男生女生因为好奇而尝试进行交往时，教师应该慎重处理，引导学生正确对待这些问题，否则会激起学生的逆反心理。

此外，教师可以利用主题班会的时间，通过一些促进交流合作的团体活动，来促进学生之间更深入的交流和了解。这样的教育方式有利于揭开异性交往那层神秘的面纱。

2. 异性关系辅导的内容

教师在对中学生进行异性关系教育时，主要可以从异性交往的原则和方法两个方面进行：

（1）青少年异性交往的原则

教师在指导中学生进行正常异性交往时，要遵循“自然”和“适度”两个原则。

所谓自然原则，就是在与异性交往过程中，言语、表情、行为举止，要做到自然、顺畅，既不过分夸张，也不闪烁其辞，既不盲目冲动，也不矫揉造作。

所谓适度原则，是指异性交往的程度和异性交往的方式要恰到好处，应为大多数人所接受。既不为异性交往过早而萌动情爱，又不因回避或拒绝异性而对交往双方造成心灵伤害；既不过多地参与异性之间的“单独活动”，又不在异性面前如临大敌，拒不接纳异性的热情与帮助。

（2）异性交往的方法

① 正确认识。渴望、喜欢与异性交往是青春期学生性心理发展的自然规律。健康的异性交往有利于中学生的心理发展和性心理成熟。教师应引导学生正确认识异性交往，不要把异性交往当作“洪水猛兽”，帮助他们认识到异性交往有利于增进对异性的了解，可以丰富自身的情感体验，扩大社会交往的范围，增强社交能力。

② 克服羞怯。与异性交往时要感情自然，仪态大方，不失常态。初次见面的羞怯与退缩是难以避免的，女生尤其如此。但是，多次接触后仍然羞怯，就会引起对方误解，因为只有恋人之间才会羞怯、间接地表达自己的情感。所以，在正常的两性交往中，尤其是女同学要注意克服不自然的羞怯心理，以免使正常的异性交往误入歧途。

③ 真实坦诚。在交往过程中做到坦荡无私、以诚相待，相互信任是建立和发展良好异性关系的前提和基础。也就是说，与异性交往，要像结交同性朋友那样结交真朋友，切忌以“友谊”或“友情”的幌子招摇撞骗，贪图个人私欲，或者心术不正地骗取异性的感情。

④ 留有余地。虽然是结交知心朋友,但是所言所行要留有余地,不能毫无顾忌。比如,谈话中涉及两性之间的一些敏感话题时要尽量予以回避。交往中的身体接触要把握好分寸,不能过于轻浮,也不要过于拘谨。在与某位异性的长期交往中,要注意把握好双方关系的程度,不要走得"太深""太远",以免超越正常异性交往的界限。

## 第四节　与情绪有关的心理健康问题

情绪是人类赖以生存的手段,也是动机的源泉之一。积极的情绪能够促进认知,在一定程度上冲淡消极情绪,提高学生应对压力的能力。但是,过于强烈的、持久的消极情绪不仅会通过某些神经和化学机制引起各种躯体疾病,对心理健康也会产生负面影响。随着社会的发展,正处于身心发展重要阶段的学生们需要面对的压力越来越大,在情绪上往往会表现出过度焦虑或者出现抑郁的症状。面对这些与情绪有关的心理健康问题,我们应该认真分析原因,积极应对。

### 一、焦虑

#### (一) 焦虑的定义

焦虑是个体由于担心不能达到目标或不能克服障碍,致使自尊心受挫而形成一种紧张不安的情绪状态。弗洛伊德认为,焦虑是担心内在自我和外在环境产生冲突。人本主义学者罗杰斯认为,焦虑是个体自我的能量与外部要求不一致产生冲突的结果。总的来说,焦虑是现代社会的产物,是现代性问题的表征之一,所以我们不仅应该承认焦虑,还应认识到焦虑本质上是一种内在与外在、主观与客观发生矛盾与冲突的情感反应。

#### (二) 学生焦虑的原因

1. 学业焦虑

学业焦虑是学生全面发展的内驱力与学业负担之间的冲突。学生本身就具有内在全面发展的需求,然而,在他们受教育过程中,这些需求可能被压抑或者没有被满足,因而产生焦虑情绪。例如,在学校环境中,学生面临升学与分流的压力,弥漫性地担心提问、考试、违反纪律、人际冲突等,进而产生焦虑情绪。此外,一些家长过分看重学生学业成绩,严格监控学生的学习时间,让学生难以喘息,沉重的学业负担导致学生无法有时间充分享受童年的乐趣,亲近自然,发展兴趣。这种沉重的学业负担与学生内心想要全面发展的需求发生矛盾,是学生学业焦虑的根源所在。

考试焦虑是学生需要面对的学业焦虑的一种。它是如何形成的、又应该如何调试呢？看下面的例子：

小丽很快就要中考了，在几次模拟考试时看到试卷上的题目的时候，感觉自己就是不知道应该怎么做，所有的定理、方法都从脑子里消失了，好像连1+1=2这么简单的问题都要想半天。看着时间一点点流逝，急得头上直冒汗，手心也是潮乎乎的，握不住笔，心速狂跳，脸也通红，大脑一片空白，不能运转。

小丽遇到的烦恼就是我们常说的考试“怯场”，即考试焦虑，会伴随着一系列的生理反应和心理反应。

考试焦虑形成的原因有以下几种：对考试必须有绝对把握的想法；父母、教师和自己的高要求而产生的心理压力（你必须要考好）；过分要面子，过分苛求自己（必须比谁谁的分数高）；缺乏良好的情绪和意志品质，不能有效地自我调节（考试中一旦遇到不熟悉的问题就觉得完了）；应试技巧差；具有焦虑人格特征或者患有某些心理疾病。

一般程度的考试焦虑可通过如下方法进行调试：端正应试动机（考试是学习的一部分），减轻心理负担（只要做好自己会的题目就好）；做好充分准备，形成良好的应试状态（考试与平时做题时的心态接近）；掌握和提高考试策略和技巧（读懂题目、认真审题是解决难题的第一步）；冷静处理“怯场”（深呼吸）等。

2. 认同焦虑

学生渴望认同的情感需求与教育者选择性关爱的矛盾。一方面，学生感受到很多家长对自己的关爱因自己的表现而波动，即一旦表现失常父母就会收回关爱；另一方面，教师往往很难关注每一位学生，成绩优异、课堂表现活跃的学生往往会吸引老师的关注。随着年龄的增长，学生愈发感受到成绩的好坏与关爱度的联系，而学生都有强烈的自尊感和被认同的渴望，这种理想与现实的偏差，为他们带来巨大的焦虑感。

3. 生存焦虑

教育的功利化价值取向与育人的价值取向的背离。追求短期利益的教育价值观，例如，“唯分数”和“唯升学”等，这种价值观会使学生怀疑自身存在的价值，学生无论学习好坏，能否升学都沦为考试的工具，丧失了其生命意义，因而产生生存焦虑。

（三）焦虑的疏解之道

1. 减轻学生负担

虽然过去的“减负”以及如今的“双减”政策都在一定程度上缓解了学生的学业负担，但是，要想从根源上减轻学生的学业压力，仍然需要在教育资源均衡分配、教育政策一视同仁、教育制度灵活调整等方面做出改变。尽管社会竞争，教育政策在纾解学业压力上负主要责任。但在当前社会环境中,仍要提高学生面对焦虑的能力,增强学生心灵的力量,使其勇敢承担由教育竞争带来的压力。

2. 建立教育信任

为了解决焦虑问题,父母或教师应该与学生建立教育信任,形成防御外在危险的重要屏障。一方面,要相信学生有自我完善和发展的潜力,发现学生身上的闪光点与特长,不以学业成绩作为评判学生的唯一标准。另一方面,对学生进行社会生命层面的教育,帮助学生在社会关系中找到自已的定位,认识并理解他人,承担社会责任,在被信任与信任他人的前提下减轻焦虑。

3. 探索学习志趣

要想缓解学生的焦虑,既要培养学生的志趣,又要让学生养成“乐学”的态度。首先,志趣指的是志向与兴趣,兴趣是“最好的老师”,学生对兴趣的事情往往能发展成目标志向。因此,尽早培养兴趣,在感兴趣的活动中体验成功的快乐,这才是学生的“安身立命之本”。其次,通过欣赏艺术作品、美文阅读等激发学生对真善美的欣赏与追求,要让学生有远大的理想与抱负,化焦虑为动力,积极求知,实现人生的进步与生命的完满。

## 二、抑郁

中国精神卫生调查显示,我国成人抑郁障碍终生患病率为 6.8%,其中抑郁症为 3.4%,目前我国患抑郁症人数九千五百万,每年大约有 28 万人自杀,其中 40%患有抑郁症。《2022 年国民抑郁症蓝皮书》显示,18 岁以下的抑郁症患者占抑郁总人数的 30%,5 成抑郁患者为在校学生,41%曾因抑郁退学。分别有 86%和 68%的患者认为:引发抑郁症的主要原因是情绪压力和家庭亲子关系;其次是亲密关系和职业发展,分别占 45%和 35%。请看下面的例子:

小羽(化名)是一名初四女生,性格内向,敏感脆弱,成绩较好。在一次背诵检查中,因为她背得磕磕绊绊,被老师罚站了一会儿,老师拿书轻敲了她肩膀两下,对她说:“现在不背,等到中考后再背吗?”小羽课后大哭,从此再也没有到校上课。不久,小羽被诊断为抑郁症。原来她已经情绪低落了很长一段时间,高强度的学习压力让她喘不过气来,老师严厉的要求更令她不堪重负。

那么,什么是抑郁呢?抑郁具体有哪些表现?

### (一) 抑郁的定义

抑郁是一种复杂的复合情绪,主要包含着痛苦并伴随着不同情况而合并诱发愤怒、悲伤、忧愁、自罪感、羞愧等情绪,它比任何单一负性情绪体验都更为强烈和持久。最早的抑郁理论是弗洛伊德的精神分析理论。弗洛伊德认为抑郁是由早期的消极体验引起的,消极体验导致了应对机制的适应不良。后来,塞利格曼则认为，抑郁与其关于自我和将来无力应对失败的消极信念相关，抑郁的人具有压倒一切的悲观感。

（二）抑郁产生的原因

关于抑郁的产生的原因，早期的研究者提出四个主要观点：第一种观点认为，抑郁源自消极信息的加工偏向。个体对消极信息的选择性加工使得他产生消极的自我观念、消极的自我图式和消极的世界观，从而导致个体抑郁。第二种观点认为，抑郁是对社会环境的自我强化。一个人如果长期得不到积极的社会强化会导致抑郁；第三种观点强调社会支持，认为一个人如果长期缺乏积极的社会支持他会陷入自我否定，进而产生抑郁。第四种观点认为，抑郁与自身无法实现的目标有关，一个人长期追求总是无法实现的目标会导致抑郁。上述每种观点都包含了广泛的理论与实例支持，因而这几种关于抑郁的理解都具有典型的代表性。

近年来研究者们主要从两个角度解释抑郁的产生。一是遗传因素。学者布鲁勒（E. Bleuler）认为，个人的素质（diathesis）不同，有着抑郁易感性（vulnerability）素质的个体容易产生抑郁，毕竟，同样的环境与生活事件中，并非所有人都会抑郁，究其根本原因，在于其抑郁易感性不同。二是认为应激事件是抑郁发生的重要因素。研究发现，抑郁的发生往往都伴随着一个应激事件。然而有研究者发现，即使发生最严重的事件，也并不是所有人都会抑郁，于是研究者把这两者结合起来。认为遗传与环境的交互作用是产生抑郁的条件。上述四种观点都是遗传与环境交互作用的体现。

（三）影响学生抑郁表现的因素

1. 人格

心理病理学家很早就对人格与抑郁之间的关系感兴趣。研究者认为存在可测量的人格差异和人格维度，可借此预测人们的后继应对方式。一定的人格特质包括对自身的赞许、对环境的积极态度、正确的自我观念和内部控制等在应激事件中起积极作用。焦虑、冲动、自责、强迫、完美主义等人格因素与抑郁有高相关。

2. 应对方式

许多研究表明，应对方式对抑郁有重要影响。总的来看，应对可以分为两类，一类是关注问题的应对，指试图解决具体问题的认知和行为；另一类是关注情感的应对，指用内心活动，如否定应激、转移注意力或改变态度来缓解内心的紧张。当个体遇到的问题是可控的或可以通过自己的努力得到解决时，那么关注问题的应对就是最有效的应对。一些研究发现，个体若采取积极的解决问题的应对方式，那么在应激事件后和相当一段时间内都表现出较低水平的抑郁和焦虑。

3. 环境因素

环境因素对于抑郁的产生也有很大影响。对学生来说，家庭因素中的家庭环境氛围、父母教养方式、亲子关系等以及学校中的师生关系、同伴关系、学业成绩等都可能构成威胁他们的生活应激事件，导致其抑郁。研究表明，家庭对抑郁障碍的影响很大，与控制组相比，抑郁者的家庭有明显的家庭功能不良。还有研究发现，有抑郁情绪的学生具有较低双亲亲密度和社会支持，他们知觉到的社会支持、客观的社会支持、社会支持利用度都较低。此外，满意度、社会网络、婚姻家庭状态、社会接触、亲友的情绪支持等与抑郁也有密切联系。

（四）学生抑郁的预防

1. 保护学生的自尊心

中小学生自我意识发展还很不完善，他们对自我的认识和评价往往是片面的。应激性生活事件（比如考试成绩差）常常使其产生无法控制自己的感觉，遇到挫折，很容易产生自卑心理从而产生自我封闭的抑郁心理。因此，教师应给予学生更多尝试努力并获得成功的机会，尽量避免学生遭受过多的失败和挫折，从而保护其自尊心。当学生失败时，教师要多一些鼓励，注意批评的方式，增强其自信心。

2. 培养良好的同伴关系

研究发现，良好的同伴关系有助于学生获得社交技巧、安全感、归属感，有利于自我概念和人格的发展。因此，教师应该鼓励学生正常的人际交往，特别是重视中小学生建立与保持友谊。教师可以组织一些集体活动，例如，运动会、篮球赛、拔河、歌咏比赛等为学生提供交往机会，促进彼此之间的沟通与了解，从而保证学生身心和谐、平衡地发展，积极引导中学生开展正常的异性交往活动。

3. 提供全面支持的家庭环境

通过家校合作途经引导学生父母为子女成长营造一个有温暖、有陪伴、充满爱的家庭环境。建议父母多与子女沟通在沟通中舒缓孩子因为学习而积聚的心理压力，帮助学生养成积极的学习态度，提升学习效能感与成就感，引导学生的父母正视子女的学习状况，在子女的学习成绩出现波动时，理解他们的情绪。在子女抑郁时，在生活的各个环节予以支持和帮助，积极帮助子女由疾病转变到康复；引导家庭成员共同努力与孩子一起战胜抑郁，尽量减少抑郁对孩子身心造成的创伤，理解子女可能有一段比较长的时间沉浸在抑郁情绪里，并准备随时支持和陪伴他（她）。

## 回到案例

我们现在可以回答本章开始案例中的问题了，根据学生心理健康的判断标准，小丽确实出现了心理健康问题，主要表现在小丽具有一定程度的情绪困扰，在学业发展上适应不良且不能自行恢复。面对小丽出现的这些心理状况，教育者可以采用以下方式进行干预和辅导：

首先，小丽的心理问题体现在学习压力过大。中考的临近和频繁的模拟测验给小丽带来很大的心理压力。教师可以引导学生适当的体育锻炼、进行呼吸放松训练等以暂时缓解压力感受。此外，教师在工作中可以多跟小丽谈话，表示她看到了小丽的努力。更重要地是通过谈话和观察了解并帮助其分析学习问题产生的原因，帮助她找到适合于她的学习方法，特别是设立她可以达到的成绩目标，例如致力于把简单的、会做的题做对，在一点点提高成绩的过程中，提高她对自己的信心，纾解心理压力。教师还需要引导父母学会理解和尊重子女，不要因为考试成绩波动就做灾难化的理解，如果父母有能力分析与解决问题，就耐心地跟小丽一起分析考试中出错的原因，是知识理解错误，还是理解题意不准确，是做题过程中失误，还是基本计算问题，然后有的放矢地一步步逐渐改进。如果父母没有与小丽一起分析学习问题的能力，也要尽量鼓励她，告诉她不要着急，并坚定地告诉小丽：不要过分担心，即使考不上高中也不意味着不能好好生活，重要的是战胜困难的勇气和坚持做事的过程。

其次，小丽有一定程度的考试焦虑。教师可通过如下方法帮助她调节情绪：端正应试动机，使小丽认识到考试是学习的一部分，减轻其心理负担，告诉她要争取做好自己会的题目；做好充分准备，形成良好的应试状态，平时做题是就认真对待，考试时保持这种认真的态度就行；掌握和提高考试策略和技巧，教导她读懂题目、认真审题，冷静处理“怯场”，在考试出现紧张情绪时通过深呼吸等方法缓解。

最后，小丽还出现了习得性无助的心理状态。她心情低落，将之前多次的考试失败简单地经历归结于努力不够，一段时间的努力没有提高成绩就对学习失去了信心。针对这种情况，教师可以通过认知疗法和强化法改变小丽对考试失败的错误归因，强化其正确的学习行为和归因方式，通过找到合适的学习方法一点点地逐步提高成绩，渐渐恢复她的学习自信。

## 小　结

1. 学生心理健康标准

学生的心理健康是指符合适应性和发展性标准，没有心理困扰，对学业和人际等方面表现出较好适应，经历压力和挫折情境有较强复原力。

2．学习压力及减少学习压力的对策

学习压力是指学生在学习的过程中，由对与学习活动有关的事件及外界环境因素所提出的要求进行认知和评价而引起的心理负担与紧张。减少学习压力的对策：科学合理的人才选择标准；合适的教育教学模式；父母给予足够的支持；学生个人有正确应对压力的方式。

3．学生习得性无助矫正方法

学习者的习得性无助可以通过强化法和认知疗法进行矫正。强化法是行为主义常用的方法，通过强化手段可增进某些适应性行为，减弱或消除某些不适应性行为。认知疗法认为习得性无助形成的关键不是挫折本身，而是个体看待挫折的方式，因此其治疗的根本就是改变个体对挫折的错误归因。

4．培养网络学习策略的方法

网络学习策略是指学生在网络情境下针对学习任务，依据学习规则，主动对学习的程序、工具及方法进行有效操作，从而提高学习质量和效率的操作对策。培养学生网络学习策略的主要内容有：帮助学生制订网络学习目标，加强网络学习监控，帮助学生掌握网络学习技能。

5．与人际关系有关的心理健康问题及其应对

亲子关系是儿童建立最早、也是最亲密的人际关系。教师在亲子关系的教育与辅导过程中，需要从以下两个方面开展工作：引导父母学会理解和尊重子女和教育子女理解和尊重父母。

师生关系是教育过程中人与人之间关系中最基本、最重要的人际关系。在师生关系的教育与辅导工作中，教师可以从以下几个方面开展工作：尊重学生，注重师生互动；自我提升，注重师德礼仪；不断学习，提高管理艺术。

同伴关系是学生人际关系中最基本的关系，彼此平等是同伴关系的主要特征。对学生进行同伴关系的教育，可以通过以下几个途径：充分利用课堂教学，促进学生同伴互动；建立班级活动规则，重视学生非正式团体。对异性关系的教育方式可以采用专题讲座普及知识，日常生活渗透异性交往原则和主题班会促进交流。

6．学生焦虑及其调试

焦虑是一种独属于人的心理状态，它是个体担心由于不能达到目标或不能克服障碍，致使自尊心和自信心受挫，而形成的一种紧张不安的情绪状态。对于学生焦虑的调试可以从以下三方面入手：减轻学生负担，建立教育信任，探索学习志趣。

7．学生抑郁及其防护

抑郁是一种复杂的复合情绪，主要包含着痛苦并伴随着不同情况而合并诱

发愤怒、悲伤、忧愁、自罪感、羞愧等情绪。对学生抑郁的防护应做到:保护学生的自尊心;培养良好的同伴关系;提供全面家庭环境支持。

## 思考题

1. 学生心理健康的判断标准是什么?
2. 试举例说明学生的习得性无助的学习表现。
3. 请结合已学相关知识,提出几条降低学生学习压力的对策。
4. 分享几个你认为有效的网络学习方法。
5. 如何通过家校合作解决青春期亲子关系紧张问题?
6. 如何建立良好的师生关系?
7. 如何处理同伴交往中的冲突?
8. 设计一次以异性交往为主题的班会。
9. 分享一个你自己常用的调试考试焦虑方法?

## 参考文献

1. 叶一舵主编.中小学心理健康教育基本原理—教师通识读本.福州:福建教育出版社,2008.

2. 郑日昌,刘视湘主编.中小学心理健康教育.武汉:武汉大学出版社,2010.

3. 莫雷主编.青少年心理健康教育.上海:华东师范大学出版社,2003.

4. 杭州市城西中学编.青少年心理健康管理.杭州:浙江大学出版社,2020.

5. 张天清编.青少年心理健康教育工作手册.南昌:百花洲文艺出版社,2018.

## 进一步阅读文献

1. 姚本先,伍新春.学生心理健康教育.北京:中国轻工业出版社,2008.

2. 蒋奖.中学生心理健康教育(心理教师用书).北京:中国轻工业出版社,2008.

3. 钟思嘉.父母效能培训手册.北京:新世纪出版社,2005.

4. 高翔,郑日昌,刘视湘.中学生心理健康自评量表的编制.教育测量与评价,2008(3):32-36.

5. 姚本先.论考试焦虑及其调试.中国教育学刊,1997(4).

# 参考文献


安媛媛，苑广哲，伍新春，王文超．社会支持对震后青少年创伤后应激障碍和创伤后成长的影响：自我效能感的中介作用[J]．心理发展与教育，2018(1)：98—104．

鲍学峰，张卫，喻承甫，朱键军，鲍振宙，江艳平…… 陈遵炳．初中生感知校园氛围与网络游戏成瘾的关系：学业自我效能感的中介效应与父母学业卷入的调节效应[J]．心理发展与教育，2016(3)：358—368．

蔡晨，曲可佳，张华．张奇．正误样例组合学习的相似性效应和认知加工深度效应[J]．心理发展与教育，2016(3)：310—316．

陈琦，刘儒德．教育心理学(第3版)[M]．北京：高等教育出版社，2020．

陈晓端等．有效教学理念与实践[M]．西安：陕西师范大学出版社，2007．

陈春莲．杨起群．维纳归因理论对学生有效学习的启示[M]．教育与职业，2009(26)：74—76．

陈英和，张淳俊．基于跨学科概念图的跨学科知识整合模型[J]．北京师范大学学报，2010(1)：38—45．

陈红兵，张春莉 译，Anita Woolfolk．教育心理学(第14版)[M]．上海：华东师范大学出版社，2023．

楚啸原，理原，王兴超，王鹏程，雷雳．家庭社会经济地位与青少年自我效能感的关系：家庭支持的中介作用与性别因素的调节作用[J]．心理科学，2019(4)：891—897．

戴海崎，张锋，陈雪枫．(主编)．心理与教育测量[M]．广州：暨南大学出版社，2007．

高凌飚．(2004)．关于过程性评价的思考[J]．课程教材教法，2004(10)：15—19．

郭要红．有效合作学习的学习任务设计策略[J]．教育理论与实践：中小学教育教学版，2009(8)：53—54．

何洁等 译陈允成等．教育心理学：实践——研究者之路．[M]．上海：上海人民出版社，2007．

何先友等 译 Anita Woolfolk. 教育心理学(第十版)[M]. 北京:中国轻工业出版社，2008.

何先友等 译. Sue，D.，Anne，M. M.，& Kerri，L. K. 教育心理学——学习与教学(第四版)[M]. 北京：北京师范大学出版集团，2019.

胡谊.（主编）. 教育心理学[M]. 上海:华东师范大学出版社，2009.

胡谊.（主编）. 教学设计——心理学的原理与技术[M]. 上海：华东师范大学出版社，2010.

黄大庆.（编）. 教育心理学[M]. 北京:首都经济贸易大学出版社，2020.

胡谊，郝宁，吴庆麟. 教育心理学(第三版)[M]. 上海:华东师范大学出版社，2021.

郝嘉佳，齐琳，陈英和. 小学六年级数学困难儿童的元认知特点及其在应用题解决中的表现[J]. 中国特殊教育，2011(2)：52—57.

海曼，秦屹，熊俊梅，吴慧玲. 情绪调节自我效能感与心理健康的交叉滞后研究[J]. 心理科学，2019(1)：82—87.

胡卫平，张淳俊. 跨学科概念图与科学创造力的关系[J]. 心理学报，2007(4)：697—705.

杭州市城西中学.（编）. 青少年心理健康管理[M]. 杭州:浙江大学出版社，2020.

季姆娜娅. 教育心理学[M].（杜岩岩译）. 北京:教育科学出版社，2008.

连榕，缪佩君，陈坚等 译 Bohlin，L.，Durwin，C. C.，& Weber，M. R. 教育心理学[M]. 北京：机械工业出版社，2012.

刘保. 作为一种范式的社会建构主义[J]. 中国青年政治学院学报，2006(4)：49—54.

刘儒德.（编）. 教育心理学:原理与应用[M]. 北京:中国人民大学出版，2019.

李晓东.（主编）. 教育心理学[M]. 北京:北京大学出版社，2008.

李小融. 教育心理学新编(第二版)[M]. 成都:四川教育出版社，2015.

李彩娜，党健宁，何姗姗，李红梅. 羞怯与孤独感——自我效能的多重中介效应[J]. 心理学报，2013(11)：1251—1260.

李京蕾，国云玲.（主编）. 教育心理学(微课版. 第三章)[M]. 北京:清华大学出版社，2021.

李文辉，姜枫. 小学生学业成绩对学业自我效能感的影响:学习压力、自尊的中介作用及性别差异[J]. 心理科学，2023(2)：347—354.

李红霞，张佳佳，赵霞，司继伟，黄碧娟. 大学生认识论信念、自我调节学习与学业拖延的联系：有调节的中介模型[J]. 心理发展与教育，2019(5)：557—565.

梁宁建.（主编）. 应用认知心理学[M]. 上海:上海教育出版社，2009.

卢家楣.（主编）. 学习心理与教学—理论与实践(第三版)[M]. 上海：上海教育出版社，2016.

韦小满等译. Dale H. Schunk. 学习理论：教育的视角[M]. 南京：江苏教育出版社，2003.

王小明. Driscoll,M. P. 学习心理学——面向教学的取向[M]. 上海:华东师范大学出版社，2008.

吴庆麟等 译. Fetsco. T.，John. M. C. 教育心理学——课堂决策的整合之路[M]. 上海:上海人民出版社出版，2008.

汪风炎，燕良轼.（主编）. 教育心理学新编[M]. 广州:暨南大学出版，2006.

伍新春，张爱芹. 试论概念图及其对科学教育的启示[J]. 心理发展与教育，2006(3)：116—119.

张奇等 译. Gredler，M. E. 学习与教学——从理论到实践[M]. 北京:中国轻工业出版社，2007.

赵庆国等 译. Joseph D. Novak. 概念图促进企业和学校的学习变革[M]. 北京:人民邮电出版社，2016.

莫雷.（主编）. 教育心理学[M]. 广州:广东高等教育出版社，2002.

莫雷.（主编）. 青少年心理健康教育[M]. 上海:华东师范大学出版社，2003.

彭运石，彭舜等 译. Ormrod J. E. 教育心理学(第四版)[M]. 西安:陕西师范大学出版社，2006.

皮连生.（主编）. 教育心理学[M]. 上海:上海教育出版社，2004.

姚梅林等 译. Robert Slavin. 教育心理学:理论与实践(第十版)[M]. 北京:人民邮电出版社，2016.

石迎春，于伟. 有过程的归纳教学——以《多边形的面积》单元教学为例[J]. 基础教育课程，2023(6)：4—13.

徐文健，刘乐义，汤万杰. 领悟社会支持对地震青年幸存者创伤后成长的影响:感恩和自我效能感的中介作用[J]. 心理科学，2023(3)：611—618.

燕良轼.（主编）. 教育心理学[M]. 上海:华东师范大学出版社，2008.

叶一舵.（主编）. 中小学心理健康教育基本原理—教师通识读本[M]. 福州:福建教育出版社，2008.

袁涛，崔红霞. 论合作学习策略[J]. 济南大学学报(社会科学版)，2003(2)：74—77.

姚梅林. 学习心理学——学习与行为的基本规律[M]. 北京：北京师范大学出版社，2006.

余文森，洪明. 校本研究九大要点[M]. 福州：福建教育出版社，2007.

英国评价改革小组. 教师在终结性评价中的作用[M].（袁莉 译）. 基础教育参考，2007.

张文华. 建构主义理论新探[M]. 教育探索，2006.

张天清.（编）. 青少年心理健康教育工作手册[M]. 南昌：百花洲文艺出版社，2008.

张景焕，陈秀珍. 小学教师关于课堂教学设计能力形成与发展的反思[J]. 当代教育科学，2007(17)：30—32.

张厚粲，徐建平. 现代心理与教育统计学[M]. 北京：北京师范大学出版社，2004.

张厚粲等 译. Sternberg，R. J.，& Williams W. M. 教育心理学[M]. 北京：中国轻工业出版社，2003.

张晓明，陈建文. 高等教育心理学[M]. 北京：高等教育出版社，2008.

张淳俊，陈英和. 采用跨学科概念图推进中学生跨学科学业成就[J]. 心理发展与教育，2010(2)：53—160.

张俊，刘儒德，贾玲. 反馈在自我调节学习中的作用[J]. 心理发展与教育，2012(2)：218—22.

张建伟，孙燕青. 建构性学习——学习科学的整好性探索[M]. 上海：上海教育出版社，2005.

郑日昌，刘视湘.（主编）. 中小学心理健康教育[M]. 武汉：武汉大学出版社，2010.

周宵，伍新春，王文超，田雨馨. 汶川地震8.5年后青少年的社会支持与创伤后成长的关系：自我效能感和自尊的中介作用[J]. 心理发展与教育，2019(5)：573—580.

周琰. 网络学习投入影响因素与应对策略——基于自我决定理论的视角[J]. 中国电化教育，2008(6)：115—122.

# 后 记

读书已经成为广大中小学教师主要的业余生活，有的教师通过进一步攻读高一级学位的方式参与自学，有的以业余读书的方式自学，有的教师结合自己的教学进行研究。有一位教师的努力令我深深震撼。那是一次教育心理学讲座之后，一位从教多年的老教师说希望与我进一步联系，请我对他的研究进行指导。之后他陆续用 e-mail 发了一些研究给我，据他说这样的文字他已经积累了近 20 万字。他让我看看他这些研究在教育心理学上有什么意义，是否具有发表的可能性。我看了几篇之后告诉他不要再给我发了，因为过于零散，没有一个清晰的理论框架，文中所用到的基本概念基本上是一些前科学概念，然后进行了简单的联系，这些联系其实是教育心理学早已经讨论过的，已经有了明确结论和理论解释的。我于是给他推荐了几本教育心理学教材，希望他系统地学习一下，然后用来整理自己的“研究”，让研究有一条主线，集中精力解决自己最关心的问题。过了一个月我再去询问他的进展，他“抱歉地”告诉我：教育心理学太难了，他没办法看下去，已经放弃了。我想他可能会继续用前科学概念进行思考，继续进行艰苦而无望的探索。

这件事之后，我在每次上课之后都会询问学生对教育心理学这门课程的感受，普遍的反应是“老师讲的时候听着明白，也觉得有用。但是教育心理学所用的词汇太过专业，自己看书就看不明白”。我在想，这是教育心理学本身有难度还是我们的呈现出了问题？掌握科学心理学的基本概念是每位学习者必须攻克的难关，但是教育心理学并不深奥难懂，为什么教师们感觉到这么难？我们是否可以写出一部能够让学习者乐意看、能运用的教育心理学教材，让学习者以轻松的方式接受正规的心理学训练，让他们爱看而不是放弃教育心理学的学习，进而为运用教育心理学的概念原理打下基础？凭着这种信念，我和我的同事们在教育心理学教学中不断进行探索，不断改进我们的课堂教学，致力于深入浅出地表达与采用灵活的教学方法，在总结我们多年来教学与研究的基础上编写出了本教材。我们在编写本教材的过程中，力图发扬国内已有教材条理清晰的特长，借用国外大学教材生动活泼的形式，在内容方面注重教材的基础性与前沿性的结合，致力于反映近年来教育心理学最新研究成果，并用来指导教育教学实践。希望学习者通过争鸣与讨论，深入理解概念与原理；通过合作，认识原理与理论实践价值。我希望，如果再碰到希望阅读与研究教育教学问题的教师，我可以拿出我们认为最适合他阅读的教材，希望他能够读下去，并从中获得阅读与思考的乐趣，获得研究与思考的指导，那样就达到我们编写本教材的初衷了。

张景焕

2023年11月